Patricia Love
und Jo Robinson

Wenn Kinder unter Liebe leiden

Beziehungsfalle Familie

Aus dem Amerikanischen
von Almuth Dittmar-Kolb

Hoffmann und Campe

Die Originalausgabe erschien unter dem Titel
The Emotional Incest Syndrome bei Bantam Books,
New York, Toronto, London, Sydney, Auckland

CIP-Titelaufnahme der Deutschen Bibliothek

Love, Patricia:
Wenn Kinder unter Liebe leiden: Beziehungsfalle Familie / Patricia Love ;
Jo Robinson. Aus dem Amerikan. von Almuth Dittmar-Kolb.
– 1. Aufl. – Hamburg: Hoffmann und Campe, 1991
Einheitssacht.: The emotional incest syndrome ⟨dt.⟩
ISBN 3-455-08387-0
NE: Robinson, Jo:

Deusche Ausgabe

Schutzumschlag- und Einbandgestaltung: Werner Rebhuhn
Satz: Fotosatz Otto Gutfreund, Darmstadt
Druck und Bindung: Mohndruck, Gütersloh
Printed in Germany

Dies Buch ist den Eltern gewidmet,
die mit den ihnen zur Verfügung
stehenden Informationen und den ihnen
bewußten Möglichkeiten ihr Bestes tun.

DANKSAGUNG

Es gibt eine große Anzahl von Menschen, denen ich meine Anerkennung und meinen Dank bezeugen möchte, angefangen mit meinem Mann Will Ponder, ohne dessen Unterstützung dieses Buch nicht zustande gekommen wäre.

Mich haben so viele ausgezeichnete Fachleute beeinflußt, daß ich sie nicht alle hier nennen kann; trotzdem möchte ich zwei von ihnen hervorheben: Pia Mellody, wegen ihrer ausgezeichneten Arbeit auf dem Gebiet der Ko-Abhängigkeit, des Mißbrauchs und der Vernachlässigung, und Harville Hendrix, wegen seiner Freundschaft und wegen seiner unschätzbaren Leistung auf dem Gebiet der Ehetherapie und -theorie. Außerdem muß ich meiner lieben Freundin Anne Worth danken – für ihre Unterstützung und dafür, daß sie mich mit Pia und Harville bekannt gemacht hat!

Die theoretische Grundlage dieses Buchs beruht auf dem bahnbrechenden Werk von Salvador Minuchin und seiner Theorie der strukturellen Familientherapie. Seine Forschungen und seine Praxis haben die Ehe- und Familientherapie entscheidend verändert.

Die hingebungsvolle und bis ins kleinste Detail genaue Arbeit von Leslie Meredith, Cheflektorin im Bantam Verlag, hat mir hohen Respekt abgenötigt. Ich möchte auch meiner Agentin Susan Lescher für ihr nicht nachlassendes Interesse an diesem Vorhaben danken. Die Leistungen der Lektorinnen Sharon Morris, Frances Robinson und Tamera Allred waren nicht in Gold aufzuwiegen. Eine ganz besondere Anerkennung gebührt meiner Mitautorin Jo Robinson. Die gemeinsame Arbeit war nicht nur lohnend, sie hat auch Spaß gemacht!

Zu guter Letzt möchte ich den tapferen Menschen danken, die mir erlaubten, ihre Geschichten in diesem Buch zu verwenden. Ich danke ihnen von Herzen.

Pat Love

Inhalt

Einleitung

Dieses Buch befaßt sich mit einem Krankheitsbild bzw. Syndrom, das als »emotionaler Inzest« bezeichnet wird – es handelt sich dabei um eine erstaunlich häufige, aber selten erkannte Spielart des elterlichen Verhaltens, bei dem sich die Eltern nicht beim jeweiligen Partner, sondern bei ihren Kindern emotionale Unterstützung holen. Auf den zufälligen Beobachter können diese Eltern durchaus einen liebevollen, fürsorglichen Eindruck machen. Sie verbringen nämlich oft sehr viel Zeit mit ihren Kindern und überhäufen sie mit Lob und Geschenken. Aber bei näherem Hinsehen hat ihre Liebe nichts mit Hegen und Geben zu tun, sondern sie wird unbewußt als Mittel eingesetzt, um sich eigene unbefriedigte Bedürfnisse zu erfüllen.

Für Kinder ist es eine große Belastung, wenn sie die primäre Stütze eines Elternteils sind. Gezwungen, ihre eigenen Bedürfnisse zu unterdrücken, mühen sie sich ab, die Bedürfnisse der Erwachsenen zu befriedigen. Aufgrund dieses Rollentauschs werden sie meist nicht angemessen beschützt, angeleitet und erzogen, und sie werden Erfahrungen ausgesetzt, für die sie noch nicht reif sind. Als Jugendliche und Erwachsene leiden sie häufig an einem oder mehreren der folgenden Probleme: Depression, chronische unterschwellige Ängste, ein schwankendes Selbstwertgefühl und problematische Liebesbeziehungen, zu unscharfe oder zu starre persönliche Abgrenzungen, verschiedene Formen sexueller Störungen, Eßstörungen sowie Drogen- oder Alkoholabhängigkeit.

Da nur wenige Opfer eines emotionalen Inzests oder Gefühlsmißbrauchs klar den Finger darauf legen können, was in ihrer Familie nicht in Ordnung war, haben sie nur beschränkt Einsicht in die ihren

Problemen zugrundeliegende Ursache. Viele haben sogar eine derart rosige Sicht ihrer Kindheit, daß ihre Gesundung dadurch noch erschwert wird. Wie können sie etwas Schlechtes von Mutter bzw. Vater denken, wenn sie bzw. er sie mit soviel Zeit und Zuwendung überschüttet hat? Doch für den Heilungsprozeß ist es notwendig, diesen Mythos zu durchbrechen.

Der emotionale Inzest ist kein neues Phänomen. Man braucht sich in der Geschichte nicht lange nach Leuten umzusehen, die sich an ihre Kinder geklammert haben, Wir Menschen haben ein angeborenes Bedürfnis nach Zusammenhalt und Nähe, und wenn diese Bedürfnisse nicht von einem Partner erfüllt werden, dann neigen wir automatisch dazu, uns an ein Kind zu halten. Das Syndrom bezieht aber seine Aktualität aus folgenden Tatsachen:

1. Die derzeitigen Veränderungen in der Familienstruktur – insbesondere die dramatische Zunahme der Einelternfamilien und der Suchtkrankheiten – haben das Auftreten des emotionalen Inzests dramatisch erhöht.

2. Seine Folgen für das spätere Leben als Erwachsener werden heute klarer erkannt.

3. Durch die Fortschritte auf dem relativ neuen Feld der strukturellen Familientherapie ist der emotionale Inzest zu einer definierbaren und heilbaren Störung geworden.

4. Das Syndrom hat einen Namen bekommen.

Ich habe mich in den vergangenen fünf Jahren intensiv den Vorarbeiten für dieses Buch gewidmet. Je deutlicher mir wurde, was das Syndrom beinhaltet, desto häufiger bin ich in meiner Umgebung darauf gestoßen. Das Hauptproblem von gut der Hälfte meiner Klienten ist ein allzu enges Verhältnis zu Mutter bzw. Vater. Auch wenn ich einen Vortrag über das Thema halte, kommen garantiert hinterher eine ganze Reihe von Menschen zu mir, um mir zu sagen: »Mir ist genau das passiert, worüber Sie eben gesprochen haben. Sie haben mein Leben beschrieben. Jetzt weiß ich endlich, was mit mir los ist.«

Ich habe die Hoffnung, daß ich durch das Bekanntwerden des Problems in der Öffentlichkeit dazu beitragen kann, daß diese schwere, aber bislang wenig beachtete Form des Mißbrauchs gezielt angegangen wird und daß diese Erkenntnisse auch eine Rolle bei der zukünftigen Schaffung von gesunden Familienbeziehungen spielen werden.

Pat Love
Austin, Texas

I

Was bedeutet emotionaler Inzest?

1

Die Kindheit mit einem vereinnahmenden Elternteil

»Mein Vater sagte, er habe sich am Tag meiner Geburt in mich verliebt.«

Als Gwen, eine talentierte 33jährige Grafikerin, zu mir kam, wies sie zwei Merkmale auf, die auf einen emotionalen Inzest hindeuteten – chronische Beziehungsprobleme und eine eigenartige Mischung aus hohem und niedrigem Selbstwertgefühl. Als sie zum erstenmal mein Büro betrat, machte sie einen ausgeglichenen Eindruck. Ihr Gang war selbstbewußt, ihr Händedruck fest. Sie trug ein leicht tailliertes grünes Kostüm, und das glänzende dunkle Haar war vorteilhaft frisiert. Hätte es sich um ein Einstellungsgespräch gehandelt, wäre der erste Eindruck sehr günstig gewesen.

Auch ihr familiärer Hintergrund schien auf den ersten Blick ganz normal. »Ich kann mich eigentlich nicht beklagen«, sagte sie. »Ich bin eins von diesen seltenen Exemplaren, die aus einer ›intakten Familie‹ kommen. Meine Eltern waren zwar keine Engel, aber weder Alkoholiker noch geschieden, und sie haben uns weder geschlagen noch sich ständig gestritten. Also, warum bin ich so verdreht? Und warum lasse ich mich jetzt schon zum zweitenmal scheiden?«

Am Telefon hatte Gwen mir bereits gesagt, daß sie gerade die Scheidung eingereicht habe. Und da es ihr im Jahr nach ihrer ersten Scheidung so schlechtgegangen sei, wolle sie diesmal das Leid in Grenzen halten.

»Da ich nun weiß, was Ihre Eltern *nicht* getan haben«, sagte ich lächelnd, »sagen Sie mir jetzt bitte, was sie getan *haben*. Wie waren sie so?«

»Nun, ich hatte zu meinem Vater ein sehr viel engeres Verhältnis als zu meiner Mutter. Papa und ich standen uns wirklich sehr nahe. Er nannte mich immer seine kleine Prinzessin.«

In meinem Inneren leuchtete eine rote Warnlampe auf. »Was ist Ihre wichtigste Erinnerung an Ihren Vater?« fragte ich.

»Ich denke zum Beispiel besondes gern daran zurück, wie wir zusammen auf dem Sofa saßen und Musik hörten. Papa war ein absoluter Mozart-Fan und ich auch. Mit zwölf Jahren konnte ich fast alle Mozart-Kompositionen erkennen, sobald ich nur die ersten paar Takte hörte. Darauf war er unheimlich stolz. Mein Bruder war nicht sehr musikalisch. Papa sagte immer zu ihm: ›Du hast Schweineohren.‹«

»Was machten Sie und Ihr Vater noch zusammen?« fragte ich. Ich wollte wissen, ob es Zeichen für eine allzu enge Bindung gab.

»Abends brachte mich immer mein Vater ins Bett und las mir vor, bis ich eingeschlafen war. Morgens weckte er mich, damit wir zusammen frühstücken konnten, bevor er aus dem Haus ging. Wir sind beide Morgenmenschen. Meine Mutter und mein Bruder sind Nachteulen. Er freute sich immer auf diese Zeit am Morgen, wenn wir allein waren. Er sprach dann mit mir über seine Arbeit, seine Sorgen, seine Zukunftspläne.«

Im weiteren erzählte Gwen, daß sie und ihr Vater begeisterte Skiläufer waren, daß sie jeden Abend zusammen joggten und oft miteinander in Symphoniekonzerte gingen. Inzwischen flackerte bei mir das rote Licht wie wild. Gwen und ihr Vater erschienen eher als glückliches Ehepaar denn als Vater und Tochter. Selbst ihr Tagesrhythmus stimmte überein – wie bei einem jungverheirateten Pärchen.

»Hatten Sie in Ihrer Kindheit viele Freundinnen und Freunde?« fragte ich. Kinder, die zu eng mit einem Elternteil verbunden sind, verbringen im allgemeinen nur wenig Zeit mit Gleichaltrigen.

»Wissen Sie, es hört sich vielleicht komisch an, aber ich glaube, daß Papa mein bester Freund war«, erwiderte sie. »Wir machten alles gemeinsam.«

»Was taten Ihre Mutter und Ihr Bruder in der Zeit, in der Sie soviel mit Ihrem Vater zusammen waren?«

»Mutter kochte oder putzte meistens, oder sie las ein Buch. Mein Bruder saß vorm Fernseher, oder er spielte draußen mit seinen Freunden. Es gab eigentlich nur eine Sache, die mich an meinem Papa störte«, lenkte Gwen die Unterhaltung wieder auf ihren Vater zurück. »Er beklagte sich dauernd bei mir über meine Mutter. Er sagte so Sachen wie ›Du bist intelligenter als deine Mutter‹ oder ›Wenn deine

Mutter doch nur deinen Sinn für Humor hätte.‹ Sogar, wenn sie dabei war.« Bei diesen Worten wendete sie sich ab und blickte aus dem Fenster. Ich konnte spüren, daß ihr das noch immer unangenehm war.

»Wie reagierte Ihre Mutter denn darauf?« fragte ich.

»Sie zuckte nur mit den Schultern. Manchmal wirkte sie dann sehr kühl und ging aus dem Zimmer. Draußen hörte man sie dann mit den Schranktüren knallen oder so. Aber sie haben sich nie gestritten. Ich dachte früher immer, das hieße, daß sie eine gute Ehe führten. Aber inzwischen weiß ich etwas mehr über die Ehe« – hier blickte sie mich mit einem etwas gequälten Lächeln an – »und denke, daß sie sich schlicht miteinander abgefunden hatten. Sie hatten wenig Gemeinsames außer meinem Bruder und mir. Sie gingen zusammen zu den Betriebsausflügen, aber das war's schon so ziemlich.«

Ich hatte derartige traurige Geschichten schon oft gehört. Gwens Vater wünschte sich etwas, was wir uns alle wünschen – jemanden, dem man vertraut, der zu einem hält, der dieselben Interessen hat und der einen bewundert. Als sich seine Wünsche in seiner Ehe nicht erfüllten, da wendete er sich, wie so viele andere Eltern, der naheliegendsten Hilfsquelle zu – einem Kind. Er versuchte die Leere in seinem Leben mit seiner Tochter auszufüllen.

»Hatte Ihr Vater Probleme, Sie aufs College ziehen zu lassen?« fragte ich. »Sie standen sich schließlich so nahe.«

Sie nickte heftig. »Er war am Boden zerstört. Schon während meines letzten Schuljahres war er deprimiert. ›Du willst doch nicht wirklich fortgehen und mich allein lassen?‹ sagte er dauernd. Ich hatte Schuldgefühle, daß ich von zu Hause wegging. Er fuhr mich im Herbst in die Universitätsstadt, damit wir einen letzten gemeinsamen Tag verbringen konnten. Als wir vor dem Studentenheim hielten, sagte er mir, daß er sich am Tag meiner Geburt in mich verliebt habe. Ich werde das nie vergessen. Er hatte Tränen in den Augen.«

Als sich unsere Therapiesitzung dem Ende näherte, fragte ich: »Was möchten Sie bei unserer gemeinsamen Arbeit für sich erreichen? Am Telefon sagten Sie, daß Sie Hilfe bei der Bewältigung Ihrer Scheidung suchten. Könnten Sie das noch genauer erklären?«

Gwen senkte den Kopf und nagte an ihrer Oberlippe, dann faßte sie in ihre Handtasche und zog einen Notizblock und einen Stift hervor. »Ich kann besser zeichnen als reden«, sagte sie. Mit wenigen schnellen Strichen entstand eine Zeichnung, die sie mir zeigte. Es war eine große Blume mit offenen Blütenblättern und einer dunklen Mitte. Sie deutete auf den üppigen Blätterkranz. »So fühle ich mich zu bestimmten Zeiten, stark, als etwas Besonderes ...« Sie hielt einen Augenblick inne, dann lachte sie: »Meine zwei Ex-Gatten würden vielleicht sogar sagen: größenwahnsinnig.« Dann deutete sie auf das winzige, dichte, schwarze Gekritzel in der Mitte. »Und so sehe ich mich die übrige Zeit. Klein. Dunkel. Schuldig. Wertlos.« Der Kontrast zwischen den beiden Bestandteilen der Zeichnung war eine anschauliche Beschreibung ihrer Angst. Sie war nicht so, wie sie von außen wirkte. Hinter ihrem selbstbewußten Äußeren fühlte sie sich wie ein ängstliches, schuldbewußtes Kind. »Ich will wissen, warum«, sagte sie.

Gwen ist das klassische Beispiel eines Lieblingskindes, eines »auserwählten Kindes«, wie ich es im folgenden bezeichnen möchte, weil es von einem Elternteil dazu »auserwählt« wird, die Hauptquelle emotionaler Unterstützung für diesen zu sein. In großen Zügen ausgedrückt, gibt es zwei Arten, wie das Eltern-Kind-Verhältnis aus den Fugen geraten kann: Eltern und Kind können einander *entfremdet* sein, d. h. es ist zwischen ihnen zuviel Distanz, oder sie können miteinander *verstrickt* sein, d. h. sie stehen sich allzu nahe.[1] Von diesen beiden Möglichkeiten kommt eine Verstrickung häufiger vor, und ein starkes Band zwischen einem Elternteil und einem Kind des anderen Geschlechts ist so häufig, daß sich dafür in unserer Alltagssprache sogar schon bestimmte Ausdrücke eingebürgert haben: Vatertochter und Muttersöhnchen.

Wo die Verstrickung sehr groß ist – wie in Gwens Fall –, hat ein eigener Terminus seine Berechtigung: *emotionaler Inzest* (bzw. emotionale Ausbeutung oder inzestuöser Gefühlsmißbrauch).[2] Ich bin mir durchaus bewußt, daß das starke Worte sind, aber ich wähle sie mit Bedacht. Genauso wie Kinder der sexuellen Ausbeutung durch einen Elternteil machtlos gegenüberstehen, so sind sie auch gegenüber einem Elternteil, der sie gefühlsmäßig vereinnahmt, machtlos. Ihr Selbstwertgefühl ist so gering und ihr Bedürfnis, mit den Eltern verbunden zu sein, so groß, daß es allein in der Macht der Erwachsenen liegt, wie die Beziehung ist. Wenn ein Elternteil seinen Vorteil aus dieser Macht zieht und sich seinem Sohn oder seiner Tochter zum Zweck der eigenen Bedürfnisbefriedigung zuwendet, dann liegt eine Verletzung des Intimitätstabus zwischen Eltern und Kindern vor.

Für das Kind kann das schwere und weitreichende Folgen haben. Ein schwankender Selbstwert, ein Gefühl der Machtlosigkeit, Schwierigkeiten in den Beziehungen zu Gleichaltrigen und beim Gestalten von

Freundschaften, Eßstörungen, Depressionen und Angstzustände sind einige der verbreiteten Nachwirkungen. Später haben Menschen, die als Kind einen derartigen Gefühlsmißbrauch erleben mußten, häufig sexuelle Störungen und Probleme bei ihren Liebesbeziehungen.

Leider ist die emotionale Form des Inzests noch so wenig ins Bewußtsein der Öffentlichkeit gedrungen, daß das Syndrom oft weder erkannt noch behandelt wird. Gwen beispielsweise war trotz ihres Bildungsgrads nicht in der Lage zu erkennen, daß das Kontaktbedürfnis ihres Vaters völlig unangemessen gewesen war. Die Gefahrensignale, die mir sogleich auffielen, waren für sie selbst noch als Erwachsene unsichtbar. Sie sah nichts außer den Vorteilen, die sie in der Beziehung genossen hatte – das Lob und die Zärtlichkeit, die Privilegien, die geduldige Förderung ihrer Talente und die Vertrauensbeweise. Jedes Kind wünscht sich insgeheim diese ausschließliche Beachtung durch den gegengeschlechtlichen Elternteil, und dieser Traum war für Gwen wahr geworden.

Mir fiel die schwierige Aufgabe zu, Gwen in den nächsten Wochen dabei zu helfen, sich die negativen Folgen dieser jedes Maß überschreitenden Innigkeit bewußt zu machen. Es würde sie erschüttern, wenn ihr klar würde, wie sehr ihr die Beziehung zu ihrem Vater geschadet hatte, doch würde sie durch die Konfrontation mit dieser Tatsache Einsicht in ihre rätselhaften emotionalen Schwierigkeiten bekommen. Sie würde zum erstenmal die Hintergründe ihrer Eheprobleme verstehen, und sie würde erfahren, warum ihr Selbstwertgefühl so dramatischen Schwankungen unterworfen war.

Spielarten des inzestuösen Gefühlsmißbrauchs

Die emotionale Form des Inzests kann vielfältige Formen annehmen. Gwens Beziehung zu ihrem Vater war romantisch getönt, ein Fall von »Romantisierung« der Eltern-Kind-Beziehung, wie ich es nennen möchte: Dabei wendet sich ein Elternteil einem Kind des anderen Geschlechts zu, um die Nähe und das Zusammengehörigkeitsgefühl zu erleben, die man normalerweise in einer Liebesbeziehung sucht. Kurz gesagt, das Kind wird zu einem Partnerersatz. Wie im Falle von Gwens Vater wird das Kind oft geradezu angebetet. Es ist typisch für diese Art von Beziehung, daß immer etwas von Flirt und sanfter Nekkerei in der Luft liegt.

Eine Variante dieser Form ist festzustellen, wenn ein Elternteil mit einem Kind desselben Geschlechts verstrickt ist. In diesem Fall hat die Beziehung eher einen Anstrich von Kumpelhaftigkeit oder läuft unter dem Motto »Wir sind die besten Freundinnen«, während die romantischen Untertöne fehlen. Mutter-Tocher- und Vater-Sohn-Partnerschaften treten besonders häufig bei Alleinerziehenden oder in Familien mit einem Einzelkind auf, wo die Wahlmöglichkeiten geringer sind.

Der inzestuöse Gefühlsmißbrauch hat einen völlig anderen Charakter, wenn das Kind mit einem ständig kritisierenden bzw. mißhandelnden Elternteil verbunden ist. In diesem Fall wird das Kind nicht einfach als emotionale Stütze mißbraucht, sondern vor allem, um Wut und Spannungen abzureagieren. Das Kind kann in der einen Minute freundlich behandelt und im nächsten Augenblick mißhandelt oder beschämt werden. Es wird zum Spielball der jeweils vorherrschenden elterlichen Emotionen. Wo ein Elternteil eine derart geringe Selbstkontrolle aufweist, ist die Familie häufig auch auf andere Weise gestört. Auch Gewalttätigkeit, Armut, Alkoholismus, Drogen oder Kriminalität können eine Rolle spielen. Diese Probleme treten so stark in den Vordergrund, daß die gefühlsmäßige Verstrickung davon überdeckt wird. Viele Menschen, deren Eltern Alkoholiker waren oder ihre Kinder mißhandelten, entdecken erst spät, daß sie außerdem Opfer eines Gefühlsmißbrauchs waren.

Auch wenn auf den ersten Blick sehr große Unterschiede zwischen diesen vorherrschenden Formen des emotionalen Inzests zu bestehen scheinen – das eine Kind wird behandelt wie jemand, dem man den Hof macht, das andere von gleich zu gleich und das dritte als Sündenbock –, so haben diese Eltern-Kind-Beziehungen doch zwei grundlegende Züge gemeinsam:

1. *Der Elternteil benutzt das Kind, um Bedürfnisse zu befriedigen, die von anderen Erwachsenen befriedigt werden sollten.* Der Elternteil sucht bei dem Kind Nähe, Anteilnahme, romantische Stimmungen, Rat und Hilfe bei seinen Problemen, Selbstbestätigung und bzw. oder eine Anlaufstelle, wo er seinen Gefühlen freien Lauf lassen kann. Das Kind ist dem Umgang mit derartigen Bedürfnissen noch nicht gewachsen und leidet deshalb unter schwerwiegenden Spätfolgen.

2. *Der Elternteil ignoriert viele der Bedürfnisse des Kindes.* Wenn ein Elternteil bei einem Kind emotionale Unterstützung sucht, erhält das Kind selten in angemessener Form Schutz, Fürsorge, Führung,

Struktur, Zuneigung, Zustimmung oder Disziplin. Es handelt sich hier um das genaue Gegenteil von verantwortungsbewußter Elternschaft: Statt daß der Elternteil die Bedürfnisse des Kindes erfüllt, erfüllt das Kind die Bedürfnisse des Elternteils.

Familien, in denen emotionaler Inzest auftritt, weisen außerdem bestimmte gemeinsame Züge auf. Folgende Merkmale lassen sich meist feststellen:

1. *Der Elternteil findet nicht genügend partnerschaftlichen Zusammenhalt und Unterstützung.* Fast ausnahmslos fehlt einem Elternteil (es kann sich auch um Stiefvater oder -mutter handeln), der gefühlsmäßig mit einem Kind verstrickt ist, ein ausreichendes Unterstützungssystem von anderen Erwachsenen. Der Elternteil ist alleinstehend, geschieden, verwitwet oder lebt in einer unglücklichen Ehe. Es fehlt die emotionale Unterstützung, die ein Partner oder erwachsene Freunde bieten sollten. Um die Leere zu füllen, wendet sich der Elternteil dem Kind zu.

2. *Leben beide Eltern in einem gemeinsamen Haushalt, hegt der Elternteil, der dem Kind nicht so nahe steht, einen tiefen Groll.* Wenn ein Elternteil mit einem Kind gefühlsmäßig verstrickt ist, ist der andere im allgemeinen eifersüchtig und fühlt sich ausgeschlossen. Da aber kein allgemein anerkanntes Tabu gegenüber dem emotionalen Inzest existiert, kann sich der ausgeschlossene Elternteil über nichts beklagen. Wie soll man kritisieren, daß der eigene Ehemann oder die Frau das gemeinsame Kind liebt? Da ihm eine plausible Begründung für seinen Zorn fehlt, mißhandelt der ausgeschlossene Elternteil das Kind, oder er zieht sich von ihm zurück.

3. *In Familien mit zwei oder mehr Kindern ist mehr als die übliche Geschwisterrivalität zu beobachten.* Geschwisterrivalität läßt sich in jeder Familie mit mehr als einem Kind feststellen. Aber wenn eins der Kinder einen unverhältnismäßig großen Anteil der Liebe und Beachtung eines Elternteils erhält, kann die Rivalität langanhaltend und schwerwiegend sein.

Wenn Sie sich jetzt fragen, ob Sie ein Lieblingskind, ein auserwähltes Kind, waren, vergleichen Sie die Familie, in der Sie aufgewachsen sind, mit der obigen Liste der typischen Merkmale. Das erste Charakteristikum – ein Elternteil mit unbefriedigten emotionalen Bedürfnissen – hat die größte Aussagekraft. Wenn Ihre Mutter oder Ihr Vater alleinstehend oder unglücklich verheiratet war und diesen Mangel an Beistand nicht dadurch kompensierte, daß sie oder er sich ein Netzwerk von guten Freunden und Bekannten schuf, dann ist es wahrscheinlich, daß in irgendeinem Ausmaß eine emotionale Verstrickung auftrat. Menschen unterliegen nun einmal dem Zwang, ihre emotionalen Bedürfnisse zu befriedigen, und sie halten sich dann an die Quellen, die ihnen in ihrer Umgebung zur Verfügung stehen. Bei allzu vielen Erwachsenen ist die zunächst erreichbare Bezugsquelle ein Kind.

In den folgenden Kapiteln werden Sie mehr über den erstaunlich hohen Preis des emotionalen Inzests erfahren. Es handelt sich um ein Syndrom, das nicht nur für das auserwählte Kind negative Implikationen hat, sondern auch für jedes andere Familienmitglied. Und schlägt dieser Gefühlsmißbrauch erst einmal Wurzeln in einer Familie, dann pflanzt er sich von Generation zu Generation fort.

Trotzdem ist dieses Buch keineswegs eine bloße Beschreibung einer unheilvollen Familienkonstellation. Es ist eine optimistische Lebenshilfe, weil es auch darum geht, wie die Beziehungen in einer Familie wieder in neue Bahnen gelenkt werden. Meine Absichten laufen nämlich auf zweierlei hinaus: Erstens möchte ich Ihnen dabei helfen, die zahllosen Probleme zu lösen, die ihren Ursprung darin haben, daß Sie mit einem vereinnahmenden Elternteil aufwuchsen, der sich nicht von seinem Kind abgrenzen konnte, und zweitens möchte ich Ihnen nützlich dabei sein, sich hier und heute Beziehungen zu schaffen, in denen Sie größere Erfüllung finden.

Die Anwendung von Erkenntnissen von heute auf die Familien von gestern

Während dieses Heilungsprozesses kann es passieren, daß Sie Ihre Familiengeschichte in einem erbarmungslosen neuen Licht sehen. Möglicherweise müssen Sie, wie Gwen, Ihre Sicht eines Elternteils ganz bedeutend ändern. Was Ihnen ursprünglich als normales Elternverhalten erschien, kann in Wirklichkeit eine verdeckte Form von Mißbrauch gewesen sein. Und falls Sie selbst Kinder haben, werden Sie möglicherweise sogar anfangen, ihr eigenes Verhalten gegenüber Ihren Söhnen und Töchtern in Frage zu stellen.

Wenn Sie beunruhigende Entdeckungen machen, denken Sie daran: *In diesem Buch wende ich Erkenntnisse und Wertvorstellungen von heute auf die Familien von gestern an.* Beziehungsformen, die wir alle noch vor zwanzig oder dreißig Jahren als gegeben hinnahmen, werden heute mit dem Etikett »Funktionsstörung« versehen. In der vorangehenden Generation sahen die Psychologen die Familie noch nicht als ein System an. Sie achteten noch nicht sehr auf die jeweiligen Rollen der Familienmitglieder, und deshalb dachten sie noch nicht in Begriffen wie »Partnerersatz«. Sie richteten ihre Aufmerksamkeit hauptsächlich auf die Bedürfnisse des Individuums. Wegen dieser beschränkten Sicht der menschlichen Psyche trafen nur wenige Leute eine Unterscheidung zwischen normalem Elternverhalten und einer gefühlsmäßigen Verstrickung. Erst durch die Fortschritte auf dem relativ neuen Gebiet der »Strukturellen Familientherapie« hat sich der emotionale Inzest als ein definierbares und heilbares Syndrom herausgebildet.[3] Aus diesem Grunde möchte ich Ihnen sehr ans Herz legen, Ihre Familie (die ehemalige wie die gegenwärtige) mit Toleranz zu betrachten. In irgendeiner Hinsicht sind wir alle verwundete Kreaturen, die darum kämpfen, ihre Grundbedürfnisse zu befriedigen, und meistens tun wir das ohne adäquate Führung, verläßliche Informationen, gute Rollenvorbilder oder tiefere Einsicht. Daher sind Fehler unvermeidlich, insbesondere bei der anspruchsvollen Aufgabe der Elternschaft. Es wäre ideal, wenn wir unsere möglichen neuen Erkenntnisse nicht für Schuldzuweisungen an uns und andere Personen benutzten, sondern dazu, unser Leben gesünder und erfüllter zu gestalten. Ich hoffe, dieses Buch wird Ihnen bei diesem Vorhaben nützlich sein.

2

Eltern, die Doppelbotschaften aussenden: Liebe, Vernachlässigung und Mißbrauch

Wenn ein Elternteil sein Kind als emotionale Stütze benutzt, dann fließen nicht nur Milch und Honig wie in Gwens Schilderung in Kapitel 1. Die Verklammerung mit einem Kind kann sich auch in einem ständigen Bekritteln oder Vernachlässigen äußern, wodurch eine verwirrende Mischung von Liebe und Bösartigkeit entsteht. Anstatt sich als privilegiert zu empfinden, fragt sich ein solcherart auserwähltes Kind: *Warum gerade ich? Warum nicht jemand anders?*

Eltern, die ihr Kind vernachlässigen

Ich habe ein besonderes Mitgefühl für Klienten, die mit einem Elternteil verstrickt waren, der sie schlecht behandelte, denn in dieser Lage war ich selbst. Meine Eltern hatten sich kurz nach meiner Geburt getrennt, und ich sah meinen Vater viele Jahre lang nicht wieder. 14 Jahre lebte ich allein mit meiner Mutter, die Alkoholikerin war. Manchmal trank sie so viel, daß sie die ganze Nacht nicht nach Hause kam. Wenn ich morgens aufwachte, war die Wohnung leer, und ich mußte mich allein für die Schule fertig machen. Wir hatten keinen Wecker, so daß ich oft zu spät kam. Ich weiß noch, wie ich eines Tages zur Direktorin gerufen wurde, um meine ständige Verspätung zu erklären, und ich mir schnell eine Ausrede ausdachte. Ich behauptete, daß wir unten am Fluß lebten und ich wegen der feuchten Luft dauernd Halsschmerzen bekäme.

Wie so viele Kinder wurde ich zu dem, was man im Therapeutenjargon als »Elternkind« oder »kleine Mutter« bezeichnet – zu einem Kind also, das vorzeitig Erwachsenenverantwortung übernimmt. Ich mußte selbst entscheiden, was ich aß und anzog, ob und wann ich Hausaufgaben machen wollte und ob ich den Mann weiter unten an der Straße besuchen dürfte, der mir Bonbons versprochen hatte, wenn ich mich auf seinen Schoß setzen würde.

Die Tatsache, daß ich so oft allein auf mich gestellt war, erweckt vielleicht den Eindruck, daß ich stärker unter Vernachlässigung als unter einer gefühlsmäßigen Verstrickung litt. Doch tatsächlich erlebte ich beide Extreme. Wenn meine Mutter trank, wurden meine Bedürfnisse vernachlässigt. Aber wenn sie nüchtern war, stand ich im Mittelpunkt ihres Interesses. Im Alter von zwölf Jahren war ich ihre Vertraute, ihre Begleiterin und ihre Ratgeberin. Ich war da, damit sie sich nicht einsam fühlte und damit sie einen Grund hatte, morgens aufzustehen. Ich sollte mit ihr herumalbern und lachen, wenn sie sich amüsieren wollte, und sie trösten, wenn sie deprimiert war. Ich war die Konstante in ihrem Leben – die einzige Person, auf die sie zählen konnte. Sie hatte keinen Ehemann. Ihre Bekannten kamen und gingen. Aber ich war immer da.

Seltsamerweise war ich mir der Belastung durch diese Rolle nicht bewußt. Ich bewunderte meine Mutter und fühlte mich die meiste Zeit geschmeichelt, daß ich ihre Freundin war. Sie war hübsch und witzig, und es machte Spaß, mit ihr zusammenzusein. Sie war immer nett zu mir und überschüttete mich mit Lob und Bewunderung. Immer wieder schwärmte sie mir und jedem, der es hören wollte, vor, wie hübsch, intelligent und zuverlässig ich sei. Sie meinte, ich könne einfach alles, und ich glaubte ihr. Daß sie so eine hohe Meinung von mir hatte, half mir dabei, ihre Fehler einfach wegzublenden.

Ich erinnere mich nur an einen einzigen Zwischenfall, bei dem mein uneingestandener Zorn zum Vorschein kam. Im Sommer des Jahres, als ich zehn wurde, kam meine Mutter einmal drei Tage und zwei Nächte nicht nach Hause. Am dritten Tag machte ich mir schreckliche Sorgen. Sie war auch früher schon ausgeblieben, aber noch nie so lange. An jenem Abend kam der Mann, der unter uns wohnte, an die Tür und sagte mir, daß meine Mutter einen Autounfall gehabt habe und im Krankenhaus sei. »Ich wünschte, sie wäre gestorben!« brach es aus mir hervor.

Nach dieser einmaligen Entladung legte sich meine Wut und zog sich wieder in den Untergrund zurück. Die einzige Nachwirkung des Zornausbruchs war, daß ich noch selbständiger als vorher wurde. Ich hatte entdeckt, daß es zu schmerzlich war, wenn man sich Blößen gab. Wenn meine Mutter nicht zuverlässig war, dann mußte ich eben dafür sorgen, mich *nicht* auf sie verlassen zu müssen.

Meine Mutter heiratete zum zweitenmal, als ich in der High-School war, und eine Zeitlang war ich nicht mehr Mutters beste Freundin. Das störte mich aber nicht, denn ich sah in meinem Stiefvater keine große Bedrohung. Er hatte keine Persönlichkeit und strahlte überhaupt keine Autorität aus. Er war eine solche Null, daß es nicht lange dauerte, bis meine Mutter kaum noch etwas mit ihm zu tun haben wollte und ich, wie vorher, wieder an ihre Seite beordert wurde. Von diesem Zeitpunkt an waren wir wie die Haarstränge eines Zopfes ineinander verflochten. Wir regelten die Geldangelegenheiten, wir trafen alle Entscheidungen und bestimmten alle Anschaffungen gemeinsam. Wir führten die Geschäfte, und für meinen Stiefvater war innerhalb der Familie keine Rolle mehr vorgesehen.

Kein Wunder, daß mein Stiefvater die Koalition zwischen seiner Frau und seiner Stieftochter mit Mißfallen sah. Wenn er betrunken war, schrie er mich an und verletzte mich mit beleidigenden Ausdrükken. Damals verstand ich den Grund nicht. Ich dachte immer nur: *Ich behandle ihn doch nicht schlecht. Ich habe nichts Unrechtes getan. Ich bin ein gutes Kind.* Ich hatte keine Ahnung, wie das Leben aus seiner Perspektive aussah. Ich hatte keine Vorstellung davon, daß es bestimmte »Familienrollen« gibt, und merkte nicht, daß ich mir den Platz im Leben meiner Mutter anmaßte, der eigentlich ihm gebührte.

Denke ich an meine Kindheit zurück, so kommt es mir vor, als hätte ich diese frühen Jahre damit verbracht, mit verbundenen Augen durch einen Irrgarten zu wandern. Immer wieder rannte ich blindlings gegen ein Hindernis an, aber ich hatte keine Ahnung, was mir da den Weg versperrte, und ebensowenig, in welche Richtung es weitergehen sollte. Ich hatte keinen Überblick. Keine Landkarte. Keinen Führer.

Es hat fast mein ganzes Leben als Erwachsene gedauert, bis ich eine gewisse Perspektive bekam. Bei mir – wie bei den meisten Leuten – fielen die Schleier nur allmählich. Die erste Erkenntnis, die sich in meinem Bewußtsein einnistete, war die Tatsache, daß meine Mutter und mein Vater zwar etwas für mich empfanden, aber trotzdem beide ihre Elternrolle aufgegeben hatten – mein Vater durch sein Verschwinden, meine Mutter dadurch, daß sie ihre Bedürfnisse konstant über meine gestellt hatte. Diese simple Tatsache, die mir heute so offenkundig scheint und gar nicht zu übersehen, wurde aber nur durch eine Psychotherapie aufgedeckt. Vorher war die Realität zu schmerzlich für mich gewesen, um sie wahrzunehmen.

Weitere Offenbarungen folgten. Mit Hilfe meiner Therapeutin wurde mir bewußt, daß meine Mutter mich auch deshalb so überschwenglich gelobt und auf ein Podest gestellt hatte, weil dies ein ihr unbewußtes Mittel war, um sich von der Last der Elternverantwortung zu befreien. »Du hast mir noch keinen Augenblick in deinem Leben Kummer gemacht«, hatte meine Mutter immer wieder zu mir gesagt. Hinter dieser Lobpreisung verbarg sich ein verstecktes Ultimatum: »Du darfst keine Bedürfnisse haben, Pat, denn ich will oder kann damit nicht umgehen.« Ich tat mein Bestes, um kooperativ zu sein. Ich suchte nach dem bißchen, das sie mir geben konnte, und paßte dann auf, daß ich nur das verlangte. Meine übrigen Bedürfnisse verdrängte ich oder behielt sie für mich. Ich war das »Heldenkind«, das sie herbeirufen konnte, wenn sie selbst Hilfe brauchte.

Später entdeckte ich, daß sie mit dem übertriebenen Lob einen weiteren Zweck verfolgte, nämlich ihr eigenes schwaches Ich zu stützen. Solange sie mir immer wieder vorredete, daß ich ein ganz einmaliges Kind sei, und ich es schaffte, ihre Erwartungen zu erfüllen oder sogar zu übertreffen, konnte sie sich sagen, daß sie eine gute Mutter – und damit ein guter Mensch – sei, trotz ihrer vielen Fehler. Und dann konnte sie ruhig weiter trinken und sich die Nächte um die Ohren schlagen und trotzdem mit sich zufrieden sein, denn an mir war abzulesen, wie bewundernswert sie als Mutter war. Ich war der einzige greifbare Beweis dafür, daß sie etwas wert war: Ich war das Universitätsdiplom, das sie niemals erwarb, die Karriere, die nie aus den Startlöchern herauskam, die öffentliche Anerkennung, die ihr niemals zuteil wurde. Meine Mutter lebte ihr Leben durch mich, und sie verfügte, daß ich es gut machen sollte.

Vor einigen Jahren entdeckte ich schließlich das letzte Teil des Puzzles: Ich war das Opfer eines emotionalen Inzests gewesen. Da kein anderer da war, hatte ich für meine Mutter die Rolle des Ersatzpartners spielen müssen. Ich war der treue, liebevolle, verläßliche Gefährte gewesen, den sie nie bekommen hatte. Ohne es zu wissen, war ich ihre einzige zuverlässige Quelle von Nähe und emotionaler Unterstützung gewesen.

Als ich es geschafft hatte, mir einen Weg durch die Schichten der Verleugnung zu bahnen, die meine Kindheit vor mir verschleiert hatten, verstand ich schließlich auch, warum ich in meinem späteren Leben so viele Probleme gehabt hatte. Ich verstand, warum ich mich von

Männern angezogen fühlte, die nicht für mich da waren, warum ich solche Schwierigkeiten hatte, Menschen an mich heranzulassen und warum es mir so schwer fiel, um Hilfe zu bitten. Ich verstand, warum ich mich, trotz aller meiner äußeren Erfolge, unzulänglich und leer fühlte. Ich verstand einen der Beweggründe, warum ich hatte Therapeutin werden wollen – ich hatte mein Leben lang anderen geholfen, aber jetzt wollte ich wenigstens dafür bezahlt werden.

Eltern, die ihr Kind mißhandeln bzw. ständig kritisieren

»Mir kam es so vor, als versuchte meine Mutter, ihr Leben durch mich zu leben, nur machte ich es ihr nicht gut genug ... Ihre Liebe war wie ein Keulenschlag.«

Meine Mutter vernachlässigte mich zwar, doch sie war nie bösartig. Sie liebte und bewunderte mich. Manche der auserwählten Kinder sind weniger glücklich dran. Die Mutter von David, einem erfolgreichen Architekten von Mitte Fünfzig, verhielt sich extrem sprunghaft: In der einen Minute wurde er vergöttert, in der nächsten attackiert. »Sie wollte, daß ich ständig in ihrer Nähe war«, erzählte er mir, »aber sie war furchtbar kritisch. Sie ließ mich dauernd spüren, daß sie mich für einen Versager hielt. Ich war nie gut genug. Meine Zensuren waren nie gut genug. Ich war ihr nicht intelligent genug. Sie verspottete mich und machte mich lächerlich.« Genau wie meine Mutter versuchte Davids Mutter durch ihr Kind zu leben, aber zugleich stand für sie fest, daß er es einfach nicht packte.

Auch wenn David sich noch so sehr bemühte, ihr zu gefallen, sie war und blieb immer enttäuscht von ihm. Ihm gelang es nicht, das Vakuum, das sich in ihrem Leben ausbreitete, zu füllen.

Hier liegt die traurige Wahrheit des emotionalen Inzests. Die einzige Beziehung, in der ein Erwachsener so etwas wie Befriedigung finden kann, ist eine liebevolle, enge Verbindung zu einem anderen Erwachsenen. Ein Kind hat weder die Reife noch die Erfahrung und die Fähigkeiten, um ein angemessener Partner zu sein. Ganz zu schweigen davon, daß ein Kind niemals der sexuelle Partner eines Elternteils sein darf. Auch in Fällen, wo es den Anschein hat, daß ein

Kind ein adäquater Partner für einen Erwachsenen ist, fehlt doch immer irgend etwas, und tragischerweise trägt in der Hauptsache das Kind die Kosten der Frustration des Elternteils.

Als ich David zuhörte, fielen mir einige Parallelen zwischen seiner und meiner Geschichte auf. Wir waren beide Einzelkinder, die von einem alleinstehenden Elternteil aufgezogen wurden – eine typische Konstellation für einen inzestuösen Gefühlsmißbrauch. Auch Davids Eltern hatten sich kurz nach seiner Geburt getrennt.

Aber im Unterschied zu mir hatte David nur wenige Spielgefährten gehabt. Ich hatte in der Stadt soviel herumlaufen dürfen, wie ich wollte, und hatte sehr viel Kraft aus meinen Freundschaften geschöpft. Die Liebe von Davids Mutter war besitzergreifender gewesen. David erinnerte sich an einen Wintertag, als er noch ziemlich klein war. Ein paar Kinder klingelten an der Tür und fragten, ob er mit ihnen spielen dürfe. Als David die Treppe herunterkam, hagelte es von allen Seiten Schneebälle. Sofort rief ihn seine Mutter zurück und verbot ihm, je wieder mit diesen Kindern zu spielen. »Und ich glaube, so war es dann auch«, sagte David. »Sie war die einzige, mit der ich etwas unternahm.« Dieser Mangel an Kontakt zu Gleichaltrigen erschwerte David das Leben. »Ich kam nie gut in der Schule zurecht«, berichtete er. »Ich war in sozialer Hinsicht unreif. Ich wußte nicht, wie man mit anderen Kindern zurechtkommt. Ich hätte erst später eingeschult werden sollen. Ich wünschte, es hätte sich jemand um mich gekümmert.«

Was David da sagte, konnte ich nur zu gut nachempfinden. Obwohl wir mit unseren Müttern gefühlsmäßig so verflochten gewesen waren, hatten uns weder Mutter noch Vater behütet. Ihre eigenen Bedürfnisse hatten das verhindert. Immer wieder höre ich diese Klage von erwachsenen Menschen, die in verstrickten Familien aufwuchsen: »Ich wünschte, es hätte sich jemand um mich gekümmert.« Obwohl sie wahrscheinlich ihr ganzes Leben auf uns ausgerichtet hatten, konnten unsere Eltern doch nicht sehen, was wir brauchten, weil sie uns zu eng an sich gezogen hatten. Alles verschwamm vor ihren kurzsichtigen Blicken, und wir waren einfach nicht zu erkennen gewesen.

Als David sieben war, kehrte sein Vater zurück. »Eines Abends klopfte es an der Tür«, erzählte er mir, »und ich sah ein fremdes Gesicht hinter der Scheibe. Ich lief zu meiner Mutter und sagte ihr, daß ein Mann an der Tür sei. Sie ließ ihn herein, und ich sah seinen großen Koffer. Er blieb über Nacht. Am nächsten Morgen erfuhr ich, daß er mein Vater war.«

In der Folgezeit stellte sich heraus, daß Davids Vater völlig am Ende war, seelisch wie finanziell. »In all den Jahren, die er bei uns lebte, fand er nie mehr eine Arbeit«, sagte David. »Er hing nur im Haus herum. Er war früher einmal ein recht erfolgreicher Farmer gewesen, aber vier Jahre Dürre hatten ihn ruiniert. Diesen Fehlschlag konnte er nie verwinden, ebensowenig wie er sich an das Leben in der Stadt gewöhnen konnte.«

Davids Vater ließ seine Frustration zum größten Teil an seinem Sohn aus, indem er ihn übermäßig arbeiten ließ. Er mußte Zeitungen austragen und den riesigen Garten der Familie in Ordnung halten und die meisten häuslichen Reparaturen erledigen. David gab sich alle Mühe, um die Anerkennung seines Vaters zu bekommen, aber es gelang ihm nie. Sein Vater erzählte den Leuten zwar von seinem großen Garten und wieviel er damit verdiente, aber er erwähnte nie, daß sein Sohn die ganze Arbeit tat. Er nannte seinen Sohn »nicht besser als einen Knecht«. Es schien ihm Spaß zu machen, David zu bestrafen und ihm Belohnungen zu versagen. Einmal hörte David, wie er zu seiner Mutter sagte: »Du kannst dem Jungen nichts abschlagen, deshalb sage ich grundsätzlich nein.«

Es ist in vielen Familien, nicht nur derart verstrickten, üblich, daß ein Elternteil strenger ist als der andere. Der eine sorgt für Disziplin, der andere ist nachgiebiger. Dahinter steckt die unbewußte Absicht, die Familie im Gleichgewicht zu halten. In verstrickten Familien nimmt die Polarisierung aber oft extreme Formen an. Der Elternteil, der sich mit dem Kind verbündet hat, setzt diesem so gut wie keine Grenzen, worauf der ausgeschlossene Elternteil mit Mißhandlungen reagiert. Ich mußte mir wahre Horrorgeschichten anhören von eifersüchtigen Eltern, die ihre Kinder die Treppe hinunterschubsten, sie bei Eis und Schnee aussperrten oder in der Besenkammer einschlossen – Dinge, bei denen man an Grimms Märchen denken muß. Wenn die Wut eines Elternteils so extreme Formen annimmt, dann geht das weit darüber hinaus, die Nachgiebigkeit des anderen Elternteils auszugleichen – hier drückt sich stärkste, unkontrollierte Eifersucht aus.

Um herauszufinden, ob es auch in Davids Fall darum ging, fragte ich ihn, ob sein Vater je eifersüchtig auf seine Beziehung zur Mutter gewesen sei. Er mußte erst überlegen, bevor er antwortete: »Ich weiß es nicht. Ich habe es damals nicht so aufgefaßt. Aber ich weiß, daß er von ihr kaum beachtet wurde. Zärtlichkeiten habe ich nie gesehen. Sie machten auch nie etwas zusammen. Einmal, als er nicht da war, hat sie zu mir gesagt, er sei ein Mühlstein an ihrem Hals.«

Als mir David später berichtete, was er alles mit seiner Mutter gemeinsam unternommen hatte, war zu erkennen, daß der Vater Gründe genug für seine Wut hatte. David hatte als Partnerersatz fungiert. Er ging mit seiner Mutter ins Kino, begleitete sie zu Kirchenveranstaltungen, tröstete sie, wenn sie unglücklich war, las ihr abends vor und war Mitwisser ihrer geheimsten Gedanken.

Ein Fremder, der zum Fenster hereingeschaut hätte, hätte sie für eine ältere Frau mit ihrem jungen Liebhaber halten können. Der Zorn seines Vaters war nicht völlig unberechtigt. Zu Davids Unglück richtete er sich aber nicht auf die Mutter, sondern auf den Sohn. Wie so viele Erwachsene fand sein Vater es leichter, auf ein Kind loszugehen, als einem Ehepartner entgegenzutreten.

Während ich David zuhörte, merkte ich, daß es ihm schwerfiel zu glauben, daß sein Vater aus Eifersucht so zornig auf ihn war. Er sah seine Familie immer noch aus der Perspektive des Kindes, und ein Kind ordnet einem Elternteil nicht solche komplexen Gefühle wie Eifersucht zu. Die Sicht eines Kindes ist simpel: »Wenn Mama oder Papa sich aufregt, dann muß ich daran schuld sein.« Daß der Vater etwas haben will, was er selbst hat – in diesem Fall also die Liebe und Zuwendung seiner Mutter –, ist eine ihm fremde Vorstellung.

Wenn es David gelänge, den Zorn seines Vaters zu verstehen, dann würde das ein Meilenstein in seinem Gesundungsprozeß sein. Wenn ihm erst einmal klar wäre, daß der Mangel an Liebe zwischen seiner Mutter und seinem Vater die Wurzel von dessen Leiden war – und nicht etwas, was er, David, getan hatte –, dann würde er von seinem grundlosen Schuldbewußtsein befreit sein. Er würde sich nicht länger wie ein Versager vorkommen. Er könnte dann erkennen, daß es nicht *seine* Schuld war, daß die Familie so aus den Fugen geraten war – seine Eltern waren die Urheber des Ungleichgewichts. Aber es würde seine Zeit dauern, bis David dies alles bewußt würde. Genau wie bei mir müßten die Binden Schicht um Schicht von seinen Augen entfernt werden.

Als David auf die Oberschule kam, fing er an, mehr Zeit mit Schulkameraden zu verbringen. »Zum erstenmal wollte ich bei einer Gruppe mitmachen«, sagte er. »Ich wollte beliebt und anerkannt sein.« Diese Entwicklung war normal und natürlich, aber seine Mutter versuchte, wie so viele klammernde Eltern, ihn durch Schuldgefühle an sich zu binden. »Einmal wollte ich mit meinen Freunden ins Kino gehen, also nicht mit ihr, und da sagte sie: ›Warte nur ab, bis du selber Kinder hast! Sie machen einem nur Kummer und sind eine einzige Enttäuschung. Wenn ich eines Tages tot bin, dann wird es dir leid tun.‹ Ihre Liebe war wie ein Keulenschlag.«

Als David die Schule beendet hatte, versuchte er aus der engen Verstrickung zu fliehen, indem er sich nicht in seiner Heimatstadt, sondern in einem über hundert Kilometer entfernten College anmeldete. Während der Woche funktionierte diese Strategie, und er fühlte sich sorgenfrei und zuversichtlich. Aber wenn das Wochenende näher rückte, fühlte er sich verpflichtet, zu seiner Mutter nach Hause zu fahren. »Meine Mutter empfand mein Wegziehen in eine andere Stadt als ein Im-Stich-Lassen«, sagte er. »Es war fast so schlimm, als ob ich ausgewandert wäre. Sie bestand darauf, daß ich sie jedes Wochenende besuchte. Ich war immer so wütend darüber, daß ich nach Hause fahren mußte, daß ich schon in der Haustür mit ihr Streit bekam. Hinterher hatte ich ein schlechtes Gewissen, daß ich mich mit ihr gestritten hatte, so daß ich mit großen Schuldgefühlen wieder zurückfuhr. Dann gab es wieder fünf gute Tage, und alles fing von vorne an.«

Schuldgefühle sind eine starke Waffe von Eltern, die sich anklammern. Jedesmal, wenn die Bedürfnisse des Kindes mit denen des Elternteils kollidieren, kann dieser unter die Gürtellinie zielen. »Du denkst immer nur an dich.« »Du bist selbstsüchtig.« »Kannst du nie an andere denken?« Die gleiche Wirkung hat die Märtyrerrolle: »Nur zu! Geh ruhig los mit deinen Freunden. Ich komme schon zurecht. Es macht mir gar nichts aus, ganz allein zu Haus zu bleiben. Du brauchst dir keine Sorgen um mich zu machen.« Damit nimmt die lebenslange Verkettung von Liebe und Schuld ihren Anfang.

Gegen Ende unseres Gesprächs bat ich David, mir von seinem gegenwärtigen Leben zu erzählen. Er arbeitet als Architekt in der Denkmalspflege, ist seit zwanzig Jahren verheiratet und hat zwei Kinder. Er verdient gut und wird überall respektiert. Aber hinter der Fassade – so bezeichnet er es selbst – fühlt er sich wie ein Versager. Er empfindet die Abhängigkeit von seiner Mutter und den Zorn seines Vaters wie eine drückende Bürde. »Ich hoffe, daß es so etwas wie eine Wiedergeburt gibt«, sagte er, »denn mein Leben ist gelaufen. Von meinen Eltern hat keiner sich wirklich für mich interessiert. Ich war der Prügelknabe für meinen Vater und eine Art Spielzeug für meine Mutter. Sie sind inzwischen beide gestorben, aber meine Wut wird nicht weniger. Die meiste Zeit meines Lebens hatte ich das Gefühl, daß ich bis zu den Achseln im Morast waten müßte.«

Davids Beziehung zu seiner Mutter läßt sich in zwei voneinander getrennte Rollen aufspalten: Er war teils Ersatzpartner, teils Sündenbock. Es wurde von ihm erwartet, daß er das Bedürfnis seiner Mutter nach einer gefühlvollen Bindung befriedigen und darüber hinaus noch ihre Spannungen und Enttäuschungen auffangen sollte. Auf diese Weise hatte sie jemanden zum Reden, wenn sie einsam, und jemanden zum Anschreien, wenn sie wütend war. Wenn sie sich als Versager fühlte, konnte sie ihre Leiden auf ihn projizieren. Wenn sie sich mehr vom Leben wünschte, konnte sie auf seinen Fehlern herumhacken. Kein Wunder, daß sie so verzweifelt war, als er von zu Hause fortging: Er war das Betäubungsmittel, das ihre Schmerzen dämpfte.

Ein Kind wie David, das sowohl Partnerersatz wie Sündenbock ist, hat es in seinem Leben oft schwerer als ein Kind, das nur den Partner ersetzt. Das »Sündenbock-Kind« bekommt weniger von den Vorteilen zu spüren, die der Status des auserwählten Kindes mit sich bringt, und erlebt dafür mehr von den Nachteilen. Aber selbst bei Menschen wie David können die Wunden des emotionalen Inzests heilen. Wie Sie in den folgenden Kapiteln sehen werden, läßt sich ein Großteil des Schadens wiedergutmachen, wenn man die Vergangenheit besser versteht und in seinen gegenwärtigen Beziehungen bewußte Veränderungen vornimmt. Ich habe mit vielen Klienten gearbeitet, deren Leiden ebenso groß wie Davids waren und die trotz allem ihr Leben zufrieden und erfüllt weiterlebten.

Eltern, die das Verhältnis zum Kind sexualisieren

> »Er führte mich seinen Bekannten vor und gab damit an, wie hübsch ich sei. Es war alles sehr romantisch.«

Die letzte Fallgeschichte in diesem Kapitel ist eines der extremsten Beispiele von emotionalem Inzest, dem ich je begegnet bin. Marla macht, wie viele Lieblingskinder, auf den ersten Blick einen positiven Eindruck. Mit ihren schönen, großen, blauen Augen, langen Wimpern und Grübchen sieht sie sehr hübsch aus. Als ich sie zum erstenmal sah, mußte ich an die »Terry Lee«-Puppen denken, die in den frühen fünfziger Jahren so beliebt waren, als ich noch ein Kind war. Der einzige äußere Hinweis auf Marlas innere Kämpfe sind die zwanzig überflüssigen Pfunde, die sie abwechselnd ab- und wieder zunimmt.

Nach den üblichen Maßstäben ist Marla bisher sehr erfolgreich gewesen. Sie hat einen Doktortitel in Volkswirtschaft und arbeitet seit zwölf Jahren in einer gehobenen Position bei einer Bundesbehörde. Sie ist intelligent, kompetent und lebhaft. Und trotzdem habe ich es wieder und wieder erlebt, daß sie völlig verzweifelt war. So steht mir noch vor Augen, wie sie bei einer Sitzung in meinem Büro von ihrer Selbstverachtung förmlich geschüttelt wurde. Ihr schönes Gesicht war zu einer Grimasse verzerrt, und ihr Körper krümmte sich, als ob ihre inneren Kämpfe sie in der Mitte durchschnitten. »Ich habe in meinem Innersten einen solchen Haß auf mich, dabei bemühe ich mich jeden Tag wieder, mich selbst zu mögen und gut mit mir umzugehen«, schluchzte sie. »Ich kann einfach nicht glauben, daß ich in Ordnung bin. Ich kann mir nicht vorstellen, daß man mich wirklich lieben kann.«

In Marlas Familie bildeten sich die Umstände, unter denen ein emotionaler Gefühlsmißbrauch entstehen kann, bereits während des ersten Ehejahrs ihrer Eltern heraus. Sobald der Glanz der Flitterwochen abgeblättert war, verloren ihre Eltern das Interesse aneinander, und ihre Beziehung beschränkte sich auf gelegentliche sexuelle Kontakte und ansonsten auf die unbedingt nötigen praktischen Belange des Alltags.

Ohne sich darüber im klaren zu sein, versuchten Vater und Mutter jeder für sich Trost und Zusammengehörigkeitsgefühl durch die Bindung an ein Kind zu finden. Marlas Mutter wandte sich Derek, ihrem Erstgeborenen, zu. Als Marla auf die Welt kam, war ihre Mutter schon zu sehr auf Derek bezogen, um noch viel Energie für das neue Baby aufzubringen, so daß sich die Bedürfnisse von Marla und ihrem Vater gegenseitig ergänzten: Sie brauchten beide jemanden, dem sie sich zugehörig fühlen und an den sie sich binden konnten, jemanden, den sie liebten und der sie liebte. Mit zwei Jahren war Marla bereits ausgesprochen »Papas kleines Mädchen«. Nun waren also die Mutter mit dem Sohn und der Vater mit der Tochter verbündet. Familien, die sich in dieser Weise aufspalten, sind nichts Ungewöhnliches. Lynn Hoffman schreibt in ihrem Buch *Foundations of Family Therapy:* »Ein Junge für dich und ein Mädchen für mich, wie es in einem amerikanischen Song heißt, das ist durchaus nicht bloß die Phantasievorstellung eines Schlagerkomponisten ...«[1]

Die Bindung zwischen Marla und ihrem Vater wurde mit jedem

Jahr enger. »Mein Vater vergötterte mich«, berichtete sie, »und nahm mich überall mit hin. Er war Manager eines Tennisclubs, und ich wackelte schon als Kleinkind immer hinter ihm her. Als ich vier war, ließ er extra für mich einen Tennisschläger anfertigen und fing an, mir die Grundschläge beizubringen.« Nachdem Marla eingeschult worden war, holte er sie jeden Nachmittag von der Schule ab und nahm sie mit in den Club, wo er sie trainierte, bis es dunkel wurde.

Wie wir an den vorhergehenden Beispielen gesehen haben, ist ein Kind, das eine allzu enge Bindung zu dem einen Elternteil hat, meistens dem anderen entfremdet. Die Familie nimmt die Form eines gleichschenkligen Dreiecks an, wobei sich die Seitenlinien des auserwählten Kindes und des einen Elternteils an der Spitze schneiden, während die Linie des anderen Elternteils weit weggeschoben wird. In Marlas Familie war das Beziehungsbild total überspitzt. Ihr Vater war von ihr hingerissen, während ihre Mutter sie seelisch und körperlich mißhandelte. »Wenn ich mit meinem Vater zusammen war«, erzählte mir Marla, »dann kam ich mir vor wie Aschenputtel, die mit dem Prinzen tanzt. War ich bei meiner Mutter, fühlte ich mich wie das letzte zerlumpte Waisenkind. Ich glaube, sie haßte mich wirklich. Sie schlug mich und beschimpfte mich. Ich lernte, mich von ihr so fern wie möglich zu halten. Wenn mein Vater nicht da war, blieb ich entweder in meinem Zimmer, oder ich saß draußen auf der Treppe und wartete auf ihn. Es war eine seltsame Kindheit. Ich lernte weder Rollschuhlaufen noch Schwimmen. Ich hatte keine Freundinnen. Ich war nie zu Geburtstagsfeiern eingeladen. Ich war nur soviel wie möglich mit meinem Vater zusammen. Ehrlich gesagt, ich fand das toll! Mein Vater nannte mich sein süßes Schätzchen. Ich durfte auf seinem Schoß sitzen, und er schmuste mit mir. Ich fand ihn einfach wunderbar!«

In vielen Familien entsteht wegen solcher inzestuöser Gefühle ein Teufelskreis. So auch hier. Je mehr Beachtung Marla bei ihrem Vater fand, desto mehr lehnte ihre Mutter sie ab. Je schroffer ihre Mutter ihre Ablehnung ausdrückte, desto mehr fühlte Marla sich zu ihrem Vater hingezogen. Bald waren sie und ihr Vater so miteinander verklammert, daß Marla weder Zeit noch Gelegenheit oder Lust hatte, sich mit Gleichaltrigen abzugeben. Schließlich, was hat ein anderes Kind schon zu bieten im Vergleich zu einem weltgewandten, starken Erwachsenen, der einen abgöttisch liebt? Ihr Vater ging mit ihr in teure Restaurants und kaufte ihr wunderschöne Kleider, ja, er ließ sogar im Garten einen Tennisplatz für sie anlegen, damit sie besser trainieren konnte! Welche Freundin hätte damit Schritt halten können?

Als Teenager spielte Marla exzellentes Tennis und gewann viele Preise, sie siegte sogar einmal in einem der größten Turniere Amerikas. Im Sommer pflegte sie mit ihrem Vater von einem Tennisturnier zum anderen zu fahren. Auf diesen Reisen wurden sie zu vielen Partys eingeladen. »Ich war dann die Frau an seiner Seite«, erzählte Marla. »Ich machte mich schick bis zum Gehtnichtmehr, und wir tanzten zusammen. Er gab vor seinen Freunden mit mir an und prahlte damit, wie hübsch ich sei. Es war alles sehr romantisch.«

Wenn Marla und ihr Vater in ihr Motel zurückkamen, schliefen sie im selben Bett. »Mein Vater hat mich aber nie sexuell mißbraucht«, erklärte sie mir, »er hat sich nur an mich gekuschelt. Ich bin dann immer in seinen Armen eingeschlafen.«

Ich habe eine ganze Reihe von Klienten, Männer wie Frauen, gehabt, deren Eltern eine ähnliche Gratwanderung zwischen emotionalem und sexuellem Inzest unternahmen. Sie wurden von ihren Eltern zwar nicht angerührt, doch zeigten diese ein ungesundes Interesse an ihrem Körper. Einige hatten Eltern, die weder im Schlafzimmer noch im Badezimmer die Intimsphäre ihrer Kinder respektierten. Andere hatten Eltern, die ganz dreist ihren Körper anstarrten, verführerische Fotos von ihnen machten oder unpassende sexuelle Anspielungen fallenließen. Wenn Eltern sowohl sexuell wie emotional auf ihre Kinder fixiert sind, ist die Verstrickung meistens noch intensiver und schädlicher.[2]

Wie viele »verliebte« Eltern setzte auch Marlas Vater seiner Tochter keine angemessenen Grenzen. Da er mehr Freund als Vater war, machte er keinerlei Anstalten, sie zu erziehen. Außerdem setzte er sie Erfahrungen aus, für die sie noch viel zu jung war. Zum Beispiel brachte er ihr mit vierzehn Jahren das Autofahren bei, damit sie ihn nach Hause fahren konnte, wenn er auf Partys getrunken hatte. Marla kann sich an so manche Nacht erinnern, wo sie das Auto lenkte, während ihr Vater alkoholisiert neben ihr eingeschlafen war. Das machte ihr aber nichts aus. »Ich fand mich einfach super«, sagte sie. »Ich dachte, ich könnte einfach alles. Mir taten andere Kinder in meinem Alter leid, weil sie so jung und albern zu sein schienen.«

Die Tatsache, daß Marla das Verhalten ihres Vaters so unbekümmert akzeptierte, sollte man aber etwas genauer unter die Lupe nehmen. Marlas Mutter war zweifellos entrüstet über sein Trinken und sein verantwortungsloses Benehmen, während Marla alles nicht weiter schwernahm. Sie akzeptierte ihren Vater, so wie er war; sie stellte keine Forderungen. Hier liegt ein wesentlicher Unterschied zwischen

Kindern und Erwachsenen: Ein Kind nimmt die Fehler seiner Eltern oft gar nicht wahr. Es kann noch nicht genug vergleichen und akzeptiert einfach die Gegebenheiten. Ein Ehepartner dagegen hat üblicherweise eine lange Liste mit Ansprüchen und Erwartungen. Die normale Ehefrau will, daß ihr Mann nüchtern und verantwortungsbewußt ist und weiß, was er tut.

Sie rechnet auf seine Mithilfe bei Reparaturen und Rechnungen und Gartenarbeit. Sie erwartet, daß man mit ihm vernünftige Gespräche führen kann und daß er ein guter Zuhörer ist, der einem zur Seite steht. Kurz gesagt, sie sucht einen ebenbürtigen Partner in einer reifen Beziehung. Einem Kind dagegen genügt es, wenn es verwöhnt und bewundert wird.

Mit siebzehn war aus Marla eine schöne junge Frau geworden, die entsprechend attraktiv auf ihre männlichen Altersgenossen wirkte. Ihr Vater verbot ihr aber, mit einem von ihnen auszugehen, und führte sich eher wie ein eifersüchtiger Liebhaber denn wie ein Vater auf. In dieser Situation, wo sie nur ihren Vater als Ventil für ihre Gefühle haben durfte und kein sanktioniertes Betätigungsfeld für ihre wachsenden sexuellen Bedürfnisse hatte, fing Marla an, heimlich Affären zu haben. Es entwickelte sich ein promiskuitives Verhaltensmuster, das sie fünfzehn Jahre lang beibehielt. »Von meinem letzten Schuljahr an bis zu dem Zeitpunkt, als ich mit der Psychotherapie anfing«, sagte sie, »waren Männer so etwas wie Drogen für mich. Mit meinem Daddy zusammenzusein war das Größte gewesen, und dieses Gefühl wollte ich immer wieder haben. Aber leider konnte ihm keiner das Wasser reichen. Ich wechselte von einem Mann zum anderen, immer auf der Suche nach dem Hochgefühl, das ich als kleines Mädchen hatte, wo mir mein Vater so mächtig und überlebensgroß erschien.« Es ist nicht verwunderlich, daß sie viele Beziehungen mit älteren Männern hatte. Mit 21 hatte sie zum Beispiel ein Verhältnis mit einem Mann von 45. Ihr kam das völlig natürlich vor: »Ältere Männer hatten Geld und Macht. Genau wie Daddy.«

Als Kind sah Marla in ihrem Vater einen Helden. Als Erwachsene, wenn auch erst nach vielen Jahren der Therapie, stand sie vor den Scherben dieses blinden Kindheitsglaubens. »Mein Vater war ein Trinker«, sagte sie bitter. »Er konnte sehr grausam zu anderen Menschen sein, und er war unglaublich egozentrisch. Er benahm sich, als ob sich die ganze Welt nur um ihn drehte. Alles, was sich ihm in den Weg stellte, machte er kaputt. Auch wenn er noch so schöne Dinge zu mir sagte und mich in den Arm nahm und küßte und mich total vergötterte, er hat mich nie beschützt. Und er erlaubte mir nicht, ich selbst zu sein – was immer das damals auch bedeutet hätte. Ich finde es vielleicht nie mehr heraus. Ich mußte so sein, wie er sich das vorstellte. Sein Super-Tennisstar. Sein ›süßes Schätzchen‹.«

Marla scheint heute eine Frau großer Gegensätze zu sein. Einerseits hat sie viele Vorzüge aufzuweisen: Schönheit, Freunde, Geld und berufliche Anerkennung. Andererseits leidet sie unter dem klassischen Problem eines ständig schwankenden Selbstwertgefühls und hat ein großes »Talent«, sich ungeeignete Partner auszusuchen. Viele Menschen, die eine zu enge Beziehung zu einem Elternteil hatten, machen gewaltige Fortschritte, sobald ihnen klar wird, was vor sich gegangen ist. Schon daß sie ein Wort haben für das, was ihnen geschah, und einen Erklärungsrahmen für ihre Kindheitserfahrungen, bringt sie voran. Aber Menschen wie Marla, die derart eng mit einem Elternteil verstrickt waren, brauchen manchmal jahrelang therapeutische Hilfe, um den Schaden zu beheben.

In den vorliegenden zwei Kapiteln habe ich vier verschiedene Typen von Eltern beschrieben, die sich an ihre Kinder anklammern: die romantisierenden, die vernachlässigenden, die kritisierenden bzw. mißhandelnden und die sexualisierenden. Vielleicht haben Sie Anklänge an eigene Kindheitserlebnisse in den Beispielen gefunden.

Wenn Sie Ihre Familiengeschichte noch besser verstehen wollen, beantworten Sie den folgenden Fragebogen. Insbesondere können Sie dabei herausfinden, ob Sie mit einem Elternteil gefühlsmäßig verstrickt waren.

Checkliste 1
Anzeichen einer Verstrickung

Anleitung: Lesen Sie nacheinander die folgenden Aussagen, und kreuzen Sie diejenigen an, die auf Sie zutreffen. Vielleicht wäre es nützlich, wenn Sie zur näheren Erklärung die Initialen des betreffenden Elternteils oder sonstiger Erziehungspersonen neben jede Aussage schrieben. (In dieser und den folgenden Checklisten kann sich das Wort Elternteil auf Eltern, Stiefeltern oder andere wichtige Bezugspersonen beziehen.)

Wenn Sie eine sehr komplizierte Lebensgeschichte haben, kann es nützlich sein, wenn Sie noch weitere Erklärungen hinzufügen, wie: »Stimmt für die Zeit, bevor mein Vater wieder heiratete«, oder »Stimmt hauptsächlich für die Zeit nach dem Tod meiner Mutter«.

Beantworten Sie diese Fragen aus einer historischen Perspektive. Das heißt, versuchen Sie sich daran zu erinnern, welches Gefühl Sie als Kind hatten, und nicht, wie Sie heute dazu stehen.

Teil A. Hinweise auf eine zu enge Eltern-Kind-Bindung

1. Ich fühlte mich einem meiner Elternteile näher als dem anderen.
2. Ich war für einen von ihnen eine emotionale Stütze.
3. Einer von beiden war »mein bester Freund/meine beste Freundin«.
4. Einer von ihnen zog mich sehr ins Vertrauen.
5. Einer der beiden engagierte sich besonders stark auf meinen Interessengebieten, sei es, daß er mitmachte, sei es, daß er meine Talente besonders förderte.
6. Einer von ihnen war besonders stolz auf meine Fähigkeiten oder meine Leistungen.
7. Ich bekam von einem der beiden Privilegien zugebilligt oder Geschenke.
8. Einer von ihnen erzählte mir unter dem Siegel der Verschwiegenheit, daß ich sein Liebling, sein begabtestes oder liebenswertestes Kind sei.
9. Ein Elternteil verbrachte seine Zeit lieber mit mir als mit seinem Ehepartner.
10. Ich hatte manchmal Schuldgefühle, wenn ich meine Zeit nicht mit einem bestimmten Elternteil verbrachte.
11. Ich hatte den Eindruck, daß es einem von ihnen nicht recht wäre, wenn ich heiratete oder zu Hause auszöge.
12. Als ich klein war, verehrte ich einen Elternteil abgöttisch.
13. Meine Freunde/Freundinnen waren nie »gut genug« für einen von ihnen.
14. Ein Elternteil schien sich besonders für meine Sexualität zu interessieren.
15. Ein Elternteil machte unpassende sexuelle Anspielungen oder verletzte meine Intimsphäre.

Teil B. Hinweise auf unbefriedigte Bedürfnisse des Erwachsenen

1. Meine Eltern waren getrennt, geschieden, verwitwet oder kamen nicht gut miteinander aus.
2. Einer meiner Elternteile war häufig einsam, zornig oder depressiv.

3. Ein Elternteil hatte nur sehr wenige Freunde.
4. Einer oder beide hatten ein Alkohol- oder Drogenproblem.
5. Einer meiner Eltern glaubte, der andere sei zu nachgiebig oder verwöhne mich zu sehr.
6. Ich hatte das Gefühl, ich müßte meine eigenen Bedürfnisse zurückstellen, um einen meiner Eltern zu beschützen.
7. Ein Elternteil holte sich bei mir Trost oder Rat.
8. Ein Elternteil schien sich stärker auf mich zu stützen als auf meine Geschwister.
9. Ich fühlte mich dafür verantwortlich, daß ein bestimmter Elternteil glücklich war.
10. Meine Eltern waren sich in Erziehungsfragen uneins.

Teil C. Hinweise auf Vernachlässigung oder Mißbrauch

1. Meine Bedürfnisse wurden oft ignoriert oder vernachlässigt.
2. Zwischen mir und einem Elternteil gab es viele Konflikte.
3. Ein Elternteil kränkte mich durch ständige Beschimpfungen.
4. Einer von beiden erwartete unrealistisch viel von mir.
5. Einer meiner Eltern kritisierte mich ständig.
6. Ich wollte mich manchmal vor einem von ihnen verstecken, oder ich träumte davon, von zu Hause auszureißen.
7. Als ich klein war, kam mir das Gefühlsklima in anderen Familien weniger aufgeheizt vor.
8. Es war oft eine Erleichterung, von zu Hause wegzukommen.
9. Ich fühlte mich oft von einem Elternteil seelisch zugedeckt.
10. Ich hatte manchmal das Gefühl, daß ich einen meiner Elternteile noch unglücklicher machte.

Was können Sie anhand dieser Checkliste lernen? Haben Sie insgesamt zehn oder mehr Kreuze auf die drei Teile verteilt? Wenn ja, ist es wahrscheinlich, daß Sie in einem bestimmten Umfang mit einem Elternteil emotional verstrickt waren. Als nächstes betrachten Sie, wo die Kreuze im einzelnen sind. Wenn sie sich in Teil A und B häufen, sind Sie möglicherweise mit einem romantisierenden oder sexualisierenden Elternteil verstrickt gewesen. Wenn sich die meisten in Teil B und Teil C finden, dann handelte es sich eventuell um einen kritisierenden bzw. mißhandelnden Elternteil. Wenn Ihre Kreuze gleichmäßig über alle drei Teile verteilt sind, dann sind Sie vielleicht abwechselnd von einem Elternteil geliebt und mißhandelt worden oder der eine Elternteil hat sie mißhandelt.

3

Worunter Erwachsene leiden, die ein auserwähltes Kind waren

Nach Ansicht vieler Betroffener trifft das Wort »bittersüß« am genauesten das Gefühlsklima, in dem ein Lieblingskind lebt. Pat Conroy hat diese janusköpfige Realität in seinem Roman *Die Herren der Insel* eingefangen:

»Eine gehörige Portion Schuldgefühle gehört zur Standardausrüstung eines jeden Jungen aus den Südstaaten. Unser Leben lang erfinden wir lauter ausgefallene, an den Haaren herbeigezogene Entschuldigungen für unsere Mütter, bloß weil unsere Väter solch miserable Ehemänner waren. Kaum ein Knabe kann lange den Druck und das Gewicht einer fehlgeleiteten mütterlichen Leidenschaft ertragen, doch der eine oder andere widersteht den aus der Einsamkeit geborenen, auf unschuldige Art verführerischen Avancen seiner Mutter. Es liegt soviel verbotene Süße darin, der heimliche, keusche Geliebte der Frau des eigenen Vaters zu werden, es erzeugt ein solches Triumphgefühl, die Rolle des hinterhältigen Nebenbuhlers zu spielen, der unter dem Dach des elterlichen Hauses die unendlich zarte Liebe einer vermeintlich zerbrechlichen Frau empfängt. Nichts auf der Welt ist erotischer als ein Knabe, der sich in die Gestalt und in die Berührungen seiner Mutter verliebt hat. Es ist die exquisiteste, verbotenste Form der Lust – aber auch die natürlichste und schädlichste.«[1]

Wenn ich mit Erwachsenen zu tun habe, die mit einem Elternteil verstrickt waren, werde ich ständig an den »süßen« Aspekt des Syndroms erinnert. Im großen und ganzen waren die Menschen, die ich beraten habe, sehr attraktiv und auf bestimmten Gebieten ihres Lebens erfolgreich. Eine bedeutende Anzahl besaß ungewöhnliches Talent oder Charisma und brachte es zu außergewöhnlichen Lebensleistungen. Ich habe beispielsweise mit hochbezahlten Führungskräften, bekannten Künstlern, erfolgreichen Medien-Veranstaltern, sogar mit einem Anwärter auf den Pulitzer-Preis gearbeitet. Derartige Leistungen schienen in einigen Fällen das Ergebnis von angeborenen Merkmalen wie physische Schönheit oder ungewöhnliche Intelligenz zu sein. Aber bei der großen Mehrheit meiner Klienten hatte ich den Eindruck, daß ihre Fähigkeiten unmittelbares Ergebnis ihrer Gefühlsverstrickung waren. Manche hatten Eltern wie die sprichwörtlichen »Eislaufmütter« (bzw. -väter), die ihr Kind zum Star machen; sie waren von ihren Eltern dazu gedrängt oder verführt worden, ihre eigenen Ziele aufzugeben und sich die höheren Maßstäbe der Erwachsenenwelt zu eigen zu machen. Andere waren aus einem nicht ganz so augenfälligen Grund erfolgreich: Die Verbundenheit mit einem Erwachsenen führte bei ihnen zu einer sie selbst berauschenden Anspruchshaltung. Denn schließlich hatten sie bei dem einzigen Wettkampf gesiegt, der im Leben zählt: in dem Kampf um die Liebe und Beachtung eines Erwachsenen. Ihre daraus resultierende Siegesgewißheit ließ sie Gelegenheiten beim Schopf packen, die andere vorübergehen ließen, und durch ihre gewinnende Art standen sie überall im Mittelpunkt.

Aber meine Klienten fanden es verwirrend, daß diese positiven Eigenschaften immer wieder von negativen wettgemacht wurden. Sie fühlten sich eigenartigerweise sowohl als Privilegierte wie als Opfer, zugleich begabt und wertlos, gesegnet und verdammt. Zu jedem positiven Wesenszug gesellte sich der diametral entgegengesetzte.

Manche von ihnen erlebten solche Stimmungsschwankungen Tag für Tag; den einen Augenblick waren sie voller Zuversicht, und im nächsten fühlten sie sich von Unzulänglichkeitsgefühlen überwältigt. Andere erlebten das gleiche in einem wöchentlichen oder monatlichen Zyklus. Einige blickten auf Jahrzehnte des Erfolgs zurück, denen trotzdem ein totaler Zusammenbruch folgte. Bei manchen konzentrierte sich ihre Selbstsicherheit nur auf ein bestimmtes engbegrenztes Gebiet – normalerweise die Karriere –, während sie in allen anderen Lebensbereichen unglücklich waren und nur Mißerfolge erlebten. Auf die eine oder andere Weise hatten sie alle auch die bittere Seite der Auserwähltheit zu spüren bekommen.

Woher kommt diese widersprüchliche Gefühlsmischung? Für gewöhnlich sind mehrere Faktoren beteiligt. Ein Teil der Verworrenheit meiner Klienten konnte darauf zurückgeführt werden, daß viele ihrer Grundbedürfnisse ignoriert worden waren. Das Bedürfnis eines Elternteils nach Nähe und Gesellschaft hatte immer den Vorrang gegenüber ihrem eigenen Bedürfnis nach Fürsorglichkeit und Unabhängigkeit gehabt. Paradoxerweise hatte das im Übermaß auf sie gerichtete Interesse ihrer Eltern bei ihnen ein lebenslanges Gefühl der Entbehrung erzeugt: »Niemand kümmert sich um mich!«

Ein weiterer Faktor war darin zu sehen, daß meine Klienten sich zwar durchaus in dieser großen elterlichen Aufmerksamkeit gesonnt haben mochten, sie sich zugleich aber auf einer tieferreichenden Ebene preisgegeben und beengt gefühlt hatten. Sie fühlten sich nicht frei, sie selbst zu sein oder sich ihrem eigenen Tempo entsprechend zu entwickeln. Sie fühlten sich manipuliert und kontrolliert.

Schließlich fanden viele meiner Klienten heraus, daß der betreffende Elternteil ihnen kein Privileg hatte zuschustern können, ohne daß aus einer anderen Ecke eine Eifersuchtsaktion zu spüren war. Der Reiz, der darin lag, »Mutters kleiner Kavalier« oder »Papas Süße« zu sein, wurde durch die Eifersucht eines Geschwisterkindes, das sich ausgeschlossen fühlte, wieder untergraben. Der Statusgewinn als Mutters »heimlicher Partner« wurde wieder aufgehoben durch die ablehnende Haltung des verdrängten Ehepartners. Das Eltern-Kind-Bündnis hatte die ganze Familie aus dem Gleichgewicht gebracht, und das Lieblingskind war in den meisten Fällen die Zielscheibe des dadurch hervorgerufenen Zorns.

In diesem Kapitel will ich diese Auswirkungen im einzelnen untersuchen. Ob Sie sich mit einem bestimmten emotionalen Problem identifizieren, wird zu einem gewissen Grad davon abhängen, welcher Art Ihre Beziehung zu dem betreffenden Elternteil war. Wenn Sie beispielsweise mit einem ständig kritisierenden bzw. mißhandelnden Elternteil verbunden waren, können Sie sich vielleicht in dem Abschnitt über das niedrige Selbstwertgefühl wiedererkennen. Wenn Sie mit einem romantisierenden Elternteil verbunden waren, könnte der Abschnitt über Größenwahn Ihre Aufmerksamkeit auf sich ziehen, oder Sie gewinnen Einsichten durch die Abschnitte über sexuelle und Partnerprobleme. Ich möchte Ihnen trotzdem nahelegen, alle Abschnitte zu lesen: Es könnte sein, daß Sie über einen Aspekt Ihrer Persönlichkeit oder über eine die Vergangenheit betreffende Wahrheit stolpern, die Sie bisher aus Ihrem Bewußtsein verbannt hatten.

Verleugnung und Familienmythen

Jeder von uns erlebt in irgendeiner Weise Verleugnung. Es ist zum Beispiel verbreitet, daß man eine verzerrte oder eingeschränkte Sichtweise der eigenen Kindheit hat. In Anbetracht der Tatsache, daß wir beim Heranwachsen nur wenige Erfahrungen außerhalb unseres Zuhauses machen konnten, ist das ganz verständlich. Ohne eine Vergleichsmöglichkeit meinten wir als Kinder, unsere Familie verkörpere die Norm. Egal, was in unserem Wohnzimmer vor sich ging, es lieferte den Maßstab. So erzählte mir eine Klientin: »Ich war schon zwanzig, als mir klar wurde, daß meine Mutter der einzige Mensch war, der fabrikneue Kleidung desinfizierte und zweimal wusch, bevor man sie anziehen durfte. Bis dahin dachte ich, alle Mütter täten das.«

In den meisten Familien wird dieser Mangel an vergleichender Erfahrung noch weiter vernebelt durch das Entstehen einer Familienmythologie – eine Ansammlung von Lügen, Ausflüchten, Verzerrungen und Halbwahrheiten, die alle dem Zweck dienen, eine unangenehme Wahrheit zu verbergen. Auf diese Weise kann man weiterexistieren, ohne ständig an die schmerzlichen Aspekte des Lebens erinnert zu werden. Zu meinem familiären Mythos gehörte es beispielsweise, daß das Ehepaar, das in der Wohnung unter uns lebte, mit uns verwandt wäre und eine Mitverantwortung für mich trüge. Meine Mutter ermunterte mich dazu, sie »Onkel Frank« und »Tante Barbara« zu nennen, obwohl es nur ganz normale Bekannte und keine Verwandten waren. Ich vermute, daß meine Mutter dieses Märchen auch aus dem Grund erfand, weil es ihr erlaubte, die ganze Nacht fortzubleiben, ohne sich um mich Sorgen machen zu müssen. Wenn ich Hilfe brauchte, konnte ich mich ja immer an »Tante« und »Onkel« wenden. Ich spielte bei dieser Fiktion mit, denn es hätte mir furchtbare Angst gemacht, mich hundertprozentig von meiner Mutter abhängig zu wissen und gleichzeitig der Tatsache ins Auge zu schauen, daß sie mich vernachlässigte. Um meine Angst vor dem Verlassenwerden abzublocken, kam mir diese Halbwahrheit sehr gelegen.

Die meisten Menschen haben solche Mythenbildungen in ihrer familiären Vergangenheit erlebt. Hier ein paar typische Beispiele: »Papa ist kein Alkoholiker – er trinkt nur, um sich zu entspannen.« »Mama und Papa hassen sich nicht. Es liegt nur an uns Kindern, daß es soviel Ärger gibt.« »Meine Eltern haben kein Lieblingskind. Sie haben alle ihre Kinder gleich lieb.« »Meine Bedürfnisse werden nicht ignoriert – ich habe keine.« »Meine Mutter ist nicht böse auf mich.

Sie kann nur ihre Liebe nicht zeigen.« »Mein Vater läßt uns nicht im Stich. Es gehört nun mal zu seinem Job, daß er so viele Überstunden machen muß.« Wir klammern uns selbst als Erwachsene noch an unsere längst nutzlos gewordenen Familienlegenden, weil wir den Schmerz nicht wachrufen wollen, der durch die bequemen Märchen abgeblockt wurde.

Als Erwachsene erleben wir die Verleugnung auch noch auf einer weiteren Ebene. Wir sind uns nämlich der Abwehrmechanismen nicht bewußt, die wir als Kinder entwickelten, um unsere wenig ideale Kindheit zu überstehen. Wir sind also nicht nur gegenüber bestimmten Aspekten unserer Familiengeschichte blind, sondern nehmen auch bestimmte Aspekte von uns selbst nicht wahr. Zum Beispiel habe ich als Kind sehr viel gelogen, weil das Lügen mir vielfach nützlich war. Unter anderem half es mir, eine erträglichere Version der Realität herzustellen. Beispielsweise, wenn ich zu einer Freundin sagte, ich müsse jetzt schnell zum Abendessen nach Hause – obwohl ich ziemlich sicher sein konnte, daß meine Mutter betrunken in der Kneipe saß. Doch ich wollte weder meiner Freundin noch mir selbst eingestehen, wie es bei mir zu Hause wirklich zuging. Ich log auch in kniffligen Situationen. Ich geriet nämlich häufig in die Klemme, weil ich schon so früh auf mich allein gestellt war und die Verhältnisse entsprechend oft falsch einschätzte. Mit einer Lüge konnte ich mich herausreden und noch einmal davonkommen.

Im Rückblick habe ich jedoch den Eindruck, daß ich vor allem log, um die hochgespannten Erwartungen meiner Mutter nicht zu enttäuschen. Tief in meinem Innern war ich überzeugt, ich müßte ihrer hohen Meinung gerecht werden, denn sonst würde ich verlassen werden. Ich mußte ihre erfolgreiche, begabte Tochter sein, weil ich andernfalls kein Anrecht darauf gehabt hätte, eine Rolle in ihrem Leben zu spielen. Wenn ich also etwas nicht schaffte oder in einem Test schlecht abschnitt oder nicht unter den Klassenbesten war, dann log ich ihr etwas vor oder erzählte es ihr erst gar nicht.

Es ist noch nicht lange her, daß mir klar wurde, daß ich immer noch diesen Hang zum Lügen hatte. Ich sprach bei einem Workshop über Abwehrmechanismen und beschrieb, wie ich die Direktorin angelogen hätte, um keinen Ärger wegen meines Zuspätkommens zu kriegen. Ich erklärte der Gruppe, daß mich das Lügen nicht zu einem »schlechten Menschen« machte – obwohl ich das damals glaubte –, sondern daß dies eben meine Art war, mit der Tatsache fertig zu werden, daß es niemanden gab, der mich morgens weckte. Während ich dies sagte, ging mir ein Licht auf. Ich fragte mich: *Habe ich möglicherweise immer noch die Angewohnheit zu lügen?* In den nächsten Wochen beobachtete ich mich. Und tatsächlich, ich sagte oft nicht die Wahrheit. Wenn mich jemand früh am Morgen anrief und sagte: »Oh, habe ich Sie geweckt?«, dann entgegnete ich prompt: »Oh, nein!« – selbst wenn ich gerade aus dem tiefsten Schlaf gerissen worden war. Wenn jemand etwas von mir verlangte, was ich nicht tun wollte, dachte ich mir eine Entschuldigung aus: »Also, ich möchte schon, aber ich muß zum Zahnarzt.« Es war mir bis dahin nicht bewußt gewesen, wie oft ich solche Notlügen gebrauchte, denn das Lügen – das ursprünglich einen praktischen Sinn gehabt hatte – war mir in Fleisch und Blut übergegangen. Ich hatte meine Tendenz zu lügen vor mir verleugnet.

Im Besitz dieser neuen Erkenntnis sprach ich etwas beklommen meinen Mann darauf an: »Weißt du, ich lüge ziemlich oft.« Er sah mich gelassen an und erwiderte: »Ja, Pat, ich weiß.« Er erklärte mir, er wisse durchaus, daß ich nicht immer die Wahrheit sagte, und er habe auch versucht, mich darauf anzusprechen, aber ich hätte nichts davon hören wollen.

Nachdem ich diesen Teil meiner selbst akzeptiert hatte, wurde ich allmählich aufrichtiger. Ich übte regelrecht, auch da die Wahrheit zu sagen, wo es mir schwerfiel. Wenn ich mich bei einer Lüge erwischte, ließ ich sie nicht stehen, sondern korrigierte sie. Nachdem ich erst einmal soweit gekommen war, diese verdeckte Konsequenz meines Auserwählten-Status zu sehen, war eine Änderung möglich geworden.

Bei meinen Klienten beobachte ich oft, daß sie ähnlich gewundene Wege zur Selbsterkenntnis und Weiterentwicklung beschreiten. Um eine negative Eigenschaft zu verändern, müssen sie erst die Verleugnung durchbrechen und zugeben, daß diese existiert; man ändert nicht, was man nicht sehen kann. Und um ihre Verleugnung zu durchbrechen, müssen sie sich oft erst ein klares Bild davon machen, was in ihren Familien falsch lief und welche Bewältigungsmechanismen sie deshalb entwickelt haben. Handelte es sich zum Beispiel um Menschen mit einem Elternteil, der immer wieder ihre Persönlichkeitsgrenzen verletzte, so hatten sie als Kinder ein Bollwerk gegen allzuviel Nähe aufgebaut, indem sie logen, zuviel oder zuwenig aßen, ihren Eltern nach dem Munde redeten oder zwanghaft äußeren Erfolgen nachjagten. Was es auch immer war, diese Verhaltensweisen hatten ihnen dabei geholfen, ihre Kindheit zu überstehen und etwas weniger zu leiden. Wenn diese Menschen verstehen, was ihrem Verhalten zugrunde lag, können sie sich selbst mit mehr Mitgefühl betrachten: »Ach so, deshalb aß ich immer den halben Kühlschrank leer, wenn ich aus der Schule nach Hause kam! Es war ja keiner da, der mich fragte, wie es mir ging, oder der sich um mich sorgte. Statt dessen sollte ich mir sofort die Klagelieder meiner Mutter anhören.« Wenn Sie schließlich eine solche tolerantere Einschätzung Ihres früheren Verhaltens erworben haben, dann können Sie auch nach Überresten dieser Verhaltensweisen in der Gegenwart Ausschau halten. »Könnte es sein, daß ich immer noch Eßprobleme habe? Treten meine Freßanfälle häufiger auf und sind gravierender, als ich glauben möchte? Ist es normal, eine ganze 500-Gramm-Packung Eiskrem auf einmal zu essen? Vielleicht sollte ich überlegen, ob ich Hilfe brauche. Meine Eßprobleme sind vielleicht doch schwerwiegender, als ich dachte. Sie machen mir schon so lange zu schaffen.«

Wenn Sie die folgenden Seiten über die emotionalen Probleme des auserwählten Kindes lesen, behalten Sie die Möglichkeit der Verleugnung im Auge. Und denken Sie daran, daß Sie Verleugnung auf zwei verschiedenen Ebenen erleben können:

1. Vielleicht verdrängen Sie leidvolle Aspekte Ihrer Kindheit.
2. Vielleicht sind Sie gegenüber den Abwehrmechanismen, mit denen Sie ihr Leid in Grenzen hielten, blind.

Während des Lesens der einzelnen Abschnitte blocken Sie möglicherweise ab, in welcher Weise sich der Text auf Ihre Vergangenheit beziehen könnte. Zum Beispiel lesen Sie vielleicht den Abschnitt über das niedrige Selbstwertgefühl und denken dabei: »Ja, ich habe oft das Gefühl, daß ich nichts wert bin, aber anders als in diesem Beispiel liegt das nicht daran, daß meine Eltern mich kritisiert oder beschimpft hätten. Sie waren immer nett zu mir.« Denken Sie daran, daß Sie, ohne es zu beabsichtigen, an einem Familienmythos festhalten könnten. Fragen Sie sich: »Könnte es sein, daß meine Eltern mich doch schlechter behandelt oder sich weniger um mich gekümmert haben, als ich es gern glauben würde? Haben sie mich auf eine indirekte Weise herabgesetzt? Haben sie mich zwar gelobt, aber dabei unterschwellig anklingen lassen, daß ich ihren Erwartungen nicht entsprach? Haben sie zwar gesagt, sie hätten mich lieb, aber trotzdem kaum auf meine Bedürfnisse geachtet?«

Sie könnten sich auch mit einer der weiter unten beschriebenen Familiengeschichten identifizieren, ohne daß das auch für die dazugehörigen emotionalen Schwierigkeiten gilt. Möglicherweise sagen Sie sich bei der Lektüre des Abschnitts über den Größenwahn: »Vielleicht stimmt es, daß mein Vater mich meinen beiden Brüdern offen vorgezogen hat, aber das hat mich nicht größenwahnsinnig gemacht. Ich bin immer bescheiden und vernünftig.« In diesem Falle sollten Sie die Richtigkeit Ihrer Selbstwahrnehmung überprüfen. Fragen Sie sich: »Wird mir manchmal vorgeworfen, ich sei arrogant? Hat ein guter Freund schon einmal angedeutet, daß ich ein bißchen überheblich bin? Habe ich jemals bei der Arbeit Probleme gehabt, die man vielleicht auf Größenwahn zurückführen könnte?« Wenn Sie sich an dieses Kapitel machen, sollten Sie für dergleichen aufgeschlossen bleiben. Dann könnten Sie erhebliche Fortschritte auf Ihrem Weg zur Gesundung machen.

Schuldgefühle und Ängste

SCHULDGEFÜHL

> »Ich habe das Gefühl, daß ich für alles, was um mich herum passiert, verantwortlich bin – besonders wenn etwas schief geht. Ich fühle mich besonders schuldig, wenn andere Menschen unglücklich sind. Ich bin überzeugt, daß ich etwas falsch gemacht oder unterlassen habe, was ich hätte tun sollen.«

Es gibt Fälle, bei denen alle negativen Folgen einer Kindheit mit einem vereinnahmenden Elternteil durch das Wort »Schuld« abgedeckt sind. Weshalb diese Menschen sich schuldig fühlen, richtet sich nach den jeweiligen Umständen. Zum Beispiel: weil sie einen Elternteil dem anderen abspenstig gemacht haben; weil sie ihre Geschwister aus dem Feld geschlagen haben; weil sie es nicht geschafft haben, die Erwartungen ihrer Eltern zu erfüllen; weil sie den Wunsch haben, sich dem Einfluß eines übermächtigen Elternteils zu entziehen oder weil sie in ein Dreiecksverhältnis verwickelt waren, obwohl sie »alt genug waren, es besser zu wissen«. Eines dieser auserwählten Kinder drückte es folgendermaßen aus: »Wenn ich über mein Leben nachdenke, kommt es mir immer vor, als hätte man mir an der Ladenkasse zuviel Wechselgeld herausgegeben und ich hätte es behalten. Ich wünschte mir die Liebe meines Vaters, aber ich hatte Schuldgefühle, daß ich sie annahm.« Wenn auch die alle anderen ausschließende Verbindung mit ihrem Vater ihren Wünschen entsprach, so hatte sie doch zugleich den Schmerz, den dies ihrer Mutter und ihrer Schwester bereitete, wahrgenommen. Sie schleppte diese Last mit in ihr Erwachsenenalter und konnte nicht damit aufhören, ständig die Schuld für andere auf sich zu nehmen.

Die Oberschülerin Lila hatte Schuldgefühle, weil sie ihre Mutter »im Stich gelassen« hatte. Ihre Familie hätte direkt einer Fernsehserie entsprungen sein können. Ihre Schwester Beverley wurde in der zehnten Klasse magersüchtig und kam ins Krankenhaus. Lilas Vater war am Boden zerstört. Er hatte ein extrem enges Verhältnis zu Beverley und konnte mit ihrer Krankheit überhaupt nicht fertig werden. Er verbrachte den größten Teil seiner Freizeit hinter zugezogenen Gardinen und verschlossener Tür in seinem Schlafzimmer.

Die Mutter suchte in dieser Krise ihre Zuflucht bei Lila. Sie kam jeden Abend in Lilas Schlafzimmer und hörte nicht auf zu weinen. Sie weinte über Beverley und darüber, wie nutzlos ihr Ehemann geworden war. Lila verbrachte viele Stunden damit, ihrer Mutter zuzuhören und sie zu trösten. Sie rief sie jeden Tag von der Schule aus an, um sie etwas aufzumuntern. An den Wochenenden ging sie nicht mehr aus, damit die Mutter nicht allein mit ihrem depressiven Ehemann zu Hause bleiben mußte.

Schließlich aber rebellierte Lila und wollte nicht länger die Rolle des ständig anwesenden Therapeuten ihrer Mutter spielen. »Wann bin ich denn endlich dran?« fragte sie sich. »Wann kann ich mal die Probleme loswerden?« Ihre Mutter rächte sich, indem sie Lila beschuldigte, böse und selbstsüchtig zu sein. Es gab täglich Streit. Die Spannungen nahmen zu, bis die ganze Familie sich bei mir zur Therapie anmeldete.

Anfangs hatte Lila große Schuldgefühle, weil sie ihre Mutter im Stich gelassen hätte. »Alle haben meine Mutter allein gelassen«, sagte sie zu mir. »Selbst ich.« Aber schließlich konnte sie erkennen, daß sie für das Befinden ihrer Mutter nicht verantwortlich war. Sie war das Kind, nicht ein Elternteil. Sie hatte ein Recht auf ihr eigenes Leben. Wenn die Mutter schon kein anderweitiges Auffangnetz hatte, so war es zumindest jetzt deren eigene Aufgabe, es sich aufzubauen.

CHRONISCHE UNTERSCHWELLIGE ANGSTGEFÜHLE

> »Ich mache mir dauernd Sorgen – selbst wenn alles in Ordnung ist. Es ist fast so, als wartete ich ständig auf die nächste Katastrophe. Ich habe immer so ein Gefühl, als ob etwas Schlimmes in der Luft liegt.«

Ein Kind, das die Rolle des Ersatzpartners spielt, ist mit großer Wahrscheinlichkeit auch ein geeignetes Objekt für Angstgefühle, denn es spielt seine Rolle immer nur auf Abruf. Zum einen ist die Tatsache, daß die Eltern-Kind-Koalition fast immer ein gut gehütetes Geheimnis ist, eine Ursache für Angstgefühle. Ganz gleich, wie eng ein Elternteil und ein Kind miteinander verbunden sind – diese Bindung ist doch niemals öffentlich sanktioniert. Wenn das Kind nach einer äußeren Bestätigung für seinen Status sucht, findet es nichts dergleichen. Im Gegenteil, die meisten Familienmitglieder würden die Existenz einer Günstlingswirtschaft leugnen. Wer zugäbe, daß ein Elternteil und ein Kind miteinander verbündet sind, würde damit zugeben, daß die Familie nicht im Lot ist. »Ich habe alle meine Kinder gleich lieb«, verkündet der Elternteil. »Ich ziehe keines den anderen vor.« Durch diese Verschleierung hat das Eltern-Kind-Bündnis immer etwas Vorläufiges. »Bin ich wirklich Papas Liebling?« Das Kind kann sich nie ganz sicher sein.

Zusätzlich zu dieser grundlegenden Unsicherheit kommt die Bedrohung durch eine Reihe von Umständen, die das Eltern-Kind-Verhältnis auseinanderbrechen lassen. Die folgenden konnte ich am häufigsten beobachten:

1. *Wenn der betreffende Elternteil verheiratet ist, wird dessen Ehepartner immer wieder einmal versuchen, seine Rechte einzufordern.* Egal wie eng ein Elternteil und ein Kind miteinander verbunden sein mögen, bestimmte Rechte stehen dem ausgegrenzten Ehepartner weiter zu. Zum Beispiel haben die Eltern meist ein gemeinsames Schlafzimmer und sind Sexualpartner. Sie treten bei Familienangelegenheiten als Paar auf, sie begleiten einander zu gesellschaftlichen Anlässen, und sie fällen viele der den Haushalt betreffenden Entscheidungen gemeinsam. Solange die Ehe besteht, hat das Kind den Elternteil nie vollständig im Griff. (In vieler Hinsicht macht dies das auser-

wählte Kind mehr zu einem Ersatzgeliebten als zu einem Ersatzpartner, denn es muß im Zweifelsfall immer dem legitimen Ehepartner Platz machen.)

2. *Im Lauf der Zeit lösen die Eltern möglicherweise einige ihrer Probleme und stoßen das Kind aus dem innersten Zirkel der Gefühle.* Das Kind hat die Rolle des Ersatzpartners nur begrenzte Zeit inne, weil es dazu dient, eine zeitweilig entstandene Leere in dessen Leben zu füllen. Wenn Mann und Frau sich versöhnen, wird das Kind wieder in seine Schranken verwiesen. Gelegentlich kommt es im Laufe einer kurzsichtigen Eheberatung zu einer solchen Entthronung. Ein Therapeut, der die Familiendynamik nicht beachtet, fördert die Wiederannäherung des Paares und vergißt dabei, auch das Kind bei dieser schwierigen Veränderung zu unterstützen.

3. *Ein Bruder oder eine Schwester nimmt die Stelle des auserwählten Kindes ein.* Manche Eltern sind so wankelmütig, daß sie sich mal diesem, mal jenem zuwenden. Ich kenne viele Eltern, die eine spezielle Vorliebe für Babys haben. Sie überschütten das jüngste Kind mit ihrer Zuneigung – aber nur so lange, bis ein neues Baby da ist. Dann steht der Neuankömmling im Rampenlicht. Das ältere Kind erholt sich nur selten davon, so plötzlich in Ungnade gefallen zu sein. »Was ist bloß mit mir los? Bin ich denn nichts Besonderes mehr? Was habe ich bloß falsch gemacht?« überlegt es.

Zu dieser Entthronung kann es auch später im Leben kommen. Es ist durchaus nicht ungewöhnlich, daß ein auserwähltes Kind zum Studium von zu Hause fortzieht, um bei seiner Heimkehr festzustellen, daß ein Bruder oder eine Schwester seinen Platz usurpiert hat. Das elterliche Bedürfnis nach ständiger emotionaler Unterstützung war so stark, daß unbedingt ein Ersatz gefunden werden mußte.

4. *Der Elternteil kann das Kind zurückstoßen, sobald es körperlich heranreift.* Aus Angst vor sexueller Verwicklung zieht sich ein Elternteil des anderen Geschlechts vielleicht zurück, sobald das Kind Zeichen sexueller Reife aufweist. Ohne Vorwarnung verbringt er weniger Zeit mit ihm und zeigt ihm seine Liebe auch nicht mehr durch körperliche Nähe. Das Kind, das den Grund für den Rückzug nicht kennt, fühlt sich verwirrt und abgewiesen.

5. *Manchmal wird den Eltern bewußt, daß die Eltern-Kind-Beziehung etwas Unpassendes hat, und sie ziehen sich zurück.* Wird Eltern auf einmal klar, daß an ihrem Verhältnis zu dem Kind irgend etwas nicht stimmt, beenden sie es oft abrupt. (Auch dies kann ein unerwünschtes Nebenprodukt einer Paar- oder Einzeltherapie sein.) Wenn

das Kind nicht genug Liebe und Sicherheit bekommt, die ihm den Übergang erleichtern, hat es allen Grund, sich im Stich gelassen zu fühlen.

6. *Manche Eltern bestrafen das auserwählte Kind dafür, daß es unabhängig werden will.* Viele Kinder, die eng mit einem Elternteil verbunden sind, kämpfen zu irgendeiner Zeit ihres Lebens um ihre Unabhängigkeit, am häufigsten zu Beginn der Pubertät. Ein Elternteil, der sich von dem zunehmenden Selbstbewußtsein des Kindes bedroht fühlt, kann mit Kritik oder Strafen reagieren. Das früher angebetete Kind wird jetzt verdammt.

7. *Auf der Suche nach einem passenden Partner lassen sich viele Eltern scheiden und heiraten wieder, wobei das auserwählte Kind seiner privilegierten Position enthoben wird.* Es geschieht oft, daß ein Elternteil, der mit seinem Kind verflochten ist, sich verliebt oder wieder verheiratet. Das kann für das auserwählte Kind überaus schmerzlich sein. Plötzlich befindet sich »Papas kleines Mädchen« oder »Mamas kleiner Mann« draußen vor der Tür und muß zusehen, wie Vater oder Mutter sich in romantischer Liebe verzehren. Die hektischen Hilferufe des Kindes stoßen den Elternteil vielleicht noch zusätzlich ab, so daß das Kind von Zurückweisungsgefühlen überwältigt wird.

8. *Vater oder Mutter können fortgehen oder sterben, das Kind also buchstäblich verlassen.* Der plötzliche Verlust eines Elternteils ist ein traumatisches Erlebnis für jedes Kind, aber ein auserwähltes Kind kann es völlig umwerfen. Eine Frau sagte beim Tod ihres Vaters: »Es ist, als ob die Sonne aus dem Himmel gerissen worden wäre.« In einem Augenblick sonnte sie sich im Bewußtsein, »Papas kleines Mädchen« zu sein. Im nächsten stand sie ganz allein da in einer kalten, feindlichen Welt und hatte niemanden, der sie vor dem Zorn der Stiefmutter und der eifersüchtigen Geschwister beschützte.

Joshua, einer meiner Klienten, hatte mit vierzehn seine Mutter verloren. Während seiner Kindheit war seine Mutter nicht nur seine beste, sondern auch seine *einzige* Freundin gewesen. Er las mit ihr Shakespeare und Homer und diskutierte mit ihr über die Klassiker, alles, bevor er dreizehn war. Im Sommer, bevor er in die neunte Klasse versetzt wurde, starb sie an einem Schlaganfall. Man benachrichtigte ihn davon um acht Uhr morgens, als er gerade aufgewacht war. Sobald er von ihrem Tod gehört hatte, fing er an zu schreien, so laut er konnte, und er hörte erst spät nachts auf, weil er buchstäblich seine Stimme verloren hatte. Seine Verzweiflung war grenzenlos. Eine beständige Furcht vor Katastrophen begleitete ihn bis ins hohe

Alter. Er war noch beunruhigt, wenn alles glattging. Weder gute Zeiten noch die Menschen, mit denen er sie erlebte, konnten ihm Vertrauen einflößen. Er war überempfindlich, witterte ständig, daß man ihn ausschließen wollte. Er hatte übertriebene Angst vor Tod und Krankheit. Bei allen nahen Beziehungen, die er einging, lebte er in ständiger Angst, verlassen zu werden.

Ängste wie Joshua empfinden, wenn auch in einem geringeren Ausmaß, viele andere auserwählte Kinder, die sich aus irgendeinem Grund verraten und verkauft fühlen. Ein Kind ist immer von seinen Eltern abhängig, und wenn ein Elternteil der hauptsächliche Umgang des Kindes ist, wird diese Abhängigkeit noch stärker akzentuiert. Der Verlust dieser privilegierten Position kann eine lebenslängliche Verunsicherung auslösen.

Probleme mit dem Selbstbild

SCHWANKENDES SELBSTWERTGEFÜHL

> »In manchen Phasen meines Lebens war ich total von mir selbst eingenommen – als ob ich übermenschliche Kräfte hätte. Ich sah auf alle anderen herab, als handelte es sich um eine völlig andere Kategorie von Menschen. Zu anderen Zeiten habe ich mich völlig wertlos gefühlt – wie eine Art Hochstapler. Irgend etwas dazwischen schien es nicht zu geben.«

Starke Schwankungen im Selbstwertgefühl sind ein bekanntes Problem vieler auserwählter Kinder. Bei einigen lassen sich die Hoch-Zeiten innerhalb dieses Stimmungswechsels auf die Euphorie zurückführen, die aus dem Triumphgefühl erwächst, die ausschließliche Liebe eines Elternteils gewonnen zu haben. Die Tatsache, ein Lieblingskind zu sein, kann die Illusion hervorrufen, daß man einfach alles und jeden erobern kann, egal wie die Umstände sind.

Bei anderen wird der Größenwahn durch etwas, was der Elternteil sagt, hervorgerufen. Zum Beispiel erzählte meine Mutter mir, daß ich einfach alles könne. Als ich acht war, sagte sie zu mir, ich sei so musikalisch, daß ich unbedingt Klavierstunden bekommen müßte. Das hörte sich für mich toll an – abgesehen von einem kleinen Schönheitsfehler: Wir hatten weder ein Klavier, noch konnten wir es uns leisten, eines zu mieten. Sie ging davon aus, daß ich dieses geringfügige Hindernis dank Talent und Entschlossenheit schon bewältigen würde. Die Realität bewies, daß sie unrecht hatte. Trotzdem blieb für mich weiter unbestritten: »Ich kann alles.«

Einige Jahre später brachte mich dieses überhöhte Machtgefühl immer wieder in die Bredouille. Ein Beispiel: Es konnte passieren, daß ich im Überschwang der Gefühle mitten in einer anstrengenden Arbeitsperiode dreißig Leute zu einer Dinnerparty einlud. Warum nicht? Ich konnte alles! Wenn dann aber der Abend näher kam, mußte ich schließlich der Realität ins Gesicht sehen: Es war absolut unmöglich, die Sache zu schaffen, ohne eine Haushälterin oder eine Köchin zu engagieren! Ich mußte also entweder das Essen absagen, meine sämtlichen beruflichen Verpflichtungen umgruppieren oder mich total kaputtarbeiten.

Als ich mein Leben allmählich in den Griff kriegte, vermißte ich tatsächlich diese Hochgefühle, die diese größenwahnsinnigen Perioden begleitet hatten. Ich trauerte der geballten Energie und all dem Optimismus nach. Mir fehlte der Thrill, wenn man gewaltige, ambitionierte Pläne macht. Aber was mir ganz gewiß nicht fehlte, waren die Tiefs, die darauf folgten. Jede euphorische Periode hatte unweigerlich eine Zeit der Abrechnung nach sich gezogen, eine Depression, die die Waage wieder ins Gleichgewicht brachte.

Dieser schwindelnde Umschwung von der Siegesgewißheit zu Gefühlen der Unzulänglichkeit ist bei auserwählten Kindern sehr stark zu bemerken. Erinnern Sie sich an die am Anfang des Buchs erwähnte Frau, die sich als eine Blume mit einer winzigen schwarzen Mitte zeichnete? Einen Großteil der Zeit fühlte sie sich als etwas Besonderes, mächtig und energiegeladen, was durch die Blütenblätter der Blume dargestellt wurde. Aber im innersten Kern fühlte sie sich schwarz und wertlos. Durch die Therapie wurde ihr Selbstbild etwas stabiler. Ihr dunkles Inneres fing an, heller zu werden, und ihre euphorischen Phasen nahmen ab. Schließlich wurde sowohl ihr Selbsthaß wie ihr Größenwahn durch eine reife Selbstakzeptanz ersetzt. Der Ausschlag des Pendels verlangsamte sich schließlich und hielt an. Sie war in Wirklichkeit eine attraktive, fähige Frau mit einer ganz normalen Verteilung von Stärken und Schwächen. Weder ihr übertriebenes Machtgefühl noch ihre Gefühle der totalen Wertlosigkeit hatten ein reales Fundament – es waren Illusionen, entstanden durch das Aufwachsen in einer Familie, die aus dem Gleichgewicht geraten war.

ANGST VOR ZURÜCKWEISUNG

> »Es gibt Zeiten, wo ich denke, daß ich nichts tauge und es keinesfalles wert bin, geliebt zu werden. Aus Angst vor Zurückweisung habe ich mich selbst isoliert.«

Manche auserwählten Kinder werden von dem Gefühl geplagt, daß man sie nicht lieben kann. Auf den ersten Blick mag das sehr widersprüchlich klingen: Wie kann ein Kind der Liebling eines Elternteils sein und sich trotzdem abgelehnt fühlen? Nun, es liegt daran, daß die enge Verflochtenheit mit dem einen Elternteil häufig die Ablehnung durch den anderen provoziert. Es ist eine entschieden Freudsche Gleichung: Papas Liebe zu erringen, bedeutet zugleich, den Zorn von Mama zu riskieren.

Der Ärger des ausgeschlossenen Elternteils kann sich auf vielerlei Weise äußern. Manche Eltern unterdrücken ihre Gereiztheit und beschränken sich auf ein kühles oder distanziertes Verhalten. Jahre später wird das erwachsen gewordene Kind das Verhältnis zu dem entfremdeten Elternteil folgendermaßen beschreiben: »Meine Mutter und ich verstanden uns nicht«, oder »Mein Vater und ich standen uns näher als meine Mutter.« Einer meiner Klienten fand folgenden Vergleich: »Es kommt mir so vor, als wenn ich meine Mutter immer durch das falsche Ende eines Fernrohrs betrachtet habe. Sie war gefühlsmäßig so distanziert.«

Das andere Extrem sind Eltern, die sich durch die Koalition zwischen ihrem Ehepartner und ihrem Kind so bedroht fühlen, daß sie es körperlich und verbal mißhandeln. Eine meiner Klientinnen wurde von ihrer eifersüchtigen Mutter zwei Tage in einen Wandschrank gesperrt. Eine andere erzählte mir, daß sie mit sechs Jahren von ihrer Mutter überzeugt wurde, daß unter ihrem Bett Ungeheuer lebten, so daß sie sich stundenlang nicht aus dem Zimmer traute.

Von einem seiner Eltern abgewiesen zu werden, hat weitreichende Folgen, ganz gleich, welche Form die Abweisung annimmt. Ein tragisches Resultat ist, daß das Kind sich selbst die meiste Schuld gibt. »Wenn ich nur intelligenter oder hübscher oder talentierter wäre oder ein anderes Geschlecht hätte oder weniger Mühe machte oder weniger böse wäre – wenn nur etwas an mir anders wäre –, dann würden mich beide Eltern lieben.« Unglücklicherweise bleibt davon vor allem eins haften: »Ich bin dumm«, »Ich bin häßlich«, »Ich falle immer nur zur Last«, »Mich kann man nicht lieben«.

Es gibt noch weitere Folgen. Ein Kind, das vom gegengeschlechtlichen Elternteil zurückgewiesen wird, wie das bei mir der Fall war, verallgemeinert das und meint später, daß es nicht wert sei, geliebt zu werden. Ich weiß noch, daß ich tief verzweifelt zu meiner Therapeutin sagte: »Wenn mein Vater mich verlassen hat und mein Stiefvater mich haßte, wie kann mich irgendein Mann lieben? Ich glaube, mich kann man nicht lieben.«

Ein Kind, das vom gleichgeschlechtlichen Elternteil abgelehnt wird, was häufiger vorkommt, kann eventuell Probleme damit haben, sich selbst eine positive sexuelle Identität zuzulegen. Ich habe mit einem Mann namens Hal gearbeitet, der das Lieblingskind seiner Mutter war. Sie war von ihrem Ehemann bitter enttäuscht und redete ihrem Sohn immer wieder ein, wie gänzlich verschieden sie beide wären. »Du und dein Vater, ihr seid euch so unähnlich, wie es zwei Menschen nur sein können«, pflegte sie zu sagen. »Man kann gar nicht sehen, daß ihr miteinander verwandt seid.« Zugleich ließ sie ständig einen Strom von Klagen über seinen Vater los. Hal zählte zwei und zwei zusammen: »Mein Vater ist wertlos. Deshalb ist es gut, daß ich ganz anders bin als er.«

Jahre später mußte Hal zu seinem Entsetzen erfahren, daß der Standpunkt seiner Mutter extrem verzerrt gewesen war. Sein Vater hatte nämlich viele bewundernswerte Eigenschaften, und zwar gerade die, die Hal selbst unbedingt brauchte, um in der Welt voranzukommen. Seine zwangsweise Entfremdung vom Vater hatte ihn daran gehindert, dessen positive Züge aufzunehmen. »Ganz tief in meinem Inneren«, sagte er zu mir, »habe ich mich immer mehr wie eine Frau als wie ein Mann gefühlt. Meine Mutter hatte einen allzu großen Einfluß auf mich.«

Auch die Eifersucht der Geschwister kann die Angst vor der Ablehnung beim auserwählten Kind verstärken. Wenn ein Lieblingskind alle Aufmerksamkeit auf sich zieht, entwickelt sich bei den Geschwistern ein tiefer Groll. Es ist typisch, daß sie, um die Beziehungen ins Lot zu bringen, ihren Zorn an dem auserwählten Kind auslassen, denn es ist sehr viel leichter, mit Bruder oder Schwester Püffe auszutauschen, als sich mit einem Elternteil auf einen Streit einzulassen.

Die Wut, die die Geschwister an dem auserwählten Kind auslassen, kann extrem sein. Eine meiner Klientinnen wurde von ihrem älteren Bruder fast ersäuft – und dann wiederbelebt. Eine zweite Klientin wurde sexuell und physisch von ihrem älteren Stiefbruder mißbraucht. Ein dritter wurde von seiner älteren Schwester mit einer Küchenschere gestochen, und die Wunde mußte später mit zwanzig Stichen genäht werden. Die psychischen Wunden, die diese und andere auserwählte Kinder erlitten haben, sind genauso vernichtend.

GESELLSCHAFTLICHE ISOLATION

> »Als Kind hatte ich nie das Gefühl, irgendwo dazuzugehören. Manchmal meinte ich, daß ich allen überlegen sei, und dann fühlte ich mich wieder minderwertig. Es hat lange gedauert, bis ich mich als Gleicher unter Gleichen sah oder ein Zugehörigkeitsgefühl entwickelte.«

Da das auserwählte Kind weniger Zeit als andere mit gleichaltrigen Kindern verbringt, hat es wenig Gelegenheit, sich als Teil einer Gruppe zu empfinden. Bei Einzelkindern oder Kindern, die von ihren Geschwistern abgelehnt werden, tritt das Problem verstärkt auf, weil sie während ihrer Kindheit Dinge wie Verwandtschafts- und Zusammengehörigkeitsgefühl nur sehr beschränkt kennenlernen.

Aufgrund dieser gesellschaftlichen Isolation lernt das Kind den Einfluß von Gleichaltrigen, der so manches geraderückt, nie kennen. Kinder reagieren immer sehr direkt: Ihre gegenseitige Sozialisierung spielt sich wie mit dem Vorschlaghammer ab. Eine derartige Interaktion mag zwar gelegentlich weh tun, doch sie verhilft den Kindern auch dazu, sich auf gesellschaftlich akzeptierte Weise zu verhalten. Ein Kind, das von anderen isoliert ist, kann sich »Macken« angewöhnen, die sich im späteren Leben als ein Hemmnis erweisen.

Menschen, die mit einem alkoholkranken, vernachlässigenden, mißhandelnden oder gemütskranken Elternteil verbunden waren, können an einem extremen Gefühl gesellschaftlicher Isolierung leiden. Ein auserwähltes Kind, mit dem ich arbeitete, war das einzige Kind einer schizophrenen Mutter. Diese Frau sagte mir eines Tages: »Wenn doch nur ein einziger einmal zu mir gesagt hätte: ›Es muß schwer sein, mit deiner Mutter zusammenzuleben. Falls du darüber sprechen willst, ich bin für dich da.‹ Ich hätte mich tausendmal besser gefühlt. Aber wie die Dinge lagen, stand ich völlig allein da.« Es gab niemanden, der den Mut oder die Reife hatte, sich einzumischen.

Heute, zwanzig Jahre danach, gibt es immer noch Zeiten, zu denen sie sich von anderen Menschen wie abgeschnitten fühlt. Es macht ihr Schwierigkeiten, an Gruppenaktivitäten teilzunehmen, und sie fühlt sich meist am wohlsten, wenn sie allein ist.

MINDERWERTIGKEITSGEFÜHLE

> »Ich komme mir wie ein Versager vor. Ich nehme mir immer wieder Dinge vor, die ich dann doch nicht schaffe. Nichts, was ich tue, ist gut genug. Das finde nicht nur ich. Das sagen auch alle anderen.«

Kinder, die mit einem vereinnahmenden Elternteil aufwuchsen, schätzen ihre Fähigkeiten oft unnormal niedrig ein, insbesondere, wenn der Vater bzw. die Mutter sie ständig kritisierte oder schlecht behandelte. Kinder glauben, was man ihnen sagt, und wenn ihnen immer wieder gesagt wurde, daß sie stören oder nichts taugen, dann verinnerlichen sie diese Botschaft.

Erstaunlicherweise können auch Kinder, die von ihren Eltern förmlich angebetet werden, das Gefühl haben, daß sie den Ansprüchen nicht genügen. Wie kann das sein? Stellen Sie sich die beiden folgenden Szenen vor:

Szene 1: Ein Junge geht mit seinem Freund zum Angeln. Sie schnappen sich ein paar Stöcke, graben eine Handvoll Würmer aus und laufen um die Wette zum Fluß hinunter. Jeder fängt eine Forelle. Dann beißt kein Fisch mehr an, so daß die Jungen sich anderen Spielen zuwenden und zusammen einen Staudamm bauen. Als sie nach einer Stunde auch dazu keine Lust mehr haben, schultert jeder seine Beute, und die beiden ziehen in bester Stimmung heimwärts.

Szene 2: Ein Junge geht mit seinem Vater zum Angeln. Der Vater hat zwei Angeln vorbereitet und befestigt die Köder sorgfältig, wobei er einen speziellen Doppelknoten anwendet. Die Köder hat er aufgrund einer Empfehlung in einer Angler-Fachzeitschrift ausgewählt. Er fährt mit seinem Sohn im Auto zum Fluß. Der Junge fängt einen Fisch. Er verliert das Interesse, als die Fische nicht mehr anbeißen, und fängt an, einen Staudamm zu bauen. Der Vater angelt unbeirrt weiter und fängt drei Forellen. Auf der Heimfahrt fällt dem Vater auf, daß der Junge niedergeschlagen wirkt. »Was ist los?« fragt der Vater. »Hat dir das Angeln keinen Spaß gemacht?«

»Ich hab nicht so viele Fische wie du gefangen. Ich bin kein guter Angler.«

»Aber nicht doch! Du hast einen prima Fisch gefangen.«

»Aber du hast mehr als ich gefangen«, antwortet er. »Du fängst immer mehr.«

Trotz des guten Zuspruchs seitens des Vaters kann der Junge nicht umhin, sich mit seinem Vater zu vergleichen, nicht nur was den Erfolg angeht, sondern auch das Durchhalten und das technische Können. Warum hat er nicht die Selbstdisziplin aufgebracht, weiterzuangeln? Warum verwickelt sich bei ihm immer die Angelschnur und bei seinem Vater nie? Warum fängt er jedesmal weniger Fische als er?

In Maßen sind gemeinsame Unternehmungen von Vater und Sohn für diesen gut, weil sie ihm ein Vorbild vermitteln. Aber wenn er zuviel Zeit mit seinem Vater verbringt, fängt er an, sich unterlegen zu fühlen. »Ich werde nie so gut wie mein Vater« ist die Botschaft, die sich einprägt. Dieses niedrige Selbstwertgefühl hält bis ins Erwachsenenalter an, und der Junge wächst zu dem Typ Mann heran, der ständig die eigenen Leistungen herabsetzt. Was er auch macht, er ist nie gut genug.

Perfektionismus

VERLEUGNEN VON BEDÜRFNISSEN

> »Es ist wirklich eigenartig, aber bis ich zwanzig war, war mir nicht klar, daß ich irgendwelche Ängste oder Probleme hätte. Ich hatte natürlich welche, aber ich habe sie verdrängt. Es ist fast, als bestünde ich aus zwei Personen – eine, die immer die Nase vorn hatte, und dann eine innere, die in furchtbaren Nöten steckte. Aber ich ließ nicht zu, daß diese innere auch nur die Nasenspitze nach draußen steckte.«

Es ist normal, daß Kinder immer mal »nerven«. Sie brauchen dich, wenn du mitten in der Arbeit bist; sie stellen Fragen, auf die du keine Antwort weißt; sie machen schwierige Phasen durch; sie gehen beharrlich auf Konfrontationskurs, um ihre Unabhängigkeit durchzusetzen; sie sind eine ständige Erinnerung daran, daß du selbst auch nicht für alle Probleme des Lebens eine Lösung weißt.

Das auserwählte Kind muß solche Bedürfnisse oft unterdrücken.

Eine Klientin mit dem Kosenamen »Sunny« erzählte mir, daß sie den Namen von ihrer Mutter bekommen habe, die in ihr das perfekte »sonnige« Kind sehen wollte. »Du bist immer so glücklich«, sagte sie ständig zu ihrer Tochter. »Du hast immer ein Lächeln auf dem Gesicht.« Dahinter war die Botschaft verborgen: »Du darfst nicht unglücklich sein oder Probleme haben.« Sunny bemühte sich nach Kräften, ihrem Namen gerecht zu werden und ging mit einem Dauerlächeln durchs Leben. Es tat weh, sie während der Therapiestunden zu beobachten. Auch wenn sie mir von traurigen oder schmerzlichen Erlebnissen erzählte, hatte sie ein Lächeln auf den Lippen. Manchmal liefen Tränen die eingekerbten Lachfalten um ihren Mund herunter. Es dauerte Monate, bis sie sich einen traurigen oder wütenden Gesichtsausdruck zugestehen konnte.

Eine andere Klientin, die unter ähnlichen Umständen aufgewachsen war, berichtete mir: »Mein Vater sah eine Art Heilige in mir. Er sagte immer: ›Was bist du für ein gutes Kind. Du bist immer so hilfsbereit und verlangst nie etwas für dich selbst. Ich bin ja so stolz auf dich!‹«

Die wirkliche Botschaft lautete allerdings: »Mein Leben ist leichter, wenn ich nicht auf deine Bedürfnisse eingehen muß. Deshalb müssen wir beide so tun, als ob du gar keine hast. Zur Belohnung werde ich dich hingebungsvoll bewundern.« Das hatte zur Folge, daß sie mit einer eindimensionalen Persönlichkeit durchs Leben ging, von vielen bewundert, aber von wenigen geliebt. Nur wenige konnten ihr nahe kommen, denn sie war sich selbst nicht nahe. Ein Teil ihrer Psyche war wie weggeschlossen, dem Gebrauch entzogen.

Es folgen einige »Übersetzungen« von typischen Eltern-Botschaften, die möglicherweise später zu Perfektionismus führen können.

Versteckte Botschaften

- »Du hast mir noch nie Kummer gemacht.«
  Übersetzung: »Laß die Dinge, wie sie sind. Wenn du etwas anderes willst, als ich dir geben kann, hast du Pech gehabt. Du kannst dir nur das wünschen, was ich möchte. Deine sonstigen Bedürfnisse mußt du unterdrücken.«
- »Du bist immer so angenehm zu haben gewesen.«
  Übersetzung: »Sei zufrieden. Sei freundlich. Nimm weder deinen Zorn, deine Trauer noch deinen Schmerz wahr.«
- »Du bist der/die einzige, die mich wirklich versteht.«

Übersetzung: »Wenn du nicht wärest, stünde ich ganz allein da. Deshalb mußt du dich opfern, um für mich dazusein. Einzig meine Bedürfnisse zählen. Mir zu helfen ist wichtig. Falls du Bedürfnisse hast, die mit meinen kollidieren, will ich davon nichts hören.«

- »Du bist etwas ganz Besonderes!«
  Übersetzung: »Sei so, wie ich mir das vorstelle. Ich habe heimliche Bedürfnisse, die ich durch dich befriedigen möchte.«
- »Von allen meinen Kindern erwarte ich das meiste von dir.«
  Übersetzung: »Ich habe dich dazu auserwählt, mein Leben lebenswert zu machen. All meine unerfüllten Wünsche liegen auf deinen Schultern. Sei nicht so verspielt. Gib deine eigene Sicht der Dinge auf. Halte dich an meinen unausgesprochenen Plan.«

Kinder hören und behalten die Worte, doch innerlich erleben sie die Botschaft, die sich dahinter verbirgt. Das stiftet bei ihnen erhebliche Verwirrung. »Warum habe ich als Kind immer das Gefühl gehabt, ich würde vernachlässigt, obwohl meine Mutter immer so nett über mich geredet hat?« Zwischen der wahren Botschaft und der in Worten ausgedrückten zu unterscheiden, ist eine der anstehenden Aufgaben, wenn es darum geht, die Familienmythen neu zu schreiben.

ZWANGHAFTES ERFOLGSSTREBEN

> »Ich kenne nur wenige Leute, die sich selbst so antreiben wie ich mich. Ich träumte einmal, daß ich getötet würde, wenn ich nicht Vizepräsident meiner Firma würde. Ich bin schweißnaß aufgewacht. Aber dieser Alptraum war nur ein übertriebener Ausdruck dessen, was ich in jeder Minute des Tages fühle.«

Viele auserwählte Kinder belasten sich mit der Überzeugung, daß sie nur zählen, wenn sie ganz oben sind. Ich erinnere mich an eine ergreifende Therapiestunde mit Robert, einem Bauingenieur, der Millionen während des texanischen Öl-Booms von 1978 bis 1986 verdient hatte. 1987 wurden seine Unternehmungen vom Sinken der Ölpreise schwer getroffen. Sein finanzieller Überlebenskampf konfrontierte ihn mit der Realität. Er sagte damals zu mir: »Ich bin nicht so clever, wie alle denken. Ich bin wohl eher so wie alle anderen auch.

Ich bin nicht brillant. Ich bin ziemlich normal. Aber wenn ich das jetzt so sage, spüre ich einen solchen Schmerz und eine solche Demütigung, daß es fast nicht auszuhalten ist.« Von seiner Mutter zum Idol erhoben, glaubte er, er müsse Überragendes leisten, um irgendeinen Wert zu haben.

Als ich Robert zuhörte, identifizierte ich mich unwillkürlich mit ihm. Auch ich hatte gemeint, daß Erfolg nicht eine Möglichkeit, sondern eine Notwendigkeit für mich wäre. Dieser Zwang trat besonders zutage, als ich noch zur Schule ging. Im ersten und zweiten Jahr der Oberstufe bekam ich Auszeichnungen und war Klassensprecherin. Im letzten Jahr war ich für einen Staatsbürger-Preis vorgeschlagen, aber zu meiner Überraschung verlor ich, weil mir vier Stimmen fehlten. Das war ein vernichtender Schicksalsschlag. Es war das erste Mal in meinem Leben, daß ich ein wichtiges Ziel nicht erreicht hatte. Aber was das Faß zum Überlaufen brachte, war ein Gespräch von Mitschülerinnen, das ich zufällig mitanhörte – sie freuten sich darüber, daß meine Konkurrentin gewonnen hatte. In diesem Augenblick drehte ich durch. Bevor ich mich versah, hämmerte ich mit den Fäusten an die Tür meines Garderobenschranks und schrie aus Leibeskräften, bis jemand den Schulleiter holte. Dieser brachte mich schließlich zum Schweigen, weil er mir androhte, daß er den Vorfall in meine Personalakte aufnehmen müßte, wenn ich mich nicht in den Griff bekäme.

Ich brauchte viele Jahre, bis ich den Hintergrund dieser peinlichen Episode verstand. Schließlich wurde mir klar, daß meine zwanghafte Erfolgssucht eine direkte Folge der hochgeschraubten Erwartungen meiner Mutter und meiner heimlichen Unzulänglichkeitsgefühle war. Ich glaubte damals keine andere Wahl zu haben, als ihrer unrealistischen Sicht meiner Person Folge zu leisten. Wie bei Robert war der Glaube, zum Durchschnitt zu gehören sei gleichbedeutend mit Versagen, ein Teil meines Erbes als auserwähltes Kind.

Identitätsprobleme

EIN DIFFUSES SELBSTWERTGEFÜHL

> »Ich bin nie sicher, wer ich bin oder was ich will. Ich möchte immer erst herausfinden, was die anderen wollen, bevor ich eine Entscheidung treffe. Ich lasse mich von den Ansichten anderer stark beeinflussen.«

Eltern, die mit ihrem Kind zu eng verbunden sind, behindern unweigerlich dessen Entwicklung einer eigenen Identität. Es ist typisch, daß der Elternteil das Kind auf seine Vorlieben und Wertvorstellungen programmiert. Auf vielerlei Weisen – sei es mit Worten, mit einem Lächeln, einem Augenzwinkern – bedeutet er dem Kind: »Wir beide sind Kumpel«, »Wir mögen die gleichen Dinge« oder »Wir sind anders als der Rest der Familie«. Der Elternteil sucht nach einem Verbündeten, einem Mitstreiter, einem Seelenverwandten. In den meisten Fällen wird das Kind sich fügen, denn Vater oder Mutter zu gefallen – und sich dadurch ihrer Liebe zu vergewissern – ist ihm wichtiger, als eine Identität zu entwickeln. Das Überleben hat Vorrang, Selbstverwirklichung ist zweitrangig.

Manche Eltern unterdrücken die Individualität ihres Kindes in besonders extremer Weise. Beispielsweise erzählte eine Frau namens Ginny mir, daß ihre Mutter nicht den geringsten Unterschied zwischen ihnen geduldet hatte, solange sie ein Kind war. Sie erwartete von ihr, daß sie dieselben Farben schön fand, Kleider im gleichen Stil trug und in genau der gleichen Weise auf alle alltäglichen Vorkommnisse reagierte. Wenn sie einen Zeitungsartikel anders interpretierte, war das schon ein traumatisches Ereignis. Wenn sie im Kino an einer anderen Stelle weinte, machte ihre Mutter sie deswegen lächerlich.

Erst als Ginny aufs College ging, hatte sie die Freiheit, ihre eigenen Wünsche auszudrücken – und das tat sie mit Macht. Sie wurde aktiv im Umweltschutz. Wie viele andere junge Menschen machte sie sich über die Luftverschmutzung, die Pestizide und die Bevölkerungsexplosion Sorgen. Um ihrer Überzeugung Ausdruck zu geben, wurde sie Vegetarierin und lebte in selbstgewählter Einfachheit.

Als ihre Mutter sie besuchte, bemerkte sie die Veränderungen sofort und regte sich furchtbar auf. Sie betrachtete das neue Leben ihrer

Tochter als eine bewußte Anklage gegen ihre Person. Aus irgendeinem Grund störten sie vor allem zwei Dinge an Ginnys neuem Verhalten: daß sie vegetarisch aß und daß sie keine Papiertücher benutzte. In den nächsten Jahren schleppte sie bei jedem Besuch Berge von Papiertüchern und Rindfleisch an – ein Versuch, alle Unterschiede zwischen ihnen zu negieren. Sie konnte nicht zulassen, daß ihre Tochter von ihrem Vorbild abwich. Kein Wunder, daß ein bedeutender Teil von Ginnys Therapie der Wiedergewinnung ihrer eigenen Gedanken und Gefühle gewidmet war. »Es hat den Anschein, als ob alles, was ich jahrelang gemacht habe, entweder den Grund hatte, daß meine Mutter es so wollte oder daß sie es gerade *nicht* wollte«, sagte sie zu mir. »Ich hatte das Gefühl für das, was ich *selbst* wollte, verloren. Ich reagierte immer bloß auf sie. Ich wußte nicht, was mir Spaß machte. Ich wußte nicht, was mich ärgert. Ich wußte nicht, was ich denken sollte. Es ist schon seltsam, wenn man im reifen Alter von vierzig Jahren sich selbst entdeckt.«

Manche Eltern erwarten nicht nur, daß ihre Kinder ihre eigenen Vorlieben und Wertvorstellungen widerspiegeln, sondern auch ihre negativen Züge. »Du bist wie ich« ist die entmutigende Botschaft, »und wir taugen beide nichts.« Ein heute dreißigjähriger Mann erinnerte sich daran, wie sein Vater ihn während einer Sauftour angerufen und zu ihm gesagt hatte: »Wir sind beide Versager. Aus uns wird nie was werden. Das hält uns zusammen. Wir sind zu gut für diese Welt, und deshalb machen uns alle schlecht.« Der Mann versuchte die Worte seines Vaters als besoffenes Geschwätz abzutun, aber die Botschaft verinnerlichte er doch. Es ist nicht verwunderlich, daß er als Erwachsener jahrelang an einer Unfähigkeit, erfolgreich zu sein, litt.

Eine ebenso bedrückende Geschichte wurde mir von einer Frau berichtet, die in enger Verflechtung mit einer manisch-depressiven Mutter aufwuchs. Jedesmal wenn ihre Mutter wieder in eine manische Phase kam, und das geschah wie auf Knopfdruck in jedem Frühjahr und jedem Herbst, stürzte sie sich auf die Tochter und sagte mit melodramatischer Stimme: »Was ist mit dir los? Du hast dich ja überhaupt nicht mehr im Griff.« In dem unbewußten Bemühen, ihre irrationalen Gedanken zu verbannen, projizierte sie sie auf ihre Tochter. Diese quälte sich einen Großteil ihres Lebens mit der Furcht herum, daß mit ihr tatsächlich etwas nicht stimme. Die Versuche ihrer Mutter, sie zu einer Teilhaberin der eigenen Gemütskrankheit zu machen, hatte eine nachhaltige Wirkung auf ihr Selbstwertgefühl.

Manche Eltern betreiben tatsächlich eine Art Gehirnwäsche. Einer meiner Klienten hatte eine besonders vereinnahmende Mutter. Sie hatte ihn eines Tages in die Geheimnisse ihrer Kindererziehung eingeweiht. »Als du klein warst«, hatte sie zu ihm gesagt, »habe ich dir auf ganz bestimmte Weise den Unterschied von Gut und Böse beigebracht. Ich brauchte dir dazu keinen Klaps zu geben, ich habe dir nur die Hand gedrückt und dich angeguckt. Einmal habe ich dich dabei erwischt, wie du mit meinem Füllfederhalter gespielt hast. Ich habe dich nicht bestraft. Ich habe dich auf meinen Schoß gesetzt, meinen Füller und einen von deinen Buntstiften vor dich hingelegt und gefragt: ›Du wolltest doch nicht mit meinem Füller spielen, oder?‹ Du hast mir ins Gesicht gesehen und gesagt: ›Nein, Mutter.‹ Dann sagte ich zu dir: ›Du wolltest doch in Wirklichkeit mit deinem Buntstift spielen, oder?‹ Du hast mich wieder angesehen und gesagt: ›Ja, Mutter.‹ Und ich merkte, du hast nicht bloß versucht, mir einen Gefallen zu tun. Du hast es wirklich geglaubt. Von dem Tag an hast du nie mehr mit meinen Sachen gespielt. Du warst so ein liebes Kind.« Als der Mann mir die Sache erzählte, wurde ihm klar, daß seine Mutter ihn systematisch darauf trainiert hatte, sich von seinen eigenen Wünschen abzutrennen.

DIE UNFÄHIGKEIT, SICH VON DEM ELTERNTEIL ZU LÖSEN

> »Mein Bruder ist zweiundvierzig Jahre alt, aber er benimmt sich nicht wie ein Erwachsener. Er drückt sich vor jeder Entscheidung. Er verläßt sich darauf, daß Mutter ihn finanziell unterstützt. Sie kocht für ihn und kauft ihm sogar seine Kleidung. Ich glaube, er würde zusammenbrechen, wenn ihr etwas geschieht. Er ist wie ein kleines Kind.«

Ich habe sehr viele Fälle erlebt, in denen die Eltern ihre Kinder nicht erwachsen werden ließen. Sie sind davon überzeugt, daß ihre Elternschaft eine lebenslange Aufgabe sei, und machen ihre Kinder zu emotionalen Krüppeln. Auf die eine oder andere Weise geben sie ihnen zu verstehen: »Du wirst es nie allein schaffen«, und wie alle Kinder tun ihre Kinder ihr Bestes, um die Prophezeiung der Eltern zu erfüllen.

Nur selten ist den Eltern bewußt, welche Rolle sie in dem Drama spielen. Derselbe Mensch, der systematisch die Unabhängigkeit seines Kindes unterminiert, ist der erste, der ausruft: »Wann wird mein Kind bloß endlich erwachsen! Ich bin es so leid, mit all diesen Problemen belastet zu werden!«

Eine Klientin namens Rita erzählte von der ersten Nacht, die sie bei ihrem Freund, einem typischen »Muttersöhnchen«, verbrachte. Um sechs Uhr morgens wachte sie auf, weil das Telefon läutete. Ihr Freund reichte ihr den Hörer. Es war seine Mutter, die das Mädchen zu sprechen verlangte. Sie hatte irgendwoher erfahren, daß sie über Nacht dort geblieben war. »Hier spricht Leonore«, ertönte eine Stimme, sobald Rita sich gemeldet hatte. »Haben Sie eine Affäre mit meinem Sohn?« Der anklagende Ton in ihrer Stimme jagte Rita einen kalten Schauer über den Rücken. Sie wußte nicht, was sie darauf antworten sollte und legte verwirrt den Hörer auf. Instinktiv wollte sie aus dem Appartement laufen und ihren Freund nie wieder sehen. »Ich spürte, daß eine Beziehung mit ihm mir nichts als Ärger bringen würde.« Später wurde ihr klar, daß sie ihren Instinkten hätte vertrauen sollen, denn ihre Schwiegermutter dominierte das Leben ihres Ehemanns total. Sie lenkte seine Karriere. Sie kaufte seine Unterwäsche. Sie paßte auf, wo sein Geld blieb. Sie wachte mit Adleraugen über seine Gesundheit. Rita wunderte sich nur, daß ihr Mann dies alles mit sich machen ließ. »Er benahm sich eher wie ein Zwölfjähriger denn wie ein erwachsener Mann.« Eng mit seiner Mutter verflochten, war er nie von ihr losgekommen. Er überließ ihr die gleiche Kontrolle über sein Leben wie in der Zeit, als er noch ein kleiner Junge war.

ABGRENZUNGSPROBLEME

> *Unscharfe Grenzen:* »Ich tu mich wahnsinnig schwer damit herauszubekommen, wo ich anfange und die anderen aufhören. Ich treffe ständig für andere Leute Entscheidungen oder fühle ihre Schmerzen mit.«
> *Rigide Grenzen:* »Es fällt mir schwer, anderen Menschen nahezukommen. Bis zu einem gewissen Punkt geht's, und dann fange ich an, mich zurückzuziehen. Die anderen sind dann echt frustriert – besonders meine Frau. Sie sagt, mit mir zu leben wäre so, als ob sie mit einem Fremden leben würde.«

Menschen, die in engverflochtenen Familien aufwachsen, passiert es oft, daß sie im späteren Leben Abgrenzungsprobleme haben. Die einen halten an den unscharfen Grenzen fest, wie sie es aus ihrer Kindheit kennen, und sind sich nie sicher, wo sie selbst anfangen und die anderen aufhören. Zum Beispiel erzählen sie im Kollegenkreis intime Details ihres Ehelebens. Oder sie fühlen sich von den Privatproblemen ihrer Mitarbeiter persönlich betroffen. Sie mischen sich in die Eheprobleme ihrer Kinder ein. Sie verlangen mehr Zeit und Beachtung von ihren Freunden, als eine normale Freundschaft beinhaltet. Da ihre eigenen Grenzen verletzt wurden, als sie Kinder waren, fällt es ihnen schwer, sie als Erwachsene wieder aufzurichten.

Andere reagieren genau entgegengesetzt: Sie ziehen eine Mauer um sich herum, um sich vor weiteren Verletzungen zu schützen. Bei solchen Menschen hat man leicht das Gefühl, daß man sie nie wirklich kennenlernen wird. Sie erkundigen sich nicht nach deinen Problemen, sie erzählen dir auch nicht von ihren. Sie haben wenige Freunde, wenn überhaupt. Sie sind vor engen Liebesbeziehungen auf der Hut und brauchen lange, bis sie eine Bindung eingehen. Wenn sie heiraten, fühlen sich ihre Ehepartner oft alleingelassen. Sie haben die Erfahrung mit einem vereinnahmenden Elternteil dadurch kompensiert, daß sie ihre Gedanken und Gefühle allzusehr vor anderen verbergen.

Vor einiger Zeit hatte ich ein anschauliches Erlebnis, wie ein grenzverletzendes Elternverhalten zu den genannten Problemen führen kann. Ich besuchte ein Basketballspiel in einem nahe gelegenen College und saß zufällig neben dem Vater eines der Spieler. Den ganzen Abend lang konzentrierte sich das Interesse des Mannes ausschließlich auf seinen Sohn. Einmal fragte er mich, die er doch gar nicht näher kannte, ob ich ihm einen Hot dog besorgen könne. »Ich möchte das Spiel nicht aus den Augen lassen«, erklärte er. »An der Art, wie mein Sohn spielt, kann ich sehen, daß er entmutigt ist. Er läuft richtig geknickt herum. Er glaubt, er spielt nicht gut. Er macht sich Sorgen, was der Trainer denkt. Er braucht mich heute abend, damit ich ihn wieder aufrichte. Ich muß unbedingt hier sitzen bleiben und zugukken, damit ich herausbekomme, wie ich ihm am besten helfen kann.«

Ich schaute mir die Gruppe junger Männer genau an, insbesondere seinen Sohn. Ich beobachtete ihn genau, aber ich konnte nichts von dem entdecken, was sein Vater eben geschildert hatte. Der Junge schien mit Eifer bei der Sache zu sein und genauso gut zu spielen wie die anderen. Falls er wirklich mutlos war, wie sein Vater meinte, dann waren die Anzeichen jedenfalls sehr unauffällig. In diesem Augenblick bemerkte ich die Intensität, mit der sich der Vater engagierte. Der Junge schien nur zwei Möglichkeiten zu haben: Entweder akzeptierte er die Beobachtungen seines Vaters als richtig und nahm damit die Verletzung seiner Grenzen hin, oder er mußte eine dicke Mauer um sich ziehen, um die Vereinnahmung abzuwehren. Beide Handlungsweisen würden später zu einer Verwirrung darüber führen, wo denn seine persönlichen Grenzen wirklich verliefen.

Die Grenzen wieder aufzurichten, die Vater und Mutter zerstört haben, ist eine der wesentlichsten Aufgaben bei der Heilung eines emotionalen Mißbrauchs. Ich behandelte vor einigen Jahren eine Frau, die sehr große Fortschritte darin machte, wieder ein Gefühl für die eigene Autonomie zu bekommen. Um ihr dabei zu helfen, lud ich ihren Vater (der ihre Grenzen immer wieder verletzt hatte) ein, an einer Therapiestunde teilzunehmen, worauf er bereitwillig einging. »Ich würde alles für meine Tochter tun«, sagte er. Wie so viele »Klammer-Eltern« liebte er seine Tochter abgöttisch und sah sich selbst als jemanden, der alles in seiner Macht Stehende tun würde, um ihr zu helfen. Während der sechzigminütigen Sitzung wurde meiner Klientin klar, daß ihr Vater sie überhaupt nicht verstand. Er wußte gar nicht, was sie dachte oder fühlte. Er legte ihr ständig Worte in den Mund, die sie nie gesagt hatte, und er dichtete ihr Gefühle an, die ihr völlig fern lagen. Sobald ihr Vater das Büro verlassen hatte, rief sie erleichtert aus: »Und all diese Jahre hab ich gemeint, er könne meine Gedanken lesen und wüßte alles, was ich denke. Ich hatte das Gefühl, er säße hinter meiner Stirn! Nun weiß ich, daß er keine Ahnung hat, wie ich wirklich bin. Ich kann gar nicht sagen, wie mich das erleichtert!«

Beziehungsprobleme

BINDUNGSANGST

> »Ich komme so lange mit den Frauen gut zurecht, bis das Wort ›Heirat‹ fällt. Dann möchte ich am liebsten auf dem Absatz kehrtmachen und davonlaufen. Bei der Vorstellung, den Rest meines Lebens mit einer einzigen Frau zu verbringen, bricht mir der kalte Schweiß aus.«

Problematische Liebesbeziehungen sind bei auserwählten Kindern eher die Regel als die Ausnahme und eines der häufigsten Probleme ist die Angst vor Nähe und Bindung. Einem Menschen, der mit einem überwältigenden Elternteil verbunden war, kann jede enge Beziehung wie eine Invasion vorkommen. Ich sehe diesen Zug sehr häufig an Männern, die die Lieblingssöhne von aggressiven, dominierenden Müttern waren. Sie wünschen sich Liebe, aber der Gedanke an eine Ehe ruft die Erinnerung an die frühere Verstricktheit herauf. Die Idee, daß in einer Beziehung auch Freiheit möglich ist, widerspricht allem, was sie selbst erfahren haben.

Charles hatte viermal geheiratet und war ebensooft geschieden. Am Ende jeder Ehe hatte er sich gesagt, daß er niemals wieder heiraten würde. Die Erfahrung hatte allzu weh getan. Doch ein oder zwei Jahre nach einer Scheidung fühlte er sich wieder sehr stark von einer neuen Frau angezogen und war nach kurzer Zeit wieder verheiratet. Anfangs pflegte er sich mit seiner neuen Frau sicher zu fühlen, doch dann baute sich von neuem ein Gefühl von erstickender Nähe auf. Er hatte das Gefühl, daß ihm seine Freiheit genommen worden war und daß jede seiner Bewegungen diktiert wurde. Er hatte das Gefühl, er säße in der Falle mit einer Frau, die ihm das Mark aus den Knochen saugte.

MANGEL AN ROMANTISCHER ANZIEHUNG

Eine Frau: »Ich bin mit einem wunderbaren Mann verheiratet. Er gibt sich alle Mühe, mir zu Gefallen zu sein. Es bleiben keine Wünsche offen. Und trotzdem bin ich dauernd unzufrieden. Ich frage mich immer: Wo ist der Zauber? Ist wirklich nicht mehr dran an der Liebe?«

Ein Mann: »Ich war schon dreimal verheiratet und habe schon Nummer Vier an der Angel. Aber ich habe noch nie gefunden, was ich bei einer Frau suche. Alle meine Frauen haben mich enttäuscht.«

Schon die normale Eltern-Kind-Bindung ist eine höchst intensive Sache. Wenn sie noch durch eine enge Verstricktheit verstärkt wird, wird sie all-umfassend. Unbewußt sind viele der auserwählten Kinder ihr Leben lang auf der Suche nach dieser einst erlebten Intensität. In kurzen Zeitspannen – typischerweise während einer Affäre oder in der romantischen Phase einer Beziehung – können sie einen Zipfel der ersehnten Leidenschaft festhalten. Aber wenn die romantische Liebe verblaßt, dann sehen sie sich wieder mit den unvermeidlichen Zeiten voller Langeweile, Stagnation, Frustration und Ärger konfrontiert. Das gehört zu der normalen Entwicklung einer Liebesbeziehung. Aber das auserwählte Kind kann mit dem Abstieg nicht umgehen. Er oder sie bleibt entweder in einer chronischen Enttäuschung über die Ehe stecken oder sucht sein Heil in irgendeiner Form der Flucht. Übliche Auswege aus der Ehe sind Scheidung, heimliche Affären, eine allzu enge Bindung an ein Kind, Drogen- oder Alkoholmißbrauch und Abtauchen in die berufliche Arbeit (workaholism).

> »Vor zehn Jahren kaufte ich mit meiner Mutter zusammen ein Haus und zog mit ihr ein. Damals war das eine gute Investition. Jetzt bin ich verheiratet, und meine Frau möchte ausziehen und ein eigenes Haus haben. Sie haßt das Zusammenleben mit Mutti. Aber meine Mutter will mich nicht auszahlen und läßt sich auch nicht von mir auszahlen. Dieses Dilemma zerstört meine Ehe.«

Wenn das auserwählte Kind auch nach der Heirat Vater oder Mutter gefühlsmäßig verbunden bleibt, wird die Ehe automatisch zur Dreiecksbeziehung, wobei Elternteil und Ehepartner um die Vorherrschaft kämpfen. Aus diesem Stoff werden Melodramen und Fernseh-Talkshows gemacht.

Ein erst seit zwei Jahren verheiratetes Ehepaar suchte mich auf, um seine Ehe zu retten. Es war ein Versuch in letzter Minute. Sie hatten drei- bis viermal pro Woche heftigen Streit, der jedesmal damit endete, daß der Ehemann seine Sachen packte und zu seiner Mutter ging. Während er sich unter Mutters Dach seine Wunden leckte, drängte diese ihn, die Scheidung einzureichen. Währenddessen fühlte sich seine Frau verlassen und verschmäht. Sie hatte das Gefühl völliger Ohnmacht, weil die automatische Reaktion ihres Mannes auf einen Konflikt immer die gleiche war – er rannte zu seiner Mutter. Ein kritisches Wort genügte, und schon war er weg.

Um die Ehe zu retten, mußte der Ehemann zwei Dinge tun: Erstens seiner Frau beweisen, daß er sich ihr nicht mehr entziehen würde, sondern die Bindung ernst nähme, und zweitens, einen Schutzwall um seine Ehe ziehen, der seine Mutter außen vor ließ. Ich versicherte ihm, daß er auch als erwachsener Sohn eine gute Beziehung zu seiner Mutter haben könne, aber er müsse aufhören, ihr Ersatzpartner zu sein.

»Ich habe eine total egozentrische Frau geheiratet. Sie kommt immer an erster Stelle. Ich spiele in ihrem Leben nur eine Nebenrolle.«

Es geschieht sehr oft, daß ein Lieblingskind später jemanden heiratet, der seine Bedürfnisse ignoriert. Das ist eine unbewußte Wiederholung der Verhältnisse in der Eltern-Kind-Beziehung. Denn wenn das Kind auch nach außen hin wie ein kleiner König behandelt wurde, so war es doch in Wirklichkeit ein Diener, der dazu erzogen wurde, die emotionalen Bedürfnisse seiner Mutter oder seines Vaters zu erfüllen.

Aufgewachsen in der Vorstellung, daß die Bedürfnisse der anderen Vorrang haben, ist es typisch für das auserwählte Kind, daß es sich in jemand verliebt, der seine Bedürfnisse nicht erfüllen kann oder will. Im Laufe der Zeit wird aber der Mangel an emotionaler Zuwendung durch den Partner zu einer frischen Quelle des Leidens. Was ich dann immer wieder beobachtet habe, ist, daß ein Elternteil oder beide Elternteile sich einem Kind zuwenden und sich auf es stützen – und damit beginnt der Kreislauf von neuem.

John ist seit zwanzig Jahren mit Alicia verheiratet. Es ist ihm schmerzlich bewußt, daß seine Frau sich kaum um ihn und seine wirklichen Bedürfnisse kümmert. »Sie behandelt mich schlecht, genau wie meine Mutter. Manchmal habe ich den Eindruck, als wäre es ein und dieselbe Person. Es passiert mir sogar manchmal, daß ich Mutti zu ihr sage.«

John hat versucht, Befriedigung in seiner Arbeit zu finden. Währenddessen hat seine Frau ihre eigenen Bedürfnisse dadurch befriedigt, daß sie eine enge Bindung zu dem gemeinsamen Sohn hergestellt hat. »Meiner Frau ist er hundertmal wichtiger als ich«, sagte John zu mir. »Ich glaube aber, daß es ihr gar nicht bewußt ist.«

SEXUELLE PROBLEME

> »Ich war mit vielen Männern im Bett, dabei bin ich gar nicht besonders sinnlich. Genaugenommen hat es viele Jahre gedauert, bis ich meinen ersten Orgasmus hatte.«

Sexuelle Probleme sind bei den Opfern eines emotionalen Inzests weit verbreitet. Obwohl es zwischen dem Lieblingskind und dem Elternteil nicht zu sexuellen Kontakten kommt – hauptsächlich wegen des Inzesttabus –, sind sie doch gemeinsam in den Bereich vorgedrungen, der Intimpartnern vorbehalten ist. Weil sie ihre innersten Gedanken und Gefühle teilen, ist es nur natürlich, daß auch sexuelle Gefühle entstehen.

Diese sexuelle Energie muß sich irgendwo hinwenden. Im allgemeinen gibt es zwei Wege: Sie wird ausgelebt oder verdrängt. Wenn das Kind seine Sexualität auslebt, dann kann das die Form von exzessiver Masturbation oder Promiskuität annehmen. Wenn Heranwachsende sich nicht in üblicher Weise mit Angehörigen des anderen Geschlechts zum Ausgehen verabreden dürfen – was bei auserwählten Kindern oft der Fall ist –, geschieht es sehr häufig, daß sie ihre sexuellen Erfahrungen bei kurzen, heimlichen Affären mit relativ Fremden machen.

Viele wählen auch den entgegengesetzten Weg und verdrängen ihre Sexualität. Wenn dies in der Familie noch durch strenge moralische Maßstäbe oder deutliche Verbote (»Hör auf, dich wie eine Nutte zu benehmen!«) verstärkt wird, kann die Verdrängung zu einer Einschränkung der Sexualität führen, was sich bei späteren Beziehungen als hoher Preis erweist. Männer können impotent werden oder kein Interesse am Sex haben. Frauen können Angst vor dem Geschlechtsverkehr haben oder Orgasmusschwierigkeiten bekommen.

Eine junge Frau, für die sich mit Sexualität sehr viele Ängste verbanden, erzählte mir von einem Erlebnis, als sie sechzehn Jahre alt war und zufällig einen Jungen, den sie kannte, vor dem Supermarkt traf. Es war ein heißer Tag, und sie trug Shorts und ein knappes Oberteil. Ihr Vater, der im Auto vorbeifuhr, sah sie mit dem Jungen reden. Als sie nach Hause kam, warf er ihr vor, sich »wie eine Hure« aufgeführt zu haben. »Du kriegst noch mal 'ne Menge Ärger, wenn du so weitermachst und derart ausstaffiert herumläufst, mein Fräulein«, fuhr er sie an. »Es war richtig ekelhaft. Ich hab' mich geschämt, daß du meine Tochter bist!« Das Mädchen sagte nichts dazu, aber im Inneren war sie fürchterlich verwirrt. Was hatte sie denn Schlimmes getan? Nichts weiter, als ein gewisses Interesse an einem gleichaltrigen Jungen zu zeigen und etwas anzuziehen, was ihre körperlichen Vorzüge zur Geltung brachte. Ein durchaus normales Verhalten im Teenageralter, doch ihr Vater hatte sich darauf gestürzt und es verzerrt, weil er sich zu sehr in der Beziehung zu seiner Tochter engagiert hatte. Eine ganz normale Begegnung zwischen seiner Tochter und einem jungen Mann wurde in seinen Augen zu etwas Abstoßendem.

Manchmal gehen die sexuellen Begierden eines Elternteils auch noch einen Schritt über eine derartige Projektion hinaus: Er oder sie benutzt das Kind, um sich selbst sexuell zu stimulieren. Ein Mann erzählte mir, daß er mit zwölf Jahren nicht unter die Dusche gehen konnte, ohne daß seine Mutter die Tür öffnete und sagte: »Vergiß nicht, dich hinterher gut abzutrocknen«, obwohl er verschiedentlich dagegen protestierte. Eine Frau berichtete, daß ihr Vater in ihrer Teenagerzeit total auf ihre Brüste fixiert war. Wann immer er sie anschaute, schien sein Blick von ihrem Busen magisch angezogen zu werden. Ein weiterer Mann berichtete, daß seine Mutter ihn als »Verführertyp« bezeichnete und sagte, er sei doppelt so sexy wie sein Vater. Eine junge Frau wurde von ihrem Vater »gekidnappt« und zu einer Firmenkonferenz in einem Seebad mitgenommen, wo er sich aufführte, als wäre sie seine Herzensdame, die er zu einem Wochenende eingeladen hätte. Eine Frau erinnerte sich daran, daß ihre Mutter auf dem Bett gelegen und ungeniert ihre Vagina gerieben hätte, wobei sie darüber klagte, daß ihr Mann sie sexuell nicht befriedigte. Ein Mann sagte, daß seine Mutter ihm Zungenküsse gab. Ein Mädchen berichtete, daß sie bis in ihre Teenagerzeit hinein mit ihrem Vater in einem Bett geschlafen habe; er hätte beim Einschlafen Arme und Beine um sie geschlungen.

Wenn Kinder mit einem sexuell aggressiven Elternteil verstrickt sind, erhöht sich die Gefahr, daß sie später sexuellen Belästigungen ausgesetzt sind. Weil Vater oder Mutter ihre emotionalen Grenzen verletzt und ihre Sexualität geweckt haben, sind sie ideale Opfer für »date rape«, d. h. eine Vergewaltigung bei einem Rendezvous, oder für andere Formen der sexuellen Ausbeutung. Die Bankangestellte Nona, die mit ihrem Vater eng verbunden gewesen war, wurde später von einem Onkel sexuell mißbraucht. Ihre Erfahrung als »Papas Süße« hatte sie gelehrt, sich den Erwachsenen zu fügen. Auch wenn ihr Vater sie nie unschicklich berührt hatte, hatte er doch die Vorbedingungen dafür geschaffen, daß sie zu einem Opfer wurde.

4

Quer durch die Familie: So wirkt sich der Gefühlsmißbrauch auf andere Familienmitglieder aus

Emotionaler Inzest ist keine Sache, die nur zwei Menschen angeht. Er ist eine Familienangelegenheit, die die ganze familiäre Gemeinschaft betrifft. Um die Rolle des auserwählten Kindes ganz zu verstehen, müssen auch die übrigen Familienmitglieder einbezogen werden. In diesem Kapitel wollen wir die Darsteller, die in den Nebenrollen auftreten, genauer betrachten.

Alle Familien sind Systeme, d. h. jedes Familienmitglied – ob Säugling oder Großvater – hat eine Wirkung auf jedes andere. Mit jedem Neuzugang, sei es durch eine zweite Ehe oder die Geburt eines Kindes, wird die Gesamtkonstellation neu geordnet; es bilden sich neue Bündnisse, und alte Bindungen lösen sich auf, ohne daß darüber viel nachgedacht oder gesprochen wird. Wenn jemand die Familie verläßt, vielleicht weil die Eltern sich scheiden lassen oder weil ein Kind zur Ausbildung in eine andere Stadt zieht, füllt irgend jemand oder etwas die entstandene Lücke. In diesem Fortsetzungsdrama rufen die Handlungen jedes einzelnen Familienmitgliedes Reaktionen bei allen anderen hervor, und jede Entwicklung hat ihre Auswirkungen auf den gesamten Familienverband. In verstrickten Familien, wie ich sie weiter oben beschrieben habe, ist die Wechselwirkung zwischen den Individuen auf die Spitze getrieben. Ein Ereignis, das ein einzelnes Familienmitglied betrifft, kann wie ein Erdbeben Schockwellen durch das ganze System aussenden.

Ursula, eine meiner Klientinnen, hatte eine alte College-Freundin übers Wochenende besucht und aus nächster Nähe miterlebt, wie ineinander verknäult eine Familie sein kann. Das Erlebnis hatte sie so mitgenommen, daß sie bei unserer nächsten Sitzung darüber sprechen mußte. Das Melodram begann, sobald sie im Haus ihrer Freundin Mary ankam. Völlig verweint öffnete ihre Freundin die Tür. »Mary, was ist mit dir?« fragte Ursula.

»Es ist etwas Schreckliches passiert«, erklärte ihr Mary. »Eva ist vom Vassar-College abgewiesen worden.« Eva war die ältere von Marys beiden Töchtern, eine begabte Abiturientin und der ausgesprochene Liebling ihrer Mutter. Mary verkündete die Nachricht, als handele es sich um Evas Todesurteil.

»Oh, das tut mir aber sehr leid«, antwortete Ursula, die nicht wußte, wie sie auf Marys düstere Einschätzung der Situation eingehen sollte. »Das ist sicher eine Enttäuschung für Eva.«

»Sie ist am Boden zerstört. Sie ist oben in ihrem Zimmer und weint.«

Einen Augenblick später eilte Marys Mann herbei. Seine Frau hatte darauf bestanden, daß er früher aus dem Büro käme, damit er sich an Evas Tröstung beteiligen könne. Marys jüngere Tochter, die eine Freundin besucht hatte, marschierte ein paar Minuten später auch herein, weil sie ebenfalls heim beordert worden war. Sobald alle versammelt waren, verkündete Mary, daß sie den für den Abend reservierten Tisch im Restaurant abbestellt habe. Alle sollten zu Hause bleiben und mit leiden.

Auch die Pläne für den Samstag wurden abgesagt. Die jüngere Tochter wurde weiter in die Tragödie eingespannt, indem ihr nicht erlaubt wurde, das Haus zu verlassen. »Das wäre herzlos«, erklärte Mary ihr. Selbst Ursula bekam Richtlinien erteilt: Sie sollte nicht über die gemeinsamen Collegetage sprechen, wenn Eva in der Nähe war. »Das könnte ihre Gefühle verletzen«, erklärte ihr Mary.

In all diesem Aufruhr hatte Ursula Mühe herauszufinden, ob die Reaktion eigentlich noch in irgendeinem Verhältnis zum Anlaß stünde. Wenn eine Tochter von einem Spitzen-College abgelehnt wird, ist das durchaus Grund zur Enttäuschung, aber Mary hatte aus einer Absage eine Trauerbotschaft gemacht. Daß sie darauf bestand, daß alle Beteiligten ihre tragische Sicht der Dinge teilen sollten, deutete auf den hohen Grad der Gefühlsverstrickung in der Familie. Mary hatte sich so tief in Evas Leben eingeklinkt, daß sie bestimmte, daß alle anderen ebenso betroffen sein sollten. Sie hatte jeden Abstand verloren. Sie zog die ganze Familie in diese Verstricktheit mit hinein, wobei sie die normalerweise zwischen einzelnen Individuen bestehenden Grenzen verwischte.

Blut ist dicker als Wasser

Salvador Minuchin, ein bedeutender Familientherapeut, hat seine Arbeit der Erforschung der Wechselbeziehungen zwischen den Mitgliedern derselben Familie gewidmet, und einer seiner Versuche wirft ein Licht auf so stark verstrickte Familien wie die von Mary. Ziel des Experiments war es, meßbare Daten darüber zu erhalten, wie Kinder auf Spannungen innerhalb der Familie reagieren. Eine vierköpfige Familie nahm freiwillig an der Studie teil: Mr. und Mrs. Collins, ihre siebzehnjährige Tochter Dede und ihre zwölfjährige Tochter Violet.[1]

Zu Beginn des Experiments bestimmte ein Forscherteam das Grundniveau der emotionalen Erregung für jedes Familienmitglied, und zwar durch Messung der Freien-Fettsäure-Werte in ihrem Blut. (Freie Fettsäuren sind ein Indikator für emotionalen Streß; je höher der Anteil, desto gestreßter ist das Individuum). Danach wurden die Eltern von den Kindern getrennt und in einen Konferenzraum geführt, der mit einem Einweg-Spiegel ausgestattet war. Ein Interviewer sorgte geschickt dafür, daß zwischen den Erwachsenen ein Streitgespräch entbrannte, während Dede und Violet angehalten wurden, durch den Spiegel zuzuschauen. Obwohl die Mädchen nicht in das Gespräch der Eltern eingreifen konnten, zeigten Tests, daß ihre Fettsäurespiegel bereits beim bloßen Beobachten des Konflikts deutlich stiegen.

Eine Stunde später wurden die Mädchen wieder mit ihren Eltern zusammengebracht, und der Interviewer forderte sie auf, als Team die Streitfrage zwischen ihren Eltern zu lösen. »Nun wurde deutlich«, schreibt Minuchin, »daß sie [die beiden Mädchen] sehr unterschiedliche Rollen in der Familie innehatten. Dede sah sich zwischen ihren Eltern gefangen. Jeder Elternteil versuchte, im Kampf gegen den anderen Dedes Unterstützung zu gewinnen, so daß sie nicht auf die Forderungen des einen eingehen konnte, ohne erkennbar gegen den anderen Partei zu ergreifen. Violets Bündnistreue war nicht gefragt. Sie konnte daher auf den Konflikt ihrer Eltern reagieren, ohne hineingezogen zu werden.«

Die unterschiedlichen Rollen der beiden Mädchen drückten sich auch deutlich in ihren Testergebnissen aus. Zwar wurden beide unruhiger, als sie in den Raum gebracht wurden, in dem ihre Eltern waren, doch Dedes Erregungsspiegel stieg beträchtlich höher an als Violets. Als das Interview vorüber war, gewann Violet schnell ihr inneres

Gleichgewicht wieder, während Dede noch weitere neunzig Minuten angespannt blieb. Da sie mit den Eltern enger verbunden war, litt sie mehr unter den Vorgängen. Daß ein Kind, das die emotionalen Probleme von Erwachsenen lösen soll, unweigerlich unter starken Streß gerät, bestätigt das, was wir über auserwählte Kinder wissen.

Trotzdem möchte ich behaupten, daß auch ein anderes Familienmitglied den höchsten Erregungsgrad hätte aufweisen können, wenn das Experiment so aufgebaut worden wäre, daß andere unterschwellige Kräfte sich ausgewirkt hätten. Hätte Minuchin zum Beispiel den Versuch so angeordnet, daß man die Eltern dazu aufgefordert hätte, ihre Zuneigung zu Dede offen zur Schau zu tragen – statt diese aufzufordern, ihnen zu helfen –, dann hätte sich ihre Schwester Violet ausgeschlossen gefühlt, und ihre Blutprobe hätte eine höhere Belastung ausgewiesen als Dedes. Und in einer noch anderen Version des Experiments, in der die Forscher die Situation vorsätzlich derart manipuliert hätten, daß Dede sich mit ihrem Vater gegen die Mutter verbündet hätte, vermute ich, daß es die Mutter gewesen wäre, die am angespanntesten gewesen wäre. Aus meiner Praxis kenne ich viele Fälle, die beweisen, daß bei einem generationsübergreifenden Bündnis in der Familie die ausgeschlossenen Familienmitglieder ebenso leiden.

In Kapitel 3 habe ich untersucht, wie teuer die Auserwähltheit das Lieblingskind zu stehen kommt. Betrachten wir nun die übrigen Familienmitglieder: Welchen Preis zahlen *sie* für ihre Rolle in dem Drama? Was bedeutet es, ein Vater bzw. eine Mutter zu sein, die sich allzu eng an ein Kind anschließt? Wie fühlt es sich an, das ausgeschlossene Kind zu sein? Oder ein ausgeschlossener Ehepartner? Die Lektüre der folgenden Persönlichkeitsprofile kann Ihnen vielleicht dabei helfen, die Familienlegende neu zu schreiben und ein tieferes Verständnis für die Mitglieder *Ihrer* Familie zu bekommen.

Der vereinnahmende Elternteil

Äußerlich gesehen scheint ein vereinnahmender Elternteil – also solche Väter oder Mütter, die mit einem Kind verstrickt sind, weil sie dessen Grenzen ignorieren – in einer beneidenswerten Lage zu sein. Wie wir gesehen haben, werden viele seiner Bedürfnisse durch sein auserwähltes Kind befriedigt, das – anders als der Ehepartner – selten Ansprüche stellt, Kritik übt oder fordert, daß der andere »sich stärker in die Beziehung einbringen« solle. Das Kind akzeptiert, was es bekommt. Falls Papa etwas selbstsüchtig oder reizbar ist oder gern mal zuviel trinkt – nun ja. So ist Papa nun einmal. Das Kind hat keine Vergleichsmaßstäbe.

Wenn solche vereinnahmenden Väter oder Mütter verheiratet sind, können sie zugleich auch noch die Vorteile genießen, die ein Ehepartner mit sich bringt. Auch wenn zwischen ihnen einiges im argen liegt – sonst würde sich der betreffende Elternteil ja nicht an ein Kind hängen –, so besteht doch so etwas wie eine Beziehung. Beispielsweise hat das Paar möglicherweise sexuelle Kontakte, teilt sich vielleicht die Hausarbeit und die Erziehungsverantwortung und erlebt gelegentliche Momente der Nähe. Wenn die Ehe sogar noch mehr Substanz hat, scheint der mit dem Kind verstrickte Elternteil fein heraus zu sein. Er oder sie sonnt sich in der Bewunderung und Gesellschaft des Kindes und profitiert außerdem von vielen der angenehmen Seiten der Ehe.

Nora heiratete einen Mann Ende Vierzig, der in der geschilderten beneidenswerten Lage zu sein schien. »Der lebte wie die Made im Speck, bevor ich auf der Szene auftauchte«, erzählte sie mir mit deutlichem Ärger in der Stimme. »Er wohnte allein mit seiner Tochter in einem tollen Haus mit Swimmingpool. Sie verlangte nie etwas von ihm – außer Geld, und davon hat er genug. Sie hatten dieselben Ansichten, dieselbe politische Einstellung, denselben Geschmack und die gleichen Wertvorstellungen. Sie machte die Hausarbeit und kochte für ihn. Falls unsere Beziehung scheitern sollte, läuft er sicher sofort zu ihr zurück. Und ich weiß, daß sie ihn mit offenen Armen empfangen würde.« Weil Nora bewußt war, daß ihrem Mann mehr als eine Möglichkeit offenstand, hatte sie Hemmungen, irgendwelchen Druck auf ihn auszuüben. »Er ist in einer Situation, wo er nicht verlieren kann«, meinte sie. »Er kann von mir Liebe und Zuneigung bekommen, aber ebensogut auch von seiner Tochter. Und ich fürchte, wenn es hart auf hart geht, dann gewinnt sie. Sie stellt bei weitem nicht so viele Ansprüche wie ich.«

Auf den ersten Blick könnte man meinen, daß dieser Mann die größten Vorzüge zweier Welten genießt. Aber man darf nicht vergessen, daß er, wie alle Eltern, die mit einem Kind allzu eng verbunden sind, sich ursprünglich seiner Tochter zugewandt hatte, weil er keine passendere Gefährtin hatte. Nach der Scheidung von seiner ersten Frau hatte er bei ihr Hilfe gesucht, um seinen Schmerz und seine Einsamkeit etwas zu lindern. Und wenn es auch den Anschein haben mochte, daß das Leben mit seiner Tochter seine Bedürfnisse befriedigte, so hatte er darin doch nicht die Erfüllung aller seiner Wünsche gesehen, denn sonst hätte er nicht noch einmal geheiratet. Wie alle Eltern, die mit einem Kind verstrickt sind, hatte er – bewußt oder unbewußt – eine unerfüllte Sehnsucht nach einer umfassenderen Verbindung mit einem anderen erwachsenen Menschen. Aber als er diesem Wunsch nachgab und zum zweitenmal heiratete, mußte er mit der Eifersucht seiner Frau fertig werden. Er wurde gezwungen, zwischen den zwei Menschen zu wählen, die er auf der Welt am liebsten hatte. Er war nicht fein heraus, er war mittendrin – zwischen zwei Stühlen!

Ich habe zahlreiche Klienten gehabt, die ein allzu enges Verhältnis zu einem Kind hatten. Zum Beispiel eine Frau namens Dorothy, die seit drei Jahren in zweiter Ehe verheiratet und mit ihrem ältesten Sohn Rudy verstrickt war. Sie hatte das Gefühl, »ein zerschlissenes Seil bei einem Wettkampf im Tauziehen« zu sein. Im ersten Jahr ihrer Ehe hatte sie noch im siebten Himmel geschwebt, weil sie, wie sie sagte, »endlich alles auf einmal hatte«. Sie hatte ihre ganz besondere Beziehung zu Rudy und zum erstenmal einen Ehemann, den sie lieben und respektieren konnte. Während einer kurzen Zeitspanne konnte sie beide Beziehungen zugleich genießen.

Aber dann fing Dick, ihr zweiter Mann, an, die ungewöhnliche Intimität zwischen Dorothy und ihrem Sohn übelzunehmen. Im zweiten Ehejahr kam sein Unmut offen zum Ausbruch. »Er verwandelte sich in einen Menschen, der mir völlig fremd war«, berichtete Dorothy. »Es war, als hätte ich ihn vorher überhaupt nicht gekannt. Er und Rudy gerieten immer wieder aneinander, und es kam zu scheußlichen Prügeleien. Dann liefen sie beide zu mir, und ich sollte den Schiedsrichter machen. Dick bestand darauf, daß ich seine Partei ergriff, während Rudy verlangte, daß ich die Sache aus seiner Sicht sehen sollte. Jetzt sind drei Jahre herum, und ich kann nicht mehr. Ich liebe sie beide, aber manchmal wünsche ich mir, sie würden beide verschwinden.«

Außer daß der vereinnahmende Elternteil die rivalisierenden Ansprüche des Ehepartners und des Kindes in der Balance halten muß, steht ihm oder ihr schließlich noch eine größere Prüfung bevor – der Verlust des Kindes, denn in allen außer den ganz tief verwurzelten Eltern-Kind-Beziehungen kommt der Tag, wo das Kind sich vom Elternteil entfernt. Das kann sehr abrupt passieren oder ganz allmählich geschehen, aber in jedem Fall ist die Ablösung oft ein herzzerreißendes Ereignis.

Theodore, ein sehr gütiger, vornehmer Mensch, suchte mich auf, weil er an Depressionen litt. Ich erfuhr, daß sie zwei Jahre zuvor begonnen hatten, ungefähr zu der Zeit, als Robin, seine jüngste Tochter, zwölf wurde. Anfangs konnte Theodore keinen Zusammenhang zwischen dem Ausbruch seiner Depression und dem Älterwerden seiner Tochter sehen. Er glaubte, seine Probleme hätten mit beruflichen Dingen zu tun. Aber während ich ihm zuhörte, wurde mir immer klarer, daß Robins zwölfter Geburtstag für ihn der Anfang vom Ende einer ganz besonders innigen Bindung gewesen war. In den Jahren davor waren Robin und er richtige Kumpel. Sie hatten zusammen Tennis gespielt, Geheimnisse geteilt und jedes Wochenende mit ihrem Boot an einer Segelregatta teilgenommen. Sie waren jeden Tag miteinander spazierengegangen, hatten zusammen gegessen und abends lange vor dem Fernseher gehockt.

Im schicksalhaften Alter von zwölf erschien Robin die Beziehung zu ihrem Vater jedoch weniger unwiderstehlich. Sie fing an, stundenlang mit ihren Freundinnen zu telefonieren, und sie war immer seltener zu Hause. In dem Sommer, als sie dreizehn wurde, war sie einen Monat lang in einem Feriencamp, während ihr Vater ziellos durchs Haus wanderte. Nach ihrer Rückkehr hatte sie weniger Zeit für ihn denn je.

Theodores Depression verschlimmerte sich in den folgenden Monaten. Aber wie bei den meisten »verliebten« Eltern war ihm gar nicht bewußt, welche Schlüsselrolle seine Tochter in seinem Leben spielte, so daß er nicht den Finger auf die Ursache seiner Leiden legen konnte. Seine Frau hatte sich bereits früher als Reaktion auf das Vater-Tochter-Duo, aus dem sie ausgeschlossen war, aktiv in der Kommunalpolitik engagiert. Nun zog sie sich wegen der trüben Stimmung ihres Mannes noch weiter von ihm zurück. Sie klagte: »Ich kann mit ihm nichts anfangen, weil er so deprimiert ist. Ich habe keine Lust, mit ihm irgendwo hinzugehen oder ihn in meine Pläne einzubeziehen, weil er wie eine dunkle Wolke über meinem Kopf hängt.« Die Zurückweisung durch seine Frau verstärkte bei Theodore nur die Sehnsucht nach der Gesellschaft seiner Tochter, aber inzwischen hatte Robin einen festen Freund. Der liebevolle, warmherzige Mann hatte jetzt niemanden mehr, bei dem er ganz obenan stand. Glücklicherweise war Theodore so klug, sich therapeutische Hilfe für die Behandlung seiner Depression zu suchen, und er schaffte es, sich in vielerlei Hinsicht dramatisch zu verändern. Innerhalb von sechs Monaten war ihm vollständig klar, wie leer sein Leben geworden war. Er überwand seine Antriebslosigkeit und gewann einen Nachbarn dafür, mit ihm

Regatten zu segeln. Er hatte erkannt, daß er seine Freude am Segeln nicht aufzugeben brauchte, nur weil seine Tochter keine Lust mehr hatte, sein Vorschotmann zu sein. Ein paar Monate später trat er in einen Fitneßclub ein und fing an, jeden Morgen zu trainieren, wodurch seine Energie und sein Selbstwertgefühl beträchtlich stiegen.

Mit dem Abflauen seiner Depression wuchs auch sein Interesse daran, an den Familienbeziehungen zu arbeiten. Auf meinen Vorschlag hin fragte er seine Frau und seine Tochter, ob sie an ein paar Sitzungen teilnehmen wollten, und sie waren einverstanden. Die erste Gruppensitzung benutzten wir dazu, ihre Familienstruktur auf einer Wandtafel aufzuzeichnen. Als Robin klar wurde, daß ihre zunehmende Unabhängigkeit mit der Depression ihres Vaters in Zusammenhang stand, reagierte sie darauf wie erwartet – mit Schuldgefühlen. Sie wandte sich zu ihrem Vater hin und sagte mit Tränen in den Augen: »Es tut mir so leid, Papa. Ich wollte dir nicht weh tun. Ich wollte ja nur mit meiner Clique zusammensein.« Aber Theodore und ich versicherten ihr, daß ihr Verhalten keine negativen Folgen gehabt hatte – genaugenommen war es zum Katalysator für die Weiterentwicklung ihres Vaters geworden. Wenn sie noch länger die Rolle von »Papas kleinem Mädchen« gespielt hätte, wären die beiden blind denselben engen Pfad weitergegangen und hätten sich dabei immer mehr ineinander verstrickt. Dadurch daß sie sich von ihrem Vater entfernt hatte, waren beide freier geworden und konnten ein erfüllteres und lohnenderes Leben führen.

In der zweiten Familiensitzung wurde Theodore und seiner Frau klar, daß sie eine Paartherapie machen müßten. Seine Frau erklärte sich damit einverstanden, daß sie einmal wöchentlich eine gemeinsame Therapiestunde hatten. Die Tatsache, daß er inzwischen ein zufriedenerer, lebendigerer Mensch geworden war, motivierte sie genügend, um einen Versuch zu machen, sich mit ihm auszusöhnen.

Das ausgeschlossene Kind

Es ist eine Tatsache, daß Eltern *nicht* in derselben Weise auf jedes ihrer Kinder reagieren. Sie mögen sie alle lieben, aber unweigerlich werden sie sich zu dem einen Kind stärker hingezogen fühlen als zu einem anderen. In manchen Familien wird diese natürliche Anziehungskraft nicht durch Mitgefühl oder Fairness gemildert, sondern äußert sich in direkter Bevorzugung dieses Kindes. Ich kenne eine Familie, wo der eine Sprößling auf die Harvard-Universität geschickt wurde, während sein jüngerer, ebenso fleißiger Bruder ein sehr viel schlechteres staatliches College besuchen mußte, und das, obwohl die Familie es sich leisten konnte, beide auf einer teuren Privatuniversität studieren zu lassen. Ein anderer Klient ließ seine Lieblingstochter bei sich im Eßzimmer speisen, während die übrigen Kinder in der Küche essen mußten. In einer dritten Familie bekam das mittlere Kind noch zwanzig Jahre nach seinem Auszug einen großzügigen Monatswechsel, während von den anderen Kindern erwartet wurde, daß sie sich allein durchbrachten. Zu solchen unübersehbaren Anzeichen einer Bevorzugung kommen noch Tausende von unauffälligen täglichen Interaktionen hinzu, die dem ausgeschlossenen Kind signalisieren: »Du spielst keine bevorzugte Rolle in meinem Leben. Du bist nicht so wichtig für mich wie dein Bruder oder deine Schwester.«

Ich habe gerade angefangen, mit einer jungen Frau namens Molly zu arbeiten. Molly weiß nur zu gut, daß ihre jüngere Schwester Lisa der Liebling ihrer Mutter ist. Molly steht kurz vor der Hochzeit, und vor ein paar Wochen fuhr sie mit Mutter und Schwester nach Dallas, um ihr Brautkleid zu kaufen sowie ein neues Kleid für ihre Schwester, die Brautjungfer sein wird. Zu Mollys Bestürzung interessierte sich ihre Mutter weniger dafür, ihr bei der Auswahl des Brautkleids behilflich zu sein, als etwas Hübsches für Lisa auszusuchen. Molly kämpfte sich allein in eines nach dem anderen dieser komplizierten Gewänder, während sie das lebhafte, vertrauliche Geschnatter von Schwester und Mutter in der Nachbarkabine mitanhören mußte. Als Molly mir diese Szene beschrieb, platzte sie in einem ihrer seltenen Zornausbrüche heraus: »Verdammt noch mal! Es ist doch meine Hochzeit und nicht die meiner Schwester!«

Es ist schwierig, dein Selbstwertgefühl aufrechtzuerhalten, wenn du in einer Familie aufwächst, in der du dich nicht geschätzt und gewürdigt fühlst und wo die Lorbeeren ständig einem anderen zufallen. Wenn ein Geschwisterkind die ausschließliche Beachtung bekommt, dann sehnst du dich schmerzlich danach, auch einen Anteil an der Liebe zu bekommen. Du wünschst dir, daß deine besonderen Talente gepriesen und deine Schwächen mit Nachsicht betrachtet werden. Du möchtest, daß deine Eltern anerkennen, daß du ein ebenso wertvoller und liebenswerter Mensch bist wie dein Bruder oder deine Schwester.

Das Lebensziel des ausgeschlossenen Kindes ist eindeutig: Es sucht einen Platz an der Sonne. Aber auf welche Weise das geschieht, ist von Kind zu Kind verschieden. Manche ausgeschlossenen Kinder versuchen auf jede Laune von Vater oder Mutter einzugehen. Sie stellen sich ganz auf die jeweiligen Bedürfnisse ein und spiegeln die Interessen des Elternteils wider. Häufig sind sie es, die viele Jahre später freiwillig für die alt gewordene Mutter oder den Vater sorgen – der Versuch einer Rückkehr zur Quelle der lebensspendenden Liebe.

Madeline war so ein ausgeschlossenes Kind. Sie heiratete nicht, sondern blieb lieber zu Hause und versorgte ihre Mutter, eine sauertöpfische Frau, die durch eine Arthritis stark behindert war. Aber egal wie viele Mahlzeiten Madeline kochte, egal wie sorgsam sie das Haus instand hielt, egal wie oft sie mit ihrer Mutter Scrabble spielte, egal wie viele Stunden sie geduldig auf dem Sofa saß, während ihre Mutter nervös von einem Fernsehprogramm zum nächsten schaltete, Madeline konnte den Vergleich mit ihrem Bruder Chris nie erfolgreich bestehen. Ein Anruf von Chris war für ihre Mutter der Höhepunkt des Tages. Ein Besuch von ihm war eine Staatsaffäre. Währenddessen hielt sich Madeline emsig arbeitend im Hintergrund. Sie war die klassische »alte Jungfer«, die im Schatten eines fordernden, selbstsüchtigen Elternteils dahinwelkt.

Andere ausgeschlossene Kinder schlagen einen anderen Weg ein und demonstrieren mit allen Kräften ihre Frustration: »Beachtet mich, verdammt noch mal!« Sie sind mürrisch, verweigern die Mithilfe im Haushalt und lassen ihre Wut sowohl am Elternteil wie an dem vorgezogenen Geschwisterkind aus. Leider führt dieser Weg für gewöhnlich zu weiterer Zurückweisung. Zu dem Unrecht kommt noch eine Beleidigung hinzu, wenn der Elternteil den unvermeidlichen Vergleich anstellt – »Warum kannst du nicht so nett sein wie dein Bruder (oder deine Schwester)?« Die besondere, einer Wippe nicht unähnliche Dynamik des Geschwisterverhältnisses bringt es mit sich, daß das vorgezogene Kind oft auf das herausfordernde Verhalten des ausgeschlossenen Kindes mit einem nur noch lieberen und angepaßteren Verhalten reagiert. Ein derart drastischer Kontrast im Verhalten von Geschwistern sollte Eltern als Warnzeichen dienen: Etwas in der Familie ist aus dem Gleichgewicht geraten. Aber die Warnung wird oft nicht wahrgenommen, und das ausgeschlossene Kind erfährt immer mehr Zurückweisung.

Manche dieser Kinder suchen Anerkennung außerhalb der Familie: »Wenn ich nicht in den innersten Zirkel aufgenommen werde, dann finde ich woanders, was ich brauche!« Sie klammern sich hartnäckig an gleichaltrige Freunde oder an ihre Schule, oder sie beweisen ihre Unabhängigkeit, indem sie von zu Hause weglaufen. Im Extremfall wird das ausgeschlossene Kind von Sekten oder Banden angezogen, um sich endlich irgendwo zugehörig zu fühlen. Leider stößt die Wahl solch eines abweichenden Lebensstils den Elternteil ab, und das ausgeschlossene Kind wird nur noch weiter vom inneren Kreis fortgetrieben.

Schließlich ist es auch sehr häufig, daß ein Kind, das hinter Bruder oder Schwester zurückstehen muß, versucht, sich mit dem anderen Elternteil zu verbünden. Ein Bündnis zwischen dem ausgeschlossenen Kind und dem ausgeschlossenen Ehepartner scheint durchaus sinnvoll, denn sie brauchen beide Liebe und das Gefühl der Zusammengehörigkeit. Das Arrangement kann sogar eine ganze Weile funktionieren, weil sich jeder für sich eine Bastion der Intimität sichert. Aber letztendlich macht diese Allianz aus dem ausgeschlossenen Kind ein weiteres auserwähltes, das dann zusätzlich mit allen negativen Folgen der Verstrickung zu kämpfen hat.

In großen Familien, wo eines der Kinder deutlich allen anderen vorgezogen wird, kann man oft mehrere dieser Bewältigungsmechanismen ausgelebt sehen. Eines der ausgeschlossenen Kinder ist vielleicht ein Musterknabe, ein anderes ein ehrgeiziger Streber, ein weiteres ist kriminell geworden, ein viertes ist Mitglied einer religiösen Sekte. Außenstehende Beobachter wundern sich vielleicht, wie ein einziges Elternpaar so unterschiedlichen Nachwuchs hervorbringen kann. Was sie nicht merken, ist, daß die Kinder alle miteinander versuchen, das gleiche Familienproblem zu lösen – nämlich die Günstlingswirtschaft der Eltern –, und daß sie eines der ungeschriebenen Gesetze der Familiendynamik befolgen: Such dir einen Bewältigungsweg aus, den noch kein anderer deiner Geschwister gewählt hat.

Der ausgeschlossene Ehepartner

Unter allen Mitgliedern einer verstrickten Familie ist das am häufigsten mißverstandene der ausgeschlossene Ehepartner, also derjenige, der auf den abgelegensten Außenposten im Liebesdreieck verbannt worden ist. Auch wenn es der eigene Sohn oder die Tochter war, die ihn verdrängt hat, ist er oft wahnsinnig eifersüchtig. Er oder sie wird sich jedoch vielleicht schwertun, einen Grund für seinen Ärger vor sich selbst zu finden, denn selten gibt es einen bestimmten Anlaß, irgend etwas, was der vereinnahmende Elternteil und das von ihm auserwählte Kind getan haben, das offenkundig falsch wäre: Die Beziehung erscheint nur dann unangemessen, wenn sie als Ganzes betrachtet und im Vergleich mit einer gesunden Familiendynamik gesehen wird. Wenn der ausgeschlossene Ehepartner auf ein isoliertes Vorkommnis reagiert, scheint er die Sache völlig ungebührlich aufzubauschen.

Eine Klientin namens Fran wurde wachsbleich im Gesicht, während sie das scheinbar harmlose Ereignis schilderte, das ihre Wut auslöste: »Lydias dreizehnter Geburtstag stand bevor, und ich sprach mit ihrem Vater darüber, was wir ihr schenken sollten. Ich hatte einen sehr schönen Mantel gesehen, der ihr gut stehen würde, und erzählte ihm davon. ›Wir brauchen ihr keinen Mantel zu kaufen‹, sagte er zu mir. ›Ich habe schon ein Brillantarmband für sie. Ich habe es letztes Jahr in London gekauft und für ihren dreizehnten Geburtstag aufbewahrt.‹ Als er von dem Armband sprach, hatte ich das Gefühl, als hätte er mich geohrfeigt. In dieser Sekunde verstand ich plötzlich, warum sich Ehepaare gegenseitig umbringen können. Ich haßte ihn. Ich haßte meine eigene Tochter. In einem einzigen Moment explodierte alles in mir, und ich hörte mich schreien: ›Zieht doch aus, nehmt euch zusammen eine Wohnung! Du solltest sie heiraten, nicht mich!‹«

Fran sah mich an, zog die Luft tief ein und atmete stoßweise aus. »Wie konnte ich so etwas nur sagen?« fragte sie mich und schüttelte bestürzt den Kopf.

Fran war außer sich vor Wut gewesen, aber in der Rückschau schien der Anlaß ihre extreme Reaktion nicht zu rechtfertigen. Natürlich hatte ihr Mann viel Geld für das Armband ausgegeben – mehr als tausend Dollar –, aber sie waren eine wohlhabende Familie und konnten sich solchen Luxus leisten. Warum war sie also so zornig? Sollte sie nicht froh sein, daß ihr Mann an ihre Tochter dachte? Schließlich vergessen viele Väter den Geburtstag ihrer Kinder oder geben ungern Geld für sie aus.

Im nachhinein fand Fran, daß ihre Wut völlig unbegründet war. »Was ist bloß mit mir los?« fragte sie.

Um Fran dabei zu helfen, ihren Zorn zu verstehen, holte ich ein Blatt Papier und forderte sie auf, mir all die kleinen Sachen zu nennen, die sie an der Art, wie ihr Mann und ihre Tochter miteinander umgingen, störten. Noch bevor die Stunde herum war, waren ihr mehr als zwanzig Punkte eingefallen. Als sie die Fakten schwarz auf weiß vor sich sah, wurde ihr schließlich das ganze Ausmaß ihrer mißlichen Lage klar. Hier sind ein paar der Punkte:

- Mark begrüßt Lydia mit einem Kuß, wenn er von der Arbeit nach Hause kommt, mir ruft er nur einen Gruß zu. Manchmal vergißt er sogar das.

- Wenn Lydia Mark im Büro anruft, läßt er alles stehen und liegen, um mit ihr zu sprechen. Ein mögliches Gespräch mit mir wird solange auf die Warteleitung umgestellt. Oder er verspricht, mich gleich wieder anzurufen, und vergißt es dann.
- Wenn wir in ein Restaurant gehen, sitzen Lydia und Mark nebeneinander. Ich sitze ihnen gegenüber. Sie lehnt sich an ihn, und oft sprechen sie so leise miteinander, daß ich nicht verstehen kann, worüber sie reden.
- Mark vergißt immer wieder meinen Geburtstag. Er hat mir noch nie wertvollen Schmuck geschenkt.
- Lydia sitzt immer noch bei ihrem Vater auf dem Schoß. Er streichelt ihr Haar so gern. Er sagt ihr immer wieder, was für schönes Haar sie hat. Mein Haar ist dünn und flusig. Ihres ist wie eine Löwenmähne.
- Mark fragte Lydia, wohin sie in den Sommerferien verreisen möchte, bevor er mit mir darüber sprach.
- Oft unterbrechen Mark und Lydia ihr Gespräch, sobald ich den Raum betrete.
- Mark hat in seiner Brieftasche Bilder von Lydia, aber keins von mir.
- Mark hat gerade einen Termin beim Fotografen abgemacht, weil er ein Bild von Lydia für sein Büro haben will. Von mir steht dort keines.

Es war also keine isolierte Bemerkung über ein Armband, die zu Frans wildem Ausbruch führte; eine Ansammlung von Dutzenden von Ego-verletzenden Vorkommnissen hatte dahintergesteckt. Daß sie alle diese Kränkungen ausgehalten hatte, hatte die Glut noch angefacht: Jedes der kleinen, scheinbar unbedeutenden Ereignisse hatte dazu beigetragen, daß sie schließlich in lichterlohen Zorn entbrannte. Frans Eifersucht war kein Zeichen von Labilität, sondern eine natürliche und gesunde Reaktion auf eine verrückte Situation. Ihre intensiven Gefühle waren ein Zeichen, daß die Familie aus dem Gleichgewicht geraten war. Bis auf eine Schlüssel-Aktivität – sexuelle Beziehungen – behandelte ihr Mann seine Tochter wie eine Geliebte. Der teure Schmuck, das Streicheln, die intime Körpersprache, die leisen verführerischen Gespräche, die gemeinsamen Geheimnisse – dies sind Merkmale einer Affäre und nicht einer Vater-Tochter-Beziehung. Es war eindeutig eine ungesunde Konstellation, die niemandem zum Vorteil diente. Frans Instinkt sagte ihr: »Dies ist falsch!«, und die Intensität ihrer Reaktion zeigte in aller Deutlichkeit, wie falsch sie war.

Diese Therapiesitzung wurde zum Dreh- und Angelpunkt für Fran.

Nachdem sie die Ursache für ihren inneren Aufruhr erkannt hatte, kam sie sich nicht mehr schlecht vor. »Ich habe immer gemeint, ich sei eine Hexe«, sagte sie, als sie aufstand, »so jemand, der den anderen die Laune verdirbt. Aber jetzt weiß ich es besser. Mein Mann ist derjenige, bei dem etwas nicht stimmt, nicht ich!«

Zornausbrüche sind nur eine der möglichen Reaktionsweisen eines ausgeschlossenen Elternteils auf eine Eltern-Kind-Koalition. Manche Eltern werden statt dessen depressiv. In diesem Falle spielt sich etwa folgender unbewußter innerer Dialog ab. »Ich fühle mich verletzt und im Stich gelassen, aber ich werde diese Gefühle niemandem zeigen, denn ich kann sie nicht begründen. Ich verstehe sie nicht einmal selbst. Wie kann ich etwas dagegen haben, daß mein Mann seine eigene Tochter liebt? Ich bin so verstimmt und durcheinander, daß ich mich seelisch krankmachen werde.«

Paul war ein ausgeschlossener Ehemann. Er kann auch haargenau sagen, durch welches Ereignis er aus dem inneren Zirkel verstoßen wurde. Seine Frau und er hatten einen Streit. Er weiß nicht mehr, worum es ging, aber er wird die Reaktion seiner Frau nie vergessen. Mitten im Wortwechsel nahm sie den gemeinsamen zwei Monate alten Sohn Isaac auf, trug ihn in ein anderes Zimmer und machte leise die Tür hinter sich zu. Er stand vor der Tür und hörte zu, wie sie in zärtlichen Tönen mit dem Baby sprach. »Und seit dem Tag bin ich außen vor«, stellte er traurig fest.

Manche Ehepartner reagieren aktiver auf das Verlassenwerden: Sie engagieren sich verstärkt für ihre Karriere oder in Bürgerinitiativen oder bei ihren Hobbys. Oder sie entscheiden sich für weniger akzeptable Lösungen wie Alkohol, Drogen oder Seitensprünge. »Ich bin nicht auf dich angewiesen«, sollen alle diese Aktivitäten sagen, »ich sorge schon dafür, daß ich nicht zu kurz komme.«

Manche Väter oder Mütter gehen ein Bündnis mit einem anderen Kind ein, nach dem Motto: »Okay, wenn dir das eine Kind gehört, bitte schön, ich habe jetzt auch eins.« Es kommt häufig vor, daß Familien auf diese Weise in zwei unabhängige Eltern-Kind-Koalitionen aufgespalten werden. Das eine Kind hält sich an Mama, das andere an Papa, und ein tiefer Graben trennt die Eltern. Auf den oberflächlichen Betrachter wirkt die Familie intakt, aber in Wirklichkeit handelt es sich um zwei getrennte Parteien.

Schattenväter und -mütter

Vielleicht wußten Sie es noch nicht, aber die ganze Zeit, während Aschenputtel am rußigen Herd schuftete, war ihr liebreicher Vater bei bester Gesundheit und lebte im selben Hause. Er war nicht gestorben oder in die weite Welt gegangen, um sein Glück zu machen. Er war gleich nebenan und duldete es, daß seine kostbare Tochter wie die letzte Küchenmagd behandelt wurde. Zu der Urversion von »Cinderella« gab der Autor Perrault folgende Erklärung dafür, daß der Vater versäumte dazwischenzutreten: »Das arme Mädchen ertrug all dies geduldig und erzählte ihrem Vater nichts davon, weil er sie gescholten hätte. Denn seine Frau beherrschte ihn völlig.«[2] Aschenputtels Vater war das Urbild des »Schattenvaters«.

Ich benutze den Terminus »Schattenvater« nicht, um damit eine bestimmte Rolle innerhalb der Familie zu bezeichnen, sondern verstehe darunter einen Persönlichkeitstypus: passiv, distanziert und zurückhaltend. Sowohl der vereinnahmende wie auch der ausgeschlossene Elternteil kann ein Schattenvater bzw. eine Schattenmutter sein. Wenn der vereinnahmende Elternteil einen passiven Charakter hat (wie z. B. Aschenputtels Vater), dann wird sein Lieblingskind nur wenig vor dem Zorn des ausgeschlossenen Elternteils geschützt. Ein Schattenvater sagt: »Reg deine Mutter nicht auf. Tu, was sie sagt. Laß uns unsere Beziehung für uns behalten. Ich mache mich nicht stark für dich. Du mußt dich schon selbst durchbeißen.«

Wenn der ausgeschlossene Elternteil einen passiven Charakter hat, wird er kaum Widerstand gegen die Eltern-Kind-Allianz leisten; eine Kraft, die möglicherweise korrigierend in der Familie hätte wirken können, wird dadurch fehlen. Mein Stiefvater war zum Beispiel ein »Schattenmann«. Von meiner Mutter dominiert, ließ er zu, daß sie fast alles bestimmte. Das bedeutete, daß niemand sie daran hinderte, sich übermäßig auf mich zu stützen, und sie sich wegen einer eifersüchtigen Reaktion seinerseits keine Sorgen zu machen brauchte. Es wäre uns allen zugute gekommen, wenn er einen wirkungsvollen Weg gefunden hätte, um seine Rechte als Ehemann besser wahrzunehmen.

Mein Verständnis der Schatteneltern hat sich noch vertieft, seit ich mit Lucy gearbeitet habe, einer friedlichen, netten Frau. Lucys Mann und ihre älteste Tochter sind miteinander verstrickt. Sie haben die gleichen Interessen, sitzen beim Fernsehen eng nebeneinander, stehen jeden Morgen gleichzeitig auf, um zu joggen, und tauschen den ganzen Tag vertrauliche Bemerkungen aus. Egal, ob es einen Rat oder eine Begleitung braucht, das Mädchen fragt immer zuerst seinen Vater, bevor es sich an die Mutter wendet. Komischerweise begehrt Lucy nicht dagegen auf. Sie sieht, was zwischen ihnen vorgeht, aber sie mischt sich nicht ein. Es hat fast den Anschein, als hätte sie ihre Tochter ihrem Mann auf einem Silbertablett offeriert: Hier nimm sie, sie gehört dir. Ich entdeckte schließlich, daß sich hinter diesem scheinbar großzügigen Verhalten Ängste verbergen. Meine Klientin ist insgeheim darüber erleichtert, daß ihre Tochter die emotionalen Bedürfnisse ihres Mannes befriedigt. Ihre Passivität beruht auf ihrer Angst vor Nähe.

Der Ehepartner des auserwählten Kindes

Wenn das auserwählte Kind heranwächst und heiratet, stolpert eine weitere Person in den Sumpf – der Partner des auserwählten Kindes. Ich habe große Sympathie für alle, die einen von uns Auserwählten heiraten, denn wir können »überlebensgroß« sein. Unsere Freuden und unsere Probleme erscheinen grenzenlos und überrollen alles, was das Leben unserer Partner betrifft, und unsere verrückte Mischung aus Selbstüberschätzung und Minderwertigkeitsgefühl kann sie zur Verzweiflung bringen.

Ich sprach kürzlich mit einer erwachsenen »Vatertochter«, die sich freimütig folgendermaßen charakterisierte: »Ich weiß, daß es schwierig ist, mit mir zu leben. Ich bin ganz schön vereinnahmend. Ich mache mich mit all meinen Emotionen sehr breit in unserer Ehe. Da bleibt kaum noch Platz für meinen Mann. Er wird förmlich von meinen Bedürfnissen überwältigt. Wenn die Kinder ein Bild von uns malen, dann zeichnen sie mich doppelt so groß wie ihn. Ich bin eindeutig der Star der Familie, und er hat eine Nebenrolle.«

Daran gewöhnt, der Augenstern eines der Eltern zu sein, beansprucht ein Lieblingskind auch später ganz selbstverständlich, im Mittelpunkt zu stehen. Eine Ehe ist eine Beziehung zwischen Gleichberechtigten, aber auserwählte Kinder haben wenig erfahren, was Gleichheit bedeutet. Von gleich zu gleich zu verkehren fühlt sich für sie wie eine Herabstufung an. Ohne sich dessen bewußt zu sein, dominiert das auserwählte Kind häufig in der Beziehung.

Falls das auserwählte Kind mit einem ständig kritisierenden bzw. mißhandelnden Elternteil verbunden war, können sich andere Eheprobleme ergeben. Das Minderwertigkeitsgefühl und die geringe

Selbstachtung des »Sündenbock-Kindes« können es seinem Partner schwermachen, mit ihm zurechtzukommen. Der Partner fühlt sich vielleicht ständig aufgefordert, das Ego des Betreffenden zu stützen, um die Kindheitsjahre, in denen er schlecht behandelt oder vernachlässigt wurde, wiedergutzumachen. Das ist jedoch ein aussichtsloses Unterfangen, es sei denn, der im negativen Sinn Auserwählte ist bereit, seine alten Eltern-Kind-Probleme unter die Lupe zu nehmen. Es bedarf einer konzertierten Aktion, um wieder auszulöschen, was die Eltern dem Kind vermittelt haben, als es noch klein war.

Eine weitere Art von Ehepartner, mit denen ich Mitgefühl habe, sind diejenigen, die ein auserwähltes Kind heiraten, das als Reaktion auf einen einverleibenden Elternteil einen Schutzwall gegen jede Art von Nähe entwickelt hat. Als diese Barriere errichtet wurde, diente sie dazu, einen überwältigenden Elternteil abzuwehren, aber jetzt schließt sie auch den Ehepartner aus.

Ich hatte einmal mit einem Ehepaar zu tun, das an Scheidung dachte, in erster Linie, weil der Ehemann, ein auserwähltes Kind, ständig mit der Wahrung seiner Grenzen beschäftigt war. Das kleinste Ansinnen seiner Frau ließ bereits eine Alarmsirene in seinem Inneren aufheulen. So wünschte sie beispielsweise, daß er sie jeden Tag anrufen solle, wenn er auf einer Geschäftsreise war. Da sie sich oft von ihm im Stich gelassen fühlte, versuchte sie auf diese Weise ein gewisses Maß an Bindung herzustellen.

Der Wunsch war kaum ausgesprochen, da war ihr Mann schon im Harnisch: Es sei eine Verletzung seiner Rechte und seiner Autonomie, ihn im voraus zu verpflichten, wann und weshalb er sie anriefe. Sie verlange zuviel! Sie verlange immer zuviel! Wie solle er das aushalten, daß sie ständig versuche, ihm vorzuschreiben, wie er sich zu verhalten habe?

Die scheinbar so unschuldige Bitte um einen Anruf pro Tag brachte ein Faß zum Überlaufen – der ganze Frust des Lebens mit einer überwältigenden Mutter quoll hervor. Er war bereit, die Ehe als rechtliche Verpflichtung einzugehen, aber nicht als emotionale. Er war nicht willens, Teil eines Paares zu sein. Er lebte, als ob er und seine Frau zwei Singles wären, die im selben Haus wohnten. Diese Distanziertheit sicherte ihn vor seiner unbewußten Angst, er könne total vereinnahmt werden.

Wenn ein auserwähltes Kind erwachsen wird, ohne sich ganz von dem überwältigenden Elternteil zu lösen, hat sein Ehepartner ein weiteres Hindernis zu bewältigen: Probleme mit den Schwiegereltern. Es ist nicht ungewöhnlich für vereinnahmende Väter oder Mütter, daß sie den Jungverheirateten vorschreiben, wie sie ihren Haushalt führen sollen, daß sie häufige Anrufe oder Besuche verlangen, daß sie finanzielle Verbindungen zwischen den Familien fördern, daß sie darauf bestehen, daß das Paar in der Nähe wohnt – im Idealfall im selben Haus – und daß sie die Form der Familienzusammenkünfte bestimmen. Diese Forderungen stellen eine eindeutige Verletzung der Autonomie des jüngeren Paares dar. Wenn später der zudringliche Elternteil bei der Familie des auserwählten Kindes einzieht – was oft geschieht –, dann gibt es täglich, ja stündlich Probleme mit dem Schwiegervater bzw. der Schwiegermutter.

Der Ehepartner eines auserwählten Kindes scheint nur zwei Möglichkeiten zu haben, sich zu dem vereinnahmenden Schwiegerelternteil zu stellen: Entweder kann er dessen Wünschen nachgeben und zu einer zusätzlichen Hilfsquelle für diesen werden, oder er kann ihn als Eindringling behandeln, als einen Fremdkörper, der ausgestoßen werden muß. Wenn der Ehepartner die erste Möglichkeit wählt und sich einreiht, dann wird das Paar von der Familie aufgesogen, und ihm bleibt wenig persönliche Freiheit. Jedesmal, wenn die beiden aus der Reihe tanzen, müssen sie dafür einen Preis zahlen. Wenn der Ehepartner die zweite Möglichkeit wählt und dem überwältigenden Elternteil Widerstand leistet – dann ist Vorsicht geboten: Die Temperatur steigt. Ein Außenseiter im Familientopf – das führt schnell zum Überkochen!

Manchmal stachelt das auserwählte Kind noch heimlich den Zweikampf zwischen dem Partner und dem vereinnahmenden Elternteil an, denn die Befreiung ist schon lange überfällig. Trotzdem wird der Vater oder die Mutter sein oder ihr auserwähltes Kind selten für den Aufstand verantwortlich machen – es ist immer der Schwiegersohn oder die Schwiegertochter, die als der Bösewicht abgestempelt werden.

Michael standen die Schwiegerelternprobleme bis zum Hals. Seine Frau Jane war das »Sündenbock-Kind« ihrer Mutter. Ihre ganze Kindheit hindurch war sie deren Sicherheitsventil gewesen. Immer wenn ihre Mutter traurig oder einsam oder deprimiert gewesen war, hatte Jane die ganze Wut abgekriegt. Wie die meisten Kinder hatte sie sich mit diesen Ausbrüchen abgefunden, ohne lange darüber nachzudenken. So war das Leben eben. Zu ihrem Schutz flüchtete sie sich in Bücher und Phantasien. Sie wurde eine warmherzige, aber schüchterne, introvertierte junge Frau.

Als Jane Michael heiratete, wurde er schnell zur Zielscheibe des schwiegermütterlichen Zorns. »Dieser Herr« war nicht gut genug für ihre Tochter. »Er verdient nicht genug Geld. Er ist egoistisch. Er erweist mir nicht den gehörigen Respekt« – solche Tiraden mußte sich Jane täglich von ihrer Mutter anhören. Ihr Mann bemühte sich, diese Feindseligkeiten zu überhören, aber das wurde unmöglich, als seine Schwiegermutter sich die Hüfte brach und den ganzen Sommer bei ihnen wohnte. Jetzt war der Feind ins eigene Revier gedrungen. Täglich kam es zu Streitigkeiten zwischen Schwiegermutter und Schwiegersohn. Jane ertrug geduldig diese zusätzlichen Spannungen und versuchte ihre Mutter zufriedenzustellen, ohne ihren Mann vor den Kopf zu stoßen. Schließlich war die Hüfte der Schwiegermutter geheilt, und sie zog wieder in ihre eigene Wohnung. Wenn das nicht geschehen wäre, hätte Michael wahrscheinlich die Ehe aufgekündigt, nur um ein bißchen Ruhe und Frieden zu finden. In vielen Fällen ist eine Ehe weniger langlebig als eine Eltern-Kind-Verstrickung.

Ein Drama, bei dem es nur Verlierer gibt

Diese Betrachtung der Mitspieler in der verstrickten Familie zeigt, wie jedes Mitglied durch eine zu enge Eltern-Kind-Bindung in Mitleidenschaft gezogen wird. Das natürliche Hilfssystem der Familie wird unterhöhlt, und jedes Familienmitglied muß für sich eine Ersatzquelle der Befriedigung finden. Der ausgeschlossene Elternteil verbindet sich entweder mit einem anderen Kind, wird böse oder depressiv, oder er findet Trost bei der Arbeit, in Alkohol oder Drogen oder in heimlichen Liebesaffären.

Wenn die Ehe zerbricht, finden sich in vielen Fällen der vereinnahmende Elternteil und das auserwählte Kind in einem gemeinsamen Haushalt wieder, wo sich ihre Beziehung noch intensiviert, ähnlich wie ein Wirbelsturm in den Tropen sich verstärkt, wenn er über das Meer zieht. Wenn der vereinnahmende Elternteil später wieder heiratet, wird das Eltern-Kind-Bündnis ein großes, eventuell sogar unüberwindliches Hindernis für die neue Beziehung. Wenn das auserwählte Kind sich auch als Erwachsener noch nicht aus der Verklammerung befreit hat und heiratet, dann stolpert dessen Ehepartner über die generationsüberspannenden Fallstricke. So setzt sich die Verstrickung in vielfältiger Weise auch gegenüber erst einmal ganz Unbeteiligten fort.

In all diesen Situationen bemüht sich jeder einzelne darum, das Beste aus der Situation zu machen und ein gewisses Maß an Zufriedenheit zu finden, doch solche Bemühungen werden oft als absichtlicher Versuch, anderen ihr Glück zu rauben, interpretiert, und Ressentiments beherrschen die Szene.

5

Warum klammern sich manche Eltern so an ihre Kinder?

Irgendwann im Laufe der Therapie stellen fast alle meine Klienten dieselbe Frage: »Warum hat mein Vater bzw. meine Mutter mir das angetan?« Es ist ihnen allmählich klargeworden, daß sie größtenteils deshalb als Kinder so gelitten haben, weil sie mit einem vereinnahmenden Elternteil heranwuchsen, und sie wollen wissen, wie es dazu kam.

Manche Klienten fragen voll Wut: »Warum hat dieses Schwein mir das angetan?« Andere möchten ihre Mutter oder ihren Vater schonen und suchen nach einer Erklärung, die es ihnen ermöglicht, sich ihre Achtung vor dem betreffenden Elternteil weiterhin zu bewahren. Gayle, eine vierundvierzigjährige Logopädin, suchte nach einer Möglichkeit, ihre exzessive Vereinnahmung durch ihren Vater ohne eine Schuldzuweisung zu verstehen. Solange sie zurückdenken konnte, hatten Vater und Tochter sich sehr nahegestanden, aber nach dem Krebstod ihrer Mutter hatte sich das Verhältnis noch intensiviert. In den folgenden sieben Jahren hatten sie sich aneinandergeklammert wie zwei Schiffbrüchige. »Mein Vater bedeutete mir alles«, erklärte sie mir. »Er war für mich Vater, Mutter und mein bester Freund. Wir konnten über alles miteinander sprechen.«

Als Kind hatte Gayle ihren Vater als sanftmütigen, liebevollen, gutherzigen Mann gesehen, von dem sie viel fürs Leben lernen konnte. Auch heute noch hält sie große Stücke auf ihn, aber inzwischen versteht sie auch, daß viele ihrer Probleme von dieser allzu engen Beziehung herrühren – darunter ihr leidigstes: daß sie so dick ist. »Ich glaube, ich versuche Männerbeziehungen aus dem Weg zu gehen, indem ich mich mit Essen vollstopfe«, sagte sie zu mir. »Ein Teil von mir ist immer noch mit meinem Vater verbunden. Es kommt mir nicht richtig vor, mit jemand anderem zusammenzusein. Deshalb esse ich andauernd.«

Am Ende einer Sitzung erzählte mir Gayle, daß sie manchmal Schuldgefühle habe, wenn sie mit mir über ihren Vater gesprochen hatte. »Etwas weiß ich ganz sicher«, sagte sie, »nämlich, daß er mir niemals absichtlich etwas zuleide tun wollte. Ich war sein ein und alles. Alles was er tat, tat er für mich. Wenn er wüßte, daß er mir auch nur den kleinsten Schaden zugefügt hat, würde ihn das umbringen. Er hat wirklich nur versucht, ein guter Vater zu sein.«

Ich habe Gayle versichert, daß ihre Sicht ihres Vaters wahrscheinlich richtig sei. Nur wenige Eltern, die an einem emotionalen Inzest schuld sind, machen sich klar, daß sie ihren Kindern schaden. Im Gegenteil, viele sehen sich als hingebungsvolle, aufopfernde Eltern, die nur das Beste für ihr Kind wollen. Sie sind sich nicht darüber im klaren, daß sie ihrem Kind nicht bloß Liebe und Beachtung schenken, sondern die Beziehung zugleich dazu benutzen, ihre eigenen unerfüllten Bedürfnisse zu befriedigen. Unbewußt lassen sie es zu, daß ihre ganz natürliche Liebe zu ihrem Kind sich so sehr ausdehnt, bis sie schließlich den leeren Platz in ihrem Leben ausfüllt.

Kinder – nicht nur Last, sondern auch Lust

Wann wird denn nun eigentlich aus der natürlichen Zuneigung einer Mutter oder eines Vaters für das eigene Kind ein emotionaler Mißbrauch? Das läßt sich schwer sagen, denn alle Eltern beziehen ein gewisses Maß an Wohlgefühl und Befriedigung von ihren Kindern. Kinder aufzuziehen ist niemals eine völlig undankbare Aufgabe. Denn wenn dem so wäre, wäre die Menschheit schon längst ausgestorben. Niemand könnte das nächtliche Füttern, die schmutzigen Windeln, das endlose Geschrei und das ständige Bedürfnis nach Aufmerksamkeit aushalten, wenn die Beziehung nichts einbrächte.

Eine der heimlichen Freuden der Elternschaft ist ganz einfach: ein Mehr an Körperkontakt. Nichts läßt sich mit dem Gefühl vergleichen, wenn ein Neugeborenes warm und zufrieden in deinen Armen liegt. Du möchtest den weichen Haarflaum und die zarte Babyhaut immer wieder berühren. Dieser Körperkontakt ist notwendig zum Gedeihen des Säuglings, aber auch für dich. Wenn die Kinder größer werden, hört die körperliche Anziehungskraft nicht auf. Du wiegst deine Kinder in den Schlaf, gibst ihnen einen Gutenachtkuß, hältst sie bei der Hand, wenn ihr die Straße überquert, nimmst sie in den Arm, bevor sie morgens das Haus verlassen, kuschelst dich auf dem Sofa an sie. Eine Mutter erzählte mir, daß es eine der schwierigsten Phasen in ihrem Leben war, als ihr Sohn zwölf wurde und nicht mehr angefaßt werden wollte. »Meine Arme schmerzten regelrecht, weil ich ihn so gern an mich gezogen hätte«, sagte sie. Zu diesem Zeitpunkt war es nicht der Sohn, sondern die Mutter, die den Kontakt vermißte.

Ein weiterer Gewinn für die Eltern ist der Zuwachs an Nähe und Intimität. Anfangs ist die Kommunikationsfähigkeit eines Kindes noch recht primitiv: »Lies mir vor! Hör mir zu! Heb mich hoch! Wiege mich in den Schlaf! Guck mir zu! Gib mir zu essen!« Aber mit einem Kind von sechs oder sieben kann man die ersten nachdenklichen Gespräche führen. Ihr redet miteinander über die alltäglichen Geschehnisse und spürt den großen Wahrheiten nach. Wenn das Kind ein Teenager geworden ist, kann euer Gedankenaustausch fast so bereichernd und anregend sein wie mit einem Erwachsenen. Die Elternschaft hat deine Fähigkeit, anderen nahezukommen, vergrößert, deine Zufluchtsmöglichkeiten vor der Welt erweitert, deine vitale Verbindung zu anderen Menschen vertieft.

Es gibt noch etwas, das Eltern von ihren Kindern bekommen, und das ist – es mag ein bißchen eigennützig scheinen – bedingungslose Liebe. Kinder lieben ihre Eltern, ganz gleich was diese tun. Ihr Bedürfnis nach Zuneigung ist so groß, daß sie aus Krumen ein Festmahl machen können. Stellen Sie sich diese typische Szene vor: Ein Mann schleppt sich nach einem harten Arbeitstag nach Hause. Er hat einen seiner wichtigsten Kunden verloren, und wegen seiner angestrengten Bemühungen, den Schaden in Grenzen zu halten, kommt er eine Stunde zu spät zum Essen. Als er zu Hause anlangt, küßt ihn seine Frau flüchtig auf die Wange und zankt dann mit ihm, weil das Essen verkocht ist. Die Begrüßung durch seine vierjährige Tochter fällt jedoch ganz anders aus. Sie rennt von weitem auf ihn zu, wirft sich in seine Arme und gibt ihm immer noch ein Küßchen. »Papi ist wieder da! Papi ist wieder da!« Seine späte Heimkehr hat ihre Vorfreude nur noch gesteigert. Wer kann den Vater schelten, daß er diese hingebungsvolle Liebe in vollen Zügen genießt?

Kinder können auch eine Quelle des Stolzes sein. Ich freue mich immer, wenn mir jemand sagt, daß meine Kinder gut aussehen oder sich gut benehmen oder begabt seien. Ob ich das nun gern zugebe oder nicht, es gibt Zeiten, wo ich sie als eine Art Spiegelbild meines eigenen Wertes als Mensch betrachte. Dieses Spiegel-Phänomen ist weitverbreitet und z. B. bei jeder Schüleraufführung zu beobachten. Der Scheinwerferkegel mag zwar auf die Kinder gerichtet sein, doch die Gesichter der Eltern leuchten im Abglanz des Ruhms.

Die Elternliebe in Grenzen halten

Wenn Sie zu den vielen Freuden der Elternschaft noch unseren angeborenen Trieb, unseren Nachwuchs zu ernähren, hinzufügen, dann stellt sich das Eltern-Kind-Band als ein wirklich starkes Band dar. Ehen lösen sich auf. Freundschaften zerbrechen. Aber Kinder hast du ein Leben lang. Diese Liebe ist tatsächlich so intensiv, daß gegensteuernde Kräfte nötig sind, um sie in Grenzen zu halten. Nur wenn die Eltern noch andere Quellen der Liebe und Intimität und noch andere Interessen im Leben haben, hält sich ihre Liebe für ihre Kinder in Grenzen.

Wenn ich daran denke, wie allumfassend die Mutterschaft sein kann, fällt mir meine Freundin Helena ein, von Beruf Familientherapeutin. Als ich sie kennenlernte, war sie bewußt kinderlos. Ihre Ehe war gut, und sie hatte eine erfolgreiche Privatpraxis. Ihr Leben war auch ohne Kinder reich und erfüllt. Dann wurde sie durch Zufall schwanger. Anfangs machte sie sich Sorgen, welche Veränderungen ein Kind in ihr wohlgeordnetes Leben bringen würde. Wie sollte sie genug Zeit und Kraft für ein Kind finden? Wer sollte sie in ihrer Praxis vertreten? Wie sollten sie von nur einem Einkommen leben?

Aber je mehr ihr Bauch wuchs, desto positiver dachte sie über die Mutterschaft. Als ihre Tochter Theresa geboren wurde, kam es ihr vor, als sei sie gestorben und in den Himmel gekommen. »Ich habe nicht geahnt, wie sehr ich dieses Kind lieben könnte«, sagte sie zu mir. Anstatt die Zahl ihrer Klienten lediglich einzuschränken, schloß sie ihre Praxis ganz. Der Gedanke, Theresa einer Tagesmutter zu überlassen, kam ihr jetzt schon beinah wie Kindesmißhandlung vor. Wenn wir uns heute zum Mittagessen treffen, dann reden wir nicht mehr über Psychotherapie, sondern über Theresa und ihre neuesten Fortschritte.

Ich kann an Helenas Vernarrtheit in Theresa nichts Schlimmes finden. Im Gegenteil, ich freue mich darüber, wenn ich sehe, daß sie so hingerissen vom Muttersein ist. Der Grund, warum ich mir keine Sorgen mache, ist Helenas gute Beziehung zu ihrem Mann und daß dieser wiederum auch ein starkes Interesse an dem Kind hat; zwischen allen drei Familienmitgliedern strömt die Liebe frei hin und her. Außerdem hat Helena neben der Mutterschaft noch eine ganze Reihe von anderen Interessen. Zur Zeit ist sie zwar eine »Nur«-Mutter, aber sie plant, ihre Praxis wieder zu eröffnen, wenn Theresa in die Schule kommt. Und schließlich hat Helena durch ihre Kenntnisse in der Familientherapie einen klaren Vorteil: Sie weiß, daß eine starke Beziehung der Ehepartner das Fundament für eine gesunde Familie ist, und deshalb achtet sie darauf, sowohl etwas für ihre Ehe als auch für ihr Kind zu tun. Ich glaube kaum, daß Helena jemals bei Theresa emotionale Unterstützung suchen wird.

Erziehen ohne Liebe, Kenntnisse, Vorbilder

Viele Eltern haben nicht so viel inneren und äußeren Rückhalt wie meine Freundin Helena. Sie sind Alleinerziehende oder leben in unglücklichen Ehen und fühlen sich einsam und ungeliebt. Die Nähe, die sie mit ihren Kindern verbindet, ist vielleicht das einzig Erfreuliche in ihrem Leben.

Darüber hinaus wissen nur wenige Eltern, wie eine gesunde Familie funktioniert. Weder ist ihnen klar, welche emotionalen Bedürfnisse Kinder haben, noch kennen sie den alles entscheidenden Unterschied zwischen Elternschaft und Partnerschaft. Immer wenn ich einen Vortrag über die jeweiligen Rollen und Verantwortungsbereiche der Eltern halte – darüber mehr in Kapitel 7 –, dann hören mir die Menschen sehr gespannt zu. Sie holen ihre Stifte heraus und machen sich Notizen, weil das, worüber ich spreche, neu für sie ist. Es scheint, als ob die Erkenntnisse über die Grundlagen einer gesunden Paarbeziehung bisher noch auf keinem Lehrplan stehen.

Als ich zum erstenmal heiratete, hatte auch ich keine Ahnung von den Beziehungen innerhalb der Familie. Ich hielt die Paarbeziehung nur für einen kurzen Pausenfüller zwischen Brautwerbung und Elternschaft. Ich dachte, sobald das erste Kind unterwegs sei, müßten sich Mann und Frau in einen Kokon der Häuslichkeit einspinnen, um alsbald als Mutter und Vater aus der Verpuppung hervorzugehen.

Meine Naivität erklärt sich teilweise aus der Tatsache, daß ich – wie viele andere – in einer dysfunktionalen Familie aufgewachsen war. Als ich von zu Hause wegzog und heiratete, hatte ich keine Ahnung vom Verheiratetsein. Wie verhalten sich Ehepaare, wenn sie nicht mehr »verrückt« nacheinander sind? Wie sieht ein respektvoller Umgang miteinander aus? Wie lösen Paare einen Konflikt, ohne sich anzuschreien und zu streiten? Wie reden sie am Frühstückstisch miteinander, wenn sie nicht total verkatert sind?

Ohne ein funktionierendes Vorbild fürs Familienleben suchte ich nach Alternativen und fand im Fernsehen eine einflußreiche Informationsquelle. Leider richteten die Programme der fünfziger Jahre, mit denen ich aufwuchs, mehr Schaden als Nutzen an. So kam ich zum Beispiel zu dem Trugschluß, daß es wichtiger sei, eine gute Mutter als eine gute Ehefrau zu sein. Erinnern Sie sich noch an »Leave It to Beaver« und »Father Knows Best« (in Deutschland z. B. »Die Unverbesserlichen«, A. d. Ü.). In beiden Serien, die angeblich vorbildliche Familien zeigten, lag der Schwerpunkt auf der Kindererziehung. June sagte nie zu Ward: »Schatz, laß uns mal über unsere Beziehung sprechen«, sondern es hieß immer: »Ward, ich mache mir Sorgen über Ben.« Und wenn Vater es wirklich am besten gewußt hätte, hätte er sich mehr um Margaret und weniger um Betty, Bud und Kathy gekümmert. Erinnern Sie sich an »Fury«? In dieser Vater-Sohn-Pferd-Dreiecksgeschichte war schlichtweg überhaupt kein Platz für Mama; sie war im Drehbuch gestrichen worden. Und in »Bonanza« machten die Drehbuchschreiber insgesamt vier Ehefrauen den Garaus. All die vielen Jahre drehte sich alles immer nur um Ben und seine Jungs. Kein Wunder, daß Adam, Hoss und Little Joe so viele Probleme mit Frauen hatten: Wenn eine Eltern-Kind-Bindung so stark ist wie auf der »Ponderosa«, dann bleibt kein Raum für dauerhafte Liebesbeziehungen.

Im Grunde genommen bestätigte das, was ich damals im Fernsehen sah, meine häuslichen Erfahrungen: Die wirklich wichtige Verbindung ist die zwischen Eltern und Kindern. Auch viele meiner Klienten scheinen diese Botschaft aufgesogen zu haben. Bei einem Paar, das sich wegen einer Therapie an mich wandte, konzentrierte sich alles auf die kleine Tochter. Es gab zahlreiche Warnsignale: Sie hatten sich hoch verschuldet, um ein Haus in einer Gegend zu kaufen, wo es eine besonders gute Schule gab; sie beteiligten sich beide jede Woche an der Elternpflegschaft in Annas Schule; sie ließen sie für viel Geld in Privatunterricht gehen, und jedes Jahr gaben sie die allergrößte und tollste Geburtstagsparty von ganz Texas – und das will wirklich etwas heißen (sie besorgten Zauberer und Clowns, bestellten Kuchen, die einen halben Meter hoch waren, und beschenkten die eingeladenen

Kinder so üppig, als hätten diese selber Geburtstag). Wegen der hohen Wertschätzung, die eine enge Beziehung zwischen Eltern und Kind in unserer Gesellschaft genießt, galten sie bei den meisten ihrer Bekannten als vorbildliches Elternpaar.

Aber die Anzeichen eines geradezu besessenen Interesses waren unübersehbar. Wurde Anna beispielsweise bei anderen Kindern zum Geburtstag eingeladen, dann waren beide oder zumindest einer der Eltern immer dabei – selbst als sie schon neun oder zehn war. »Es ist praktischer, gleich dazubleiben, als den ganzen Weg nach Hause zu fahren«, erklärten sie. Anna durfte nicht in ein Feriencamp oder auch nur über Nacht bei einer Freundin bleiben. »Sie schläft woanders nicht gut«, lautete die Begründung. Wenn die Eltern abends eingeladen waren, war Anna immer dabei. Selbst zu einem offiziellen Dinner von Universitätsprofessoren besorgten die Eltern keinen Babysitter wie alle anderen, sondern steckten die Dreijährige in ein langes Abendkleid und brachten sie mit. Während der endlosen Tischreden saß Anna ruhig am Tisch und spielte mit ihren Puppen. Das löste allgemeine Ahs und Ohs der Bewunderung aus, aber ich wußte etwas, was die anderen Gäste nicht wußten: Annas Eltern wären ohne das Kind verloren gewesen; Anna war die Klammer, die ihre Ehe zusammenhielt.

Ein Großteil meiner Arbeit als Familientherapeutin besteht darin, Paaren wie diesem zu helfen, ihre Beziehung mehr in den Mittelpunkt zu rücken. Für die meisten ist das Schwerstarbeit. Viele Eltern haben schon Schuldgefühle, wenn sie einen Babysitter besorgen, um sich ein paar gemeinsame Stunden im Restaurant oder Kino zu stehlen. Bei der Verteilung ihrer Geldmittel kommen sie ständig selbst zu kurz. Sie schicken ihre Kinder auf Privatschulen und kaufen ihnen Kleidung mit berühmten Namensschildchen daran, aber für sie selbst bleibt nicht einmal genug Geld, um mal ein Wochenende allein zu verreisen. Ohne es zu merken, unterminieren sie systematisch ihre Ehe.

Mangelnde Selbsterkenntnis

In diesem Kapitel habe ich bereits zwei Faktoren genannt, die bewirken können, daß aus der natürlichen Elternliebe ein emotionaler Inzest wird: das Fehlen einer starken Partnerbeziehung und das Fehlen von fundierten Kenntnissen über ein gesundes Familienleben. Dazu kommt ein dritter Faktor: mangelnde Selbsterkenntnis. Viele Leute verstricken sich mit ihren Kindern, weil es ihnen nicht gelingt, ihr eigenes Leben objektiv zu betrachten. Sie sehen nicht, in welchem Ausmaß sie ihre Energie auf ihre Kinder konzentrieren. Dafür sehen sie die Fehler anderer Eltern um so deutlicher! Aber hinter den zugezogenen Gardinen ihres Wohnzimmers verlieren sie jegliche Distanz. Was ihnen bei anderen völlig abartig vorkommen würde, scheint ihnen hier ganz normal, sogar wünschenswert. Wenn sie ihre Verleugnung durchbrechen könnten und wirklich wahrnehmen könnten, was sie tun, dann würden sie wohl sofort einiges ändern wollen.

Ich arbeitete zwei Jahre mit Helen. Seit zwölf Jahren war Helen in ihrem Liebes- und Hilfsbedürfnis total abhängig von ihrem Sohn Mathew, jedoch ohne es zu wissen. Im Gegenteil, sie hielt sich für die ideale Mutter. Ihre Geschichte ist ein gutes Beispiel dafür, wie wenig bewußt es Eltern sein kann, daß sie sich übersteigert an ihr Kind klammern.

Wie viele andere Frauen hatte Helen nach der Geburt ihres Kindes zu arbeiten aufgehört, damit sie es selbst zu Hause versorgen konnte. Ihr Mann Allan verdiente genug, so daß die Familie von einem Gehalt allein leben konnte. »Ich hätte Mathew nie jemand anders überlassen«, erklärte Helen mir. »Warum sollte man sich Kinder anschaffen, wenn man sich nicht die Mühe machen will, sie selbst zu erziehen?« Sie war fest entschlossen, nicht die Fehler zu machen, die sie ringsum sah. »Meine Freundinnen schienen ihre Babys zu ignorieren. Sie legten sie einfach auf den Fußboden und ließen sie allein spielen, solange sie nicht schrien. Das fand ich herzlos. Ich hatte immer das Bedürfnis, ihre Babys hochzunehmen und mit ihnen zu schmusen.« Helen konnte nicht die geringste Distanz zwischen sich und Mathew ertragen. »Ich habe ihn immer auf dem Arm gehabt, ständig mit ihm gesprochen.« Helen hielt ihr Verhalten nicht für übertrieben; in ihren Augen kümmerten sich die anderen Eltern nicht genug um ihre Kinder.

Ihre Freundinnen fingen eine nach der anderen wieder an zu arbeiten, aber Helen wollte lieber bei Mathew zu Hause bleiben. Sie dachte sich neues Lernspielzeug für ihn aus, las ihm aus preisgekrönten Kinderbüchern vor, ging mit ihm in den Zoo und ins naturkundliche Museum und brachte ihm selbst Lesen und Schreiben bei. Sie beschloß, auf weitere Kinder zu verzichten, weil sie sich nicht vorstellen konnte, wie sie auch noch für ein zweites Kind genügend Energie aufbringen sollte. Aufgrund ihrer großen Zuwendung wurde Mathew sehr frühreif. So konnte er mit fünf Jahren bereits fließend lesen.

Seine schnelle Auffassungsgabe bestärkte Helen in ihrem Erziehungsstil. »Andere Kinder taten mir richtig leid«, sagte sie.

Auf den ersten Blick kommt einem an diesem Familienporträt vielleicht nicht viel verkehrt vor. Helen war zufrieden, eine Ganztagsmutter zu sein, und Mathew erntete die Früchte ihrer beharrlichen Förderung. Aber es fehlt noch etwas im Bild. Wie Ihnen vielleicht aufgefallen ist, war bisher wenig von Helens Mann Allan die Rede. Einer der Gründe, warum Helen soviel Zeit und Energie für ihre Mutterpflichten aufwenden konnte, war die Tatsache, daß Allan selten zu Hause war. Er war Elektronikingenieur in einer aufstrebenden Computerfirma und machte viele Überstunden. Er kam abends sehr spät nach Hause, wenn Mathew schon lange im Bett lag, und morgens ging er oft sehr früh wieder fort. In den ersten Jahren nach Mathews Geburt arbeitete er auch samstags. Genaugenommen war Helen eine alleinerziehende Mutter. Dies störte aber weder Helen noch Allan. Helen war mit Mathew ausgelastet, Allan mit seiner Arbeit. Das Paar hatte ein freundschaftliches Verhältnis und selten Streit oder Meinungsverschiedenheiten. Da es so wenig Reibung zwischen ihnen gab, hielten sie ihre Ehe für gut.

Das erste Anzeichen, daß etwas in der Familie nicht stimmte, zeigte sich, als Mathew in den Kindergarten kam und Schwierigkeiten im Umgang mit den anderen Kindern hatte. Die Erzieherin berichtete Helen, daß Mathew die meiste Zeit damit verbrachte, allein dazusitzen und Bücher zu lesen. Sein mangelndes Interesse an Gruppenaktivitäten war nicht verwunderlich angesichts der intensiven Beziehung zu seiner Mutter. Er war jetzt zum erstenmal von Helen getrennt und einer Gruppe von Kindern ausgesetzt. Er muß sich ganz verloren vorgekommen sein: Wo war seine Mutter? Wer waren all diese kleinen Menschen?

Die Einschätzung von Mathews Grundschullehrerin klang noch entmutigender. Mathew hatte immer noch nicht gelernt, sich als Teil einer Gruppe zu empfinden, und sah auf die anderen Kinder herab. Als er in der dritten Klasse war, hatte seine Entfremdung von den anderen Kindern so zugenommen, daß die Schulleiterin eine Besprechung mit einer Kinderpsychologin anberaumte. Helen verließ die Veranstaltung in der Überzeugung, daß das wahre Problem nicht ihr eigener Erziehungsstil sei, wie die Psychologin anzudeuten schien, sondern die Unfähigkeit der Schule, Mathew genügend intellektuelle Anreize zu geben. Eine Woche später nahm sie ihn aus der Schule und fing an, ihn zu Hause zu unterrichten. Als Mathew zehn Jahre alt war, trennten sich Helen und Allan. Es war keine dramatische Trennung, denn sie hatten schon eine ganze Weile nur noch nebeneinander hergelebt. »Ehrlich gesagt, war es eine Erleichterung, daß Allan nicht mehr da war. Matt und ich brauchten uns nicht mehr auf sein sonntägliches Wiederauftauchen in der Familie einzustellen; wir mußten unsere normale Tagesordnung nicht mehr unterbrechen.«

Ein Jahr lang funktionierte der Mutter-Sohn-Haushalt ausgesprochen gut. Tagsüber gab es Schulstunden, und Mathew übte Geige (nach der Suzuki-Methode, bei der intensive Elternmitarbeit erwartet wird), und abends waren Filme und Bücher dran. So manchen Abend saßen die beiden aneinandergekuschelt auf dem Sofa und lasen oder sahen etwas im Fernsehen.

Als Mathew zwölf wurde, zerbrach diese geordnete kleine Welt. Allan reichte die Scheidung ein, um eine andere Frau zu heiraten, und zu Helens Überraschung verlangte er das gemeinsame Sorgerecht für Mathew. Nach langem Hin und Her erkannte der Richter Helen das alleinige Sorgerecht zu, mit der unabweisbaren Begründung, daß sie auch bisher vorrangig für ihn gesorgt habe. Allan sollte das Besuchsrecht für die Wochenenden bekommen.

An dem Samstagmorgen, als Mathew zum erstenmal das Wochenende bei seinem Vater und seiner Stiefmutter verbringen sollte, fuhr Helen ihren Sohn widerwillig zum Haus seines Vaters. Auf dem Heimweg spürte sie eine gewisse Beklemmung. Sie hielt an, um sich einige Bücher und einen Videofilm auszuleihen. Sie war fest entschlossen, sich abzulenken. Der Samstag kam ihr sehr lang vor, aber er ging ohne Zwischenfall vorüber.

Als Helen am Sonntagmorgen aufwachte, hatte sie jedoch ein erstickendes Gefühl der Isolation. Das Haus war so still, daß sie ihre Uhr ticken hörte. Sie bekam Herzklopfen. Sie stand auf und wanderte in panischer Angst im Haus herum. Ihre Beklemmung wuchs, so daß sie sich zu einem Spaziergang zwang. Als sie wieder an ihrem Haus ankam, hatte sie eine eigenartige Angst, es zu betreten. Sie nahm Handtasche und Autoschlüssel und fuhr in das nahegelegene Einkaufszentrum. Die Läden wurden aber erst um zwölf Uhr geöffnet, so daß sie noch ziellos eine Stunde herumfuhr. Als sie schließlich Einlaß fand, kaufte sie sich einiges zum Anziehen und sah sich zwei Filme an. Sie fuhr erst wieder nach Hause, als es Zeit für Mathews Rückkehr war.

Als ihr Sohn das nächste Mal das Wochenende bei seinem Vater verbrachte, erlebte Helen eine noch schwerere Angst-Attacke. Diesmal geriet sie so sehr in Panik, daß sie die Ambulanz des nächsten

Krankenhauses aufsuchte. Ein Assistenzarzt gab ihr Medikamente zur Beruhigung und schickte sie wieder nach Hause, doch riet er ihr, zu einem Therapeuten zu gehen, um die Wurzeln ihrer Angst aufzudecken. So kam Helen in der folgenden Woche zu mir.

Nach ein paar Therapiestunden war Helen soweit, daß sie das, was sie zwölf Jahre lang nicht bemerkt hatte, sehen konnte: Ihr Gefühlsgleichgewicht hing ausschließlich von Mathew ab. Sie hatte keine engen Freundschaften und nur wenige äußere Interessen, die ihre intensive Bindung an ihren Sohn etwas einschränkten. Im Laufe der Jahre war er ihre einzige Quelle emotionaler Unterstützung geworden.

Am Ende unseres ersten Jahres der Zusammenarbeit vertiefte sich Helens Einsicht. Sie fing an zu verstehen, daß die Intensität, mit der sie sich in die Mutterrolle gestürzt hatte, zum Teil ein Versuch war, die Einsamkeit ihrer eigenen Kindheit zu kompensieren. Einmal sagte sie zu mir: »Meine Mutter war eine kühle, distanzierte Frau. Ich wollte nicht den gleichen Fehler bei Mathew machen.« Aber Helen war klar, daß noch mehr dahintersteckte. Ein anderes Mal sagte sie: »Irgendwie habe ich das Gefühl, als wäre ich das Baby, das mein eigenes Bemuttern wie ein Schwamm aufsaugt. Wenn ich mit Mathew zusammen bin, fühle ich mich nie einsam oder verlassen. Jeder Augenblick, den ich mit ihm verbringe, ist auf eine verdrehte Weise eine Art von Sich-selbst-Bemuttern.« Was für die Außenwelt wie hingebungsvolle Kindererziehung aussah, diente in Wirklichkeit dazu, ihre eigenen unerfüllten Bedürfnisse nach Zuneigung zu befriedigen. »Ich war so blind, so absolut blind, und konnte nicht sehen, was ich anrichtete«, rief sie verzweifelt aus. »Wo waren denn die Warnsignale?«

Helen war kein schlechter Mensch. Sie überfrachtete die Beziehung mit ihrem Sohn nicht absichtlich. Es fehlte ihr nur an Informationen und Objektivität.

Das könnte man wohl von den meisten Eltern, die zu sehr in ihren Kindern aufgehen, sagen: Sie würden sich nicht so stark an den Sohn oder die Tochter hängen, wenn sie erstens wüßten, wie sehr sie dem Kind schaden, und zweitens, wenn ihnen überhaupt bewußt wäre, was sie tun.

Wenn ich mit Opfern eines Gefühlsmißbrauchs zu tun habe, die gerade erst anfangen, sich mit der Vergangenheit auseinanderzusetzen, dann versichere ich ihnen, daß sie nicht schlecht von ihren Eltern denken müssen. Es ist möglich zu verstehen, was mit einem geschah, ohne daß man eine Schuldzuweisung aussprechen muß. Ihre – wie alle – Eltern taten ihr Bestes, entsprechend ihrem Wissensstand und ihren Möglichkeiten. Der tiefere Grund dafür, daß sie sich zu sehr an ihr Kind geklammert haben, war weder Bösartigkeit noch Selbstsucht, sondern der simple, verständliche Wunsch, gute Eltern zu sein und zugleich ihre unerfüllten Bedürfnisse nach Liebe und Anteilnahme zu befriedigen.

Die Warnsignale für einen Gefühlsmißbrauch

Weil es schwierig sein kann, eine liebevolle Kindererziehung von einem emotionalen Inzest zu unterscheiden, habe ich eine Liste mit Verhaltensmerkmalen aufgestellt, die darauf hindeuten können, daß eine Tendenz zu einer allzu engen Verklammerung mit einem Kind besteht. Vielleicht lassen sich hieraus für Sie zusätzliche Einsichten in das Verhalten Ihrer Eltern gewinnen. Wenn Sie selbst Kinder haben, könnte es Ihre Augen für mögliche Problemzonen in Ihrer gegenwärtigen Familie öffnen. (Ein gesundes Elternverhalten wird ausführlicher in Kapitel 14 behandelt.)

1. *Wenn kurz nach der Heirat bereits Kinder gewünscht werden.* Abgesehen von zwingenden Umständen wie z. B. Alter oder Gesundheit kann ein übertrieben dringlicher Kinderwunsch ein Zeichen dafür sein, daß sich ein (oder beide) Partner in der Paarbeziehung nicht wohl fühlt.

2. *Wenn ein Baby bis ins Kleinkindalter gestillt wird.* Hinter dem Wunsch einer Frau, ihrem Kind einen besonders guten Start und sehr viel Körperkontakt zu ermöglichen, kann sich ihr eigenes unerfülltes Bedürfnis nach Bemutterung verbergen.

3. *Wenn ein Kind im Elternbett schlafen darf.* In unserer Kultur wird von einem kleinen Kind erwartet, daß es lernt, sich in seinem eigenen Bett wohl zu fühlen. Ein Elternteil, der ein »Familienbett« zuläßt, kann, unbeabsichtigt, die Abhängigkeit des Kindes verstärken.

4. *Wenn ein Kind zu Hause unterrichtet wird.* Eltern, die ihre Kinder aus der Schule nehmen und zu Hause unterrichten, können damit den Versuch machen, eine ausschließliche Beziehung aufrechtzuerhalten oder, wie die Frau im letzten Beispiel, die Tatsache zu verschleiern, daß ihr Kind nicht gut mit Gleichaltrigen auskommt.

5. *Wenn das Kind ungern einem Babysitter anvertraut wird.* Viele Eltern kaschieren ihr anklammerndes Verhalten durch die Behaup-

tung, es ließen sich keine akzeptablen Babysitter finden. Sie stellen so viele Ansprüche an die Kinderbetreuung, daß zum Schluß niemand außer ihnen selbst geeignet erscheint.

6. *Wenn das Kind nicht bei Spielkameraden übernachten oder in ein Feriencamp (Ponyhof, Segelschule etc.) fahren darf.* Bei einem Freund zu schlafen oder ohne Eltern auf eine Zelttour zu gehen, ist ein natürlicher Beginn der Ablösung des Kindes von den Eltern. Ein Elternteil, der dies zu verhindern sucht, möchte vielleicht diese gesunde Entwicklungsphase noch herauszögern.

7. *Wenn ein Elternteil ungewöhnlich verzweifelt darüber ist, daß ein Kind von zu Hause fortzieht.* Es ist normal, daß einem das eben herangewachsene Kind fehlt, wenn es das Haus verläßt, aber wenn jemand schon Monate oder Jahre vorher deshalb deprimiert ist, ist das häufig ein Zeichen von allzu großer Abhängigkeit.

8. *Wenn einem Kind mehr Aktivitäten verboten werden als bei anderen Eltern üblich.* Unter dem Vorwand, daß er oder sie sich um die Sicherheit, Gesundheit oder soziale Entwicklung des Kindes Sorgen macht, setzt ein anklammernder Elternteil möglicherweise seinem Kind zu viele Grenzen bei seinen Unternehmungen. Das hat zur Folge, daß das Kind zuviel Zeit zu Hause verbringt.

9. *Wenn jemand es übelnimmt, daß sein Kind soviel Zeit mit seinen Freunden verbringt.* In einem gesunden Familiensystem wird das Kind dazu ermuntert, viele Freunde zu haben. Ein anklammernder Elternteil versucht eventuell diese Interaktionen einzuschränken, oder er sorgt dafür, daß das Kind Schuldgefühle hat, weil es gern mit Gleichaltrigen zusammen ist.

10. *Wenn sehr viel Zeit darauf verwandt wird, die Talente des Kindes zu entwickeln.* Ein Elternteil, der jeden Tag Stunden damit verbringt, dem Kind bei seinen Hausaufgaben, Musikstunden oder sportlichen Betätigungen zu helfen, kann die natürlichen Unabhängigkeitsbestrebungen des Kindes frustrieren.

Bedenken Sie aber immer, daß jeder Punkt für sich allein genommen noch keinen emotionalen Inzest ausmacht. Doch wenn ein Elternteil mehrere dieser Verhaltensweisen aufweist und dieses Verhalten zugleich mit einer unbefriedigenden Partnerbeziehung auftritt, dann ist es wahrscheinlich, daß Elternteil und Kind miteinander verstrickt sind.

6

So erkennt man Risikofamilien

Emotionaler Inzest mag ein neues Fachwort sein, doch das Phänomen selbst ist nicht neu. Schon um 700 vor Chr. ging der griechische Dramatiker Sophokles den Spielarten einer zwanghaften Eltern-Kind-Beziehung in seinem zeitlosen Schauspiel »Elektra« nach. Elektras extreme Treue gegen ihren toten Vater und ihr Haß auf ihre Mutter sind ein Lehrbuchexempel für einen emotionalen Inzest.

Und sehe ich mir unsere bekanntesten Märchen näher an, so verdanken erstaunlich viele ihre Faszination der Darstellung einer Eltern-Kind-Bindung. Wenn wir in den Märchenbüchern alle Geschichten streichen würden, in denen Könige sich an ihre Töchter klammern, indem sie deren Freiern unmögliche Aufgaben stellen, oder in denen Töchter lieber bei ihrem Papi zu Hause bleiben wollen und deshalb allen Männern aus dem Weg gehen, die um ihre Hand anhalten, oder in denen Stiefmütter auf ihre schönen Stieftöchter eifersüchtig sind – dann blieben nur wenige übrig.

Emotionaler Inzest und Alleinerziehende

In den letzten Jahren haben die Veränderungen unserer Lebensweise einen dramatischen Anstieg im Auftreten eines inzestuösen Gefühlsmißbrauchs hervorgebracht. Eine der bedeutsamsten Veränderungen ist die beispiellose Zunahme von Familien mit nur einem Elternteil. Derzeit wächst in den USA jedes vierte Kind bei einem alleinerziehenden Elternteil auf, und es gibt Vorhersagen, daß in Zukunft jedes zweite Kind, bevor es achtzehn wird, eine Zeitlang in einer sogenannten Einelternfamilie leben wird.[1]

Wenn Kinder mit nur einem Elternteil aufwachsen, sind damit bereits die Vorbedingungen für einen emotionalen Inzest gegeben, denn ein Erwachsener muß einen sehr starken Willen haben, um sich *nicht* auf den leicht verfügbaren Trost eines Kindes zu stützen, insbesondere in den schwierigen Jahren, die einer Scheidung folgen. Während dieser kritischen Zeit braucht der Erwachsene eine Menge Unterstützung, doch scheint es ihm oft noch verfrüht, sich auf eine neue Liebesbeziehung einzulassen. Ich habe immer wieder frischgeschiedene Leute sagen hören: »Ein neuer Partner ist das Letzte, was ich mir derzeit wünschen würde. Es wird noch sehr lange dauern, bevor ich soweit bin, auch nur mit jemandem auszugehen – ganz zu schweigen davon, mich auf etwas Ernsthaftes einzulassen.« Es braucht seine Zeit, sich von dem Trauma einer Scheidung zu erholen. Solange ist ein kindlicher Gefährte sicherer und bequemer.

Auch die praktischen Gegebenheiten der Haushaltsführung in einer Einelternfamilie können einen emotionalen Inzest zusätzlich fördern. Da der Partner fehlt, lasten alle Elternpflichten und die ganze Hausarbeit auf dem Alleinerzieher, so daß er selten ausgeht oder Gäste hat. Es ist nicht leicht, Freundschaften zu pflegen, wenn du den ganzen Tag und bis in die Nacht hinein arbeitest – besonders, wenn die Kinder noch klein sind. Mangels anderer Möglichkeiten wird dann ein Kind zur primären Kontaktperson.

Manche Alleinerziehende versuchen aus diesem Engpaß von Zeit und Energie herauszukommen, indem sie von den Kindern verlangen, daß sie mehr im Haushalt tun, und viele Kinder reagieren positiv auf die zusätzliche Verantwortung – wenn sie dadurch mehr Privilegien und einen höheren Status erreichen können; sie fühlen sich gern »erwachsener«. Aber wenn ein Kind Dinge übernimmt, für die bisher der frühere Partner zuständig war, dann beginnt sich damit die so wichtige Grenze zwischen Eltern und Kindern zu verwischen.

Geldmangel, der gemeinsame Nenner vieler Einfamilienhaushalte, ist ein weiterer fördernder Faktor. Wenn die Mittel begrenzt sind, dann sind es auch die Möglichkeiten. Wenn kaum Geld übrigbleibt, ist es für den Alleinerziehenden schwierig, zu reisen, auszugehen, Kurse zu belegen oder bestimmte Sportarten oder Hobbys zu betreiben. Emotional erschöpft, körperlich ausgepumpt und dazu noch pleite – da ist es für einen alleinstehenden Elternteil immer noch die beste Lösung, mit dem Kind zu Hause zu bleiben. Ohne es zu merken, wendet er sich dem Kind als seiner hauptsächlichen Quelle emotionaler Unterstützung zu.

Kinder können sich mit dem Elternteil, der nicht das Sorgerecht hat, ebenso leicht verstricken wie mit dem sorgeberechtigten Elternteil. In manchen Fällen waren das Kind und der nicht sorgeberechtigte Elternteil bereits gefühlsmäßig verstrickt, bevor es zur Scheidung kam. Die Sorgerechtsregelung steht ja nicht unbedingt im Einklang mit bestehenden Eltern-Kind-Bündnissen. Aber sehr häufig entsteht die enge Bindung nach der Scheidung als Folge des »Spendierhosen-Syndroms« (»Disneyland-Dad-Syndrom«), d. h. der Neigung vieler Eltern, des Guten zuviel zu tun, um die beschränkte Zeit mit dem Kind optimal zu nutzen. Es ist typisch für »Spendier-Papas« (oder Mütter), daß sie sich nach jeder Laune ihrer Kinder richten und daher mit ihnen Filme, Konzerte und Sportveranstaltungen besuchen. Sie möchten sich beim Kind durch Geld oder Geschenke beliebt machen – und ihre eigenen Schuldgefühle dämpfen. Aus Angst, die Stimmung zu verderben, halten sie sich aus der Erziehung heraus und überlassen diese unangenehme Aufgabe lieber dem Elternteil, der das Sorgerecht hat. Dies alles macht es dem Kind leicht, den Elternteil, bei dem es nicht lebt, zu idealisieren: »Bei Papa darf ich das aber!« Hat dieser Elternteil auch noch Mühe, neue Beziehungen mit Erwachsenen aufzubauen, dann kommt es leicht zu einer gefühlsmäßigen Verstrickung.

Nur wenige alleinstehende Elternteile – ganz gleich, ob sie das Sorgerecht haben oder nicht – sind sich bewußt, in welchem Maße sie vom Kind abhängig geworden sind. Wie wir bereits gesehen haben, fällt es einem emotional bedürftigen Elternteil oft schwer, zwischen normalem Elternverhalten und einem emotionalen Inzest zu unterscheiden. Ein »Single-Vater« namens Albert suchte mich wegen seiner Depressionen auf. Nach mehreren Wochen konnten wir sein Problem festmachen: Er betrauerte schon jetzt die Tatsache, daß seine Tochter aufs College gehen würde, obwohl das noch zwei Jahre hin war. Er fand es demütigend zuzugeben, daß er von ihr abhängig war, aber als die Tatsachen auf dem Tisch lagen, konnte er es nicht länger leugnen. Er mußte sich folgende Punkte eingestehen: Erstens lebte er jetzt seit sieben Jahren allein und hatte in der ganzen Zeit noch keine Verabredung mit einer Frau getroffen; zweitens beanspruchte er den größten Teil der Freizeit seiner Tochter für sich; drittens war er auf ihre Freundschaften eifersüchtig, egal ob mit jungen Männern oder Mädchen; viertens hatte er sie einmal eine ganze Woche lang mit Schweigen bestraft, weil sie ein Wochenende mit einer Freundin verbracht hatte.

Obwohl Albert die Augen aufgegangen waren, war es für ihn doch schwierig, irgend etwas zu unternehmen. Er war sehr schüchtern. Seine Frau war die einzige Person gewesen, der er je den Hof gemacht hatte, und der Gedanke, sich mit fünfundvierzig Jahren noch einmal auf Brautschau zu begeben, erfüllte ihn mit Angst. Wir gingen seine Möglichkeiten durch, und er beschloß, daß er sich dazu zwingen müsse, mehr unter Menschen zu gehen. Er war einverstanden, sich einer Gruppe von Singles in der nahegelegenen Kirchengemeinde anzuschließen, aber er brauchte drei Monate, bis er genug Selbstvertrauen hatte, um den Entschluß auch durchzuführen.

Wenn Kinder erkennen, daß ein alleinstehender Elternteil so wenig Rückhalt hat, fühlen sie sich oft für dessen Wohlergehen verantwortlich. Einem Sohn im Teenageralter tat seine kürzlich geschiedene Mutter so leid, daß er fast jedes Wochenende zu Hause blieb. Die paar Male, wo er mit Mädchen ausging, hatte er furchtbare Schuldgefühle. Erst sehr viel später im Leben erkannte er, in welchem Maße er Frauen mit Schuldgefühlen und Verantwortlichkeit gleichsetzte.

Emotionaler Inzest und die Stieffamilie

Gefühlsmißbrauch tritt bevorzugt in Stieffamilien auf, deren Anteil an der Bevölkerung derzeit auch rapide zunimmt. Dies ist nicht verwunderlich, denn die meisten Eltern, die wieder heiraten, standen eine Zeitlang allein da, und da ist die Möglichkeit, allzu abhängig von einem Kind zu werden, ja sehr groß. Dieses heimliche Eltern-Kind-Bündnis wird dann in die neue Ehe übernommen, was oft zu sofortigen Explosionen führt. Eine Klientin berichtete mir, daß ihre fünfzehnjährige Stieftochter sie am Hochzeitsabend beiseite nahm und eine emotionsgeladene Warnung losließ: »Daddy und ich stehen uns sehr nahe, und wir sind jetzt schon sehr, sehr lange zusammen.« Meine Klientin sagte, das Mädchen habe sie so angeblickt, als zielte sie mit geladener Waffe auf ihren Kopf. Sie hätte beinahe hören können, wie der Hahn gespannt wurde.

Wenn eine Stieffamilie in feindliche Lager zerfällt, ist es nicht ungewöhnlich, daß der leibliche Elternteil eine doppelte Bindung hat – die eine an seinen neuen Ehepartner, die andere an sein Kind. Anfangs bleibt häufig der neue Partner Sieger. Solange der Elternteil frischverliebt ist, hat er kaum Bedarf, sich auf ein Kind zu stützen. Aber sehr häufig triumphiert am Ende das Eltern-Kind-Bündnis, das älter und stärker ist. Die eben erwähnte Frau erinnert sich an einen heftigen Streit mit ihrem Mann, zwei Jahre nach der Hochzeit. Sie hatte dabei geschrien: »Bei deiner Tochter gibst du immer nach! Sie wickelt dich um den Finger! Sie bedeutet dir mehr als ich!« Daraufhin war der Mann in Tränen ausgebrochen. »Alle haben mich im Stich gelassen«, schluchzte er, »nur meine Tochter hat mir als einzige immer beigestanden. Meine Frau hat mich verlassen. Unsere gemeinsamen Freunde haben ihre Partei ergriffen. Meine Eltern starben. Aber meine Tochter war immer da.« Kurze Zeit später ging die Ehe endgültig in die Brüche, und Vater und Tochter nahmen ihre Zweierbeziehung, die alle anderen ausschloß, wieder auf.

In manchen Stieffamilien leben die Kinder erst bei dem einen leiblichen Elternteil, dann beim anderen; sie wechseln von Haus zu Haus, immer auf der Suche nach dem Glück. Dieses Hin und Her kann beide Familien aus dem Gleichgewicht bringen, und das erhöht wiederum die Wahrscheinlichkeit einer Verstrickung.

Ich hatte einmal mit einer Stieffamilie zu tun, bei der das elterliche Sorgerecht durch eine derartige »Drehtür-Politik« bestimmt wurde. Ich hatte manchmal das Gefühl, ich müßte mir Notizen machen, um nicht durcheinanderzugeraten, bei wem sich die Kinder gerade aufhielten. (Vielleicht geht es Ihnen so ähnlich, wenn Sie den folgenden Bericht lesen. Wenn sich in Ihrem Kopf alles dreht, dann können Sie sich vielleicht vorstellen, wie es ist, in einer derart verstrickten Stieffamilie zu leben.) Isabelle und Bill hatten zwei Söhne im Teenageralter, Rex und Jimmy. Beide Eltern zogen ihren älteren Sohn Rex vor, einen gutaussehenden, lebhaften Jungen. Als sie sich trennten, wurde beschlossen, daß Rex beim Vater leben sollte. Jimmy, das ausgeschlossene Kind, blieb bei Isabelle und ihrem zweiten Mann Arendt.

Es gab bald Probleme, weil Bill anfing, Rex als Kumpel und nicht als Sohn zu behandeln. Er erzählte dem Fünfzehnjährigen alles über seine sexuellen Eskapaden, brachte seine Gespielinnen mit nach Hause und erlaubte seinem Sohn, Bier zu trinken und die ganze Nacht auszubleiben. Natürlich hatte dieser lockere Lebensstil seine Auswirkungen auf Rex' Zensuren und sein übriges Leben.

Es dauerte nicht lange, und Isabelle machte der Sache ein Ende. Sie bestand darauf, daß Rex wieder bei ihr im Haus lebte. Schließlich wollte sie nicht, daß ihr Lieblingssohn in einem laxen Junggesellenhaushalt aufwuchs. Rex' Rückkehr führte allerdings zu Problemen mit seinem jüngeren Bruder Jimmy, der zum erstenmal im Leben in den Genuß der ausschließlichen Zuwendung seiner Mutter gekommen war. Die Rivalität zwischen den beiden Jungen war so stark, daß Bill, der Vater, Jimmy fragte, ob er nicht bei ihm leben wolle. Inzwischen hatte Bill wieder geheiratet und war, vielleicht unter dem mäßigenden Einfluß seiner zweiten Frau, seinem jüngeren Sohn ein sehr viel besserer Vater, als er es je für Rex gewesen war. Die drei kamen gut miteinander aus.

Währenddessen begann Isabelle, Probleme mit Rex, dem auserwählten Kind, zu haben, der sich gegen die mütterlichen Versuche, ihn an die Kandare zu nehmen, zur Wehr setzte. Ironischerweise gab sie, aus Angst ihn zu verlieren, seinen Forderungen nach und ließ ihm schließlich die gleiche Freiheit, die er bei seinem Vater gehabt hatte. Dies regte aber ihren zweiten Ehemann Roy maßlos auf. Er war eifersüchtig auf Isabelles enges Verhältnis zu Rex, und er war berechtigterweise wütend darüber, daß sie ihm alles durchgehen ließ. Bald war auch Isabelles zweite Ehe in Gefahr.

Als Therapeutin mußte ich einerseits darauf hinweisen, daß Kinder bei einem derart häufigen Wechsel nicht genug beständige Liebe und feste Disziplin bekommen. Ich drang darauf, daß Isabelle und Bill einen Plan aufstellen sollten, wer für die Kinder sorgte. Meine Hauptarbeit lag aber darin, Isabelle zu der Einsicht zu verhelfen, daß sie sich Rex gegenüber mehr als Erzieherin und Roy gegenüber mehr als Ehefrau verhalten müsse. Ihre Rollen waren durcheinander geraten – sie bezog sich stärker auf ihren Sohn als auf ihren Ehemann. Wenn sie ihre Prioritäten nicht neu definierte, war es sehr wahrscheinlich, daß es zu einer zweiten Scheidung kommen würde.

Das Einzelkind

In Familien mit nur einem Kind tritt ein inzestuöser Gefühlsmißbrauch überdurchschnittlich oft auf. Da kein weiteres Kind das starke Band zwischen Eltern und Kind schwächt, steht das Einzelkind exponiert da. Die Mutter eines Einzelkindes drückte es so aus: »Wenn du drei Kinder hast, und eins hat die Ellbogen auf dem Tisch, dann fällt das gar nicht weiter auf. Eines der Geschwister macht wahrscheinlich gerade etwas viel Schlimmeres. Aber wenn du nur ein einziges hast, dann fallen Vater und Mutter immer gleichzeitig darüber her.« Und natürlich sind es nicht nur die Tischmanieren, die überwacht werden – beim Einzelkind wird einfach alles genauestens beobachtet, seine Gesundheit, die körperliche Entwicklung, die schulische Laufbahn, die Schwächen und die Triumphe.

Ein weiterer begünstigender Umstand in der Einkindfamilie ist, daß sich alle Sorgen, Wünsche und Träume der Eltern auf einen einzigen Sprößling konzentrieren. In großen Familien können sich die Erwartungen gleichmäßiger verteilen: »Kind Nummer eins, du machst Karriere; Kind Nummer zwei, du bist der Sportsheld; Kind Nummer drei, du bist der Künstler.« Das Einzelkind muß alles zugleich für beide Elternteile sein. »Man hat mir immer gesagt, ich könne einfach alles«, klagte ein Einzelkind, »und ich habe das als Befehl verstanden. Man erwartete von mir, daß ich in allem toll war, egal, was es war.«

Das Fehlen eines häuslichen Spielkameraden verstärkt noch das Band zwischen dem Elternteil und dem Einzelkind. Da es weder Bruder noch Schwester hat, verbringt das Einzelkind viele Stunden am Tag allein mit dem Elternteil. Als Resultat dieses ständigen Umgangs mit einem Erwachsenen kann das Einzelkind eine erstaunlich reife kleine Person mit einem sehr gewählten Wortschatz werden. Diese scheinbare Reife kann dazu führen, daß das Einzelkind bei seinen Lehrern sehr beliebt ist und ausgezeichnete Noten erzielt, aber auf die Gleichaltrigen wirkt es verheerend. Es ist nicht ungewöhnlich, daß Einzelkinder sich erstens über die Unreife ihrer Spielkameraden beklagen, sie zweitens ablehnen und drittens von diesen abgelehnt werden. Daraufhin wird das Kind noch abhängiger von der Gesellschaft Erwachsener, wodurch die Wahrscheinlichkeit eines emotionalen Inzests vergrößert wird.

In manchen Familien verstricken sich beide Elternteile mit dem Einzelkind. Einer der bittersten Scheidungsprozesse, die ich je miterlebt habe, fand zwischen einem Mann und einer Frau statt, die beide das alleinige Sorgerecht für ihren einzigen Sohn haben wollten. Schon Monate vor der Scheidung fingen beide an, um ihren elfjährigen Jungen zu werben, um ihn auf die eigene Seite zu ziehen. Sobald der Prozeß eröffnet war, wurde der Wettbewerb infam. Die Mutter unterstellte dem Vater sexuellen Mißbrauch, und der Vater behauptete, daß die Mutter drogensüchtig sei. Während sich der Prozeß immer weiter hinzog, mußte der Junge mit Asthma ins Krankenhaus eingeliefert werden. Vielleicht konnte er im übertragenen Sinn keine Luft mehr bekommen.

Suchtkrankheiten und emotionaler Inzest

Alkoholismus und Drogenabhängigkeit sind tragische Wirklichkeit im amerikanischen Alltag. Ein Suchtverhalten erhöht das Risiko eines Gefühlsmißbrauchs erheblich, weil es zu einem Vakuum in der Partnerschaft führt. Ein Mensch, der alkoholkrank oder drogensüchtig ist, kann kein befriedigender Ehepartner sein, denn Flasche, Pillen oder die Spritze stehen immer zwischen den beiden.

Das Problem wird größer, wenn die Abhängigkeit fortschreitet und der Betreffende sich von Kollegen und Freunden zurückzuziehen beginnt. Dann leidet die Familie nicht nur unter einem inneren Bruch, sondern auch an der zunehmenden gesellschaftlichen Isolation. Viele Abhängige und/oder ihre betroffenen Partner, deren Ehe nur noch auf dem Papier besteht und die nur wenig äußeren Rückhalt haben, wenden sich dann an die stets bereite Quelle der Bedürfnisbefriedigung: ein Kind.

Ich glaube, daß ich wirklich weiß, wovon ich spreche, nicht nur weil ich mich beruflich intensiv mit Suchverhalten beschäftigt habe, sondern weil ich aus einer Familie von Alkoholikern stamme. Meine Mutter, mein Vater, mein Stiefvater, meine Großmutter, mein Großvater und mein Stiefgroßvater waren alle schwere Trinker. Meine Mutter starb mit fünfundvierzig Jahren an ihrer Alkoholkrankheit. Ich glaube, sie hätte sich nicht so stark auf mich gestützt, wenn sie nicht soviel getrunken hätte, was zur Zerstörung zweier Ehen beitrug und verhinderte, daß sie einer anspruchsvollen Arbeit außerhalb des Hauses nachgehen konnte.

Eine meiner schlimmsten Erinnerungen an ihr Trinken stammt aus der Zeit, als ich etwa neun Jahre alt war. Ich halte dies für ein plastisches Beispiel, wie der Alkoholismus dazu beiträgt, daß sich ein Elternteil auf ein Kind stützt. Meine Mutter und ich besuchten ihre Mutter und ihren Stiefvater in Cleveland. Eines Abends waren alle drei Erwachsenen betrunken, und wie gewöhnlich brach Streit aus. Ich wurde vom Geräusch der wütenden Stimmen wach. Kurz darauf stürmte meine Mutter herein und befahl mir aufzustehen und mich anzuziehen. Sie warf unsere Sachen in einen Koffer und erklärte mir, wir führen fort. Wir mußten über eine Meile bis zum Greyhound-Busbahnhof gehen, wobei meine Mutter hin und her schwankte. Es war im Winter, und ich weiß noch, wie sehr ich in der eisigen Kälte fror.

Als wir beim Busbahnhof ankamen, telegrafierte meine Mutter einer Bekannten, daß wir Geld bräuchten, um die Fahrkarten für die Heimreise zu kaufen. Während wir auf die Ankunft des Geldes warteten, setzten wir uns in der Damentoilette auf eine Bank. Es dauerte nicht lange, und meine Mutter streckte sich ganz aus und schlief ihren Rausch aus. Ich war jedoch hellwach. Auf einem Schild an der Wand hinter meiner Mutter stand *Vagabundieren verboten. Schlafen verboten.* Ich war mir nicht sicher, was vagabundieren bedeutete, aber ich dachte, daß es etwas mit nicht arbeiten zu tun habe. In meiner Verzweiflung nahm ich die Handtasche meiner Mutter und fing an, sie aufzuräumen, um zu demonstrieren, daß wir uns an die Vorschriften hielten. Ich packte sie immer wieder ein und aus, eine Ewigkeit, so schien es mir. Einmal kam eine Putzfrau herein und blickte zu meiner Mutter herüber. »Kennst du die?« fragte sie. »Das ist meine Mutter«, antwortete ich. Die Frau sah mich mitfühlend an: Ich hätte auf der Bank schlafen sollen und nicht meine Mutter.

Die Beziehung zum Alkohol war die vorrangige Beziehung im Leben meiner Mutter. Er war ihr wichtiger als Mutter zu sein, wichtiger als Ehefrau zu sein. Er wirkte wie ein Sieb, durch das alle und alles hindurchfielen, was ihr einen Halt geben konnte, bis ich schließlich allein übrigblieb, der einzige Mensch, auf dessen Begleitung sie bei ihrem langen Abstieg in den Alkoholismus zählen konnte.

Psychische Erkrankungen als begünstigende Ursache

Eine seelische Krankheit führt, ebenso wie der Alkohol, zu einem Vakuum in der Familie. Dadurch passiert es häufiger, daß sich ein Elternteil oder beide einem Kind als Lebensgefährten zuwenden. Angelica, ein auserwähltes Kind, wuchs mit einer manisch-depressiven Mutter auf. Während der vielen Jahre, in denen ihre Mutter emotional unstabil war, stützte sich der Vater auf seine Tochter. Aus moralischen Gründen ließ er sich nicht von seiner kranken Frau scheiden, aber dafür suchte er bei Angelica Trost.

Meistens wurde es mit Angelicas Mutter schwierig, wenn das Pendel zum Manischen hin ausschlug, denn dann wurde sie rastlos und unberechenbar. Angelica erzählte mir von einem Ereignis, das sie als Elfjährige miterlebte. Sie war mit ihrer Mutter auf dem Heimweg von einer Einkaufstour in Chicago. Plötzlich trat ihre Mutter auf die Bremse und sprang mitten auf einer belebten Kreuzung aus dem

Auto. Zu Angelicas Entsetzen fing sie an, auf der Straße herumzutanzen und mit lauter Stimme zu singen: »Wir sind die presbyterianischen Dressurpferde.« Die Leute hupten und lachten und amüsierten sich über das Spektakel. Schließlich kam ein Polizist und forderte Angelicas Mutter auf, sich wieder ins Auto zu setzen und nach Hause zu fahren. Sie wollte nicht hören. Angelica stieg aus, nahm ihre Mutter bei der Hand und überredete sie, sich wieder ans Steuer zu setzen. Sie sagte immer wieder: »Wir müssen wegfahren, Mama. Wir müssen wegfahren.« Aber es dauerte eine Ewigkeit, bis sich ihre Mutter so weit zusammennahm, daß sie nach Hause fahren konnte.

Mit zunehmender Häufigkeit solcher Ausfälle bildeten Angelica und ihr Vater eine gemeinsame Verteidigungsfront gegen die Wahnvorstellungen der Mutter. Gemeinsam schufen sie sich eine Zuflucht innerhalb einer verrückten, undurchschaubaren Welt. Als Angelica auf die High-School kam, benahmen sich ihr Vater und sie bereits so, als lebten sie allein im Haus. Als Angelicas Mutter einmal längere Zeit in einer psychiatrischen Klinik war, renovierten sie das Haus von oben bis unten, ganz als ob sie ein im Zölibat lebendes Ehepaar wären.

Das Superkind-Syndrom

Als Folge des Trends zu kleineren Familien und späterer Elternschaft hat sich ein neues Phänomen herausgebildet: das Superkind. Damit ist das Kind gemeint, dessen Empfängnis durch Basaltemperaturmessungen gesteuert wird, dessen Geschlecht durch eine Amniozentese schon vor der Geburt bekannt ist, das im Mutterleib klassische Musik hört, bei seiner Geburt auf die Warteliste eines exklusiven Kindergartens gesetzt und noch vor dem sechsten Geburtstag Unterricht in Linguistik, Tanz, Kampfsport, Gymnastik, Lesen, Stimmbildung, Klavier, Fußball und/oder Fremdsprachen bekommt.

Ein Elternteil, der darauf aus ist, so ein Superkind hervorzubringen, versucht in Wirklichkeit, seine eigenen Bedürfnisse zu befriedigen, denn das Kind hat nichts davon, von einer fördernden Aktivität zur nächsten gehetzt zu werden. Ein kleines Mädchen oder ein Junge, das bzw. der ständig belehrt und unterhalten wird, hat keine Zeit mehr, ein Kind zu sein. Fast wäre ich bei meiner Tochter in diesen Fehler verfallen. Als sie acht Jahre alt war, schickte ich sie regelmäßig zum Kinderchor, zur Bibelstunde, in eine Jugendgruppe und zur Gymnastik. Als ich sie zusätzlich zu den Pfadfindern stecken wollte, sagte sie zu mir: »Wenn ich das auch noch tue, habe ich keine Zeit zum Spielen mehr.« Glücklicherweise merkte ich, wie recht sie hatte, und sah das Ganze nicht mehr so verbissen.

Außer daß man dem Superkind jede Möglichkeit zum »Trödeln« nimmt, vermittelt man ihm oft in unmißverständlicher Weise, daß der Wert eines Menschen von seiner Leistung abhängt. Wenn ich etwas wert bin, wenn ich beim Klavierabend brilliere, bin ich dann nicht wertlos, sobald ich einen Fehler mache? Eine alleinstehende Mutter aus meiner Bekanntschaft fährt ihre Tochter Claire dreimal in der Woche über fünfzig Kilometer weit zur Ballettstunde – wobei sie das Kind erst zu diesem Hobby überreden mußte. Als ich ihr mein Mitgefühl für die langen Fahrten ausdrücken wollte, sagte sie im Beisein ihrer Tochter: »Ich möchte nicht, daß Claire so dicke Waden kriegt wie ich. Sie soll lange schlanke Beine bekommen.« Wenn das Mädchen später nun doch so stämmig wie seine Mutter wird – was recht wahrscheinlich ist, wenn man seine genetische Veranlagung betrachtet –, muß es dann nicht glauben, es habe versagt? Wenn Vater oder Mutter ihre unerfüllten Bedürfnisse auf ein Kind übertragen, dann zahlt das Kind den Preis dafür: Selbstzerstörerischer Perfektionismus, ein niedriges Selbstwertgefühl und eine Form von »Ausgebrannt-Sein« können sogar schon bei kleinen Kindern auftreten.

Sonstige Risikofamilien

Zwei weitere Familientypen, die ein verstärktes Risiko für einen emotionalen Inzest aufweisen, sind die Zwei-Karrieren-Familie und die »Workaholic«-Familie. Warum sind ausgerechnet diese anfälliger für das Syndrom? In einer Zwei-Karrieren-Familie sind weder Vater noch Mutter tagsüber im Hause, um den häuslichen Alltag zu bewältigen. Sobald die Erwachsenen von der Arbeit heimkommen, stürzen sie sich auf die Hausarbeit und die Elternpflichten, und die Wochenenden dienen grundsätzlich einem entnervten Nachholen des Versäumten. Da Zeit und Energie begrenzt sind, gibt es für die Erwachsenen immer nur ein Entweder-Oder: entweder können sie miteinander Zeit verbringen, oder sie haben Zeit für die Kinder. Viele entscheiden sich dann – scheinbar zu Recht – für die Beschäftigung mit den Kindern. Leider bleibt ihnen dann nur wenig Zeit für sich selbst als Paar, und ganz allmählich wird ihr Vorrat an gegenseitigem Wohlwollen aufgebraucht. Ohne es zu merken, stützen sie sich dann vielleicht auf ihre Kinder und benutzen sie, um wieder aufzutanken.

Familien, bei denen ein Elternteil ein »Workaholic«, ein Arbeitswütiger, ist, sind in anderer Weise anfällig. Wenn einer der Partner mit seinem Beruf verheiratet ist, dann muß der andere als Alleinerziehender fungieren. Verbittert über den Mangel an Partnerschaft und belastet durch die Gesamtverantwortung für Haushalt und Kinder, neigt der ans Haus gefesselte Partner dazu, depressiv und wütend zu sein. Schließlich muß er bzw. sie sich mit den vielen Nachteilen des Alleinlebens abfinden und genießt andererseits nicht die Freiheit, sich andere Liebesbeziehungen zu suchen, und so gerät dieser Ehepartner häufig in eine gefühlsmäßige Verstrickung mit einem der Kinder.

Wenn eine Familie mehr als einen der in diesem Kapitel aufgeführten begünstigenden Faktoren aufweist – und das tun viele –, dann wächst die Wahrscheinlichkeit für einen emotionalen Inzest ganz erheblich. Es ist zum Beispiel nicht ungewöhnlich, daß ein alleinerziehender Vater bzw. eine Mutter nur ein Kind hat. Der Ein-Erwachsener-ein-Kind-Haushalt bietet ideale Voraussetzungen für einen Gefühlsmißbrauch, denn weder der Erwachsene noch das Kind hat einen passenden Gefährten; mangels anderer Partner sind sie aufeinander angewiesen.

Zwei weitere begünstigende Umstände, die oft Hand in Hand auftreten, sind Arbeitswut und Alkoholismus: Es passiert öfter, daß ein müder, überarbeiteter Erwachsener zur Flasche greift, um nach der Hektik des Tages schneller abzuschalten. Unter dem Druck der Arbeit und betäubt vom Alkohol, ist dieser Elternteil kein guter Ehepartner. So entstehen Spannungen und Rivalitäten, und die Wahrscheinlichkeit, daß einer oder beide Erwachsenen sich bei einem Kind die fehlende Unterstützung holen, ist groß.

Es ist lebenswichtig, daß Risikofamilien bestimmte Verhaltensmaßregeln befolgen, wenn auch mit einer gewissen Flexibilität. Sie müssen unbedingt eine klare Unterscheidung treffen zwischen dem, was es heißt, ein liebevoller, sorgender Elternteil zu sein, und einer Haltung, in der man sich emotional von einem Kind abhängig macht. Diese Unterscheidung müssen sie sich ständig vor Augen halten. Einfach das zu tun, was am leichtesten oder am natürlichsten ist, ist sicher nicht das Beste. Meistens ist der emotionale Inzest der leichtere Ausweg. Sich gefühlsmäßig mit einem Sohn oder einer Tochter zu verstricken, ist ein bewährter Weg für einen Erwachsenen, sich Gefühle von Liebe und Gemeinsamkeit zu verschaffen, die er in der Parntnerschaft vermißt.

Bis heute gibt es kein Tabu gegen zuviel emotionale Nähe, keinen öffentlich anerkannten Namen für das Syndrom und wenig, das vor einer derartigen unangemessenen Bindung zurückschrecken läßt. Deshalb wird die Grenze zwischen Eltern und Kind so häufig verletzt, und jedes Familienmitglied zahlt seinen Preis dafür.

7

Die Hauptunterschiede zwischen verstrickten und gesunden Familien

Die Wandtafel in meinem Büro ist ein unverzichtbares Stück meiner Ausrüstung. Ich lege Wert darauf, jedem meiner Klienten das Diagramm einer funktionalen Familie, d. h. einer Familie, die die Bedürfnisse aller ihrer Mitglieder befriedigt, aufzuzeichnen. Zusätzlich beschreibe ich diese Modellfamilie auch in Einzelheiten. Meine Klienten empfinden diese Information ausnahmslos als eine Hilfe. Trotz des Schwalls von Lebenshilfe-Büchern, die in den letzten Jahren erschienen sind, ist die Darstellung eines gesunden Familienlebens bisher zu kurz gekommen. Meist werden ja vor allem die Dinge beschrieben, die im argen liegen.

In einem Fall bewirkte diese Information fast so etwas wie eine Wunderheilung, was in meinem Beruf ja sehr selten ist. Eine meiner Klientinnen, eine alleinstehende Mutter mit Erziehungsschwierigkeiten, sah mir mit mehr als dem üblichen Interesse zu, als ich die Grenzen einer gesunden Familie markierte. Ich zeichnete Symbole für die Eltern und Kinder, dann trennte ich die zwei Generationen durch eine gestrichelte Linie. Ich erklärte, daß diese Linie eine Barriere darstelle, die zwar durchlässig genug für gelegentliche Ausflüge auf die andere Seite sei (z. B. wenn ein Vater und seine Tochter ein gemeinsames Interesse am Skilaufen entwickeln), die aber Eltern und Kinder weitgehend in zwei voneinander getrennten Bereichen hielte.

Meiner Klientin schien es bei dieser Darstellung wie Schuppen von den Augen zu fallen. »Also *daran* hat es bei uns gehapert!« sagte sie. »Zwischen meinem Vater und mir gab's so eine Linie nicht. Wir befanden uns auf der gleichen Stufe.« Sie schwieg eine Weile. Dann fuhr sie mit tiefem Bedauern in der Stimme fort: »Und genau da liegt heute bei meiner eigenen Familie der Fehler. Ich habe meinen Sohn zu meinem Freund gemacht. Kein Wunder, daß ich Schwierigkeiten habe, mich bei ihm durchzusetzen. Wir stehen auf einer Stufe.« Die Information, daß Eltern und Kinder in zwei verschiedenen Bereichen leben und handeln sollten, genügte für sie schon, um zu verstehen, was an ihrer Beziehung zu ihrem Vater falsch gewesen war, und war für sie zugleich Anstoß, das Verhältnis zu ihrem Sohn neu zu definieren. Durch diese Information war sie ein entscheidendes Stück weiter gekommen.

Bei der Entwicklung dieses Modells der gesunden Familie stützte ich mich auf die umfassenden Forschungsergebnisse des Familientherapeuten Salvador Minuchin. Eine seiner wichtigsten Beobachtungen ist die eben erwähnte: In gesunden Familien gibt es eine klare Trennung zwischen Erwachsenen und Kindern. Ganz gleich, ob die Familie ein oder zwei Elternteile aufweist und wie viele verschiedene Verwandte unter einem Dach leben, zwischen Erwachsenen und Kindern verläuft eine unsichtbare Grenzlinie. Man könnte diese Grenze mit einem Einweg-Ventil vergleichen. Dieses Ventil gestattet, daß die Eltern die Bedürfnisse der Kinder erfüllen, aber es hält die Kinder davon ab, die Bedürfnisse der Erwachsenen zu erfüllen. Liebe und Zuneigung können zwar unbeschränkt hin und her fließen, doch die Kinder dürfen nicht zu einem Teil des Stützsystems der Erwachsenen werden.

Um die Funktionsweise von Familien besser zu verdeutlichen, hat Minuchin die Familie in drei Subsysteme unterteilt. Erstens die »*eheliche Untergruppe*«, d. h. das aus den beiden Ehepartnern bestehende Team, zweitens die »*elterliche (parentale) Untergruppe*«, die sich auf alle Personen bezieht, die für die Kinder sorgen, und drittens die »*geschwisterliche Untergruppe*«, also die Kinder. Auch wenn Ihnen diese Fachtermini anfangs etwas umständlich erscheinen mögen, so sollten Sie Ihre Ursprungsfamilie doch einmal unter dem Gesichtspunkt dieser drei Subsysteme betrachten. Sie gelangen wahrscheinlich dadurch zu einem besseren Verständnis der Dinge, die schiefgelaufen sind.

Im folgenden beschreibe ich die Rollen und Verantwortlichkeiten dieser drei Familien-Subsysteme. Der erste Absatz jedes Abschnitts beschreibt ein gesundes Familiensystem; als Kontrast beschreibt der zweite Absatz eine verstrickte Familie. Fragen Sie sich bei der Lektüre jedes Absatzes, welche Beschreibung am meisten auf die Familie, in der Sie aufgewachsen sind, zutrifft – das gesunde oder das dysfunktionale Modell. (Hier, im ersten Teil, wird eine Familie mit zwei Elternteilen angesprochen. Erläuterungen zur Einelternfamilie folgen danach.)

Das eheliche Subsystem: Rollen und Verantwortlichkeiten der erwachsenen Partner

1. *Die erwachsenen Partner respektieren und unterstützen einander.* In einem gesunden Familiensystem sind die beiden Ehepartner »beste Freunde«. Sie sind ehrlich aneinander interessiert und zeigen dieses Interesse Tag für Tag. Sie zählen aufeinander, wenn sie in die Klemme kommen, und sie sehen sich gegenseitig als Puffer gegen die Stöße der Außenwelt. Sie begrüßen sich mit Wärme nach einem harten Tag, und sie können zueinander sagen: »Ich brauche ein bißchen Mitgefühl«, oder »Ich brauche eine Rückenmassage«. Sie teilen sich freimütig ihre Träume, ihre Erfolge und ihre Frustrationen mit.

In einem verstrickten Familiensystem fehlt es möglicherweise an Respekt und Intimität zwischen den Ehepartnern. Energie, die innerhalb ihrer Beziehung wirksam bleiben sollte, wird statt dessen für andere Familienmitglieder, außerhäusliche Aktivitäten oder Suchtverhalten abgezweigt. Manchmal herrscht zwischen den Erwachsenen offene Feindschaft.

2. *Die Partner gehen fürsorglich miteinander um.* In einem gesunden Familiensystem sorgen die erwachsenen Partner füreinander. Sie bieten sich gegenseitig Ermutigung, Unterstützung und Bestätigung an. Jeder fühlt sich vom anderen geliebt und respektiert. Sie räumen sich gegenseitig kleine Privilegien ein und bereiten sich gegenseitige Überraschungen. Ihre Fürsorge drückt sich auch in Umarmungen, Küssen und nichtsexuellen Berührungen aus. Wenn einer der Partner krank oder behindert ist, hilft ihm der andere gern.

In der verstrickten Familie sehen die Erwachsenen in den Kindern ihre Hauptbezugsquelle von Bestätigung und Zuneigung. Umarmungen, Küsse und Berührungen sind für die Kinder reserviert, nicht für die Erwachsenen. Die erwachsenen Partner geben sich wenig Mühe, sich gegenseitig das Gefühl von Sicherheit, Liebe und Wertschätzung zu vermitteln. Beleidigungen, Kränkungen oder Demütigungen können häufiger sein als liebevolle Bestätigungen.

3. *Die Partner sind tolerant.* Glückliche Paare wissen, daß ein Zu-

sammenleben Toleranz und Kompromisse erfordert, und sie können deshalb harmlose persönliche »Macken« übersehen und die Individualität des anderen respektieren. Sie empfinden es nicht als bedrohlich, daß jeder von ihnen Zeit und Raum für sich allein beansprucht. Sie sind der Meinung, daß es im Leben nicht ohne Fehler geht, und Entschuldigungen werden freimütig ausgesprochen und angenommen. Die Partner haben eine realistische Einstellung zur Ehe und sind darauf vorbereitet, daß auch langweilige oder schwierige Zeiten durchgestanden werden müssen.

In der verstrickten Familie werden Unterschiede ungern toleriert. Regeln sind entweder nicht vorhanden, oder sie sind so starr, daß sie wenig Raum für Fehler oder andere Ansichten lassen. Möglicherweise wird das Benehmen des einen vom anderen ständig kritisch überwacht, wobei kaum Zugeständnisse in persönlichen Eigenheiten gemacht werden. Die Partner »führen Buch« und können jahrelang einen Groll auf den anderen mit sich herumtragen. Als Kontrast zu dieser trostlosen Beziehung wird möglicherweise eine hochromantische Sicht der Ehe aufrechterhalten, so daß die Unzulänglichkeiten der realen Beziehung noch stärker zutage treten.

4. *Die Partner haben miteinander Spaß*. In einer gesunden Familie beschäftigen sich die erwachsenen Partner mit Dingen, die beiden Freude machen, von Gesellschaftsspielen wie Bridge bis zu anstrengenden Sportarten wie Tennis. Die Erwachsenen haben den gleichen Sinn für Humor. Je mehr Spaß sie miteinander haben, desto spontaner werden sie. Diese Spontaneität hält ihre Beziehung frisch und den romantischen Funken am Leben.

In dysfunktionalen Familien vergnügt sich das Paar nur selten zu zweit. Statt dessen verläßt es sich in dieser Hinsicht ganz auf die Kinder oder sucht Zerstreuung beim Fernsehen, bei Aktivitäten außerhalb des Hauses, Drogen oder Alkohol.

5. *Die erwachsenen Partner sind ein Liebespaar*. Individuen, die eine gesunde Liebesbeziehung verbindet, genießen ihre Sinnlichkeit. Sie erhalten sich ihre sexuelle Energie über die Jahre hinweg, indem sie Neues ausprobieren, Risiken eingehen und verschiedene Spielarten der sexuellen Betätigung entwickeln. Sie reden nur untereinander über intime Einzelheiten ihrer sexuellen Beziehung. Wenn sexuelle Schwierigkeiten auftreten, arbeiten sie gemeinsam an einer Lösung. Sie sind in ihren sexuellen Praktiken anpassungsfähig, so daß sie Veränderungen, die aufgrund von Krankheiten, Schwangerschaft, Alter oder Streß auftreten, kompensieren können.

Dysfunktionale Paare passen oft sexuell nicht zueinander. So kann z. B. der eine Partner sehr starke sexuelle Bedürfnisse haben und der andere große Hemmungen, wodurch die Sexualität zu einem Kampfplatz wird. Möglicherweise redet ein Partner mit Bekannten, anderen Familienmitgliedern oder Kindern über sexuelle Details. Möglicherweise richtet sich das sinnliche und sexuelle Interesse eines Elternteils auf ein Kind.

6. *Die Partner haben wichtige gemeinsame Interessen.* In einem gesunden Familiensystem haben die erwachsenen Partner gemeinsame Interessen und Hobbys. Auch wenn sie manches getrennt unternehmen, teilen sie viele Interessen. Sie sorgen für Abwechslung in ihrer Beziehung, indem sie miteinander ausgehen, Urlaub ohne die Kinder machen und gemeinsame Aktivitäten pflegen. So erleben die Kinder eine Ehe, die interessant und erfüllt wirkt. Sie sind sich darin einig, daß sie, um gute Eltern zu sein, auch etwas für die Paarbeziehung tun müssen.

In einer aus dem Gleichgewicht geratenen Familie unternehmen die Partner wenig gemeinsam. Ihr Interesse kreist um ihre Arbeit, um die Kinder oder um Aktivitäten, die sich außerhalb der Familie abspielen. Man macht sich wenig Mühe, um gemeinsame Projekte zu entwickeln oder Zeit ohne die Kinder zu verbringen. Deshalb wachsen die Kinder in der Überzeugung heran, daß eine Ehe kein Vergnügen sei, und nach dem Vorbild ihrer Eltern investieren sie auch in ihre eigenen Liebesbeziehungen nicht genügend Energie.

7. *Die Partner schenken sich Vertrauen.* In einer gesunden Liebesbeziehung vertrauen sich die Partner laufend ihre Gedanken, Gefühle und Träume an. Sie benutzen sich gegenseitig als Resonanzboden. Sie unterhalten einen ständigen Dialog zu den Dingen des täglichen Lebens, wodurch ihre emotionale Bindung gestärkt wird. Sie teilen sich freimütig ihre Sorgen, ihren Kummer, ihre Frustrationen und Freuden mit. Sie machen Zukunftspläne. Diese ehrliche, lockere Kommunikation läßt sie auch schwierige Zeiten gemeinsam durchstehen.

In einer verstrickten Familie verletzen die Erwachsenen das Intimitätstabu, das Eltern von Kindern trennt. Sie belasten die Kinder mit Sorgen, die sie nicht betreffen. Sie erzählen ihnen Dinge, für die sie noch zu jung sind. Sie äußern sich in ihrer Gegenwart kritisch oder herabsetzend über den anderen Elternteil. Diese unangemessenen Mitteilungen belasten das Kind mit erwachsenen Sorgen und erschweren dadurch dessen weitere Entwicklung.

8. *Die Erwachsenen sind Finanzpartner.* In einem gesunden Sy-

stem haben die erwachsenen Partner ein beide Seiten befriedigendes System für das Bezahlen von Rechnungen, für Neuanschaffungen, Geldanlagen und das Planen von Vorsorgeausgaben. Sie beraten sich so häufig, daß beide gut informiert sind. Sie haben gemeinsames Eigentum. Sie wissen den jeweiligen Beitrag des anderen zum gemeinsamen Haushalt zu schätzen, ob die Arbeit nun innerhalb oder außerhalb des Hauses geleistet wird. Wenn es Geldprobleme gibt, bemühen sie sich gemeinsam um eine Lösung.

In Familien, die nicht im Gleichgewicht sind, können Geldangelegenheiten ein Anlaß für Streitigkeiten werden. Sehr häufig werden finanzielle Mittel ungleich unter den Kindern verteilt, weil die Eltern bestimmte Lieblingskinder haben. In manchen Familien wird das Geld als ein Instrument genutzt, mit dem man die Abhängigkeit des Kindes festschreibt: »Wir bezahlen dir das Studium, aber nur, wenn du die hiesige Universität besuchst.« In manchen Familien kann ein Kind oder einer von den Schwiegereltern in Gelddingen großen Einfluß ausüben und sich damit in die Entscheidungen der beiden erwachsenen Partner einmischen.

9. *Die Erwachsenen sind im gesellschaftlichen Bereich die primären Partner.* Feste Paare besuchen gemeinsam Feiern und Veranstaltungen, wie Familientreffen, Hochzeiten, geschäftliche Einladungen, kirchliche Feste oder schulische Aktivitäten. Bei solchen Anlässen zusammen aufzutreten, sorgt für gemeinsame Erfahrungen und legt zugleich vor der Umgebung ein Zeugnis für die dauerhafte Zusammengehörigkeit des Paares ab.

In verstrickten Haushalten vermeiden Mann und Frau möglicherweise das gemeinsame Auftreten in der Öffentlichkeit, vielleicht unter dem Vorwand, daß es niemanden gibt, der solange auf die Kinder aufpassen könne. Wenn die Kinder alt genug sind, um allein gelassen zu werden, wird diese Ausrede eventuell dadurch ersetzt, daß man »die Kinder nicht allein lassen will«. Andere Eltern wechseln sich bei den Außenaktivitäten ab, oder sie gehen zwar zusammen, haben aber immer ein Kind dabei. All diese Manöver können ein Versuch sein, intime Nähe zum Partner zu meiden.

10. *Die erwachsenen Partner fechten Konflikte durch und lösen Probleme.* In einer funktionalen Familie arbeiten die erwachsenen Partner als Team zusammen, um Problemlösungen zu finden. Sie veranstalten ein Brainstorming, planen Strategien und setzen sich Ziele. Durch dieses gemeinsame Lösen von Problemen bildet sich ein gemeinsames Leistungsbewußtsein heraus. Falls die Partner Probleme

innerhalb ihrer Beziehung haben, bekennen sie sich zu ihren Gefühlen wie Zorn, Verletztheit, Furcht oder Verstimmung und äußern sie unter Wahrung der Höflichkeit. Jeder hört dem anderen aufmerksam zu. Es können Entschuldigungen wie auch tröstliche und beruhigende Worte nötig werden.

In einer dysfunktionalen Familie werden Probleme entweder verleugnet oder unverhältnismäßig übertrieben. Statt zusammenzuarbeiten, um ein Problem zu lösen, neigen die erwachsenen Partner dazu, sich gegenseitig die Schuld an den Problemen zu geben. Es kann zu verbalem und körperlichem Mißbrauch kommen. Kinder werden häufig als Sündenbock benutzt.

Kennen Sie Ehen, auf die der erste Absatz aller zehn Abschnitte zutrifft? Erscheint Ihnen die Modellvorstellung einer gesunden Familie als zu weit hergeholt? Als Familientherapeutin kann ich Ihnen versichern, daß es tatsächlich Ehen gibt, auf die alle genannten Kriterien zutreffen, wenn sie auch die Ausnahme sind. Wenn ich einer Gruppe die Beschreibung einer gesunden Ehe vorlese, kann ich damit rechnen, daß sich auf vielen Gesichtern Verwirrung und Verständnislosigkeit abzeichnet. Einmal äußerte ein Zuhörer folgenden Kommentar: »Ich habe den Eindruck, Sie haben da eher eine Liebesaffäre beschrieben als eine Beziehung von Eheleuten.« In gewissem Sinne hatte er recht, denn viele Leute lassen sich nur deshalb auf Affären ein, weil einige ihrer Bedürfnisse in ihrer Ehe zu kurz kommen.

Etwas ganz Wesentliches, das Sie verstehen sollten, ist folgendes: Wenn eine Ehe diesem Modell nicht gerecht wird, *besteht gleichwohl immer der bewußte oder unbewußte Wunsch, sie täte es doch.* Die Menschen erwarten, daß ihre Liebesbeziehungen all ihre emotionalen Bedürfnisse befriedigen, z. B. die nach Unterstützung, Trost, Nähe, sexueller Betätigung, Respekt und Kameradschaft. Wenn in einer Ehe diese Bedürfnisse nicht befriedigt werden, hat der einzelne das Gefühl, es fehle etwas in seinem Leben, und je mehr die Beziehung von der Modellvorstellung abweicht, um so größer ist das Gefühl der Leere. Wenn nun keine Maßnahmen ergriffen werden, um die Beziehung zu verbessern oder eine anders geartete Unterstützung durch einen Erwachsenen zu bekommen, sind diese Personen geeignete Kandidaten für einen Gefühlsmißbrauch.

Eine Tatsache habe ich in meiner Arbeit mit Familien immer und immer wieder bestätigt gesehen: *Die Menschen versuchen instinktiv, ihre emotionalen Bedürfnisse innerhalb der Familiengruppe zu be-*

friedigen. Die Familie spielt eine einzigartige Rolle in unserem Leben. Sie ist eine Hülle aus Nähe, die die Stöße der harschen Realität der Welt dämpft. Sie ist der Ort, in dem wir unsere Bedürfnisse offen zugeben können und Liebe und Trost finden. Wenn der Partner die Erwartungen nicht erfüllt, wenden sich viele Erwachsene ebenso automatisch wie unbewußt einem Kind zu.

So befriedigen Alleinerziehende ihre emotionalen Bedürfnisse

Beim Lesen der vorhergehenden Beschreibung der »ehelichen Untergruppe« werden sich einige von Ihnen sicher gefragt haben, wie sich dies auf Einelternfamilien anwenden ließe. Wenn kein Partner vorhanden ist, an den man sich mit seinem Bedürfnis nach Liebe und Unterstützung wenden kann – ist es dann überhaupt möglich, ein gesundes Familiensystem zu haben? Ist eine Einelternfamilie bereits per definitionem eine dysfunktionale Familie?

Man sollte sich klarmachen, daß alle Erwachsenen dieselben emotionalen Bedürfnisse haben, ob sie nun alleinstehend oder verheiratet sind. Sie alle brauchen Nähe, Gesellschaft, irgendeine Form der sexuellen Betätigung, intellektuelle Anregung und so weiter. Ein alleinerziehender Elternteil, der keinen Partner hat, an den er sich wenden kann, muß sich bewußt darum bemühen, diese Bedürfnisse außerhalb der Familie zu befriedigen. Wenn ein Alleinerziehender sich mit Erfolg ein unterstützendes Netzwerk aufbaut, das aus *erwachsenen* Familienmitgliedern und Freunden besteht, dann entsteht ein durchaus lebensfähiges Familiensystem.

Jane ist die alleinerziehende Mutter von drei Schulkindern, zwei Mädchen und einem Jungen. Sie führt ein Leben, um das sie viele verheiratete Menschen beneiden würden. Sie arbeitet sehr erfolgreich als Unternehmensberaterin, und wenn sie nicht arbeitet oder zu Hause bei ihren Kindern ist, dann kann man sie beim Paddeln, Radfahren oder Chorsingen antreffen. Um ihr Bedürfnis nach Nähe und täglicher Gesellschaft zu befriedigen, hat sich Jane mit zwei anderen alleinerziehenden Müttern zusammengetan. Jeden Tag ruft sie eine von beiden an, bloß um loszuwerden, was den Tag über so passiert ist, also die Art von intimem Austausch, der gewöhnlich auf Ehebeziehungen beschränkt ist. An den Wochenenden und an Feiertagen ist es nichts Ungewöhnliches, wenn sich alle drei Familien in einer Wohnung treffen und so eine improvisierte Großfamilie bilden. Jane ist zwar offen für eine eventuelle Wiederheirat, aber sie hat es nicht eilig damit, weil sie es geschafft hat, die meisten ihrer Bedürfnisse auch als alleinerziehende Mutter zu befriedigen. (In Kapitel 13 wird im einzelnen geschildert, wie Sie ein derartiges unterstützendes Netzwerk aufbauen können.)

Das zweite Familien-Subsystem ist die elterliche Gemeinschaft, das heißt also Vater und Mutter oder andere fürsorgliche Erwachsene. Wenn auch dieselben zwei Personen sowohl Partner wie Eltern sein können, so liegen zwischen diesen beiden Rollen doch Welten. *Das eine vom anderen deutlich zu trennen, ist einer der Schlüssel zur Schaffung einer gesunden Familie.*

Ich habe die elterliche Rolle in zehn verschiedene Funktionen aufgeteilt, wobei ich wieder ein beispielhaftes Familienmodell zu einer dysfunktionalen Familie in Kontrast setze. Überlegen Sie beim Lesen, wie gut Ihre Eltern mit dem gesunden Modell übereinstimmten.

Das elterliche Subsystem: Rollen und Verantwortlichkeiten der Eltern

1. *Funktionale Eltern versorgen die Kinder mit Nahrung, Kleidung, Unterkunft und medizinischer und zahnärztlicher Betreuung.* Es versteht sich von selbst, daß Eltern für den lebensnotwendigen Grundbedarf sorgen müssen. Sie sind außerdem dafür verantwortlich, daß mehr als das Allernotwendigste zum Wohl des Kindes geschieht, indem sie darauf achten, daß es gesunde Nahrungsmittel bekommt, daß es sich genügend Bewegung verschafft und daß sie selbst ein Vorbild in puncto gesunde Lebensführung sind.

In einer dysfunktionalen Familie kann es geschehen, daß es die Eltern nicht einmal schaffen, auch nur für die Grundbedürfnisse des Kindes zu sorgen. Statt dessen kann die Verantwortung dafür dem Kind aufgehalst werden, so daß es in unangemessener Weise für sein Gedeihen selbst verantwortlich wird. Viele Eltern versagen außerdem auf diesem Gebiet, weil sie ein gesundheitsschädliches oder süchtiges Verhalten an den Tag legen und damit für die Kinder ein schlechtes Rollenvorbild abgeben.

2. *Funktionale Eltern bieten ihren Kindern angemessenen Schutz.* Funktionale Eltern schützen ihre Kinder vor augenfälligen Gefahren

wie stürmischem Wetter, kriminellen Elementen, verkehrsreichen Straßen und gefährlichen Tieren. Sie schützen sie aber auch vor Gefahren, die nicht gleich ins Auge springen, wie Informationen und Erfahrungen, mit denen sie noch nicht umgehen können. Zu diesem Zweck überwachen sie den Umgang mit den Medien, beobachten, womit sich die Kinder zu Hause und außerhalb des Heims beschäftigen, und geben keine Informationen an sie weiter, die für sie schädlich sein könnten.

In einer verstrickten Familie können die Erwachsenen sich so sehr mit ihren eigenen Bedürfnissen befassen, daß sie nicht auf die Kinder achtgeben. Sie setzen die Kinder Gefahren und Informationen und Erfahrungen aus, für die sie nicht reif sind. Das Problem wird noch verstärkt, wenn die Erwachsenen ihre eigenen Sorgen und Nöte mit einem Kind teilen.

3. *Funktionale Eltern sind mit ihren Kindern zärtlich.* In einer gesunden Familie zeigen Eltern ihre Liebe ebenso oft mit Worten wie dadurch, daß sie die Kinder in den Arm nehmen, streicheln und küssen. Sie wissen, daß Berührungen für die körperliche wie seelische Gesundheit des Kindes unabdingbar sind. Kleine Kinder, die keinen Körperkontakt erleben, können aufhören zu gedeihen und sogar ihren Lebenswillen verlieren.

In einer dysfunktionalen Familie können Eltern ihren Kindern Zärtlichkeiten versagen oder aber sie dazu benutzen, ihre eigenen unerfüllten Bedürfnisse nach Körperkontakt zu befriedigen. Manche Eltern gehen noch einen Schritt weiter und benutzen ein Kind, um sich sexuell anzuregen oder zu betätigen.

4. *Funktionale Eltern verstehen und akzeptieren die normalen Stufen der kindlichen Entwicklung.* Funktionale Eltern wissen in Grundzügen, wie sich ein Kind entwickelt. Sie wissen beispielsweise, daß ein Einjähriges Sachen herunterreißt, oft weint und schnell müde wird. Dieses altersentsprechende Verhalten wird einfach hingenommen. Kluge Eltern merken auch, wenn sich ein Verhalten *nicht* in den normalen Grenzen hält. Wenn ein zehnjähriges Kind sich ständig wie ein fünfjähriges benimmt, zögern sie nicht, die Hilfe von Experten in Anspruch zu nehmen.

Eltern, die mit einem Kind gefühlsmäßig verstrickt sind, können oft den Entwicklungsstand ihres Kindes nicht richtig einschätzen. Sie erwarten irrtümlich entweder zuviel oder zuwenig von ihm. Ein Elternteil mit allzu hohen Erwartungen besteht z. B. darauf, daß ein Dreijähriges schon ein hohes Maß an Mitgefühl mit anderen zeigt.

Ein Elternteil mit allzu niedrigen Erwartungen kann ein älteres Kind ständig davor behüten, die Konsequenzen seines Verhaltens selbst zu tragen.

5. *Funktionale Eltern berücksichtigen Alter und Entwicklungsstufe des einzelnen Kindes, wenn es darum geht, Privilegien und Pflichten zu verteilen.* Kluge Eltern respektieren die Altersunterschiede in der Familie. Das bedeutet beispielsweise, daß sie einem Teenager mehr Privilegien und Bewegungsfreiheit einräumen als einem Kind, das noch zur Grundschule geht. Es ist eine dem Kindeswohl dienliche Strategie, Belohnungen und Privilegien aufgrund des Alters zu verteilen. Das jüngere Kind erfährt so, daß es Privilegien gibt, die an die Reife gebunden sind; das ältere Kind fühlt sich dafür belohnt, daß es immer mehr Verantwortung übernimmt. Wenn die Eltern diese Privilegien konsequent und nach logischen Gesichtspunkten verteilen, vermitteln sie den Kindern die Sicherheit, daß das Familiensystem kalkulierbar, geordnet und gerecht ist.

Wenn ein Familiensystem im Ungleichgewicht ist, wird die Geschwisterhierarchie zerstört. Prestige und Privilegien werden dann leichter von den Launen eines Elternteils bestimmt als vom Alter und den Fähigkeiten eines Kindes. Das eine Kind bekommt vielleicht mehr Aufmerksamkeit oder mehr materielle Belohnungen, auf ein anderes konzentrieren sich die Strafen. Wenn so etwas geschieht, verknüpfen Kinder Belohnungen nicht mit Alter oder Verantwortung, sondern mit der Fähigkeit, einem Elternteil zu schmeicheln oder ihn zu beschwichtigen.

6. *Funktionale Eltern stellen eindeutige Regeln und Richtlinien auf.* Durch eine Grenzziehung erhalten Kinder eine sichere und geschützte Umgebung, in der sie aufwachsen können. Auf welche Weise die Grenzen bestimmt werden, hängt von den Umständen, dem Alter und der Verfassung des Kindes ab. So setzen die Eltern von Kleinkindern diesem beispielsweise Grenzen, indem sie die Wohnung kindersicher machen und die Kleinen vor gefährlichen Situationen bewahren oder sie aus solchen Situationen entfernen. Älteren Kindern setzen sie Grenzen, indem sie ihnen ihre Gründe dafür erklären, sie vor eindeutige Alternativen stellen, gutes Benehmen belohnen und sich logische Konsequenzen ausdenken. Sie setzen Teenagern flexible Grenzen, indem sie Aushandeln und Kompromisse-Schließen als Prinzipien einführen.

Wenn ein Elternteil und ein Kind »die besten Freunde« sind, dann bleiben Regeln und Einschränkungen auf der Strecke. Viele Eltern von auserwählten Kindern haben mir gesagt: »Ich setze dem Kind keine Grenzen, weil ich nicht möchte, daß das Kind auf mich böse ist«, und: »Ich spreche Drohungen aus, aber ich mache sie nicht wahr.« Wenn ein Kind ohne Grenzen aufwächst, wird es nicht den richtigen Respekt für Autorität und natürliche Hierarchien haben. Es kann später das Gefühl haben, daß es über dem Gesetz steht, und Verkehrsregeln übertreten oder bei kriminellen Jugendbanden mitmachen. Es kann ihm schwerfallen, sich an die Schulordnung zu halten. Es kann sein, daß es kaum Schuldgefühle oder Reue in Verbindung mit seinen Übertretungen empfindet, weil es das Gefühl hat, es könne eigene Gesetze aufstellen. Diese Haltung kann sich später am Arbeitsplatz auswirken, so daß es schwierig wird, an einem Ort zu arbeiten, wo nicht ein ungewöhnliches Maß an Freiheit herrscht.

7. *Funktionale Eltern bestätigen die Gedanken und Gefühle ihres Kindes und lehren es, sie auf angemessene Weise auszudrücken.* Tüchtige Eltern ermutigen ihre Kinder, ihre Gedanken und Gefühle auszudrücken, und zwar durch aufmerksames Zuhören. Wenn nötig helfen sie ihren Kindern herauszufinden, wie negative Gefühle angemessen ausgedrückt werden. Am besten funktioniert das, wenn sie ihr Vorbild wirken lassen und erst später konsequente Regeln und Richtlinien formulieren. In einer funktionalen Familie erfahren Kinder, daß sie sagen können, was sie denken und fühlen, ohne daß sie Gefahr laufen, lächerlich gemacht oder übermäßig kritisiert zu werden.

Eltern, die mit ihrem Kind verstrickt sind, negieren oft die Gedanken und Gefühle des Kindes. Sie belohnen ihre Kinder dafür, daß sie dasselbe denken und fühlen wie sie oder dafür, daß sie sich ihren Idealvorstellungen anpassen. Durch diese täglichen Lektionen lernt das Kind, Nähe mit Vereinnahmung gleichzusetzen: Wer jemanden an sich heranläßt, läuft Gefahr, unterdrückt und manipuliert zu werden, lautet das Lernergebnis.

8. *Funktionale Eltern respektieren und fördern die Einzigartigkeit ihres Kindes.* Im Idealfall bemühen sich die Eltern darum, die besonderen Qualitäten jedes einzelnen Kindes zu verstärken. Sie müssen in der Lage sein, jedes Kind als einzigartigen Menschen zu sehen, der sich sowohl von ihnen selbst wie von anderen Kindern unterscheidet. Dementsprechend müssen sie im Umgang mit dem Kind eine positive Haltung einnehmen, wodurch es sich angenommen fühlt.

Wenn ein Elternteil eine distanzlose Beziehung zu einem Kind hat, kann er nicht objektiv sein. Er nimmt möglicherweise wesentliche

Charakterzüge nicht wahr, erwartet von dem Kind, daß es seine Vorlieben und Interessen spiegelt, oder besteht darauf, daß das Kind unrealistisch hohen Maßstäben gerecht wird. Als Folge kann das Kind sehr viel Verwirrung und Zorn empfinden.

9. *In einer Zweielternfamilie stützen die Eltern gegenseitig die Autorität des anderen.* Nur wenige Eltern stimmen völlig darin überein, wie sie ihre Kinder behandeln wollen. Es ist jedoch wichtig, daß sie sich vor anderen gegenseitig unterstützen. Wenn es möglich ist, verhandeln sie hinter verschlossenen Türen miteinander und treten den Kindern als vereinte Front entgegen. Wenn das nicht möglich ist, stellen sie sich zumindest hinter die Entscheidung des anderen. Wenn zum Beispiel ein Elternteil in Abwesenheit des anderen etwas anordnet, dann unterstützt dieser Elternteil die Entscheidung, auch wenn er oder sie nicht damit einverstanden ist: »Ich hätte vielleicht anders entschieden als deine Mutter, aber ich erwarte von dir, daß du tust, was sie sagt.«

In einer dysfunktionalen Familie kann es geschehen, daß die Erwachsenen ihre Meinungsverschiedenheiten in Erziehungsfragen in aller Öffentlichkeit austragen. Sie komplizieren die Dinge noch, indem sie die Kinder in den Konflikt mit hineinziehen. Die meisten Kinder nutzen das nach Strich und Faden aus. Sie sprechen Vater an, wenn es um Geld geht, und fragen die Stiefmutter um Erlaubnis, abends länger aufzubleiben. Dieses geschickte Lavieren treibt einen Keil in die Familie. In manchen Familien ist die Polarisierung extrem. Der eine Elternteil ist permissiv und gewährt dem Kind alles, der andere tritt strafend und restriktiv auf. Ein derartiges Auseinanderklaffen wirkt sich auf Kinder verheerend aus.

10. *Funktionale Eltern ermutigen ihre Kinder zu Unabhängigkeit.* Am Beginn ihres Lebens sind Kinder total davon abhängig, daß für sie gesorgt wird. Bis sie soweit sind, die Familie zu verlassen, müssen sie gewisse Fähigkeiten erworben haben: Sie müssen Entscheidungen treffen können, für ihre eigene Sicherheit und ihr Wohlergehen sorgen, die Verantwortung für ihre Handlungen übernehmen und sich ein Netzwerk von hilfreichen Freunden aufbauen können. Kluge Eltern wissen, daß es ihre Aufgabe ist, einen reifen jungen Erwachsenen hervorzubringen, der in seiner jeweiligen Kultur überleben und Erfolg haben kann, und sie tun das, indem sie das natürliche Unabhängigkeitsstreben des Kindes auf allen Entwicklungsstufen ermutigen.

Ohne es zu merken, behindern viele Eltern die Unabhängigkeit ihres Kindes. Sie tun zuviel für das Kind, machen das Kind damit überängstlich, legen ihm zu viele Beschränkungen auf, vermitteln dem Kind Schuldgefühle, weil es sich aus der Familie lösen will, oder unterminieren seine natürlichen Fähigkeiten. Manche Kinder geben dem elterlichen Bestreben, sie in Abhängigkeit zu halten, nach, indem sie räumlich oder emotional mit ihnen verbunden bleiben. Andere sagen sich im Zorn von ihnen los, nicht selten auf dramatische Weise. Sie ziehen vielleicht weit weg und blicken nie zurück, in der Annahme, daß ihnen die Flucht aus der Verstrickung gelungen ist. Aber solange die Trennung nicht grundsätzlich durchgeführt ist, wird das auserwählte Kind diese unerledigte Angelegenheit in andere Beziehungen mit hineintragen, und so entsteht das Muster der Verstrikkung aufs neue, oder es werden unsichtbare Sperren gegen wahre Nähe errichtet.

Definition der wesentlichen Unterschiede zwischen Elternschaft und Partnerschaft

Nachdem Sie nun aus der vorhergehenden Beschreibung erfahren haben, wie sich die Erwachsenen in einem gesunden und in einem dysfunktionalen Familiensystem verhalten, verstehen Sie vielleicht besser, was in Ihrer eigenen Familie schiefgelaufen ist. Wie Sie sehen, überlappen sich die eheliche und die elterliche Rolle in einer gesunden Familie fast nicht. In einer idealen Paarbeziehung herrscht Geben und Nehmen: Einer sorgt für den anderen und läßt sich umsorgen, einer unterstützt den anderen und bekommt selbst Unterstützung, die beiden schenken einander Vertrauen, erteilen sich Ratschläge und fragen selbst um Rat und bereiten einander körperliche wie nicht-körperliche Freuden. Es ist eine enge, gleichberechtigte Beziehung auf Gegenseitigkeit.

Die Elternschaft ist dagegen weitgehend eine Aufgabe, die Selbstlosigkeit erfordert – ein großes Maß an Opfern, Geduld und Selbstdisziplin. Die Eltern stehen dem Kind mit Rat und Tat zur Seite, aber sie erwarten nicht, daß es das gleiche tut. Sie hören ihm zu, wenn es Kummer hat, aber sie sind nicht davon abhängig, daß das Kind sich ihre eigenen Sorgen anhört. Sie erfüllen die Bedürfnisse des Kindes, aber sie lassen nicht zu, daß das Kind sich für ihre Bedürfnisse verantwortlich fühlt. Auch wenn die Elternschaft gelegentlich ihren Lohn in sich selbst trägt, so ist das doch keineswegs regelmäßig der Fall. Wenn eine Klientin oder ein Klient von mir bekundet: »Ich finde es wunderbar, Mutter bzw. Vater zu sein!«, dann bin ich oft mißtrauisch. Es ist glaubhaft, daß jemand sein Kind liebt, aber wenn jemand die Elternrolle selbst liebt, dann suche ich nach Anzeichen, ob diese Person vielleicht ihr Kind dazu benutzt, eigene unerfüllte emotionale Bedürfnisse zu befriedigen, Bedürfnisse, die eigentlich von einem Erwachsenen erfüllt werden sollten.

Wir kommen jetzt zu der dritten Untergruppe der Familie, dem »geschwisterlichen Subsystem«. Es wird Sie vielleicht überraschen, welche wichtigen Rollen und Funktionen Brüder und Schwestern in einer gesunden Familie füreinander ausüben. Wie Sie sehen werden, handelt es sich dabei um ein gesondertes Gebiet, das sehr wichtig ist.

Das geschwisterliche Subsystem: Rollen und Verantwortlichkeiten von Brüdern und Schwestern

1. *Geschwister bringen einander wertvolle soziale Fertigkeiten bei.* In einem gesunden Familiensystem bilden Brüder und Schwestern ein soziales Laboratorium, in dem sie lernen, wie man mit Gleichgestellten umgeht. Sie erfahren, wie man Macht ge- und mißbraucht, sie lernen, wie man sich durchsetzt und wie man Streitfragen klärt. Hier lernen Kinder das Geben und Nehmen. Hier lernen sie, wieweit sie gehen können.

Wenn Eltern ihre Kinder ungleich behandeln, gerät das System aus dem Gleichgewicht. Das ausgeschlossene Kind kann auf seine Aussperrung in verschiedener Weise reagieren: mit Aufsässigkeit, mit Verhaltensauffälligkeiten, die ihm Beachtung verschaffen sollen, oder mit übertriebener Angepaßtheit, mit der es sich beliebt machen möchte. Das auserwählte Kind kann sich hochnäsig oder zuckersüß verhalten und aus der Rolle des »braven Kindes« Vorteile ziehen. Dieses auf die Spitze getriebene Verhalten verhindert eine normale geschwisterliche Interaktion und verschärft die Geschwisterrivalität.

2. *Kinder bilden einen natürlichen Hilfsfonds.* In einem gesunden Familiensystem bilden die Geschwister eine von den Erwachsenen unabhängige Gruppe zur gegenseitigen Unterstützung. So ist es zum Beispiel nicht ungewöhnlich, daß die Kinder gemeinsame Geheimnisse vor den Eltern haben. Sie kommen sich gegenseitig zu Hilfe,

wenn sie von außerhalb der Familie angegriffen werden. Geschwister, die sich gut verstehen, identifizieren sich mit den Erfolgen des anderen und geben sich besondere Mühe, um wertvolle Fertigkeiten an den anderen weiterzugeben. Wenn sie älter werden, erleichtern diese positiven Erfahrungen es ihnen, an Gruppenaktivitäten teilzunehmen und Mitspieler in einem Team zu sein.

Wenn die Geschwistergruppe gespalten ist, fehlt den Kindern eine wichtige Hilfs-, Schutz- und Informationsquelle. Die Geschwister können sich feindlich gegenüberstehen und aus einem normalen Austausch einen Wettkampf machen. Sie haben keine Gelegenheit, sich als »Mannschaftskamerad« zu fühlen, und später tun sie sich wahrscheinlich in Beziehungen mit Gleichgestellten schwer.

3. *Brüder und Schwestern bilden eine Gesellschaft von nahezu Gleichen.* Im Geschwisterkreis hat das Kind einen angemessenen Bezugsrahmen. Das ältere Kind fühlt sich dem jüngeren Kind überlegen, und das jüngere Kind hat ein Rollenvorbild vor Augen, das nicht außerhalb seiner Reichweite liegt. Beides trägt zur Entwicklung des Selbstwertgefühls bei.

Wenn ein Kind allzu viel Zeit mit einem Erwachsenen verbringt, wird der Erwachsene zum Bezugspunkt. Das Kind fängt dann an, sich wie ein Erwachsener zu benehmen und sich mit Erwachsenen zu vergleichen. Das kann dazu führen, daß das Kind hochmotiviert ist, aber es kann auch zu einem niedrigen Selbstwertgefühl beitragen.

4. *Der Geschwisterkreis bildet einen sozialen Rahmen für Lernprozesse.* Die »Arbeit« kleinerer Kinder besteht im Entwickeln von motorischen und verbalen Fertigkeiten, im Erforschen, Spielen, Lernen, Phantasieren, Erfinden von Spielen und in einer ganzen Reihe weiterer elementarer Fähigkeiten. Ein Bruder oder eine Schwester im ungefähr gleichen Alter kann ein guter Spielgefährte sein.

Wenn ein Elternteil der ständige Begleiter eines Kindes ist, dann legt er häufig erwachsene Maßstäbe an. Der Erwachsene ist sehr wahrscheinlich an Leistung, Perfektion, Zielstrebigkeit und dem Erreichen von Ergebnissen interessiert, was die natürliche Entwicklung des Kindes behindert.

5. *Brüder und Schwestern helfen einander dabei, die eigene Geschichte zu entdecken und sie zu korrigieren.* Beim Heranwachsen wird den Geschwistern klar, daß sie sehr viel gemeinsam haben. Sie entdecken, daß sie durch einen gemeinsamen Erfahrungsschatz und durch die Erziehung demselben (oder vergleichbaren) religiösen, ökonomischen, ethnischen und sozialen Milieu verbunden sind. Ein Ge-

spräch unter Geschwistern über die Vergangenheit kann die eigenen Vorstellungen zurechtrücken, verstärken oder verdeutlichen und zu einer gemeinsamen Realitätssicht beitragen.

Geschwister, die sich als Kinder nicht vertragen haben, neigen dazu, den Konflikt in ihr späteres Leben mit hinüberzunehmen. Als Erwachsene sind ihre Interaktionen von Feindseligkeit geprägt, oder sie gehen sich aus dem Weg, um sich weiteren Kummer zu ersparen. In beiden Fällen haben sie keine Gelegenheit, sich auszutauschen und ihre Schlüsselerlebnisse zu vergleichen. Dies kann zu einem Gefühl der Isolierung und einer einseitigen Sicht der Vergangenheit beitragen.

Wenn Sie ein Einzelkind waren – wie hat das Ihre Entwicklung beeinflußt? Mußten Sie ohne die Vorteile aufwachsen, die ein Kreis von Geschwistern mit sich bringt?

Es ist beruhigend zu wissen, daß viele Geschwisterfunktionen ebensogut von Freunden und Schulkameraden wahrgenommen werden können. Kinder können ebensogut von einem Freund wie von Geschwistern das Teilen und Kooperieren lernen. Sie können einen angemessenen Bezugsrahmen nicht nur zu Hause, sondern auch in der Schule oder bei außerschulischen Aktivitäten finden. Wenn Ihre Eltern Ihnen jedoch keine Gelegenheit gegeben haben, mit Freunden zu spielen, oder wenn sie Ihren Wunsch nach Spielkameraden durchkreuzt haben, dann haben Sie möglicherweise einige wichtige Gelegenheiten für persönliches Wachstum verpaßt.

Welche Folgen ergeben sich aus dem Leben in einer funktionalen bzw. einer dysfunktionalen Familie?

Wenn die drei Familienuntergruppen – das eheliche, das elterliche und das geschwisterliche Subsystem – dem in diesem Kapitel skizzierten gesunden Familiensystem entsprechen, dann ist das für jedes einzelne Familienmitglied von Vorteil. Wenn Erwachsene ein starkes Unterstützungssystem haben, sei es durch einen Partner oder durch Freunde, dann haben sie die Energie und emotionale Stabilität, die nötig ist, um gute Eltern zu sein. Gute Eltern haben meistens gut angepaßte Kinder, die sich normal entwickeln. Solche Kinder gehen miteinander in einer mehr oder weniger positiven Weise um, so daß die Eltern nicht soviel Zeit mit dem Schlichten von Streitigkeiten verbringen und mehr Zeit füreinander haben – was wiederum die Ehebeziehung stärkt. Dies wiederum macht sie zu besseren Eltern. Es handelt sich dabei also um eine aufwärtsführende Spiralbewegung, die bei Erwachsenen wie Kindern ein Gefühl der Harmonie und des Wohlbefindens hervorruft.

Wenn jedoch die Untergruppen der Familie in sich zusammenbrechen, wirkt sich das auf alle Familienmitglieder nachteilig aus. Wenn die Erwachsenen in der Familie keine angemessene emotionale Unterstützung bekommen, dann suchen sie die Befriedigung ihrer Bedürfnisse oft bei ihren Kindern. Darunter leiden die Kinder auf dreifache Weise: Erstens fehlen ihnen gute erwachsene Rollenvorbilder, zweitens fühlen sie sich dazu verpflichtet, die Bedürfnisse ihrer Eltern zu erfüllen, und drittens müssen sie viele ihrer eigenen Bedürfnisse unterdrücken. Kinder, die in dieser Weise belastet sind, haben es schwerer, mit Geschwistern auszukommen. Ein Teil ihres Zorns auf die Eltern überträgt sich auf ihre Brüder und Schwestern, und so können aus kleinen Konflikten langandauernde Kämpfe werden. Diese Unzufriedenheit unter den Kindern erschwert das Leben der Erwachsenen, das aber belastet die Ehebeziehung, was wiederum auf die ganze Familie Rückwirkungen hat.

Im ersten Teil dieses Buches habe ich Ihnen zahlreiche Beispiele von Familienkrisen vorgestellt. Mit dem folgenden Kapitel, das Ihnen einen Überblick darüber gibt, wie die Wunden der emotionalen Verstrickung heilen können, erreichen wir einen Wendepunkt. Von dort an werde ich Ihnen gezielte, detaillierte Ratschläge geben, wie Sie die emotionalen Probleme überwinden können, die aus Ihrer gefühlsverstrickten Kindheit stammen.

Checkliste 2
Kennzeichen der gesunden Familie

Die folgende Checkliste soll Ihnen ermöglichen, Ihre Herkunftsfamilie mit den funktionalen und dysfunktionalen Modellen zu vergleichen, die in diesem Kapitel vorgestellt wurden. Diese Übung besteht aus drei Teilen. Teil A befaßt sich mit der Ehebeziehung Ihrer Eltern. Teil B untersucht das Erziehungsverhalten der Eltern. Teil C untersucht das Verhältnis, das Sie zu Ihren Geschwistern hatten. Wenn Sie die gesamte Checkliste durchgegangen sind, werden Sie einen objektiveren Eindruck von der psychischen Gesundheit Ihrer Familie haben.

Anweisung: Kreisen Sie jeweils die Zahl ein, die am ehesten auf

Ihre Familie zutrifft. Wie in den früheren Checklisten kann es auch hier möglich sein, daß Sie Ihre Reaktionen noch näher erläutern möchten. (Zum Beispiel ist es vielleicht nützlich, Kommentare wie die folgenden zu schreiben: »Das bezieht sich auf meine Stiefmutter, nicht auf meine Mutter«, oder: »So war es, bevor mein Vater mit dem Trinken aufhörte«.)

Fast immer	Manchmal	Selten, wenn überhaupt	Niemals oder nichtzutreffend	
3	2	1	0	

Teil A: Die eheliche Gemeinschaft

3	2	1	0	1. Meine Eltern hatten eine starke, liebevolle Beziehung.
3	2	1	0	2. Meine Eltern interessierten sich füreinander.
3	2	1	0	3. Meine Eltern unternahmen regelmäßig etwas, woran beide Freude hatten.
3	2	1	0	4. Meine Eltern verbrachten ihre Freizeit nur zu zweit.
3	2	1	0	5. Meine Eltern hatten eine gesunde sexuelle Beziehung.
3	2	1	0	6. Meine Eltern gingen wie »beste Freunde« miteinander um.
3	2	1	0	7. Die Kommunikation zwischen meinen Eltern verlief ehrlich und direkt.
3	2	1	0	8. Meine Eltern besuchten Veranstaltungen, Partys etc. gemeinsam.
3	2	1	0	9. Meine Eltern fanden bei Meinungsverschiedenheiten zu einer Lösung.
3	2	1	0	10. Meine Eltern hatten eine funktionierende Methode, mit Geld umzugehen.

Fast immer	Manchmal	Selten, wenn überhaupt	Niemals oder nichtzutreffend	
3	2	1	0	11. Meine Eltern waren beide mit dem häuslichen Lebensstil zufrieden.
3	2	1	0	12. Meine Eltern hatten gemeinsame Interessen.
3	2	1	0	13. Meine Eltern zeigten ihre Zuneigung durch Worte, Gesten und Taten.
3	2	1	0	14. Meine Eltern wirkten kompromißbereit.
3	2	1	0	15. Soweit ich weiß, waren sich meine Eltern treu.

Teil B: Die elterliche Gemeinschaft

3	2	1	0	1. Meine Eltern lobten ihre Kinder.
3	2	1	0	2. Meine Eltern respektierten, daß jedes ihrer Kinder seine eigene Persönlichkeit hatte.
3	2	1	0	3. Meine Eltern waren ihren Kindern gute Vorbilder.
3	2	1	0	4. Meine Eltern besprachen mit ihren Kindern nur altersgemäße Themen.
3	2	1	0	5. Meine Eltern sorgten für unsere materiellen Grundbedürfnisse.
3	2	1	0	6. Meine Eltern wußten, wie das normale, altersgemäße Verhalten von Kindern aussieht, und akzeptierten es.
3	2	1	0	7. Meine Eltern respektierten die Gefühle von Kindern.
3	2	1	0	8. Meine Eltern gaben ihre Fehler zu und entschuldigten sich, wenn es nötig war.

Fast immer	Manchmal	Selten, wenn überhaupt	Niemals oder nichtzutreffend	
3	2	1	0	9. Meine Eltern hatten Verständnis für einsehbares kindliches Fehlverhalten.
3	2	1	0	10. Meine Eltern drückten ihre Gedanken und Gefühle aus, ohne zu drohen oder zu verurteilen.
3	2	1	0	11. Meine Eltern stellten klare Ge- und Verbote auf und setzten sie auf eine freundliche, konsequente Art durch.
3	2	1	0	12. Meine Eltern stellten klare Familienregeln auf.
3	2	1	0	13. Die Strafen meiner Eltern waren wirkungsvoll und human.
3	2	1	0	14. Meine Eltern verbrachten sehr viel Zeit mit den Kindern.

Teil C: Die geschwisterliche Gemeinschaft

3	2	1	0	1. Die Kinder verbrachten sehr viel Zeit mit den Geschwistern und/oder Freunden.
3	2	1	0	2. Die Kinder hatten genügend Zeit zum Spielen und Ausruhen.
3	2	1	0	3. Die Kinder entwickelten Methoden, um ihre Streitigkeiten friedlich zu schlichten.
3	2	1	0	4. Die Kinder hatten Geheimnisse und Kenntnisse, die sie vor den Eltern verbargen.
3	2	1	0	5. Die Kinder baten sich gegenseitig um Hilfe und fragten den anderen, wenn sie etwas nicht wußten.
3	2	1	0	6. Die Kinder respektierten sich gegenseitig.

Fast immer	Manchmal	Selten, wenn überhaupt	Niemals oder nichtzutreffend	
3	2	1	0	7. Die Kinder hatten einen Platz für sich, wo ihre Intimsphäre respektiert wurde.
3	2	1	0	8. Die Kinder tolerierten die Andersartigkeit der/des anderen.
3	2	1	0	9. Die Kinder gingen die meiste Zeit freundlich miteinander um.
3	2	1	0	10. Die Kinder konnten sich aufeinander verlassen, wenn es wirklich nötig war.

Es gibt keine bestimmte Zahl, von der an abzulesen ist, ob Sie in einer funktionalen oder dysfunktionalen Familie gelebt haben, wenn es auch ganz allgemein so ist, daß die Familie um so gesünder ist, je höher die erreichte Punktzahl ist.

Man kann diesen Fragebogen auch für die Suche nach deutlichen Trends benutzen. Funktionierten die Erwachsenen in Ihrer Familie besser in den Rollen als Partner oder als Eltern? Hatten Sie und Ihre Geschwister ein gutes Verhältnis? Wo gab es mehr Spannungen, zwischen Eltern und Kindern oder unter den Geschwistern?

Es könnte interessant sein, wenn ein Bruder oder eine Schwester von Ihnen diesen Fragebogen auch ausfüllte, so daß Sie die Ergebnisse vergleichen könnten.

Wenn Sie wollen, können Sie diesen Fragebogen noch einmal durchgehen, diesmal aber mit der Absicht, Klarheit über Ihre derzeitige Familie zu gewinnen. Finden sich die gleichen Verhaltensmuster oder andere? Auf welchem Gebiet hat sich etwas verbessert? Welche Probleme (wenn überhaupt) sind an die nächste Generation weitergegeben worden?

II

Der Weg zur Heilung

8

Den Weg zur Heilung freilegen: Folge der Straße mit den goldenen Pflastersteinen!

In den vergangenen Jahren habe ich zunehmend mit Klienten zu tun gehabt, die mit vereinnahmenden Eltern aufgewachsen sind. Die Mehrzahl von ihnen kommt zu mir, weil sie Hilfe bei Beziehungsproblemen suchen. Diese betreffen vor allem Schwiegereltern, Ehe und Kindererziehung. Einige leiden unter Angstzuständen oder Depressionen, Eßproblemen oder einer Drogen- bzw. Alkoholabhängigkeit. So unterschiedlich die Beweggründe sind, aus denen heraus sie mich aufsuchen, so haben doch alle dasselbe Ziel, nämlich weniger zu leiden. Nur wenigen ist ein Zusammenhang zwischen ihren derzeitigen Schwierigkeiten und ihrer Beziehung zu einem ihrer Elternteile bewußt, und nur wenige sind begeistert von der Vorstellung, in den Brunnen der Vergangenheit hinabzusteigen. Alles was sie wollen, ist, ihre Symptome so schnell wie möglich loszuwerden, so daß sie ihr Leben weiterleben können.

Zum Glück habe ich bei meiner Arbeit das gleiche Ziel – ich möchte, daß diese Menschen, die mit ihren Eltern verstrickt waren, ihre Schwierigkeiten auf die denkbar wirkungsvollste Weise überwinden. Aber um das zu tun, müssen sie sich etwas von dem vergessenen Leid ihrer Kindheit ins Gedächtnis zurückrufen – daran führt kein Weg vorbei. Um die Wunden der Verstrickung zu heilen, müssen sie sich an Schlüsselerlebnisse aus ihrer Kindheit erinnern und an die Gefühle, die sich damit verbinden. Dadurch daß wir Gedanken und Gefühle wieder ins Bewußtsein heben, erleben wir neues Wachstum. Um es mit dem Autor John Gray zu sagen: »Was du fühlen kannst, kannst du heilen.«[1]

Wie Wunden wieder heilen – ein persönliches Denkmodell

Bevor ich auf Einzelheiten des nun folgenden Gesundungsprogramms eingehe, möchte ich noch kurz über die Psychologie des Heilens sprechen, also die Art und Weise, wie wir die in unserer Kindheit erlittenen emotionalen Schäden wieder reparieren. Ich möchte Sie mit dem theoretischen Fundament bekanntmachen, das der Reise, auf die Sie sich jetzt begeben wollen, zugrunde liegt.

Als erstes möchte ich sagen, daß ich glaube (und diesen Glauben teilen viele Philosophen, Theologen und Theoretiker), daß der Mensch als ein vollständiges Ganzes erschaffen wurde. Damit will ich sagen, daß wir mit voll funktionstüchtigen Körpern, außerordentlich leistungsfähigen Gehirnen und einem kompletten Gefühlsleben ausgestattet worden sind. Wir haben angeborene Gaben, eine in Millionen Jahren perfektionierte genetische Ausstattung, die uns das Ausleben unseres Potentials in seiner ganzen Fülle ermöglicht. Zugleich sind wir bei unserer Geburt hilflos, emotional verletzlich und hundertprozentig abhängig von anderen. Um zu überleben und zu gedeihen, brauchen wir die kontinuierliche Fürsorge von liebevollen und verläßlichen Pflegepersonen. Wenn unsere Eltern nicht auf unsere Bedürfnisse eingehen oder wenn sie sie falsch interpretieren, tragen wir psychische Verletzungen davon.

Tragischerweise sind psychische Verletzungen nicht zu vermeiden, denn auch die besten Eltern können nicht zu allen Zeiten auf alle Bedürfnisse eines Kindes angemessen eingehen. Und jedesmal, wenn ein Bedürfnis nicht befriedigt wird, kommt es zu einer psychischen Verletzung. Es gibt Kinder, die das Glück haben, daß ihre Eltern fürsorglich und verläßlich sind, und es gibt Kinder, die tagein, tagaus schlecht behandelt und beschämt werden, aber in irgendeinem Ausmaß haben wir alle in unserer Kindheit unerfüllte Bedürfnisse gehabt und mühen uns in unserem Erwachsenenleben damit ab, sie endlich zu befriedigen.

Viele Jahre brachte mich dieser trostlose Stand der Dinge zur Verzweiflung. Es war auch keine große Hilfe, daß mein Beruf als Therapeutin es mit sich brachte, daß ich Tag für Tag von Mißbrauch und Vernachlässigung erfahre. Es gab Zeiten, in denen ich auf der Rückfahrt von meiner Arbeit von Trauer überwältigt wurde, daß der Mensch so zart und zerbrechlich ist.

Eines Abends versuchte ich mich nach anstrengenden Beratungsstunden vorm Fernseher zu entspannen und geriet dabei an einen dokumentarischen Tierfilm. Während ich zuschaute, spürte ich, wie eine Wut in mir aufstieg angesichts des vermeintlichen Glücks, das andere Arten von Lebewesen genießen. Den Anstoß zu meinem Zorn gab ein Filmabschnitt, der eine trächtige Bärenmutter zeigte, die ihre zweijährigen Jungen anknurrte und auf einen Baum jagte. Als die Bärenkinder auf den obersten Zweigen angelangt waren, trottete sie in die Büsche davon, auf Nimmerwiedersehen. Ihr Instinkt sagte ihr, daß es Zeit war, ihre wohlgenährten, tatkräftigen Zweijährigen zu verlassen, um sich ihren ungeborenen Jungen widmen zu können. Die Bärenkinder kletterten schließlich den Baum wieder herunter, grummelten noch eine Weile herum und machten sich dann wieder daran, Beeren zu suchen. Der Kommentator versicherte den Zuschauern, daß die Bärenjungen, trotz der »inhumanen« Behandlung durch ihre Mutter, anscheinend nicht unter dem Verlassenwerden litten, sondern gut gerüstet seien, ihren Weg allein zu machen.

Während ich der Auseinandersetzung von Bärenmutter und -kindern zuschaute, wurde mir der Unterschied zwischen Bären und Menschen schmerzlich bewußt. Von einem Elternteil verlassen, wird ein zweijähriges Kind wohl kaum nur ein paarmal aufschluchzen und dann sein Leben weiterleben. Es entwickelt wahrscheinlich eine schwere Neurose, und der Erwachsene kommt dreißig Jahre später in mein Büro, weil er wegen seiner gescheiterten Ehe Hilfe sucht. Warum sind die Menschen nicht widerstandsfähiger? Warum sind wir so furchtbar abhängig von der Fürsorge anderer? Und warum sind wir so viele Jahre abhängig? In meiner Mutlosigkeit kam ich zu dem Fazit, daß wir entweder weniger verletzlich sein sollten oder daß wir alle perfekte Eltern zugeteilt bekommen müßten.

Blicke ich auf diesen Lebensabschnitt zurück, kann ich erkennen, daß ein Großteil meines Zorns sich auf mein eigenes Leiden bezog. Ich haderte nicht nur mit der *condition humaine*, sondern auch mit meinem eigenen Schicksal. Ich war wütend, daß ich so ein verletzliches kleines Mädchen gewesen war und so nachlässige Eltern gehabt hatte. Es war nicht gerecht. Ich war es leid, Tag für Tag mit den Folgen meiner schweren Kindheit zu tun zu haben, bei Themen wie Verlassenwerden und Vernachlässigung aufzubrausen und auf ganz alltägliche Dinge so gereizt zu reagieren. Ich war es leid, Jahr für Jahr therapeutische Hilfe zu benötigen, um den Schaden, der vor so langer Zeit angerichtet worden war, wieder in Ordnung zu bringen.

Dahinter steckte noch etwas anderes, das mich beschäftigte. Ich war nicht nur durch meine schwierige persönliche Lage außer Fassung gebracht, sondern auch deshalb so verstimmt, weil ich immer das vage Gefühl hatte, daß es doch irgendwo eine positive, ein Gegengewicht darstellende Kraft geben müsse, die ich nur immer wieder übersah. Ein Teil von mir weigerte sich zu glauben, daß wir so verletzlich gegenüber emotionalen Schädigungen erschaffen worden seien.

Erst viele Jahre später stolperte ich zufällig darüber, daß es eine angeborene Fähigkeit zur Selbstheilung gibt. Das erfüllte mich mit einem Hochgefühl. Ich sah wieder einen Sinn in der Welt; die dunklen Kräfte des Bösen verloren ihre Macht. Ein neuer Optimismus erfüllte mich, nicht nur, was die Menschheit anging, sondern auch was meinen eigenen Weg zur Heilung betraf.

Es war ein Buch, das mir die Augen öffnete, und zwar Harvey Jackins' »Theory of Re-Evaluation Counseling«.[2] Nachdem ich es gelesen hatte, war mir klar: der Mensch wird zwar hilfsbedürftig und verletzlich geboren, *aber er besitzt auch von Geburt an ein spontanes Heilungsvermögen!* Auf jede psychische Verletzung gibt es eine automatische regenerierende Antwort.

Ich hatte dieses Selbstheilungspotential vorher nicht wahrgenommen, weil es so leicht beeinträchtigt werden kann. Es ist bei den meisten Kindern bereits im Alter von zwei, drei Jahren beschädigt, weil die Eltern, in gutem Glauben und ohne Absicht, in diesen Prozeß eingegriffen haben. Ohne es zu merken, machen sie ihre Kinder noch verletzlicher für die eigenen unvollkommenen Erziehungsbemühungen.

Das Wunder der kindlichen Selbstheilung

Um was für einen Selbstheilungsprozeß geht es nun eigentlich? Am besten kann man das durch die Beobachtung von kleinen Kindern herausfinden. Stellen Sie sich einen dreijährigen Jungen vor, der in einer Sandkiste in einem von Menschen wimmelnden Park spielt, während sein Vater in der Nähe ist und aufpaßt. Das Kind ist in sein Spiel versunken, aber ab und zu blickt es auf, um sicherzugehen, daß sein Vater noch da ist. Der Junge ist alt genug, allein zu spielen, aber noch so klein, daß er sich häufig der Nähe des Vaters versichern muß. Einmal geschieht es, daß er hochblickt und zu seiner Bestürzung feststellt, daß sein Vater nirgendwo zu sehen ist. Er sucht mit den Blicken die ganze Umgebung der Sandkiste nach einem vertrauten Gesicht ab. Daß sein Vater sich ganz in der Nähe aufhält, bei einem Trinkbrunnen, der von einem Baum verdeckt ist, kann er nicht wissen. Der kleine Junge fängt an, auf dem Spielplatz herumzurennen, und Tränen steigen ihm in die Augen. Ohne es zu merken, entfernt er sich immer weiter von seinem Vater. Auf seiner verzweifelten Odyssee steht er plötzlich direkt vor einem großen Hund. Die Erkenntnis durchzuckt ihn, daß jetzt kein langbeiniger Vater da ist, der ihn auf den Arm nimmt. Er schreit vor Angst.

Inzwischen hat der Vater die Abwesenheit seines Sohnes bemerkt und sucht hektisch den Spielplatz ab. Er macht sich heftige Vorwürfe, daß er seinen heißgeliebten Sprößling auch nur ein paar Minuten aus den Augen gelassen hat. Glücklicherweise treffen sich Vater und Sohn fünf Minuten später auf der anderen Seite des Parks. Erleichtert wirft sich der kleine Junge seinem Vater in die Arme.

So etwas passiert oft. Höchstwahrscheinlich sind die meisten Kinder schon einmal mindestens fünf Minuten von ihren Eltern getrennt gewesen und haben derartige Verlassensängste hautnah erlebt. Was Harvey Jackins in seinem Buch betont, ist, daß die Folgen für den kleinen Jungen – ob er von dem Erlebnis Narben zurückbehält oder nur einen momentanen Rückschlag erlebt – davon abhängen, was in den nächsten Minuten geschieht.

Wenn der Vater zuläßt, daß sein Sohn seine Gefühle vollständig und natürlich zum Ausdruck bringen kann, dann wird der Junge sich schnell von seiner Angst erholen. Er wird einen automatischen Regenerationsprozeß durchlaufen.

Anfangs wird der Junge sehr, sehr erleichert sein, daß er seinen Vater gefunden hat. Es fließen vielleicht noch mehr Tränen, weil er sich jetzt in seinen Armen geborgen fühlt. Er wird vielleicht heftig schluchzen und sich an seinen Vater klammern. Je nach Temperament und Sprachvermögen wird er vielleicht auch darüber reden, daß er sich verlaufen hat und daß er einen großen Hund gesehen hat, vor dem er sich fürchtete. Er wird vielleicht noch eine ganze Weile weinen und geht möglicherweise nur wieder in die Sandkiste, wenn sein Vater sich zu ihm setzt.

Dem Vater wird die Reaktion des Kindes wahrscheinlich übertrieben vorkommen. Schließlich hatte er seinen Sohn nur ein paar Minuten vermißt. Aber ein kluger Vater wird dem Jungen erlauben, den ganzen Entlastungsprozeß durchzumachen. Er wird seinen Sohn im Arm halten, ihm zuhören, wenn er über seine Angst spricht und bestätigen, daß der Schrecken wirklich war, ihn weinen und reden lassen, solange er will, und seiner Forderung nach Extra-Nähe nachkommen. Er wird seine Reaktion von den instinktiven Äußerungen seines Sohnes bestimmen lassen. Wenn dem Jungen erlaubt wird, den ganzen Kreis dieser natürlichen Abfolge von Gefühlen zu durchlaufen – wobei sie weder unterdrückt noch angestachelt werden –, wird er sich schließlich beruhigen und zurück in die Sandkiste gehen. Das Erlebnis wird vorüber sein wie ein »Blip« (Echoimpuls) auf einem Bildschirm, der nur eine kurze Spur von seinem Erscheinen hinterläßt.

Doch so einfach es auch wäre, den Jungen all seine Gefühle ausdrücken zu lassen, so gestatten das doch die wenigsten Eltern. Auf die eine oder andere Weise lassen sie nicht zu, daß er seine Ängste aufarbeitet. Statt dessen werden sie ihn ignorieren oder beschuldigen, verzärteln, verspotten oder abrupt zum Schweigen bringen.

Hier sind einige solcher Reaktionen, mit denen die verschiedenen Elterntypen in den Prozeß eingreifen würden:

Zorniger Typ, der immer einen Schuldigen sucht: Warum bist du einfach weggelaufen? Du solltest doch hier bleiben. Du bist ein böser Junge, daß du Papa einen solchen Schreck eingejagt hast! Das darfst du nie wieder tun!

Überfürsorglicher Typ: Armer kleiner Schatz! Ich hab mir solche Sorgen um dich gemacht! Hast du dir weh getan? Wir gehen jetzt nach Hause, da ist ein Zaun, und die bösen Hunde können dir nichts tun. Ich hätte dich niemals mit in einen Park nehmen sollen. Hier ist es nicht sicher.

Herabsetzender Typ: Meine Güte! Weshalb heulst du denn? Ich bin doch nur zum Trinkbrunnen gegangen. Du hattest gar keinen Grund, dir Sorgen zu machen. Und warum hast du Angst vor dem Hund gehabt? Der tut dir doch nichts!

Ablenkender Typ: Wein nicht, mein Schatz. Weißt du was, wir gehen jetzt ein Eis essen. Dann ist alles wieder gut. Oh, guck mal der kleine Hund da drüben. Ist der nicht süß? Willst du den Hund mal streicheln?

Sexistischer Typ: Wenn man dich so plärren hört, könnte man meinen, du bist ein Mädchen. Komm, nimm dich zusammen! Große Jungs weinen nicht. Daddy will doch stolz auf dich sein! Jetzt suchen wir den Hund und zeigen's ihm!

Ob auf diese oder jene Weise, in jedem Fall würden diese Eltern in den emotionalen Bereich des Jungen eindringen und die natürliche Heilungsreaktion stören, so daß das kurze Erlebnis im Park als ein unbewältigtes Thema in seiner Psyche verbleiben würde.

Kinder haben nicht nur eine natürliche Art, mit Angst fertig zu werden, sondern auch angeborene Mechanismen, um alle übrigen intensiven Gefühle wie Wut, Furcht, Freude und Trauer zu bewältigen. Genau wie die Angstreaktion wird auch die Wutreaktion häufig von der Umwelt unterdrückt. Stellen Sie sich ein sechsjähriges Mädchen vor, das über ihren zehnjährigen Bruder wütend ist, weil er es ärgert. Als Reaktion macht sie vielleicht ein böses Gesicht, schreit ihn an und schlägt mit den Fäusten auf ihn ein. Das ist eine instinktive, energische Reaktion, die den Sinn hat, sie selbst vor ihrem Zorn zu schützen. Jemand stört sie in ihrem Wohlbefinden, und sie befürchtet, verletzt zu werden, wenn sie dem Eindringling keinen Einhalt gebietet.

Kluge Eltern würden die Wut des Mädchens bestätigen – gepiesackt zu werden, kann einen wirklich zur Weißglut bringen – und ihr dabei helfen, diese lieber verbal statt physisch auszudrücken. »Du bist furchtbar böse darüber, daß dein Bruder dich so ärgert«, würden vorbildliche Eltern sagen, »ich wäre es auch an deiner Stelle. Sag ihm mit Worten, wie wütend du bist. Er muß das hören.« Auf diese Weise kann sich das Mädchen vor seinem Bruder schützen und seinen Ärger loswerden, ohne auf körperliche Gewalt zurückzugreifen. Der Zorn, mit dem es sich selbst schützt, bleibt intakt. Er hat nur ein »zivilisiertes« Äußeres bekommen.

Weniger bewußte Eltern mischen sich ein, wenn ihr Kind die Wut packt, indem sie es lächerlich machen, ignorieren, isolieren, zu noch mehr Gewalt anstacheln, bestrafen, ablenken, schlagen oder es zum Lachen bringen wollen (»Nun lach mal wieder, damit die Sonne morgen scheint...«). Wenn ein Elternteil auf eine derart plumpe Weise in die Wutreaktion des Kindes eingreift, dann nimmt die Wut nur noch zu und wendet sich jetzt gegen die Eltern: Nun ist es der Elternteil, der das Kind in seinem Wohlbefinden stört, indem er sich in dessen natürliche und notwendige Gefühlsäußerung einmischt. Diesen sekundären Zornesausbruch ersticken die meisten Eltern auch wieder, und zwar mit noch mehr Nachdruck. »Guck deine Mutter nicht so böse an! So ein ungezogenes Mädchen! Paß auf, dafür kriegst du gleich ein paar hintendrauf! Schämst du dich nicht?« Anstatt zuzulassen, daß die Wut beim erstenmal, wo sie zum Ausdruck kommt, durch das Wesen des Kindes hindurchfließt, stachelt der Elternteil die Wut noch – ohne es zu merken – an und setzt dann eine Schranke davor. Die Wut ist im Magen, in den Muskeln und in den Kinnbacken des kleinen Mädchens gefangen und wird zur bleibenden Verletzung.

Wenn ein Elternteil die Wut des Mädchens nicht nur einmal, sondern immer wieder unterdrückt, dann wird immer größerer Schaden angerichtet: *Das Mädchen wird schließlich seine Wutreaktion ablegen.* Letztlich ist es sicherer für sie, einen Teil ihres Wesens abzutrennen, als gegen die Person, von der ihr Leben abhängt, zu kämpfen. Wenn ihr Bruder sie schlecht behandelt, wird sie nun nicht mehr mit aufbrausender Wut reagieren. Sie wird sich einen anderen Weg suchen. Sie wird vielleicht jedesmal zu ihrer Mutter gerannt kommen, um sich Hilfe zu holen, oder so tun, als ob sie gar nicht böse sei oder sich auf irgendeine hinterlistige Art an ihm rächen. Die eindeutige, sofortige, automatische Reaktion wird es nicht mehr geben.

Jim: *»Ich habe den größten Teil meines Lebens im Leerlauf verbracht.«*

Ich erinnere mich noch gut an Jim, einen übergewichtigen, freundlich aussehenden Mann, der mit seiner Frau zu einem meiner Ehe-Seminare kam. Er hatte, wie so viele Menschen, die Fähigkeit verloren, normal auf Schmerz und Angst zu reagieren. Als die Seminarteilnehmer eine Liste mit unangenehmen Kindheitserlebnissen aufstellen sollten, saß er lange vor einem leeren Blatt. Er konnte sich nicht an ein einziges Mal erinnern, wo er Angst gehabt hatte oder unglücklich gewesen war. Seine Frau war sehr ärgerlich über ihn – nicht nur, weil er für diese Aufgabe so lange brauchte, sondern weil er fast nie eine Reaktion zeigte, ganz gleich, was geschehen war. Er ging mit einem gutmütigen Lächeln auf den Lippen durchs Leben und schien niemals Schmerzen zu verspüren. Total frustriert winkte sie mich herbei, um ihm zu helfen.

Ich sprach mit Jim ein paar Minuten unter vier Augen und erfuhr schnell die folgenden Fakten: Erstens: Sein Vater war gestorben, als er drei Jahre alt war. Zweitens: Seine Mutter war den ganzen Tag auf der Arbeit gewesen, und jeden Abend hatte sie getrunken, bis sie nicht mehr ansprechbar war. Drittens: Seine beiden älteren Brüder hatten Jim abgelehnt und ihm fast nie erlaubt, bei ihren Spielen mitzumachen. Viertens: Seine Mutter hatte später einen gewalttätigen Mann geheiratet, der unter anderem einmal auf Jim geschossen hatte, als dieser schlafend im Bett lag. Die Kugel hatte sein Kopfkissen getroffen, nur wenige Zentimeter von seinem Gesicht entfernt!

Jim zählte diese Tatsachen auf, als handele es sich um Nummern aus dem Telefonbuch. »Warum haben Sie nichts von diesen schlimmen Sachen auf die Liste geschrieben?« fragte ich erstaunt.

»Weil mir das alles nichts ausgemacht hat«, sagte er sachlich. »Sie haben gesagt, wir sollten Sachen aufschreiben, die uns wütend oder ängstlich oder traurig gemacht haben. Mir haben diese Sachen nichts ausgemacht. Sie sind eben passiert. Ich hab so oder so nicht viel gespürt. Ich war nicht gerade glücklich. Aber ich war auch nicht traurig. Ich glaube, es war, als ob mein Motor immer im Leerlauf war.«

Zu irgendeinem nicht feststellbaren Zeitpunkt in seiner Kindheit hatte Jim ein solches Trauma erlebt, daß er sich selbst mit einer Art Betäubung gegen jegliche emotionalen Verletzungen gewappnet hatte. Wie durch eine selbstverabreichte Droge waren seine natürlichen Äußerungen von Wut, Angst und Trauer verstummt. Diese »psychische Chirurgie« hatte ihn zwar gegen den Schmerz immun gemacht, aber auch die Freude war ihm fremd geworden.

Psychotherapie und der Zauberer von Oz

Als ich über die freifließenden Gefühlsreaktionen des gesunden Kindes nachdachte und über die Tatsache, wie oft diese Gefühle aufgestaut werden, fing ich an, die Psychotherapie mit neuen Augen anzusehen. Bei der Psychotherapie handelt es sich nicht um eine trickreiche neuzeitliche Manipulation der Natur, *sondern um die Wiedereinsetzung eines natürlichen Heilungsprozesses.* Meine Aufgabe als Therapeutin besteht nicht darin, vor meinen Klienten Geheimlehren zu zelebrieren, sondern sie mit ihren eigenen angeborenen Fähigkeiten wieder in Kontakt zu bringen. Ich bin dazu da, um Gefühle wieder in Bewegung zu bringen, um ein emotionales Verarbeitungssystem wieder in Gang zu bringen, das durch langen Stillstand eingerostet ist.

Vor nicht allzu langer Zeit sah ich den Film »Der Zauberer von Oz« zum erstenmal (wahrscheinlich war ich einer der letzten Erwachsenen in Amerika, der ihn noch nicht gesehen hatte). Dabei identifizierte ich mich unwillkürlich mit dem Mann hinter dem Vorhang, der die Hebel und Schaltknöpfe bediente, welche die furchterregende Erscheinung des Zauberers hervorbrachten. Letztendlich gab es überhaupt keinen Zauberer, sondern nur einen alten Mann, der eine große Schau abzog, um die Leute, die an Oz glaubten, zu beeindrucken und in Angst und Schrecken zu versetzen. Anstatt den Bittstellern ihre Wünsche durch Zauberei zu erfüllen, konnte er letztlich nichts weiter als in seine schwarze Tasche greifen und ihnen symbolische Gegenstände reichen, mit denen er ihnen bewies, *daß sie ihre ursprüngliche Ganzheit durch ihre eigenen Bemühungen wiedererlangt hatten.* Der feige Löwe bekam eine Ehrenmedaille für seine »außerordentliche Tapferkeit im Kampf mit bösen Hexen«. Der Blech-Holzfäller bekam ein symbolisches Herz zur Anerkennung seines liebevollen Umgangs mit seinen neuen Freunden. Der Vogelscheuchenmann bekam ein akademisches Diplom und den Titel »Doktor der Denkologie« für seinen ruhmreichen Kampf.

Aber als die Reihe an Dorothy kam, hatte der Zauberer nichts, was er ihr geben konnte. »Ich glaube nicht, daß in der schwarzen Tasche etwas für mich ist«, sagte sie weise. Er konnte ihr nicht dabei helfen, dem Alptraum ein Ende zu machen und zu ihrer ursprünglichen Ganzheit zurückzukehren.

Erst Glinda, die »gute Hexe aus dem Norden«, konnte ihr schließlich sagen, was sie wissen mußte. »Du hast immer die Macht gehabt, wieder nach Kansas zurückzukehren«, sagte sie. »Schlage nur dreimal deine rubinroten Slipper aneinander und sage: ›Es geht nichts über das eigene Zuhause.‹«

Als Dorothys Freunde von dieser einfachen Lösung hörten, waren sie verständlicherweise zornig: »Warum hast du ihr das nicht früher gesagt?« wollten sie wissen. Warum hatte Glinda die Zauberkräfte der Schuhe nicht schon früher verraten, als Dorothy noch eine Unschuldige im Munchkin-Land war, noch bevor sie den vergifteten Mohnblüten und der furchterregenden »bösen Hexe aus dem Westen« begegnete und all den unheimlichen Kreaturen, die ihre Burg bewachten? »Weil sie mir nicht geglaubt hätte«, erklärte Glinda. »Sie mußte die Erfahrung selber machen.«

Als der Film zu Ende war, dachte ich: »Das ist die beste Erklärung der Rolle des Therapeuten, die ich je gesehen habe.« Die Menschen kommen zu mir in der Hoffnung, daß ich durch pure Zauberei ihren Leiden ein Ende mache. Sie wollen, daß ich die richtigen Hebel bewege und die passenden Knöpfe drücke, damit sie wieder gesund werden. Sie wollen, daß ich der »Große und Gnädige Zauberer von Oz« bin, der »alles heilmachen kann«.

Ich strenge mich an, ihnen diesen Gefallen zu tun. Wie der Zauberer sage ich ihnen, daß ich mit dem größten Vergnügen bereit sei, alles heilzumachen, woran sie leiden, aber daß sie sich vorher als würdig erweisen müßten, indem sie »eine klitzekleine Aufgabe« lösten. Der Zauberer von Oz verlangte, daß Dorothy und ihre Freunde durch den Geisterwald gehen und den Besenstiel der bösen Hexe aus dem Westen wiederholen sollten. Ich mute meinen Klienten eine ebenso furchteinflößende Aufgabe zu: Ich verlange, daß sie durch den Geisterwald ihrer Kindheitserinnerungen wandern, damit sie ihre unterdrückten Ängste und ihren Zorn wiedererleben können. Ich verlange, daß sie sich durch all die Gefühle hindurcharbeiten, die sie als Kinder nicht haben durften, so daß sie sich davon befreien können.

Die tapferen Seelen, die ihren Wunsch nach einer Wunderheilung aufgeben und sich dieser Herausforderung stellen, erreichen das Ende des »Wegs mit den goldenen Pflastersteinen« mit einer erstaunlichen Entdeckung: Sie sind immer eine Ganzheit gewesen, sie haben es nur nicht gewußt. Meine bescheidene Rolle in dem Drama ist lediglich, ihnen die Erlaubnis zu geben, die zu sein, die sie einmal waren. Meine Klienten arbeiten sich durch ihre alten, unverdauten Kindheitserlebnisse hindurch – *diesmal mit mir als unterstützender, sich nicht einmischender »Mutter« an ihrer Seite* –, und dabei können sie sich mit ihren ursprünglichen, gesunden Reaktionen auf die Welt wieder vertraut machen. Sie kehren nach Kansas zurück, von der Vergangenheit erlöst und wieder imstande, zu denken und zu weinen und wütend und traurig und froh zu sein. Ihre angeborene Selbstheilungskraft ist wiederhergestellt, um sie vor weiteren Verletzungen zu schützen.

Verdrängung und das auserwählte Kind

Die große Popularität des Films »Der Zauberer von Oz« läßt sich zum Teil darauf zurückführen, daß er ein Sinnbild der Verdrängung in unserer Gesellschaft darstellt. Wir alle können uns mit Dorothy, mit dem feigen Löwen, dem Blech-Holzfäller und dem Vogelscheuchenmann identifizieren, die spüren, daß ihnen etwas fehlt und die sich auf die Suche nach den fehlenden Teilen ihres Ichs begeben. Die Geschichte hat aber eine spezielle Bedeutung für diejenigen unter uns, die mit einem vereinnahmenden Elternteil aufwuchsen. Weil unsere Eltern vor uns verlangten, daß wir ihre emotionalen Bedürfnisse befriedigten, hatten sie weder die Objektivität noch die Selbstdisziplin, uns zu erlauben, die zu sein, die wir waren. Uns wurde es *gewohnheitsmäßig* versagt, spontan und natürlich auf unsere Erlebnisse zu reagieren, und infolgedessen wurden ganz normale Geschehnisse zu bleibenden Verletzungen.

Zu einem großen Teil waren es unsere Eltern, die bestimmten, welche Teile unseres Selbsts wir behalten durften. Manche von uns durften Bedürfnisse zeigen, aber nicht unabhängig sein, d. h., wir wurden versorgt und verwöhnt, doch wir blieben unreif. Manche von uns durften sehr viele Freiheiten genießen, aber keine Bedürfnisse haben, d. h., wir durften nach Belieben in der Gegend herumstromern, aber wir erhielten nicht genug Trost und Zuspruch. Manche von uns durften ihre Talente entwickeln, mußten dafür aber ihre Bedürfnisse und Gefühle verdrängen. So wurden wir als Erwachsene zu zwanghaften Erfolgsmenschen, die hinter ihrer Leistungsorientiertheit ihr Gefühl der Unzulänglichkeit verbergen. Wir durften, noch weniger als andere Kinder, kein ungeteiltes Ganzes sein. Im Tausch gegen Liebe und eine privilegierte Position in der Familienhierarchie mußten wir ein großes Stück von uns selbst aufgeben.

Das Zwei-Phasen-Wiederherstellungsprogramm

Wie Sie sehen werden, hat der Wiederherstellungsprozeß, der in diesem Buch beschrieben wird, zwei voneinander getrennte Stufen. *Auf der ersten Stufe werden Sie eine Reise (unter kundiger Leitung) zurück durch Ihre Kindheit machen.* Um gesund zu werden, müssen Sie sich durch den Bodensatz ihrer unverarbeiteten Gefühle hindurcharbeiten. Sie müssen sich über den Mangel an Sensibilität, mit dem Sie behandelt worden sind, empören, und Sie müssen über die Grenzverletzungen in Ihrer Familie wütend werden, und Sie müssen die Angst wieder an die Oberfläche lassen, die Sie als Kind fühlten, als sich keiner um Ihre Bedürfnisse kümmerte.

Je besser Sie es schaffen, mit diesen Gefühlen in Kontakt zu kommen, um so näher kommen Sie Ihrer eigenen ursprünglichen Natur. Sie werden entdecken, daß Sie die Fähigkeit, normal auf die alltäglichen Ereignisse zu reagieren, nicht verloren haben, sondern daß Ihnen nur die Erlaubnis dazu verweigert wurde. Wenn Sie soweit sind, Ihre wiederentdeckten Gefühle in einer sicheren, stützenden Atmosphäre praktisch zum Ausdruck zu bringen, dann führt das dazu, daß Sie immer mehr zu sich selbst finden, sich Ihrer Wünsche und Bedürfnisse besser bewußt sind und immer weniger dazu bereit sind, ungesunde Situationen zu tolerieren.

Wie Sie in Kapitel 9 lesen werden, ist eines der besten Mittel, um diesen Prozeß in Gang zu setzen, eine Lebensbeschreibung. Die können Sie niederschreiben, aber auch in Gesprächen mit einer vertrauten Freundin (Freund) entwickeln. Während Sie das tun, werden Sie sich nämlich ins Gedächtnis zurückrufen, wie es sich angefühlt hat, in Ihrer Familie ein Kind zu sein. Bedeutsame Ereignisse sowie die Gefühle, die sich mit diesen verbanden, werden Ihnen wieder einfallen. Wenn Sie diese Gefühle wieder heraufbeschwören und sie vollständiger ausdrücken, als es Ihnen in der Vergangenheit erlaubt wurde, werden Sie Teile Ihrer ursprünglichen Ganzheit wiedergewinnen.

Einige von Ihnen werden seit Jahren einen ähnlichen Heilungsprozeß durchgemacht haben. Mit Hilfe von Psychotherapie, Selbsthilfebüchern und -gruppen haben Sie sich den Weg zu vielen Ihrer blockierten Gefühle freigekämpft. Vielleicht sind Sie sogar selbst als Therapeut tätig gewesen. Dieser Teil des Gesundungsprozesses sorgt dafür, daß Sie das Gewonnene sichern, die Gewinne in einen neuen Bezugsrahmen setzen können, und dafür, daß Ihr inneres Wachstum zielgerichteter wird.

Wenn Sie bisher wenig Zeit mit dem Blick in Ihr Inneres verbracht haben, wird dieser Abschnitt der Reise für Sie mit den größeren Herausforderungen, aber auch mit den wichtigeren Ergebnissen verbunden sein. Die Übungen in den folgenden Kapiteln werden Sie Schritt für Schritt durch den Heilungsprozeß führen, wobei Ihnen das Tempo selbst überlassen bleibt.

In der zweiten Stufe des Wiederherstellungsprozesses müssen Sie Ihre gegenwärtigen Beziehungen ordnen. Die Probleme, mit denen Sie in Ihrer Ursprungsfamilie zu tun hatten, spiegeln sich unweigerlich in Ihren derzeitigen Beziehungen, sei es zum Partner, zu den Kindern, Freunden oder Kollegen. Und wenn Sie auch nicht in die Vergangenheit zurückkehren und rückgängig machen können, wie Ihre Eltern mit Ihnen umgegangen sind, so ist es doch möglich, daß Sie einiges an der Art ändern, wie Sie selbst heute mit anderen umgehen.

Wenn die Vorstellung, daß Sie Ihre Beziehungen zu Familie und Freunden ändern sollen, Ihnen als gewaltige Aufgabe erscheint, dann möchte ich Ihnen versichern, daß die Vorgehensweise, die ich im Auge habe, keine »psychische Chirurgie« ist. Ich werde nicht von Ihnen verlangen, daß Sie mit dem Skalpell in der Hand Ihre Beziehungskisten durchforsten, hier Verbindungen durchtrennen und da neue Verbündete annähen. Statt dessen rate ich zu einer ziemlich einfachen »chiropraktischen Einrenkung« Ihrer Familie. Sobald ich Ihnen dabei geholfen habe, herauszufinden, welche Ihrer Beziehungen am meisten aus dem Gleichgewicht geraten sind, werde ich Ihnen zeigen, wie Sie hier ein wenig drücken und dort ein wenig drehen, bis das ganze System allmählich besser justiert ist. Ich möchte schon hier betonen, daß dabei weder traumatische Szenen noch dramatische Konfrontationen nötig sein werden. Es wird nicht von Ihnen verlangt, alte Streitigkeiten wieder aufzurollen oder Ihren Angehörigen Vorwürfe zu machen. In der Hauptsache wird es darum gehen, daß Sie langsam *Ihr* Verhalten ändern, so daß alle Ihre Beziehungen auf einer liebevolleren, stabileren Grundlage ruhen.

Das Wichtigste, was sehr viele von Ihnen auf der zweiten Stufe der Wiederherstellung tun müssen, wird die Absicherung Ihres unterstützenden Netzwerks von Erwachsenen sein. So wie unser Körper am besten funktioniert, wenn die Wirbelsäule richtig aufgebaut ist, so funktioniert die Familie am besten, wenn die Erwachsenen – das Rückgrat der Familie – ein starkes Stützsystem haben. Wenn die Erwachsenen ihre Bedürfnisse bei anderen Erwachsenen befriedigen, dann sind sie damit automatisch weniger abhängig von ihren Kindern, und die so bedeutungsvolle Abgrenzung zwischen Eltern und Kindern bleibt intakt.

In der zweiten Hälfte dieses Buches soll Ihnen in fünf Kapiteln dabei geholfen werden, Ihre Beziehungen zu anderen zu verbessern. Kapitel 10 hilft Ihnen dabei, Frieden mit Ihren Eltern zu machen, ganz gleich, ob sie noch leben oder tot sind. Kapitel 11 hilft Ihnen, noch verbliebene Spannungen zwischen sich und Ihren Geschwistern abzubauen. Kapitel 12 zeigt Ihnen, wie Sie eine engere, auf Dauer angelegte Liebesbeziehung herstellen können, Kapitel 13 hilft Ihnen, den Freundeskreis, bei dem Sie Hilfe suchen können, auszudehnen. Kapitel 14 enthält Ratschläge, wie Sie bessere Eltern werden und den Teufelskreis der Verstricktheit durchbrechen.

Die Veränderung zweiter Ordnung

Bei der Schilderung dieses Zwei-Phasen-Wiederherstellungsprozesses kann es nicht ausbleiben, daß Sie sich die Frage stellen: Wie lange soll das Ganze denn dauern? Wie bald wird es mir besser gehen? Die Gesundung nach einem Gefühlsmißbrauch ist, genau wie nach anderen Kindheitsproblemen, ein allmählich fortschreitender Prozeß. Es braucht seine Zeit, um die zahlreichen aus dem Emotionalen-Inzest-Syndrom herrührenden Probleme erst einmal festzustellen, es dauert auch seine Zeit, bis Sie die verschiedenen Informationen, die Sie aufnehmen, miteinander in Einklang bringen, und Sie brauchen Zeit, um sich an wichtige Kindheitserlebnisse zu erinnern und sich die damit verbundenen Gefühle ins Gedächtnis zurückzurufen. Für manche von Ihnen wird es schon ein großer Schritt voran sein, wenn Sie sich klarmachen, daß Sie keine absolut perfekte Kindheit hatten. Wenn Ihnen dies erst einmal wirklich bewußt ist, ist der erste Schritt zu vielen weiteren Erkenntnissen getan.

Aber ein signifikanter Fortschritt wird voraussichtlich, ganz gleich an welchem Punkt Ihrer Gesundung Sie sich gerade befinden, bereits in den ersten Wochen nach der Lektüre dieses Buchs stattfinden. Allein schon die Tatsache, daß es für das, was Ihnen passiert ist, einen Namen gibt und daß Sie nicht allein mit dem Problem dastehen, kann eine therapeutische Wirkung haben. Und sobald Sie sich dann mit den Übungen befassen, werden Sie eine wahre Flut von Entwicklungsfortschritten erleben. Eine grafische Darstellung Ihres Entwicklungssystems könnte ungefähr so aussehen:

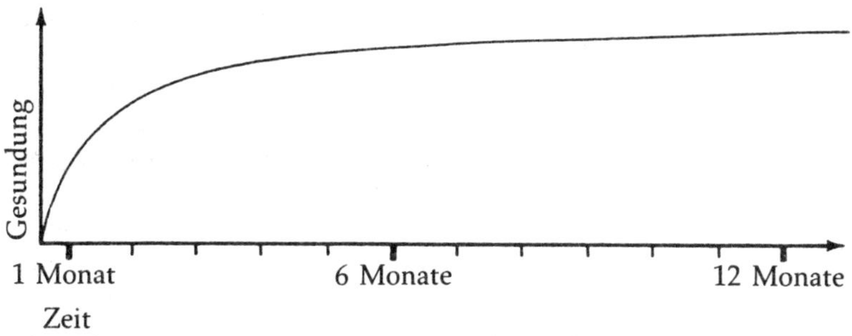

In diesem Diagramm steht die Waagerechte für den Zeitraum, die Senkrechte für die innere Weiterentwicklung. Wie Sie sehen können, ist der Fortschritt in den ersten Wochen oft besonders groß. Das Phänomen, das für diesen zu Anfang auftretenden Schwall von Erkenntnissen verantwortlich ist, bezeichnet man als »Veränderung zweiter Ordnung«.

Die Veränderung zweiter Ordnung wird als eine plötzliche Wahrnehmungsverschiebung definiert, die eine deutliche und nicht wieder rückgängig zu machende Weiterentwicklung nach sich zieht. Das unterscheidet sie von einer »Veränderung erster Ordnung«, bei der es sich um eine Veränderung handelt, die nur die Symptome lindert. Ein Beispiel: Stellen Sie sich vor, daß Sie an mehreren aufeinanderfolgenden Nächten von einem entfernten, hämmernden Geräusch geweckt werden. Das Geräusch fängt leise an, dann wird es lauter, bis es schließlich wieder schwächer wird und aufhört. Sie wissen nicht, woher der Lärm kommt, aber während Sie sich schlaflos im Bett herumwälzen, stellen Sie sich eine gewaltige, rauchausstoßende Maschinerie vor. Wahrscheinlich wird irgendwo in der Nähe in einer Fabrik ein riesiges Ausrüstungsteil hergestellt.

Eine Woche vergeht, und Sie werden jede Nacht gegen zwei Uhr von diesem Geräusch wach. Sie werden immer gereizter. Um nicht geweckt zu werden, stopfen Sie sich abends Watte in die Ohren. Manchmal schaffen Sie es damit, trotz des Lärms durchzuschlafen, aber in den meisten Nächten genügt diese »Veränderung erster Ordnung« – eine Veränderung, die sich nur auf die Symptome bezieht – nicht, und Sie werden unangenehm aufgeweckt.

Eines Morgens sind Sie wegen des versäumten Schlafes so ärgerlich, daß Sie eine Nachbarin anrufen, ob Sie auch so von dem Lärm gestört wird.

»Von welchem Lärm?« fragt sie.

»Von diesen schrecklichen Geräuschen, die jeden Morgen um zwei von irgendwoher kommen«, antworten Sie und wundern sich, wie jemand bei dem Getöse schlafen kann.

»Oh! *Das* Geräusch«, antwortet sie. »Das ist nur der Zug. Seit der neue Fahrplan gilt, kommt er jetzt jede Nacht um die Zeit hier durch.«

Sofort wissen Sie, daß das stimmt. Natürlich, es war ein Zug! Wie konnten Sie nur so blind gewesen sein?

An diesem Abend sind Sie weniger gereizt, als Sie ins Bett gehen, denn die Vorstellung von der rauchausstoßenden Fabrik ist durch das Bild eines Güterzugs ersetzt worden, und Sie haben Eisenbahnzüge eigentlich immer gemocht. Statt eines verschwitzten Vorarbeiters, der eine bösartige Maschinerie anwirft, stellen Sie sich einen Lokomotivführer vor, der vergnügt seine Fracht durch die Stadt befördert.

Am nächsten Morgen werden Sie um sieben wach und sehen auf die Uhr. Obwohl Sie am Abend vergessen haben, sich Watte in die Ohren zu tun, haben Sie die Nacht fest durchgeschlafen.

Die Ursache dafür ist die plötzliche Veränderung Ihrer Vorstellungen. Sie haben es geschafft, eine beunruhigende und unzutreffende Illusion fallenzulassen und sie durch eine positivere und genauere Vorstellung zu ersetzen, und diese Erkenntnis ist in ihr Unbewußtes eingedrungen. Als der Zug um zwei Uhr morgens durch die Stadt dröhnte, nahm Ihr Unterbewußtsein das Geräusch wahr und ließ das freundliche Bild eines Zuges erscheinen, so daß Sie weiterschliefen, ohne aufzuwachen.

Wenn Sie ein Problem auf einmal in einem völlig neuen Licht sehen, dann erleben Sie eine derartige »Veränderung zweiter Ordnung«. Statt einige kleinere Veränderungen vorzunehmen, um sich auf die problematische Situation einzustellen, handelt es sich um einen totalen Wandel in Ihrer Einstellung. Daraus ergibt sich eine automatische Veränderung Ihrer Gefühlsreaktion, die von Dauer ist.[3]

Erfolgreiche Veränderungen bei Geschwisterrivalität

Ich möchte Ihnen ein Beispiel dafür geben, wie sich dieses Phänomen in einer Beziehung auswirken kann. Ein Klient von mir, ein junger Mann namens Frank, war der Lieblingssohn seiner Mutter gewesen. Frank hatte ein schlechtes Verhältnis zu seinem jüngeren Bruder Steven, der verständlicherweise eifersüchtig darauf gewesen war, daß Frank ihm ständig vorgezogen wurde. Früher hatte Steven ihn dauernd zum Ringkampf herausgefordert. Inzwischen waren beide erwachsen, und Steven hatte sich angewöhnt, Frank ständig zu kritisieren und herabzusetzen. Frank glaubte, ihm blieben nur zwei Möglichkeiten – entweder Steven soviel wie möglich aus dem Weg zu gehen oder sich die Häme gefallen zu lassen, als Preis, den er dafür zu bezahlen habe, daß er das auserwählte Kind war. Unbewußt fühlte er sich nämlich dafür verantwortlich, daß seine Mutter ihm den Vorzug gegeben hatte, und steckte deshalb die Grobheiten ein, die Steven an ihm abreagierte.

Nachdem Frank aber seine Kindheit etwas besser verstand, erlebte er eine entscheidende Veränderung seiner Vorstellungen. Auf meinen Rat hin hatte er mit seinem Vater über seine Kindheit gesprochen. Sein Vater sagte, daß seine Mutter sich bereits vom Tage seiner Geburt an ausschließlich auf ihn konzentriert habe. »Ich durfte dich nicht anfassen«, sagte der Vater. »Ich kann mich noch heute an den Monolog erinnern, den sie mit dir auf dem Nachhauseweg von der Klinik aufführte. Es war, als existierte ich gar nicht mehr. In ihren Augen war ich nur dazu gut, einen perfekten Sohn zu zeugen. Sobald du geboren warst, spielte ich keine Rolle mehr. Ich war einfach abserviert.«

Als Frank diese traurige Geschichte hörte, wurde ihm klar, daß er nicht dafür verantwortlich war, daß sich seine Mutter so an ihn klammerte. Es stimmte, daß er das Lieblingskind seiner Mutter gewesen war. Aber er konnte nichts dafür. Seine Mutter hatte ihre Gefühle bereits seit seiner Geburt auf ihn konzentriert. Dafür konnte er wirklich nicht verantwortlich gemacht werden!

Von diesem Augenblick an hatte Frank weniger Schuldgefühle wegen der Art, wie ihn seine Mutter behandelte, und die Befreiung durch diese Veränderung zweiter Ordnung bewirkte, daß er eine neue Beziehung zu seinem Bruder anstrebte. Nicht lange nach dem Gespräch mit seinem Vater kam die ganze Familie an einem Feiertag zum Essen zusammen. Bei Tisch begann Steven eine für Frank peinliche Geschichte zu erzählen, mit der er diesen ganz bewußt in den Augen der anderen herabsetzen wollte. Das war typisch für ihn, und normalerweise hätte Frank sich nicht gewehrt. Doch diesmal war es anders. Ohne es geplant zu haben, hörte Frank sich sagen: »Das reicht, Steven. Ich will mir das nicht noch einmal anhören. Ich habe mir die Geschichte bereits ein paarmal zu oft angehört!« Zu seiner Überraschung wechselte Steven ohne Protest das Thema. Und worüber Frank noch mehr staunte – er war den Rest des Tages netter zu ihm, als er es seit langem gewesen war.

Als Frank mir das Erlebnis erzählte, sagte er: »Ich hatte Herzklopfen, als ich Steven sagte, er solle aufhören. Ich fürchtete, er würde eher noch aggressiver werden oder mir eine verpassen. Es war ein richtiger Schock, daß er überhaupt nichts tat. Es ist wie eine Erleuchtung, daß ich imstande bin, mich gegen ihn zu verteidigen. Mein Leben lang durfte er mit mir umspringen, wie er wollte. Jetzt habe ich keine Angst mehr vor ihm. Ich fühle mich auf einmal ungeheuer stark.«

Frank hatte sich nicht bewußt entschlossen, anders mit seinem Bruder umzugehen – die Veränderung geschah automatisch, weil er den Mythos, daß er dafür verantwortlich war, der Auserwählte zu sein, zerstört hatte. Von der Last des Schuldgefühls befreit, konnte er endlich auf eine normale, seinem Selbstschutz dienende Weise reagieren. Er hatte eine Veränderung zweiter Ordnung durchgemacht.

»KWUs: Kaum wahrnehmbare Unterschiede«

Während der Zeit, in der Sie sich bemühen, etwas über Ihre Familie herauszufinden und Ihre eigene Geschichte allmählich etwas objektiver sehen, werden Sie wahrscheinlich auch eine ausgeprägte Veränderung Ihrer Vorstellungen durchmachen. Mit dem Resultat, daß sich Ihre Angst, Ihre Schuldgefühle und Ihre Verwirrung zum Teil auflösen. Vielleicht erleben Sie auch wie Frank ein neues Gefühl von Stärke.

Nach einer Weile werden Sie merken, daß sich nicht nur bei Ihren Gefühlen, sondern auch an Ihrem Verhalten etwas ändert. Anfangs handelt es sich vielleicht nur um kleine, kaum wahrnehmbare Veränderungen. Vielleicht stellen Sie fest, daß Sie mit Vater oder Mutter freundlicher umgehen oder daß Sie, wie Frank, gegenüber einer Schwester oder einem Bruder nicht mehr so unterwürfig sind. Vielleicht sind Sie mit einem bestimmten Familienmitglied jetzt häufiger zusammen als früher und dafür weniger oft mit jemand anderem. Solche Veränderungen bezeichnen manche Therapeuten als KWUs = kaum wahrnehmbare Unterschiede. Mit der Zeit kommen aber immer mehr KWUs zusammen, und anstelle Ihres alten, dysfunktionalen Umgangsstils mit Menschen tritt allmählich ein liebevoller und produktiverer.

Achtung: Wenn Sie die folgenden Kapitel durchlesen, werden Sie auf die verschiedensten Übungen stoßen, darunter Befragungen, Themenstellungen für Aufsätze und Phantasiereisen. Dieser reichgedeckte Tisch gehört zu meiner Therapieauffassung. Ich habe die Erfahrung gemacht, daß auf Übungsmaterial sehr verschieden reagiert wird. Manche mögen Checklisten, andere halten sie für Zeitverschwendung. Manche Menschen arbeiten am liebsten allein, andere erreichen am meisten mit einem Partner. Manche sind sehr produktiv beim Schreiben, andere mögen ihre Einsichten lieber verbal ausdrükken. Manchen Leuten bringt das Visualisieren (bildliche Vorstellung) einen großen Erkenntniszuwachs, bei anderen ist da schlicht ein blinder Fleck. Aus diesem Grund möchte ich Sie dazu ermutigen, die einzelnen Übungen zu überfliegen und sich dann diejenigen auszusuchen, die Ihre speziellen Probleme ansprechen und die Ihrem eigenen Stil entsprechen. Ich erwarte keinesfalls, daß Sie alle machen. Schließlich werden nur die wenigsten von Ihnen Zeit und Lust haben, jedes einzelne Gericht auf der Speisekarte zu probieren!

9

So ziehen Sie einen Strich unter Ihre Vergangenheit

Dorothy: »Aber wo soll ich anfangen, wenn ich zur Smaragdstadt will?«
Glinda (die gute Fee aus dem Norden): »Es ist immer das Beste, man fängt am Anfang an.«

Dieses Kapitel enthält mehrere Übungen, die Sie auf eine Reise in Ihre Kindheit schicken. Sie sollen sich ein Bild davon machen, wie Sie als kleines Kind in Ihrer Familie aufgewachsen sind, im Trommelfeuer all der versteckten Grabenkämpfe um Sie herum. Ich möchte Ihnen Mut machen, sich an die guten und die schlechten, die einsamen und die kurzweiligen Zeiten zu erinnern und an die Male, wo Sie sehr wütend oder ängstlich waren. Durch diese Übungen können Sie sich die bittersüße Welt, in der ein auserwähltes Kind lebt, ins Bewußtsein rufen.

Daß es sich lohnt, können Sie vielleicht schon erleben, während Sie diese Übungen durchführen. Zum Beispiel zerstören Sie vielleicht einige destruktive Mythen Ihrer Kindheit. Hier ein Beispiel: Als Kind bildete ich mir ein, daß meine Mutter und ich als einzige in unserer Familie kein leichtes Leben hatten. Ich stellte mir vor, daß meine Großeltern und meine Tanten und Onkel heiter und in Freuden lebten. Warum sie uns weder finanziell noch emotional zu Hilfe kamen, erklärte ich mir damit, daß meine Mutter und ich die Mühe nicht wert seien – wir wären nun mal die schwarzen Schafe der Familie. Auch als ich schon älter war, klammerte ich mich an diese Sicht der Dinge und war voller Groll gegen meine Verwandtschaft. Ich ging sogar soweit, ihre Existenz zu leugnen. »Die sind schon alle tot«, behauptete ich meist.

Es ist schon einige Jahre her, daß ich schließlich meine Tanten, Onkel, Vettern und Kusinen besuchte, um mehr über unsere Familiengeschichte zu erfahren – das ist übrigens eine der Aufgaben, die Ihnen in diesem Kapitel gestellt werden. Zu meiner Überraschung erfuhr ich, daß alle meine Verwandten schwere Zeiten durchgemacht hatten, als ich klein war. Ich bin während des Zweiten Weltkriegs geboren, und in meiner Familie hatte niemand viel Geld. Viele der Männer waren als Soldaten im Krieg. Einer meiner Onkel, der furchtbar gern studiert hätte, mußte seine Träume aufgeben und statt dessen eine Arbeit annehmen, damit er die Familie mit ernähren konnte. Meine Mutter und ich bekamen keine Hilfe von unsereren Verwandten, weil alle ums nackte Überleben kämpften. Als ich mir dies wirklich klargemacht hatte, war ich nicht länger wütend auf meine Familie. Statt dessen erlebte ich ein starkes Zugehörigkeitsgefühl. Und zum erstenmal konnte ich mich zu meiner Herkunft bekennen.

So werden Sie mit Verleugnungstendenzen und inneren Widerständen fertig

Eine Wiederbegegnung mit der Vergangenheit kann auch Angst machen. Wenn Sie in Ihren alten Glaubenssätzen herumkramen, ist es unvermeidlich, daß auch Ängste wieder an die Oberfläche kommen. Die Überzeugungen, die Sie als Kind entwickelten, hatten ihren Sinn, und daran zu rütteln, kann nicht ohne Verunsicherung abgehen. Eine junge Frau mit dem Spitznamen Sue, die an einer meiner ersten Therapiegruppen teilnahm, litt unter erheblichen Angstzuständen, als sie begann, ihre scheinbar paradiesische Kindheit in Frage zu stellen. Zu Beginn unserer Gruppenarbeit war das Bild, das sie von ihrer Familie zeichnete, völlig idealisiert. An Gewalt, Alkoholismus, Scheidung, Vernachlässigung oder Mißbrauch war gar nicht zu denken. Ihre Eltern seien verheiratet und kämen gut miteinander aus. Sue behauptete sogar, daß sie in ihrer Kindheit für viele ihrer Freunde ein »Traumpaar« gewesen waren.

Während unserer ersten Sitzungen hörte Sue sich die Lebensgeschichten der anderen Gruppenteilnehmer mit besonderem Interesse an. Sie stellte ihnen Fragen, war sehr einfühlsam und spielte in bewundernswerter Weise eine Art von Ko-Therapeutin. Die anderen Teilnehmer blickten zu ihr auf und fragten sie um Rat. Wenn sie von ihrer eigenen Familie sprach, dann nur, um sie als gesundes Gegenbild zu all dem Schlimmen, was sie von den anderen hörte, hinzustellen.

Das einzige Problematische an Sues Sicht der Vergangenheit war, daß sie nicht zu ihrer derzeitigen Situation paßte. Trotz ihrer scheinbar so idealen Kindheit hatte sie ebenso viele emotionale Probleme wie alle anderen in der Gruppe. Sie schleppte mehr als zwanzig Kilo Übergewicht mit sich herum, sie lebte in einer destruktiven Beziehung, und sie litt an Depressionen und Angst. Es lag nahe, daß die Wurzeln ihrer Schwierigkeiten zum Teil in ihrer Vergangenheit lagen.

Nach der vierten Gruppensitzung – in der zufällig mehrere Frauen über Erlebnisse sprachen, die mit sexuellem Mißbrauch zu tun hatten –, bekam Sue Schlafstörungen. Nach einer Nacht, in der sie überhaupt keinen Schlaf gefunden hatte, rief sie mich am nächsten Morgen in einem Zustand der Panik an. Sie war völlig übermüdet und überreizt und wollte mich sobald wie möglich sprechen.

Als sie ein paar Stunden später in mein Büro kam, sah sie erschöpft aus und so ungeschützt, wie ich sie noch nie erlebt hatte. Ich hatte das Gefühl, dies könne eine Gelegenheit sein, ihre Verleugnung zu durchbrechen, und führte sie durch eine einfache Gestaltübung. »Stell dir vor, dein Vater sitzt in dem Stuhl«, sagte ich zu ihr, »und stell dir vor, daß du gerade zwei Jahre alt bist. Guck hoch zu ihm und sag ihm, was du gerade denkst.«

Ohne sich zu besinnen, stieß Sue hervor: »Daddy, wo bist du?« Sie war ganz bestürzt, als sie bemerkte, wie sie seine Unerreichbarkeit beklagte, denn sie hatte nie zuvor irgendein Gefühl der Verlassenheit an sich wahrgenommen.

»Nun stell dir vor, du bist fünf Jahre alt. Sprich mit deinem Vater.«

Mit der gleichen Spontaneität, aber mit einem neuen Unterton von Zorn sagte sie: »Daddy, ich brauche dich nicht.«

»Jetzt bist du dreizehn. Sprich mit deinem Vater.«

»Daddy«, sagte sie, und ihr Gesicht verzerrte sich, als ihr die Tränen in die Augen stiegen, »laß mich in Ruhe!«

»Was bedeutet das?« fragte ich sie.

Während der restlichen Sitzung war Sue überwältigt von Erinnerungen an das übertriebene Interesse ihres Vaters an ihrem Körper. Sie konnte sich zwar nicht daran erinnern, daß er sie jemals sexuell mißbraucht hätte, aber er hatte die normalen Vater-Tochter-Grenzen deutlich überschritten. Unter Tränen erzählte sie mir, wie ihr Vater, als sie zwölf Jahre alt war, Witze darüber gemacht hatte, wie sexy sie sei, und sie vor der Lüsternheit der Männer gewarnt hatte. »Er sagte, daß sich alle Jungs wegen meiner Figur in mich verlieben würden und daß ich ihnen nicht trauen sollte. Außerdem konnte er es nicht lassen, meinen Po zu tätscheln, auch wenn ich noch so wütend darauf reagierte.« Ihr fiel auch wieder ein, daß er Fotos von ihr gemacht hatte, als sie sich im Bikini auf dem Rasen gesonnt hatte. Das Foto mit der provozierendsten Pose ließ er zu einem Poster vergrößern und hängte es im Hobbyraum auf. Sie erinnerte sich daran, wie sie sich beim Anblick dieses Bildes geschämt hatte und es abnahm, was aber nur dazu geführt hatte, daß sie sich von ihrem Vater eine regelrechte Predigt anhören mußte. »Du hast einen wunderschönen Körper«, hatte er zu ihr gesagt. »Du solltest stolz darauf sein. Deine Figur ist mindestens doppelt so gut wie die der anderen Mädchen in deinem Alter. Daneben muß sich sogar deine Mutter verstecken!«

Die Gruppensitzungen, bei denen sie gehört hatte, wie die anderen Frauen offen über ihre Familien sprachen, hatten diese Erinnerungen langsam wieder an die Oberfläche gebracht, Erinnerungen, die in einem so starken Kontrast zu dem verklärten Bild ihrer Familie standen, daß sie Angstzustände bekommen hatte. Der Schlafmangel hatte ihre Abwehr dann zusammenbrechen lassen. Schließlich wurde sie von einer Flut von Erinnerungen überströmt.

Während der folgenden Sitzungen stellte Sue die verschiedensten Zusammenhänge zwischen dem Verhalten ihres Vaters und ihren gegenwärtigen Problemen her. Sie entdeckte zum Beispiel, daß ihr Übergewicht eng mit dem unangemessenen Interesse ihres Vaters an ihrem Körper zusammenhing. Jetzt wurde ihr klar, daß sie mit dreizehn Jahren begonnen hatte dick zu werden, also etwa in dem Alter, als das Interesse ihres Vaters an ihrem Körper offenkundig wurde. Mit sechzehn wog sie fast zwanzig Kilo zuviel. »Mein Vater haßte es, daß ich so dick war«, berichtete sie. »Er ging mit mir zum Arzt und ließ mich auf Diät setzen. Er kriegte den Arzt sogar dazu, mir Schlankheitspillen zu geben.« Sue verlor in jenem Sommer tatsächlich ihr Übergewicht, aber innerhalb von einem Jahr waren die Pfunde wieder drauf. »Eigentlich wollte ich gar nicht dick sein«, sagte sie. »Aber ich glaube, ich fühlte mich so sicherer. Ich hatte das Gefühl, ich würde dann weniger auffallen. Ich glaube, das hat mich vor seiner Fixierung auf mich geschützt.«

Als Sue schließlich erkennen konnte, wie unangemessen das Verhalten ihres Vaters gewesen war, war sie sehr erleichtert. Sie hatte zwar einiges an Ängsten durchmachen müssen, aber sie hatte doch das Gefühl, ihre Erkenntnisse seien es wert gewesen. Mit ihren neuen Selbsterkenntnissen gewappnet, schaffte sie es nun auch, nach fünfzehn Jahren Diätchaos ihr Gewicht in den Griff zu kriegen. Jetzt konnte sie abnehmen, ohne daß die Pfunde wiederkamen, denn sie verband mit dem Schlanksein nun keine unangebrachten Ängste mehr. Endlich waren die mit ihrem Vater in Zusammenhang stehenden Gefühle zutage getreten, so daß sie sie betrachten und mit ihnen fertig werden konnte. »Ich wünschte nur, ich hätte das schon eher gemacht«, sagte sie eines Tages zu mir. »Mein Leben ist mir jetzt nicht mehr so ein Rätsel. Ich kann mich endlich in aller Klarheit sehen.«

So werden Sie die Schuldgefühle los, die den Zugang zur Vergangenheit blockieren

Bei manchen auserwählten Kindern sind es Schuldgefühle und nicht Ängste, die sie davon abhalten, ihre Kindheit so zu sehen, wie sie war. Vor allem sind das diejenigen, die als Kinder einen Elternteil geradezu vergöttert haben. Wie sollen sie den Übergang von der Überzeugung, sie hätten die beste Mutter oder den besten Vater der Welt gehabt, zu der Erkenntnis, daß ebendieser Mensch die Quelle ihres Unglücks ist, bewerkstelligen? Wie können sie auf Mutter oder Vater zornig sein, wenn diese(r) ihnen so viele Opfer gebracht hat? Wie kann eine Beziehung als schlecht eingestuft werden, die so lange Zeit nur als schön empfunden wurde?

Eine von Schuldgefühlen gequälte Klientin sagte einmal zu mir: »Ich weiß noch genau, wie ich einmal die ganze Nacht wachgelegen habe, nur weil ich zu meinem Vater gesagt hatte, daß ich nicht gern Tennis spielte – das war nämlich sein Lieblingssport. Ich hatte riesige Schuldgefühle, weil ich fürchtete, daß ich ihn dadurch vielleicht verletzt hättc. Und heute soll ich mir seine Fehler vor Augen führen? Ich soll ihn als die Ursache meiner Probleme sehen? Davor habe ich wahnsinnige Angst.«

Falls Sie Schuldgefühle haben, wenn Sie sich die negativen Seiten eines Ihrer Elternteile vorstellen, dann beschleunigt sich Ihre Heilung erheblich, sobald Sie dieses Hindernis aus dem Weg geräumt haben. Aber wie macht man das? Meiner Erfahrung nach läßt die Wirkung der Schuldgefühle nach, wenn Sie mehr über die komplizierte Psychologie der Schuld wissen. In seiner einfachsten Form ist das Schuldgefühl ein unangenehmes, aber kurzlebiges Phänomen, das dazu da ist, Ihnen klarzumachen, daß Ihr Verhalten nicht mit Ihren Überzeugungen übereinstimmt. Es ist eine Stimme Ihres Gewissens, die Ihnen rät, entweder Ihre Ansichten noch einmal zu revidieren oder Ihr Verhalten zu ändern, damit beides wieder auf einer Linie ist.

In manchen Fällen müssen Sie Ihr Verhalten ändern. Zum Beispiel haben Sie vielleicht Gewissensbisse, wenn Sie den Geburtstag eines Menschen, der Ihnen nahesteht, vergessen haben. Ihr Gewissen ermahnt Sie also, mehr an andere zu denken. Da es unangenehm ist, sich schuldig zu fühlen, nehmen Sie sich deshalb vor, daß Sie sich in Zukunft mehr Mühe geben wollen. Ein andermal sind es Ihre Ansichten, die überprüft werden müssen. Zum Beispiel haben Sie vielleicht Schuldgefühle, weil Sie am Samstagmorgen zwei geschlagene Stunden mit Zeitunglesen verbracht haben. »Man darf seine Zeit nicht so unproduktiv verplempern«, sagt die protestantische Stimme Ihres Gewissens. »Du solltest lieber den Rasen mähen oder die Wohnung putzen.« Aber bei genauerem Nachdenken entscheiden Sie, daß es Sie nicht stört, wenn Sie Ihre Zeit auf diese Weise verschwenden. Sie haben schließlich die ganze Woche hart gearbeitet und brauchen auch Zeit, um Ihre Batterien wieder aufzuladen. Auch hier bauen Sie Ihre Schuldgefühle ab, aber nicht durch eine Verhaltensänderung, sondern indem Sie sich zu einer neuen Überzeugung bekennen, nämlich, daß es wichtig sei, sich Zeit zum Entspannen zu nehmen.

Nach meiner Erfahrung läßt sich ein gut Teil der Schuldgefühle des auserwählten Kindes am besten dadurch abbauen, daß Sie Ihre Überzeugungen überprüfen und die unrichtigen ändern. Zum Beispiel fühlen sich viele Auserwählte gegenüber ihren benachteiligten Geschwistern oder dem ausgeschlossenen Elternteil wegen der Vorzugsbehandlung, die sie selbst genossen haben, schuldig. Dieses Schuldgefühl läßt sich auf eine bestimmte, unrichtige Überzeugung zurückführen, nämlich: »Ich wollte unbedingt das Lieblingskind sein, und das habe ich auch erreicht. Wenn andere deshalb leiden mußten, bin ich also schuld daran.« Auf irgendeiner Ebene glaubt das auserwählte Kind, daß es in seiner Macht gelegen habe, was sich in der Familie abspielte, und daß es deshalb für das Schicksal der übrigen Familienangehörigen verantwortlich zu machen sei.

Aber wie wir gesehen haben, ist es der Erwachsene, der den Anstoß für das Eltern-Kind-Bündnis gibt. Einem Kind kann man keinen Vorwurf daraus machen, daß es den anderen vorgezogen werden will; das ist ein Überlebensmechanismus, mit dem alle Kinder ausgestattet sind. Denn an der Spitze der Schlange zu stehen, kann in Notzeiten über Leben und Tod entscheiden. Kluge Eltern beachten die Bemühungen eines ihrer Kinder um eine Vorzugsstellung nicht und halten alle auf der gleichen Ebene. Sie ziehen keines den anderen vor, und sie verlangen von keinem, daß es die Rolle des Partnerersatzes spielt. Letztendlich ist nicht das Kind dafür verantwortlich, seinen natürlichen und verständlichen Wunsch nach Auserwähltheit zu unterdrücken, sondern es liegt in der Verantwortung der Eltern, das Familiensystem im Gleichgewicht zu halten.

Ironischerweise entdecken viele auserwählte Kinder, daß es in ihnen neue Angstgefühle auslöst, wenn sie sich von ihrem unrichtigen Gefühl befreien, sie seien an allem, was in der Familie geschah, schuld. Sobald sie die Verantwortung an denjenigen weitergeben, der sie wirklich hat – den betreffenden Elternteil –, werden sie von Angstgefühlen geradezu überwältigt, weil sie von dem Menschen, der immer für sie gesorgt hat, »schlecht denken«. Die innere Logik, die dahintersteckt, lautet folgendermaßen: »Wenn ich nicht dafür verantwortlich war, daß ich das Lieblingskind war, dann müssen meine Mutter und mein Vater schuld daran gewesen sein. Es macht mir aber Angst, meine Eltern in einem negativen Licht zu sehen, denn unbewußt glaube ich, daß sie mein Schicksal immer noch bestimmen. Obwohl ich jetzt zwanzig oder vierzig Jahre alt bin und beide Eltern überlebt habe, habe ich immer noch Angst, von ihnen verlassen zu werden. Deshalb ist es vielleicht doch besser, wenn ich die Schuld für alles, was in der Familie schiefging, auf mich nehme, als meinen Eltern die Schuld zu geben und meine Verlassensängste wieder hochkommen zu lassen.« Diese komplizierte und irrige Annahme droht bei vielen Menschen die Heilung zu vermindern. Zu verstehen, wie das Unbewußte funktioniert, ist ein erster Schritt, um diese unnötige Last abzuwerfen. Hier noch einmal der falsche logische Weg:

1. Kinder fühlen sich für Spannungen in der Familie verantwortlich, weil sie fälschlicherweise annehmen, daß sie die Situation bestimmen.
2. Wenn sie später versuchen, diese Überzeugung zu korrigieren und statt dessen ihren Eltern die volle Verantwortung zuzuschreiben, macht ihnen das Angst.
3. Obwohl sie inzwischen erwachsen sind, steckt hinter der Angst der irrige Glaube, daß ihr Überleben noch immer von den Eltern abhinge.

Falls Sie bei dem Gedanken, sich mit den Erziehungsfehlern Ihrer Eltern beschäftigen zu müssen, Schuld- oder Angstgefühle bekommen, dann müssen Sie Ihre Überzeugung überdenken. Was in der Familie passierte, war nicht Ihre Schuld, und Sie brauchen keine Angst davor zu haben, die Verantwortung an die richtige Adresse zurückzugeben. Sie sind jetzt imstande, für sich selbst zu sorgen. Und denken Sie daran: Sie müssen Ihre Eltern nicht damit konfrontieren oder sich von ihnen abwenden, um sich von einem Gefühlsmißbrauch zu erholen. Sie müssen nur einige falsche Mythen ausräumen, die Sie daran hindern, die Wahrheit zu erkennen und zu erfahren.

Ein Schmerzensquell wird angezapft

Menschen, die eine besonders trostlose Kindheit hatten, zögern vielleicht auch aus einem anderen Grund, sich mit der Vergangenheit zu beschäftigen. Bei ihnen geht es nicht darum, sich von irgendwelchen Illusionen über eine Idealfamilie zu befreien, und sie haben auch keine Schuldgefühle, wenn sie der Wahrheit ins Auge sehen – sie möchten nur vermeiden, von ihrem Kummer gänzlich überwältigt zu werden. Denn sie befürchten, daß die angestaute Tränenflut kein Ende nehmen wird, wenn der Damm erst einmal gebrochen ist.

Ich kann mich in solche Gedanken gut einfühlen, denn eine Zeitlang dachte auch ich, ich müsse meine eigenen Leiden wieder und wieder durchleben, ohne daß ein Ende abzusehen sei. Ich erinnere mich noch gut an ein Erlebnis vor vielen Jahren – es war kurz nach dem Tod meiner Mutter –, wo ich einfach nicht mehr zu weinen aufhören konnte. Mein erster Mann und ich waren gerade in ein neues Haus gezogen, und ich war im Trockenkeller beim Wäschelegen. Aus irgendeinem Grund mußte ich an meine Mutter denken und daran, wie sehr sie sich über das Haus gefreut hätte. Es hätte sie mit ungeheurer Befriedigung erfüllt, daß es uns so gutging. Plötzlich mußte ich weinen. In diesem Augenblick läutete es an der Haustür, und ich ging nach oben, um aufzumachen, ohne daran zu zweifeln, daß ich meine Tränen stoppen könnte. Ich wischte mir die Augen und öffnete. Ein Vertreter der Kirchengemeinde wollte einen Besuch machen, und ich lud ihn ein, mit in die Küche zu kommen und einen Tee zu trinken. Kaum hatte er das Haus betreten, brach ich, zu meiner größten Verlegenheit, wieder in Tränen aus. Schon nach ein paar Sekunden mußte ich so heftig weinen, daß ich nicht mehr sprechen konnte. Ich konnte ihm nicht einmal erklären, warum ich weinte. Der arme Mann machte, daß er wieder hinauskam, und dachte wahrscheinlich, er hätte es mit einer Verrückten zu tun.

Ich konnte nicht wieder aufhören zu weinen und weinte den ganzen Nachmittag lang. Ich weinte nicht nur über den Tod meiner Mutter, sondern auch über meine eigene Verlassenheit als Kind. Ich weinte, weil die Wohnung immer leer gewesen war, wenn ich aus der Schule kam, und ich weinte, weil ich morgens in einem leeren Haus aufgewacht war. Ich weinte, weil ich niemandem davon hatte erzählen können, wie meine Mutter mich vernachlässigte, sondern sogar lügen mußte. Und ich weinte, weil ich meinen Vater nie richtig kennengelernt hatte. Ich merkte, daß auf irgendeine Weise alle unsere leidvollen Erfahrungen irgendwie ineinander hängen, und sobald du irgendeine davon anzapfst, alle anderen nur darauf zu warten scheinen, auch hervorzubrechen. Ich hatte damals Angst, ich würde tagelang ohne Unterlaß weinen müssen.

Doch bis mein Mann an jenem Abend nach Hause kam, hatte ich mich schließlich leer geweint. Es gab doch ein Ende der Tränen. Seitdem habe ich diesen Sorgenquell noch öfter heimgesucht. Inzwischen bin ich mit den Leiden meiner Kindheit so vertraut, daß ich keine Angst mehr davor habe. Ich weiß, woher sie stammen, ich weiß, welche Gefühle ich als Kind nicht ausdrücken konnte, und ich weiß, wie diese Unterdrückung sich auf mein Leben ausgewirkt hat. Und mit jedem Mal, wo ich an den Brunnen gegangen bin, wurde wieder etwas von dem Leid frei, und der Wasserspiegel fiel weiter. Heute habe ich nicht mehr das Gefühl, in eine bodenlose Tiefe zu sinken, sondern es ist eher, wie wenn ich in eine Pfütze auf dem Gehweg trete.

Diese bewußten Ausflüge in die Vergangenheit haben mein Leben verändert. Anstatt mich auf die unechte Selbstsicherheit zu verlassen, die mir meine Mutter vermittelt hatte, habe ich heute ein sicheres, begründetes Selbstvertrauen, das auf der Realität beruht. Meine natürlichen Gefühle sind wieder lebendig und helfen mir, mich vor Verletzungen zu schützen und gesündere Entscheidungen zu treffen. Leute, die mich neu kennenlernen, haben oft den Eindruck, daß ich aus einer liebevollen, fürsorglichen Familie stammen müsse. Ich fasse das als Kompliment für meine jahrelange harte Arbeit auf.

Ich bedauere nur, daß mir niemand am Anfang meiner Reise gesagt hat, was ich Ihnen jetzt sage: Ihr Schmerz *wird* eines Tages aufhören. Und wenn Sie erst all Ihre aufgestauten Gefühle losgelassen haben, werden Sie einen derartigen Auftrieb und eine solche Unbeschwertheit verspüren, wie Sie sie zuletzt als ganz kleines Kind gekannt haben. Die Vergangenheit wird sich nicht länger wie eine Gesteinsader mit radioaktivem Erz anfühlen, die die Gegenwart immer noch verseucht, und Sie werden in angemessener Weise auf das Alltagsgeschehen reagieren können. Sie werden zornig sein, wenn jemand Ihnen zu nahe tritt, aber Sie werden nicht überreagieren. Sie werden traurig sein, wenn Ihnen etwas Schlimmes widerfährt, aber Sie werden deshalb nicht verzweifeln. Sie werden es genießen, wenn es Ihnen gutgeht, und Ihr Glücksgefühl wird nicht durch Schuldgefühle getrübt sein. Auch Sie werden eines Tages erfolgreich einen Strich unter Ihre Vergangenheit ziehen.

Einführung in die Autobiographie-Übung

Bei der ersten Übung im »Heilungs-Teil« dieses Buches geht es darum, daß Sie Ihre Autobiographie erstellen. Es gibt zwei Möglichkeiten, wie Sie das machen können: Sie können Ihre Lebensgeschichte entweder in knapper Form aufschreiben, oder Sie erzählen sie einem guten Freund oder einer Freundin. Ganz gleich ob schriftlich oder mündlich – der Erfolg der Übung wird davon abhängen, ob Sie Ihre Gefühle verstärken können. Anstatt also Schmerz, Traurigkeit oder Zorn zu verdrängen, sobald sie sich zeigen, müssen Sie sie übertreiben. Wenn Sie einen Anflug von Traurigkeit verspüren – weinen und schluchzen Sie! Wenn Sie wütend sind, ballen Sie die Faust und rufen laut: »Ich bin wahnsinnig wütend!«

In solchem Maß seine Gefühle anzuzapfen, mag für manche von Ihnen eine unangenehme Erfahrung sein – vielleicht ist es Ihnen peinlich, oder Sie fühlen sich gedemütigt oder haben Schuldgefühle. Eine verständliche Reaktion: Es war Ihre Rolle in der Familie, für andere dazusein; Ihre eigenen Bedürfnisse auszudrücken gehörte nicht dazu. Wenn Sie diese Fassade durchbrechen und zugeben, daß Sie unbefriedigte Bedürfnisse haben, fühlen Sie sich vielleicht sehr verletzlich. Ihre Gefühle können Ihnen vielleicht ganz fremd vorkommen, ja sogar Angst einjagen. Eine meiner Klientinnen drückte das so aus: »Ich fühle mich wie ein Einsiedlerkrebs, der sein Schneckenhaus verlassen hat. Alle anderen Krebse haben ein Haus, das sie beschützt, nur ich nicht. Ich fühle mich so wehrlos. Allein, daß ich das hier vor Ihnen zugebe, versetzt mich schon in Angst und Schrecken.«

Rechnen Sie mit diesem Gefühl der Verletzlichkeit, und öffnen Sie sich trotzdem dem freien Fluß Ihrer Emotionen. Ihre Gefühle sind Ihre Freunde; es sind Instrumente von unschätzbarem Wert. Sie sind dazu gedacht, Sie zu einem gesunden Leben hinzuführen. Jedes einzelne Ihrer elementaren Gefühle spielt eine bestimmte Rolle für die Erhaltung Ihres Wohlbefindens. Furcht warnt Sie vor einer unmittelbaren Gefahr, Ängstlichkeit veranlaßt Sie zu erhöhter Wachsamkeit, Zorn schützt Sie vor körperlichem und seelischem Mißbrauch, Eifersucht sichert Ihr Revier, mit Traurigkeit umgehen Sie unnötigen Schmerz. Wenn Sie diese Gefühle in ihrer ganzen Fülle zulassen und in angemessener Weise ausdrücken, werden Sie zu einem fröhlichen, vitalen, aufgeschlossenen, rationalen, verantwortungsbewußten Menschen. Sie erhalten die ursprüngliche Ganzheit, die Ihr Geburtsrecht ist, zurück. *Der Schlüssel zur emotionalen Gesundheit ist es, den Stau von unverarbeiteten Emotionen zu durchbrechen, bis der Fluß frei und ungehindert fließen kann.*

Haben Sie Geduld mit blockierten Gefühlen!

Wenn Sie all diese Ratschläge befolgen und immer noch nicht oder nur wenig auf das Erzählen Ihrer Lebensgeschichte reagieren, haben Sie Geduld mit sich. Wenn Sie sehr lange Zeit keinen Kontakt mit Ihren Gefühlen hatten, dann brauchen diese die Versicherung, daß es ungefährlich ist, sich zu zeigen. Mit einem Klienten namens Jacob habe ich zwei Jahre gearbeitet, bevor seine Emotionen begannen, an die Oberfläche zu kommen. Als erstes zeigten sie sich in Form einer leichten Gesichtsrötung. Später bemerkte ich ein leises Zittern seines Kinns. Ein paar Monate später verzog sich sein Mund ein bißchen, als wollte er eine Schippe machen. Der Tag, an dem ihm Tränen in die Augen stiegen, war ein echter Durchbruch.

Ich war verblüfft, welches Ereignis schließlich seine emotionale Befreiung auslöste. Sein Auto lief nicht mehr, und Jacob hatte beschlossen, daß eine Reparatur sich nicht mehr lohnte. Als er von diesem scheinbar trivialen Sachverhalt sprach, hatte er plötzlich Tränen in den Augen. Während wir behutsam die Gefühle, die dieser Reaktion zugrunde lagen, erforschten, erzählte er mir, daß sein Vater unendlich viel Zeit mit seinem älteren Bruder Tom beim Herumbasteln am Auto verbracht hatte. Jacob war jedoch ein auserwähltes Kind gewesen, und seine Mutter hatte ihm nicht erlaubt, »draußen zu spielen und sich schmutzig zu machen«. Die Sache mit seinem Auto hatte ihn mit dem schmerzlichen Gefühl des Ausgeschlossenseins in Berührung gebracht, unter dem er gelitten hatte, als er nicht in der Nähe seines Vaters sein durfte.

Eine gute Methode, an tief vergrabene Emotionen wieder heranzukommen, ist es, generell, alle Emotionen willkommenzuheißen, wann immer und wo immer sie zutage treten. Zum Beispiel kann es sein, daß Sie vielleicht Ihre ganze Lebensgeschichte völlig emotionslos schildern, aber ganz aufgelöst sind, wenn Sie einen traurigen Film sehen. Sie können vielleicht überhaupt keine Gefühle mit Ereignissen in Ihrer Kindheit verbinden, doch Sie werden wild vor Wut, wenn Sie in der Zeitung etwas über Kindesmißbrauch lesen. Es ist egal, welcher konkrete Anlaß Ihre Reaktion hervorruft, denn in Wirklichkeit beziehen sich ja alle Gefühle auf Sie. Deshalb sollten Sie sich angewöhnen, von jedem Aufwallen von Trauer oder Zorn Notiz zu nehmen. Wenn Sie allein und an einem sicheren Ort sind, können Sie ausprobieren, ob Sie diese Gefühle verstärken können. Ein gewisser Heilungsprozeß wird in Gang kommen, ob Sie nun die Gefühle mit speziellen Ereignissen in Ihrem Leben verbinden können oder nicht.

Widerstand gegen die Autobiographie-Übung

Für die meisten Menschen ist das Konstruieren ihrer Lebensgeschichte eine exzellente Methode, um verdrängte Gefühle an die Oberfläche zu bringen. Vielleicht reagieren Sie aber mit spontaner Ablehnung auf die Übung, weil Sie meinen, daß etwas so Simples wohl kaum geeignet sei, die Wunden, die *Ihre* Kindheit Ihnen geschlagen hat, freizulegen. In Ihrem Innersten glauben Sie, daß nur eine drastische Maßnahme wie Hypnose oder eine mehrjährige Therapie oder ein monatelanger Klinikaufenthalt Ihre Gesundung bewirken könnte. Eine autobiographische Übung scheint Ihnen zu simpel, um an die Wurzel *Ihrer* Leiden zu gelangen.

Nach meiner Erfahrung sind die wirkungsvollsten Therapietechniken zugleich die einfachsten. Zum Beispiel ist das »Abwarten-und-bis-zehn-Zählen« eine ausgezeichnete Technik, um unsere Wut in den Griff zu bekommen. Wir gewinnen dadurch Zeit, in der das ausgeschüttete Adrenalin wieder aus unserem System verschwindet, und das Zählen fördert eine rationale Gestimmtheit. Aber vielen Leuten ist diese Technik zu simpel – sie ist zum Klischee geworden. Aber wie bei den meisten Klischees ist etwas Wahres daran.

Bei manchen Menschen stellt sich ein anderer Widerstand gegen diese Übung ein. Sie erscheint ihnen zu aufwendig. Sie wollen ein Buch durchlesen und sich dann wieder in Ordnung fühlen. Zwei oder drei Stunden damit zu verbringen, Ihre Erinnerungen aufzuschreiben oder einen Gesprächstermin mit einer guten Freundin zu vereinbaren, scheint allzu anstrengend.

Welcher Art auch Ihr Widerstand ist – »Ich habe keine Zeit«, »Das ist mir zu blöd«, »Das habe ich schon mal gemacht«, »Vielleicht nächste Woche« –, ich möchte Sie dringend bitten, sich einfach einen Ruck zu geben und die Übung auszuprobieren. Machen Sie es genauso, wie hier beschrieben, und entscheiden Sie dann, ob es sich lohnt. Ich habe es schon öfter erlebt, daß sich im Anschluß an diese Übung ein dramatischer Durchbruch ereignete.

ÜBUNG 1
Wie Sie Ihre Autobiographie erstellen

Ihre Lebensgeschichte kann so individuell und einzigartig sein wie Sie selbst. Sie können »am Anfang anfangen« und Ihre eigene Struktur entwickeln, oder Sie können sich an den Anhaltspunkten orientieren, die im folgenden abgedruckt sind. Wie Sie sehen werden, handelt es sich dabei um eine sehr umfassende Orientierungshilfe.[1] Vielleicht müssen Sie Verwandte oder Freunde der Familie befragen, um Ihren Wissensstand zu ergänzen. Bevor Sie anfangen, lesen Sie alles durch und kreuzen Sie die Fragen an, die den stärksten Bezug zu Ihnen haben. Behalten Sie im Auge, daß es der Zweck der Übung ist, Ihnen dabei zu helfen, sich die Gefühle, die Sie als Kind hatten, ins Gedächtnis zurückzurufen. Konzentrieren Sie sich deshalb auf Themen, die eine möglichst starke Reaktion hervorrufen könnten.

Wie ich bereits erwähnt habe, gibt es zwei Möglichkeiten, die Übung zu machen. Die eine ist, daß Sie Ihre Erinnerungen aufschreiben. Schreiben ist eine gute Methode, wenn Sie erstens gern schreiben und/oder zweitens, wenn Sie Ihre Gedanken für sich behalten wollen. Die andere Möglichkeit ist, daß Sie Ihre Lebensgeschichte einer Freundin oder einem Freund mitteilen. Diese Methode ist von Vorteil, wenn Sie erstens nicht gern schreiben und zweitens sich darauf freuen, Ihre ganz persönliche Geschichte einer Freundin anzuvertrauen und/oder wenn Sie drittens den freien Fluß Ihrer Emotionen noch verstärken wollen (viele Leute stellen fest, daß am meisten Gefühle frei werden, wenn sie sich anderen Menschen öffnen).

Wenn Sie sich für die Gesprächsmethode entscheiden, wählen Sie jemanden dafür aus, der sich angesichts von Gefühlsäußerungen nicht unwohl fühlt. Bitten Sie ihn oder sie, Ihnen ohne Wertung zuzuhören. Zuhören bedeutet nicht, etwas zu unternehmen, Vorschläge zu machen oder Interpretationen zu liefern. Was Sie von Ihrer Freundin möchten, ist Ihre Zeit und Ihre Aufmerksamkeit. Um Ihre mündliche Autobiographie zu strukturieren, können Sie sich an das Schema auf den folgenden Seiten halten. Wenn Sie möchten, können Sie zu einem späteren Zeitpunkt der Zuhörer sein, wenn Ihre Freundin oder Ihr Freund ihre/seine Geschichte erzählt, oder Sie können Ihre Geschichten im Wechsel erzählen.

Denken Sie daran, daß es – egal ob Sie schreiben oder sprechen – in jedem Fall darum geht, mit Ihren Gefühlen in Kontakt zu kommen. Vielleicht hilft es Ihnen, wenn Sie sie übertreiben. Weinen Sie. Schreien Sie. Drohen Sie mit den Fäusten gen Himmel! Wenn Sie während dieser Übung irgendwelche verwirrenden physischen Symptome wie Kopf- oder Rückenschmerzen, ein beengtes Gefühl in Brust oder Kehle, Müdigkeit oder sogar Schwindel erleben, merken Sie sich, zu welchem Zeitpunkt sie zuerst auftraten. Versuchen Sie herauszubekommen, welche Emotionen sich hinter diesen körperlichen Gefühlen verbergen. Könnte es sein, daß Sie ein Schluchzen unterdrücken oder einen Schrei ersticken wollen? Probieren Sie verschiedene Emotionen aus, um zu sehen, welches die passenden sind.

Eine Warnung: Wenn Sie befürchten oder ahnen, daß es in Ihrer Familie zu schweren Mißhandlungen oder zu schrecklichen Ereignissen gekommen ist, möchte ich Ihnen raten, daß Sie mit einem Therapeuten sprechen, bevor Sie diese Übung machen. Sie könnten eventuell fachkundige Unterstützung und Anleitung bei Ihrer Reise brauchen.

Autobiographie – eine Orientierungsrichtlinie

Lesen Sie diese Orientierungshilfe durch, und kreuzen Sie die Fragen an, die für Sie persönlich die wichtigsten zu sein scheinen. Fassen Sie Ihre Reaktionen in Worte, schriftlich oder mündlich. Bemühen Sie sich um ein Maximum an Gefühlsausdruck.

I. Säuglingsalter

A. Wie war die Atmosphäre in der Familie zur Zeit Ihrer Geburt?
   1. Lebten Ihre Eltern zusammen?
   2. Waren sie glücklich?
   3. Waren Sie ein Wunschkind?
   4. Waren Ihre Eltern mit Ihnen zufrieden?
   5. Wissen Sie, ob Sie sich einen Jungen oder ein Mädchen gewünscht hatten?
   6. Hatten Sie ältere Geschwister?
   7. Wer hat sich in erster Linie um Sie gekümmert, Sie versorgt?

II. Frühe Kindheit (ein bis fünf Jahre):

A. Was sagen frühe Fotos über Sie aus?
B. Was sind Ihre frühesten Erinnerungen?
C. Zählen Sie die hauptsächlichen Gefühle auf, die Sie als Kind hatten (z. B. Traurigkeit, Freude, Wut, Enttäuschung, Verletzung, Scham, Schuld, Liebe usw.).
D. Womit haben Sie sich am liebsten beschäftigt?
E. Falls Sie Geschwister hatten, beschreiben Sie Ihr Verhältnis zu ihnen.
   1. Wer stand Ihnen am nächsten?
   2. Mit welchem/welchen hatten Sie Probleme?
F. Hatte eines Ihrer Geschwister eine besondere Beziehung zu einem Elternteil?
   1. Beschreiben Sie diese Beziehung.
   2. Welche Gefühle hatten Sie dazu?
G. Was gefiel Ihnen am besten und was am wenigsten an Ihrer frühen Kindheit?

III. Spätere Kindheit (fünf bis elf Jahre):

A. Wie erlebten Sie die Schule?
B. Was für ein Schüler waren Sie?
C. Wie reagierten Ihre Eltern bzw. die Menschen, die Sie aufzogen, auf Ihre schulischen Leistungen?
D. Hatten Sie Freunde/Freundinnen?
   1. Mit wem waren Sie befreundet?
   2. Beschreiben Sie Ihre Beziehungen zu ihnen.
   3. Womit haben Sie sich beschäftigt?
E. Wie war Ihr Zuhause?
   1. Wie sah es aus?

2. Welche Einstellung hatten Sie zu Ihrem Wohnort?

F. Haben die Erwachsenen, die Sie aufzogen, Ihre Gefühle respektiert?

G. Hatten diese eine gesunde Art, mit ihren eigenen Gefühlen umzugehen?

H. Haben Sie Gefühle wie Wut, Angst, Traurigkeit, Schuld, Liebe, Zuneigung ausgedrückt, bzw. konnten Sie sie überhaupt zeigen?

I. Haben die Erwachsenen, die Sie aufzogen, Sie berührt und in den Arm genommen?
   1. Wenn ja, wer tat das?
   2. Wenn nicht, warum nicht?
   3. Wie fühlte es sich an, berührt bzw. nicht berührt zu werden?

K. Wie wurden Sie bestraft?
   1. Von wem?
   2. Ging es fair und menschlich zu?
   3. Wofür wurden Sie bestraft?

L. Wurden Sie von irgend jemandem »verwöhnt«?
   1. Wie, auf welche Weise?
   2. Wie reagierten andere auf Ihre Verwöhnung?

M. Waren Sie Liebling von jemandem in der näheren oder weiteren Familie?
   1. In welcher Weise zeigte sich diese Bevorzugung?
   2. Wie reagierten andere auf diese Bevorzugung?

N. Wurden Sie von irgend jemandem körperlich mißhandelt? (Dazu gehören Schläge, Schütteln, Ohrfeigen, Kopfnüsse, An-den-Haaren-Ziehen, böswilliges Kitzeln usw.)
   1. Wenn ja, von wem?
   2. Beschreiben Sie die Mißhandlungen!
   3. Welche Gefühle hatten Sie dazu?
   4. Gab es jemandem, dem Sie davon erzählen konnten?

O. Sind Sie von jemandem sexuell mißbraucht worden?
   1. Gab es offenkundigen Mißbrauch? (Dazu gehört Geschlechtsverkehr, Betätscheln, Vergewaltigung, sexuelle Küsse, sexuelle Berührungen, Pornographie, Voyeurismus, Exhibitionismus.)
   2. Gab es irgendeine Art von verdecktem Mißbrauch? (Dazu gehört fehlende Distanz im Badezimmer oder Schlafzimmer, sexuelle Anspielungen, »unanständige« Witze oder Zweideutigkeiten, Behandlung als »Angebetete« oder »kleiner Kavalier« von einem Elternteil oder Verwandten, sexuelle Blicke und Benutzung als Quelle sexueller Stimulation.)

3. Versuchte jemand, Sie vor dem Mißbrauch zu schützen?
4. Haben Sie versucht, Hilfe zu bekommen? Wenn nicht, warum nicht?

P. War Ihre Familie flexibel?
Q. Hatten die Erwachsenen eindeutig das Sagen?
R. Hatten die Erwachsenen ein eindeutiges, gesundes Unterstützungssystem durch Freunde, Familie, Nachbarn?
S. Hatte Ihre Familie einen gesunde Beziehung zu Ihrem sozialen Umfeld im weiteren Sinne?
   1. Schule
   2. Kirche
   3. Nachbarn
   4. Freunde/Bekannte
   5. Arbeit
T. Können Sie Ihr Leben im Alter von fünf bis elf mit einem Wort oder einem Satz charakterisieren?
   1. Welches waren die Höhepunkte?
   2. Welches waren die Tiefpunkte?
   3. Was würden Sie ändern, wenn es möglich wäre?

IV. Adoleszenz (zwölf bis zwanzig Jahre)

A. Was für ein Typ von »Teenager« waren Sie in der Pubertät?
B. Welche hauptsächlichen Gefühle hatten Sie in diesem Alter?
C. Wie standen Sie in dieser Zeit zu den Menschen, von denen Sie aufgezogen wurden?
D. Was für ein Verhältnis hatten Sie zu Freunden/Freundinnen und Mitschülern/Mitschülerinnen?
E. Wie fanden Sie Ihr Aussehen?
F. Welcher Mensch stand Ihnen am nächsten?
G. Beschreiben Sie Ihre sexuelle Entwicklung.
   1. War sie mit irgendwelchen sexuellen Ängsten verbunden?
   2. Wie reagierten die Menschen, von denen Sie aufgezogen wurden, auf Ihre sexuelle Reife?
   3. Wurden Sie ausreichend aufgeklärt?
H. Beschreiben Sie Ihre Beziehungen zu jungen Leuten des anderen Geschlechts.
   1. Verabredeten Sie sich zu Rendezvous?
   2. Wie reagierten die Menschen, von denen Sie erzogen wurden, auf Ihr Interesse am anderen Geschlecht?
   3. Haben Sie vielfältige sexuelle Erfahrungen gesammelt?

I. Konnten Sie zu Hause Ihre Intimsphäre wahren?
J. Waren die Menschen, von denen Sie erzogen wurden, mit ihrem Leben zufrieden?
K. Wurden Sie als Jugendliche(r) darin unterstützt, von zu Hause fortzugehen und unabhängiger zu werden?
   1. Erhielten Sie Hilfe und Information bezüglich Ihrer Berufswahl?
   2. Wurde Druck ausgeübt, damit Sie zu Hause oder ganz in der Nähe blieben?
   3. Hatten Sie Angst oder Schuldgefühle, daß Sie von zu Hause fort wollten?
   4. War es Ihnen sehr wichtig, von zu Hause fortzukommen?
L. Wann waren die schwierigsten Zeiten in Ihrer Adoleszenz?
M. Welches waren die Höhepunkte?
N. In welcher Hinsicht würden Sie etwas an Ihrem Leben als Jugendliche(r) ändern, vorausgesetzt, es wäre möglich?

V. Das Leben als junger Erwachsener (von 21 bis 30)
A. Machen Sie eine Aufstellung aller Ihrer wesentlichen Liebesbeziehungen und charakterisieren Sie sie kurz.
B. Wie verlief Ihr beruflicher Werdegang?
C. Beschreiben Sie ein eventuelles Studium bzw. sonstige Fortbildungsmaßnahmen und welche Gefühle Sie dabei hatten.
D. Schildern Sie Ihre körperliche Gesundheit.
E. Beschreiben Sie Ihre Ehe(n), falls Sie in diesem Zeitraum geheiratet haben.
F. Falls Sie Kinder bekommen haben, beschreiben Sie Ihre Beziehung zu ihnen.
G. Wenn Sie Ihr Leben als junge(r) Erwachsene(r) noch einmal erleben dürften, was würden Sie anders machen?

VI. Wie ist Ihr Leben seither verlaufen?
A. Höhepunkte
B. Tiefpunkte
C. Beruf
D. Gesundheit
E. Freundschaften
F. Liebesbeziehungen

VII. Heute

A. Welche Gefühle erleben Sie regelmäßig? (Z. B. Müdigkeit, Wut, Traurigkeit, Depression, Freude, Beschwingtheit, Ziellosigkeit, Zuversicht, Zielbewußtheit usw.)

B. Welche immer wiederkehrenden Gedanken und Phantasien haben Sie?

C. Wer steht Ihnen am nächsten?

Wenn Sie Ihre Lebensbeschreibung zu Ende geschrieben oder erzählt haben, werden Sie vielleicht erschöpft sein – ganz besonders, wenn dabei sehr viele starke Gefühle an die Oberfläche gekommen sind. Vielleicht haben Sie das Gefühl, nackt und ungeschützt dazustehen. Gehen Sie gut mit sich um, und geben Sie sich genug Zeit, um sich wieder zu entspannen und neu zu sammeln.

Wenn Sie in den folgenden Tagen merken, daß Sie öfter als sonst an die Vergangenheit denken müssen, dann heißen Sie diese Gedanken willkommen. Ihr emotionales Bearbeitungssystem ist dabei, sich in Gang zu setzen. Sprechen Sie mit jedem, der bereit ist zuzuhören, über Ihre Vergangenheit. Mein Mann hat schon öfter gesagt: »Wie oft muß ich mir noch Sachen aus deinen Kindertagen in Sistersville, West Virginia anhören?«, und ich habe trocken geantwortet: »Bis ich nicht mehr darüber zu sprechen brauche.« Glücklicherweise war er so lieb, mir immer wieder zuzuhören. Mit jedem Mal wird mein Schmerz geringer. Ich rate Ihnen dringend, Ihre Geschichte so lange zu erzählen, bis die emotionale Spannung sich fast ganz entladen hat, selbst wenn Sie riskieren müssen, daß Sie Ihre Freunde langweilen – schließlich, wozu haben wir Freunde?

ÜBUNG 2

Befragung im Familienkreis

Nachdem Sie Ihre Autobiographie beendet haben, sollten Sie im Familien- und Bekanntenkreis Fragen stellen, um noch mehr über Ihre Kindheit zu erfahren. Sie werden nicht nur Ihre eigenen Erinnerungen besser einordnen können, sondern auch ein neues Kapitel in Ihrer Familiengeschichte aufschlagen. Besonders nützlich kann es für Sie sein, mehr über Ihre Eltern zu erfahren. Wenn Sie herausfinden, wie diese wiederum von ihren Eltern behandelt wurden, dann verstehen Sie vielleicht besser, warum sie Sie so behandelt haben.

Wenn Ihre Eltern noch leben, können diese Ihnen vielleicht selbst einen Großteil dieser Informationen geben. Da Sie ihnen nur Fragen zu deren eigener Lebensgeschichte stellen – und nicht über ihre Beziehung zu Ihnen sprechen –, bekommen Sie möglicherweise erstaunlich viel zu hören. Sie können für dieses Gespräch entweder einen bestimmten Termin vereinbaren oder Ihre Fragen während eines ganz normalen Besuchs ins Gespräch einflechten. Das entscheiden Sie selbst. Tun Sie, was Ihnen am richtigsten erscheint.

Wenn Ihre Eltern sehr wortkarg bleiben, sind sie entweder besonders defensiv, oder sie verleugnen sogar, was ihnen als Kindern angetan wurde. Ergänzen Sie das wenige, was Sie von ihnen in Erfahrung bringen können, durch Gespräche mit anderen Verwandten. Vielleicht sind diese entgegenkommender. (Lesen Sie vorher die Vorschläge für Interviews mit Verwandten und Bekannten auf Seite 187).

Es folgt eine Vorschlagsliste mit Fragen, die Sie Ihren Eltern stellen können. Suchen Sie diejenigen heraus, die am geeignetsten scheinen, gedankliche Anstöße zu geben. Wenn Ihnen selbst Fragen einfallen, schreiben Sie sie auf. Fragen Sie sich: Was möchte ich unbedingt über meine Eltern wissen?

Fragen, die Sie Ihren Eltern stellen können

1. Wie hast du deine Kindheit erlebt?
2. Erzähl mir etwas von dem Haus/der Wohnung, in der du aufgewachsen bist!
3. Hast du dort gern gewohnt?
4. Was für ein Kind warst du? (z. B. glücklich, unternehmungslustig, schüchtern, neugierig usw.)
5. Welche offiziellen Regeln und welche ungeschriebenen Gesetze gab es in deiner Familie?
6. Fühltest du dich am engsten mit deiner Mutter oder mit deinem Vater verbunden?
7. Wie waren deine Eltern?
8. Glaubst du, deine Eltern waren glücklich?
9. Was machten deine Eltern, wenn sie zusammen Spaß haben wollten?
10. Glaubst du, daß deine Eltern gerne Eltern waren?
11. Was war das schönste in deiner Kindheit?
12. Was war das schwerste an deiner Kindheit?
13. Wie war die Familienatmosphäre?
14. Stand eines deiner Geschwister einem deiner Elternteile besonders nahe? Und wie fandest du das?

15. Wurde jemand in deiner Familie ganz offensichtlich bevorzugt?
16. Gab es ein Kind, das immer außen vor gelassen wurde?
17. Gab es ein Kind, auf dem ein Elternteil immer herumhackte?
18. Gab es ein Kind, das von einem Elternteil verwöhnt wurde?
19. Gab es ein Kind, das »nichts falsch machen konnte«?
20. Wie warst du in der Pubertät?
21. Haben deine Eltern ihre Gefühle offen gezeigt?
22. Was wolltest du früher werden?
23. Was fandest du an Mama/Papa besonders anziehend?
24. Wie waren eure ersten Ehejahre?
25. Welches waren die schwersten Jahre in eurer Ehe?
26. Hast du als Kind irgend etwas Traumatisches erlebt?
27. Hast du dir einen Jungen oder ein Mädchen als erstes Kind gewünscht?
28. Wie haben deine Eltern auf deine Heirat reagiert?
29. Wie haben deine Eltern reagiert, als du anfingst, dich für Jungen bzw. Mädchen zu interessieren?
30. Glaubst du, daß einer von deinen Eltern sich emotional auf dich gestützt hat?
31. War deine Mutter oder dein Vater jähzornig oder mißhandelte sie/er dich?
32. Auf welche Weise wurdest du bestraft?
33. Wie war das, während der dreißiger Jahre (Nazizeit) oder im Ersten bzw. Zweiten Weltkrieg zu leben?
34. Hattet ihr während deiner Kindheit finanzielle Probleme?

Zusätzliche Erkenntnisse ergeben sich, wenn Sie auch Ihren Tanten und Onkeln ähnliche Fragen in bezug auf Ihre Eltern stellen: »Wie war meine Mutter bzw. mein Vater als kleines Kind?«, »Was ist deine Haupterinnerung an meine Mutter/Vater?«, »Wie vertrug sich meine Mutter/Vater mit euren Eltern?«, »Warst du auf sie/ihn eifersüchtig, oder war sie/er eifersüchtig auf dich?«. Solche Gespräche können sehr aufschlußreich sein.

Auch Freunde aus Kindertagen, Vettern und Kusinen sowie Nachbarn können gute Informationsquellen sein. Welche Fragen Sie stellen und wie Sie sie formulieren, wissen Sie sicher selbst am besten. Vielleicht macht es Ihnen gar nichts aus, Tante Frances sehr weitreichende persönliche Fragen zu stellen, während Sie bei Tante Ruth instinktiv einen Bogen um bestimmte Themen machen würden.

Fragen, die Sie guten Freunden, Tanten und Onkeln, Vettern und Kusinen sowie Nachbarn stellen können:

1. Wie fandest du es bei uns zu Hause?
2. Was waren die hauptsächlichen Unterschiede zwischen deinen und meinen Eltern?
3. Hattest du den Eindruck, daß einer von meinen Eltern eins von uns Kindern vorzog?
4. Welche Erinnerungen hast du an mich, als ich noch ein Kind war?
5. Gab es irgend etwas an meiner Familie, was dir komisch oder ungewöhnlich vorkam?
6. Was gefiel dir an unserem Zuhause?
7. Was gefiel dir nicht, wenn du bei uns zu Besuch warst?
8. Wie waren meine Eltern zu dir?
9. Wie gingen meine Eltern miteinander um?
10. Welche Erinnerungen hast du an meine Brüder und Schwestern?

Geschwister können eine wahre Fundgrube für die Familiengeschichte sein. Sie haben zum Teil dieselben Erfahrungen wie Sie, nur hatten sie eine andere Sichtweise. Wenn Sie sich mit ihnen gut verstehen, dann haben Sie zweifellos bereits viele hilfreiche Gespräche geführt. Aber wenn Sie wegen eines großen Altersunterschieds oder den örtlichen Entfernungen oder auch schlichtweg aus Maulfaulheit Ihren Austausch bisher auf einer oberflächlichen Ebene belassen haben, dann nehmen Sie jetzt die Gelegenheit wahr, um tiefergehende Fragen zu stellen. (Wenn Sie ein konfliktbelastetes Verhältnis zu einem Bruder oder einer Schwester haben, lassen Sie diese Übung aus. Lesen Sie die Vorschläge in Kapitel 11, wie Sie Geschwisterbeziehungen heilen können.)

Fragen, die Sie Geschwistern stellen können:

1. Was ist deine wichtigste Erinnerung an das Haus bzw. die Wohnung, wo wir aufgewachsen sind?
2. Hast du bestimmte wiederkehrende Träume, die von der Familie handeln? Wenn ja, welche?
3. Hast du dich Mutter oder Vater näher gefühlt?
4. Hattest du den Eindruck, daß einer von ihnen eins von uns Kindern vorgezogen hat? (Dies könnte ein neuralgischer Punkt sein.)

5. Was war für dich die traurigste Zeit in deiner Kindheit und Jugend in der Familie?
6. Was war für dich die schönste Zeit?
7. Was hast du dir von Mutter und/oder Vater gewünscht, was du nie bekommen hast?
8. Was gefiel dir am besten an Mutter und/oder Vater?
9. Was würdest du an unserer Familie ändern, wenn es möglich wäre?
10. Welche ungeschriebenen Gesetze gab es in unserer Familie?
11. Wer beeinflußte dich am meisten, Mutter oder Vater (bzw. Stiefvater, Stiefmutter usw.)?
12. War Mutter oder Vater dein Vorbild?
13. Hast du dich absichtlich von Mutter oder Vater distanziert?
14. Hast du das Gefühl, daß du Ähnlichkeit mit Mutter oder Vater hast? Und wie findest du das?
15. Zu welchem von uns Geschwistern hast du das engste Verhältnis gehabt?
16. Hattest du das Gefühl, daß uns die Erwachsenen fair behandelt haben?
17. Kannst du dich daran erinnern, jemals auf Mutter oder Vater wütend gewesen zu sein?
18. Welches Ereignis hat dich am meisten verletzt?
19. Welches Ereignis hat dich am meisten gefreut?

Weitere Gebiete für Nachforschungen: das Verhältnis zu anderen Verwandten, bestimmte Ereignisse wie Umzüge oder traumatische Geschehnisse wie Brände, Unfälle, Scheidungen oder Todesfälle.

ÜBUNG 3

Das Familien-Genogramm oder die politische Landkarte

Durch das Verfertigen eines Genogramms, d. h. einer Art von psychologisch-politischer Skizze, können Sie die hauptsächlichen Familienbeziehungen in grafischer Form darstellen.[2] Diese Übung wird häufig von Familientherapeuten benutzt, um periodisch wiederkehrende Verhaltensmuster in der Familie hervorzuheben.
Diese Technik hat ihre Grenzen. Ein Genogramm ist etwas Statisches, während eine Familie im ständigen Wandel begriffen ist. Ein Geno-

gramm illustriert nur die auffallendsten Züge der Familiendynamik, während Familien in Wirklichkeit einen wahren Irrgarten von komplexen Interaktionen darstellen. Trotzdem können Sie eine Menge erfahren, wenn Sie die Familiendynamik auf die simpelste Grundform zurückführen. Es ist ähnlich, wie wenn Sie in 10 000 Meter Höhe fliegen: Plötzlich sehen Sie Berge und Täler und nicht nur die Risse im Asphalt.

Ich fordere meine Klienten routinemäßig dazu auf, Genogramme zu konstruieren, und die meisten finden, daß es eine Übung ist, die einiges bringt. Wer seine Familie aus der Distanz betrachtet, kann regelmäßig auftretende Muster wie Alkoholismus, Scheidung, frühe Schwangerschaften, Armut, Kriminalität, Kinderreichtum oder Eltern-Kind-Dreiecksbeziehungen erkennen. Man beginnt die Gegenwart als Teil eines größeren Zusammenhangs zu sehen und kann den Finger auf durchgehende Entwicklungen legen. Derartige Erkenntnisse lösen oft ein verstärktes Interesse aus, sich mit der eigenen Kindheit zu befassen.

So zeichnen Sie ein Familien-Genogramm

Üblicherweise werden weibliche Familienmitglieder durch einen Kreis, männliche durch ein Viereck symbolisiert. In jedes dieser Symbole wird der Name bzw. die Initialen der Person sowie ihr Alter eingetragen. Bei Menschen, die nicht mehr leben, wird der Kreis bzw. das Viereck mit einem X durchgekreuzt, und das Todesdatum wird dazu geschrieben. Ehen werden durch waagerechte Verbindungslinien zwischen zwei Personen dargestellt, wobei das Datum der Eheschließung auf die Linie geschrieben wird. Ein eheähnliches Zusammenleben oder ein langjähriges Verhältnis wird durch gepunktete Linien, die die zwei Personen verbinden, angedeutet. Scheidungen oder Todesfälle werden durch eine Diagonale durch die Ehelinie dargestellt, wobei das Wort »Scheidung« oder »Tod« und das entsprechende Datum auf diese Linie geschrieben werden. Weitere Ehen werden dargestellt, indem Sie unterhalb der ersten Ehelinie eine Linie zu dem betreffenden neuen Ehepartner einzeichnen. Kinder werden durch senkrechte Linien, die von den Ehelinien abgehen, gekennzeichnet. Für gewöhnlich befindet sich das älteste Kind links und das jüngste rechts.

Wenn Sie das Gerüst der Grundlinien gezeichnet haben, können

Genogramm-Symbole

1. Eine Zickzacklinie weist auf ein gespanntes Verhältnis zwischen zwei Personen hin. Zum Beispiel:

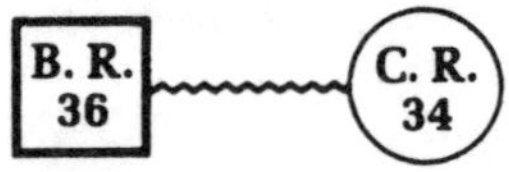

2. Ein großes A symbolisiert Alkoholismus und ein großes D Drogenabhängigkeit. Zum Beispiel:

3. Depressionen oder Gemütskrankheiten werden durch einen schwarzen Haken angedeutet. Zum Beispiel:

4. Sexueller Mißbrauch wird durch einen gezackten Pfeil vom Täter zum Opfer dargestellt. Zum Beispiel:

5. Liebesaffären werden durch eine unterbrochene Linie dargestellt. Zum Beispiel:

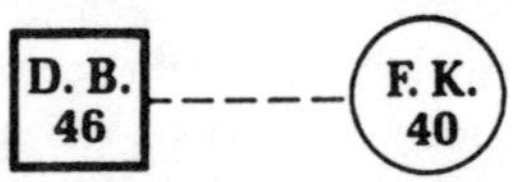

6. Reichtum wird durch ein Dollar- bzw. DM-Zeichen und Armut durch ein Minuszeichen dargestellt. Beispiele:

$ –

7. Unterstreichungen weisen auf die dominante Persönlichkeit in einer Ehe hin. Zum Beispiel:

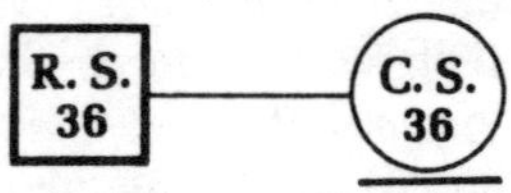

8. Eine allzuenge Eltern-Kind-Beziehung wird durch Pfeile, die vom Elternteil zum Kind verlaufen, dargestellt. Zum Beispiel:

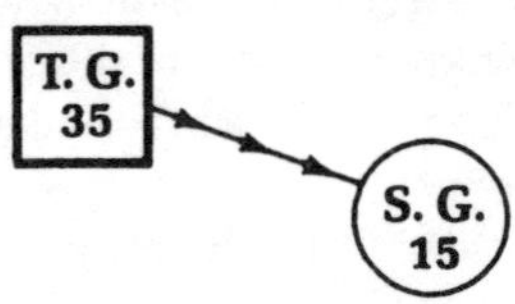

Sie zusätzliche Symbole einfügen, um weitere Eigenschaften darzustellen. Dafür gibt es keine generell akzeptierten Symbole. Im folgenden finden Sie meine Vorschläge. Denken Sie sich Ihre eigenen Symbole aus, wenn Sie etwas bezeichnen wollen, was ich nicht aufgeführt habe. (siehe S. 190)

Als Beispiel sehen Sie, wie die Familie Jones in einem Genogramm abgebildet werden könnte. Pamela und Ed Jones heirateten 1965. Sie haben drei Kinder: Maggie, 20, Ed. jr., 17, Suzie, 15. Ed Jones hat eine übertrieben enge Bindung an seine jüngste Tochter Suzie. Sein Verhältnis zu seiner Frau ist gespannt. Zwischen Maggie und Suzie herrscht Feindseligkeit vor.

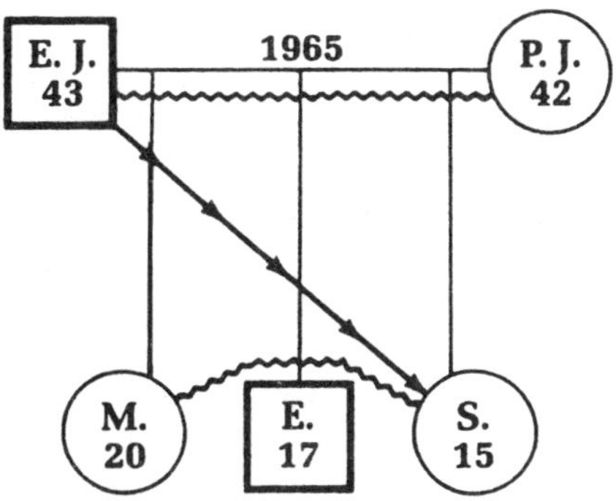

Genogramm der Familie Jones

Das Genogramm der Familie Stewart (siehe S. 192) ist etwas komplizierter. Gwen und Robert Stewart heirateten 1946. Sie hatten zwei Kinder, Mathew, der heute 40 ist, und Thomas, 38. Robert ist 1957 gestorben. Gwen heiratete ihren zweiten Mann Lawrence im Jahr 1959. Sie haben ein gemeinsames Kind, Stephanie, die heute 26 ist.

Robert und Gwen führten keine sehr gute Ehe, was zum Teil daran lag, daß Robert Alkoholiker war. Deshalb wendete Robert sich seinem ältesten Sohn Mathew zu. Als Robert starb, machte Gwen dort weiter, wo Robert aufgehört hatte, und schloß ein enges Bündnis mit Mathew. Der Sohn Thomas ist nicht nur ein ausgeschlossenes Kind, er ist auch Alkoholiker. Gwens zweiter Mann Lawrence ist ein trockener Alkoholiker, was in diesem Beispiel durch ein eingekreistes »A« dargestellt wird. Lawrence hat eine allzu enge Bindung an seine Tochter Stephanie, woraus sich viele Eheprobleme ergeben.

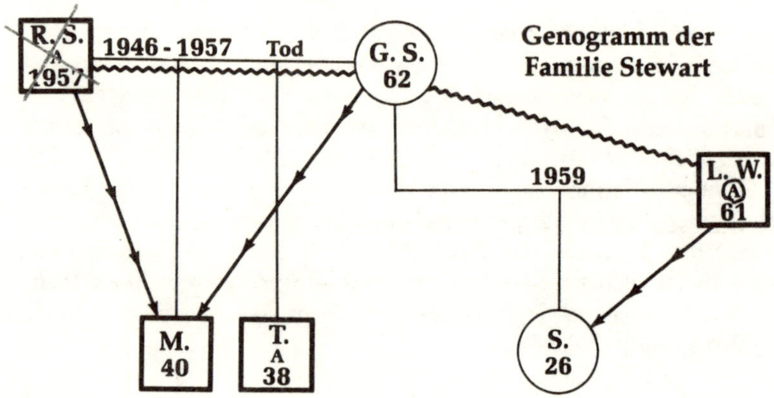

Wenn Sie einen noch größeren Überblick bekommen wollen, nehmen Sie so viele vorhergehende Generationen in Ihr Genogramm auf wie möglich. Auf der Seite 193 sehen Sie ein vier Generationen umspannendes Genogramm meiner Familie. Achten Sie auf die wiederholten Fälle von Alkoholismus, Scheidung und generationsübergreifenden Koalitionen.

Wenn Sie Ihr Genogramm fertiggestellt haben, stellen Sie sich folgende Fragen: Was würde ein unparteiischer Beobachter über meine Familie sagen? Nehmen die Probleme in meiner Familie im Laufe der Zeit zu oder ab? Worauf führe ich das zurück? Es könnte interessant sein, wenn sie diese Übung gemeinsam mit einem Bruder oder einer Schwester machen oder wenn eines der Geschwister es unabhängig von Ihnen macht und Sie dann die Ergebnisse vergleichen. Was für Ähnlichkeiten stechen hervor? Und welche Unterschiede?

ÜBUNG 4

Wie Sie zusammenfassen, was Sie gelernt haben

In dieser Anfangsphase Ihrer Heilung hatten Sie Gelegenheit, eine Lebensbeschreibung herzustellen, Verwandte zu interviewen und ein Genogramm zu konstruieren.

Welche Übung hat die stärksten Gefühle bei Ihnen ausgelöst?

Haben sich Ihre Gefühle bezüglich bestimmter Familienmitglieder verändert?

Wenn ja, in welcher Hinsicht?

Genogramm der Familie von Pat Love

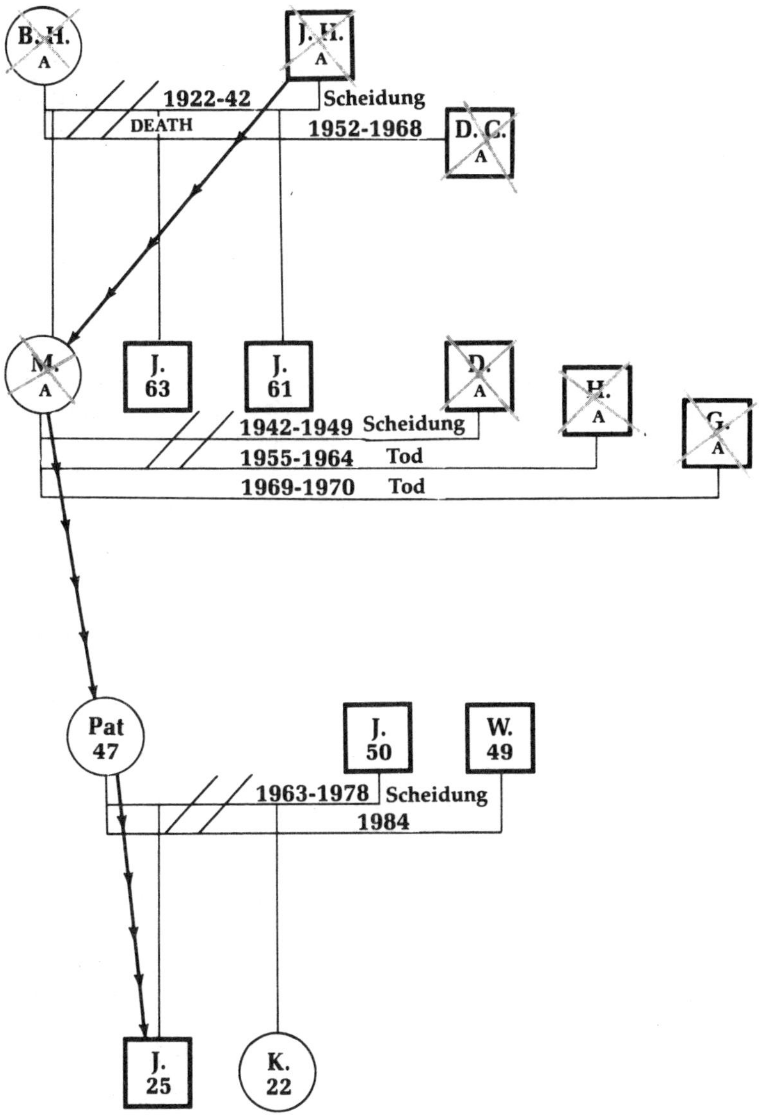

Welche Gefühle sind durch den Prozeß aufgetaucht bzw. verstärkt worden?

Falls Sie schon einmal eine Therapie gemacht haben, wird Ihnen die Arbeit, die Sie in diesem Kapitel geleistet haben, dabei geholfen haben, Ihre früheren Erkenntnisse über Ihre Kindheit zu konkretisieren, und diese Arbeit wird hoffentlich auch zu neuen Entdeckungen geführt haben. Ganz gleich, wie oft ich mich mit der Vergangenheit beschäftige, ich entdecke immer wieder etwas Neues.

Falls dies das erste Mal ist, daß Sie Ihre Familienbeziehungen systematisch untersuchen, hoffe ich, daß Sie angeregt worden sind, diese Arbeit fortzuführen, sei es allein oder mit einem Psychotherapeuten oder in einer Selbsthilfegruppe. Es kostet Zeit und Mühe, um die verschiedenen Schichten von Familienmythen und Fehlinformationen abzutragen, die die Vergangenheit vor uns verbergen. Jedesmal, wenn Sie eine Reise in die Vergangenheit machen, werden Sie mit immer mehr Fakten zurückkommen, und jede Entdeckung wird Sie von einem weiteren Teil der »unerledigten Geschäfte« befreien.

10

So schließen Sie mit Ihren Eltern Frieden

Nachdem Sie begonnen haben, Ihre Vergangenheit unter die Lupe zu nehmen, befassen Sie sich auf der nächsten Stufe Ihrer Heilung mit Ihren derzeitigen Beziehungen. Die einflußreichste ist die zu Ihren Eltern. Ob Sie mit ihnen unter einem Dach leben oder 700 Kilometer weit fortgezogen sind, ob Ihre Lebensbahnen weiterhin ineinander verflochten sind oder ob Sie seit zwanzig Jahren nicht mehr miteinander gesprochen haben, in jedem Fall wird eine Verbesserung des zwischen Ihnen herrschenden Gefühlsklimas zu einem bedeutenden Wachstumsprozeß bei Ihnen führen. Selbst wenn Ihre Eltern nicht mehr leben, gibt es Möglichkeiten, wie Sie Lösungen für die alten Eltern-Kind-Probleme finden können.

Ihre Beziehung zu den Menschen, von denen Sie erzogen wurden, ist deshalb so wichtig, weil sie sich überall in Ihrem Leben bemerkbar macht. Jeder Mensch in Ihrer Umgebung wird zum Erben der unerledigten Geschäfte, die noch mit Ihren Eltern anstehen – Ihre Kollegen, Ihr Partner, Ihre Freunde, Ihre Kinder. Selbst wenn Sie alle bewußten Gedanken an Ihre Eltern verbannt haben, hören diese nicht auf, sich in Ihr tägliches Leben zu drängen. Ohne es zu wissen, fühlen Sie sich zu Menschen hingezogen, von denen Sie so behandelt werden wie von Ihren Eltern. Auch projizieren Sie die Gefühle, die Sie für Vater und Mutter haben, auf andere Menschen. Vielleicht behandeln Sie Ihre Kinder auf die gleiche Weise, wie Ihre Eltern Sie behandelt haben – obwohl Sie versuchen, sie ganz anders zu erziehen. Auf die eine oder andere Weise finden ungelöste Eltern-Kind-Probleme ihren Widerhall in Ihrem Leben. Wenn Sie das Problem direkt angehen und sich auf die Beziehung zu Ihren Eltern konzentrieren statt auf sekundäre Beziehungen, werden Sie schnellere und sichere Fortschritte machen.

Beth: *»Ich wußte nie, warum meine Mutter so wütend war.«*

Beth war eine College-Studentin, die sehr davon profitierte, daß sie die Beziehung zu ihrer Mutter in Ordnung brachte. Sie suchte mich auf, weil sie sich um ihre Zensuren Sorge machte. In der High-School war sie noch eine Einser-Schülerin gewesen, doch mit den höheren Anforderungen der Universität kam sie nicht zurecht. Dies war zwar ihr »Vorzeigeproblem« – das aktuelle Problem, das sie in die Therapie brachte –, aber ich merkte bald, daß sie noch andere Sachen quälten. Sie fühlte sich zum Beispiel von ihrer Zimmernachbarin tyrannisiert, und sie war in einer destruktiven Beziehung mit einem jungen Mann verbunden.

Als Beth von ihrer Familie sprach, wurde mir bald klar, daß sie ein auserwähltes Kind gewesen war. Mit ihrem Vater »verstand sie sich toll«, während sie ein gespanntes Verhältnis zu ihrer Mutter Marion hatte, einer scharfzüngigen, egozentrischen Frau, die in der Familie dominierte. Ihre Mutter war der Anlaß zu den meisten Problemen. Um mit ihr auszukommen, fügte Beth sich in alles, was sie wollte, damit sie nicht unter ihrem Jähzorn zu leiden hatte. Ihr jüngster Bruder Arnold, das »Sündenbock-Kind« der Familie, bekam den größten Teil der mütterlichen Wutanfälle zu spüren.

Solange Beth ein kleines Kind war, war ihre Unterwürfigkeit nützlich gewesen, doch inzwischen wirkte sie sich nachteilig aus, denn Beth war so passiv, daß selbst ihre besten Freundinnen sie ausnutzten. Ihre Passivität schien auch die Ursache für viele ihrer Schulprobleme zu sein: Sie hatte zum Beispiel in den Seminaren Hemmungen, Fragen zu stellen, und quälte sich mit Seminararbeiten herum, deren Themenstellung ihr nicht ganz klar war. Daß sie nicht zu den Besten gehörte, lag also an ihrer mangelnden Durchsetzungsfähigkeit.

Bei unserer gemeinsamen Arbeit konnte Beth erkennen, welcher Zusammenhang zwischen ihrem Verhalten in Gegenwart ihrer Mutter und ihrem Verhalten gegenüber anderen Leuten bestand. Für sie waren alle Menschen potentielle Marions, und um sich zu schützen, nahm sie automatisch eine Ergebenheitshaltung an.

Damit Beth in Zukunft selbstbewußter auftreten konnte, führte ich sie durch eine Serie von Rollenspielen. In der ersten Woche forderte ich sie dazu auf, sich vorzustellen, sie wäre ein kleines Mädchen und spreche mit ihrer Mutter, die durch einen leeren Stuhl symbolisiert wurde. Ich ermutigte sie, Marion zu sagen, wie es gewesen war, unter ihrer Fuchtel aufzuwachsen, und wie eingeschüchtert und bedroht sie sich gefühlt hatte. Diese Übung fiel Beth verhältnismäßig leicht, denn mit ihren Ängsten und Befürchtungen war sie vertraut.

In der zweiten Woche forderte ich sie auf, sich an den Stuhl zu wenden und ihrer Mutter zu sagen, wie sie behandelt werden wollte. Das fiel ihr sehr viel schwerer. Nachdem sie es einige Male geprobt hatte und ich es ihr auch vorgemacht hatte, war sie jedoch schließlich soweit, daß sie sich kerzengerade hinsetzte und laut und deutlich sagte: »Ich will, daß du nicht länger auf mir herumhackst! Und hör' endlich auch auf damit, auf meinem Bruder herumzuhacken!« Sie war so verblüfft über sich selbst, daß sie lachen mußte. »Wessen Stimme war *das* denn, bitte?« fragte sie ungläubig.

In der dritten Woche sollte Beth die andere Rolle übernehmen. Diesmal spielte sie die Mutter, und ich spielte Beth als kleines Mädchen. In dieser Rolle fragte ich sie: »Warum warst du nur die ganze Zeit so böse, Mama? Was war bloß in deinem Leben los, weshalb es so schwer war, mit dir auszukommen?« Beth dachte eine Weile nach und kam schließlich auf ein paar plausible Erklärungen, die ihr dazu verhalfen, sich ein bißchen in die Sichtweise ihrer Mutter als »ausgeschlossene Ehefrau« einzufühlen. In nur drei Sitzungen war Beth soweit gekommen, ihren Kummer zuzugeben, etwas von ihrem verdrängten Zorn zuzulassen und die Motive ihrer Mutter zu erahnen.

Als sie zum Thanksgiving-Wochenende nach Hause fuhr, mußte Beth die Probe bestehen. Sie war sehr erleichtert, als sie feststellte, daß die innere Stärke, die sie in den Rollenspielen entwickelt hatte, sich ins reale Leben mit hinübernehmen ließ. Zu ihrer Verwunderung kam ihr die Mutter weniger gebieterisch vor – sogar ein bißchen kleiner. »In meiner Phantasie ist sie 1,80 Meter groß«, sagte sie hinterher zu mir. »In Wirklichkeit ist sie nur 1,65. Ich bin sogar einen Zentimeter größer als sie!« Durch ihre Arbeit hatte sie ihre Mutter auf realistische Proportionen reduziert. Beth entdeckte sogar, daß sie so etwas wie Mitgefühl für sie hatte. »Es ist das erste Mal, daß ich sie angeguckt und eine einsame alte Frau gesehen habe«, sagte sie.

Während der folgenden Monate gewann Beth rundum an Selbstsicherheit. Sie bekam bessere Zensuren, setzte sich bei ihrer Zimmernachbarin durch und machte Schluß mit der selbstzerstörerischen Beziehung zu ihrem Freund. »Wenn ich es fertigbringe, meiner Mutter Paroli zu bieten«, hatte sie gefolgert, »dann kann ich es mit jedem aufnehmen.« Daß sie die Spannungen mit ihrer Mutter so erfolgreich lösen konnte, hatte einen Welleneffekt hervorgerufen, der sie auch auf allen anderen Gebieten stärker sein ließ.

So werden Sie objektiver

So wie es Beth gelang, ihre Mutter auf die richtige Größe zusammenschrumpfen zu lassen, so müssen auch Sie lernen, Ihre Mutter und Ihren Vater nicht mehr als Übermenschen zu sehen. Der bekannte Familientherapeut Philip Guerin verwandte viel Zeit darauf, den Gefühlen nachzuspüren, die er gegenüber seinen Eltern hegte, und ihm gelang es, diese Objektivität zu erreichen. In einem Kommentar in *The Book of Family Therapy*[1] schrieb Guerin: ». . . die Arbeit an meiner eigenen Familie hat mich dazu befähigt, meine Eltern als reale Menschen zu sehen. Heute glaube ich, daß ich sie beide weder über- noch unterschätze. Obwohl ich mir einerseits ihrer Unzulänglichkeiten stärker bewußt bin, glaube ich, daß sie jeder für sich heute für mich besser zu erkennen sind und daß ich beiden näher stehe als jemals zuvor. Eines steht fest: Ich halte sie nicht für die bösartigen Verursacher meiner eigenen Unzulänglichkeiten.«

Wie können Sie feststellen, ob Sie diese unvoreingenommene Sicht Ihrer Eltern erreicht haben? Vier Umstände deuten darauf hin:

1. *Sie können mit Ihren Eltern (Stiefeltern) umgehen, ohne ungebührlich außer Fassung zu geraten oder enttäuscht zu sein.* Ihre Eltern verhalten sich vielleicht nicht gerade so, wie Sie es gern hätten, aber darauf sind Sie zumindest seelisch vorbereitet. Es passiert selten, daß Sie sich von ihren Handlungsweisen überrumpelt fühlen.

2. *Die Art, wie Sie Ihre Eltern beurteilen, unterscheidet sich im großen und ganzen nicht wesentlich von der Einschätzung der meisten anderen Leute.* Das heißt, daß Sie Ihre Eltern, verglichen mit der Beurteilung Außenstehender, weder über- noch unterschätzen. Ihre Sichtweise stimmt weitgehend mit der von anderen überein.

3. *Sie nehmen an beiden Elternteilen positive und negative Züge wahr.* Statt einen Elternteil zu idealisieren und den anderen herabzusetzen, erkennen Sie bei beiden positive und negative Eigenschaften. Die meiste Zeit scheinen die Eltern normale Menschen mit den üblichen Stärken und Schwächen zu sein.

4. *Sie glauben nicht mehr, daß Ihre Eltern schuld an all Ihren Pro-*

blemen seien. Ihre Eltern trugen zwar die Verantwortung für Ihre Erziehung, doch trotzdem sind Sie imstande, nicht der Neigung nachzugeben, sie für alle Ihre Unzulänglichkeiten verantwortlich zu machen. Im Laufe der Zeit haben Sie die Tatsache akzeptiert, daß sie unter den gegebenen Umständen ihr Bestes taten.

So akzeptieren Sie die negativen Eigenschaften Ihrer Eltern

Wenn Sie sich diese objektive Sichtweise zu eigen machen wollen, ist es ganz wesentlich, daß Sie ihre Fehler akzeptieren. Die Menschen, die für Sie sorgen, waren – wie alle Eltern und Erzieher – nicht immer die weisen, warmherzigen und wunderbaren Menschen, die Sie gebraucht hätten. Es gab Zeiten, wo sie es nicht schafften, bestimmte Ihrer Bedürfnisse zu befriedigen und andere Bedürfnisse richtig zu deuten. Sie hatten Eigenschaften, die Ihnen das Leben schwermachten.

Wenn Ihre Eltern noch am Leben sind, müssen Sie die Tatsache akzeptieren, daß sie immer noch negative Charakterzüge haben und sie auch in Zukunft haben werden. Ihre Persönlichkeit ist geformt – sie sind, wie sie sind. Es ist nicht wahrscheinlich, daß sie sich auf irgendeine wesentliche Weise verändern, es sei denn, ihnen würde zwangsweise eine intensive Therapie auferlegt. Sie müssen ihre Begrenztheit akzeptieren und die Wunschvorstellung aufgeben, daß ein Wunder geschieht und sie sich noch verändern.

Ich weiß, wie schwierig es ist, den Traum von makellosen Eltern aufzugeben. Wir klammern uns an eine idealisierte Sicht unserer Eltern, weil wir irgendwo das Leben immer noch mit den Augen eines Kindes sehen und glauben, daß unser Überleben von unseren Eltern abhängt. Wenn wir feststellen, daß sie Fehler haben, sind wir nicht nur ärgerlich – es macht uns Angst. Unsere Existenz scheint bedroht. In uns ruft eine Stimme: »Sorgt denn gar keiner für mich?« Um diese Angst abzuwehren, halten wir uns an die Traumvorstellung, daß die Fehler unserer Eltern plötzlich wie durch Zauberei verschwinden werden: Bei *diesem* Besuch werden sie Verständnis für unsere Bedürfnisse haben, *dieses* Wiedersehen wird ohne häßliche Zwischenfälle verlaufen, *dieser* Anruf oder *dieser* Brief wird die alten Wunden schließen und uns einander wieder näherbringen.

Es ist nicht verwunderlich, daß es für uns am schwierigsten ist, die

Charakterschwächen zu akzeptieren, die uns in unserer Kindheit am meisten verwundet haben. Wenn unsere Eltern sich in einer uns wohlbekannten Weise destruktiv verhalten, dann wird unser unmittelbarer Schmerz durch die Qualen, die wir in der Vergangenheit litten, noch verstärkt. Hinter dem Entsetzen, das wir noch als Erwachsene spüren, verbirgt sich ein kleines Kind, das nach mehr Liebe und Sicherheit schreit.

Manchmal konnte ich meine eigene regressive Reaktion auf meine Mutter ganz klar erkennen. Ein Beispiel: Vor 25 Jahren starb mein Stiefvater, und mein Mann und ich fuhren zu der Beerdigung nach Hause. Am Abend nach dem Begräbnis fuhren wir zum Haus meiner Mutter, um sie zu trösten. Wir klopften an, aber niemand öffnete. Wir traten ein und fanden zu meinem Entsetzen meine Mutter im Schlafzimmer in den Armen eines Mannes, den wir nie zuvor gesehen hatten. Ich war so geschockt, daß ich fast in Ohnmacht fiel. Mein Mann sah, wie verstört ich war, und brachte mich schnell von dort fort.

Es ist verständlich, daß ich durch das Verhalten meiner Mutter schockiert war. Sich mit einem der Familie Unbekannten am Tag der Beerdigung des eigenen Mannes einzulassen, ist nicht gerade die Norm. Aber meine Nöte hatten tiefere Ursachen. Es dauerte wochenlang, bis ich an die Episode denken konnte, ohne in Tränen auszubrechen.

Mir wurde schließlich klar, daß das Benehmen meiner Mutter eine ganz alte Wunde wieder aufgerissen hatte. Ich hatte es als Kind öfter erlebt, daß sie mit einem fremden Mann aus der Kneipe nach Hause kam und ich nach unten verbannt wurde, während sie mit dem Fremden oben im Schlafzimmer verschwand. Einmal wurde ich mitten in der Nacht davon wach, daß meine Mutter mit einem Mann, den ich noch nie gesehen hatte, an meinem Bett stand. Sie forderte ihn auf, mich aus dem Bett zu nehmen und nach unten zu tragen. Sie ging hinter uns her, ohne ein Wort zu sagen. Als die beiden umkehrten, um die Treppe wieder hochzugehen, schrie ich los: »Mami, laß mich nicht allein! Laß mich nicht allein!« Aber sie reagierte nicht auf mein Rufen. Ich weinte und schrie vor Angst und Panik, stundenlang, wie es mir vorkam, und schlief schließlich vor Erschöpfung ein.

Als ich zehn Jahre später zur Beerdigung meines Stiefvaters nach Hause gekommen war, hatte das hemmungslose Benehmen meiner Mutter diese Erinnerung wieder an die Oberfläche gebracht. Ich konnte nicht damit fertig werden. Sechs Monate lang wollte ich sie weder sehen noch ihre Briefe beantworten. Im Unterbewußtsein war ich immer noch wütend darüber, daß sie mich im Stich gelassen hatte.

Schließlich war mein tiefverwurzeltes Bedürfnis, mit ihr verbunden zu sein, stärker als meine Verletztheit. Etwa ein Jahr nach der Begegnung hatte ich mich soweit beruhigt, daß ich ihr einen Brief schrieb. Ich schrieb ihr, daß ich ihr Verhalten zwar nicht gutheißen könne, aber nicht wolle, daß diese Sache noch weiter zwischen uns stünde. Ich war bereit, die Vergangenheit ruhenzulassen.

Wir haben beide nie wieder darüber gesprochen. Wir machten einfach da weiter, wo wir aufgehört hatten. Nicht lange darauf starb meine Mutter unerwartet. Heute, zwanzig Jahre später, ist mein Zorn auf sie durch die dazwischenliegende Zeit und die jahrelange Therapie zum größten Teil verschwunden. Ich werde ewig dankbar sein, daß ich so vernünftig war, ihr die Hand entgegenzustrecken, noch bevor ich völlig mit der Sache fertig war. Wenn ich damit gewartet hätte, bis ich totales Verständnis dafür gehabt hätte, wäre es zu spät gewesen.

Allzu leicht denkt man, die Eltern zu »akzeptieren« bedeute, daß man sie mögen müsse oder alles in Ordnung finden müsse, was sie tun. *Im Gegenteil, akzeptieren bedeutet, daß Sie Ihre Phantasievorstellung davon, wie die Eltern sein sollten, aufgeben müssen.* Sie müssen Ihre Eltern nicht gern haben, sie müssen mit ihnen nicht in wichtigen Dingen übereinstimmen, sie müssen weder den gleichen Geschmack noch die gleichen Wertvorstellungen haben. Alles, was Sie tun müssen, ist sie ansehen und sie als die, die sie nun einmal sind, akzeptieren.

Es gibt eine einfache, aber effektvolle Übung, die Ihnen dabei hilft, Ihre Eltern in größerem Maß als bisher zu akzeptieren. (Mein Freund und früherer Mentor Ed Jacobs machte mich damit bekannt.) Ich stellte einer vierzigjährigen Frau namens Sandra, die Schwierigkeiten damit hatte, sich mit ihrer Mutter auszusöhnen, eine Aufgabe, die eine Variante dieser Übung darstellt. Was Sandra am meisten bekümmerte, war der Negativismus ihrer Mutter. »Meine Mutter ruft mich nur an, um zu meckern«, sagte sie zu mir. »Ich bin so sauer darüber! Wenn ich den Hörer wieder auflege, dauert es Stunden, bis ich mich wieder beruhigt habe. Ich muß ein heißes Bad nehmen, um die Verspannungen wieder loszuwerden. Wenn mein Mann hört, daß ich mit ihr telefoniere, läßt er schon automatisch das Badewasser ein. Er weiß schon, daß ich's brauchen werde.«

Um Sandra ihre heftige Reaktion auf ihre Mutter mit etwas Abstand betrachten zu lassen, fragte ich sie: »Angenommen, Ihre Mutter ruft Sie hundertmal an, wie viele Anrufe sind wohl liebevoll und unterstützend?«

»Vielleicht zwei – wenn's hochkommt«, sagte sie.

»Und wie viele sind negativ?«

»Achtundneunzig!«

»Würden Sie Ihre Mutter alles in allem für einen positiven oder negativen Menschen halten?«

»Negativ, negativ!«

»Dann ist also Ihre Erwartung, daß Ihre Muter positiv gestimmt ist, wenn sie mit Ihnen telefoniert, ungefähr in 98 Prozent der Fälle unrealistisch. Nicht wahr?«

Sandra stieß einen Seufzer aus und nickte zustimmend.

Ich sagte, daß es nicht sehr wahrscheinlich wäre, daß ihre Mutter sich in ihrem Alter noch ändere; sie sei schon zu festgelegt. Aber sie selbst, Sandra, könne die Art, wie sie auf ihre Mutter reagiere, noch ändern, indem sie ihre Erwartungen mit der Realität in Einklang brächte. Wenn sie eine realistischere Haltung einnähme, würde sich ihr Streß deutlich reduzieren.

Damit sie sich eine zutreffendere Vorstellung von ihrer Mutter machen konnte, ließ ich sie jedes Telefongespräch mit ihr protokollieren. Hinterher sollte sie jedesmal ankreuzen, ob es positiv oder negativ gewesen war. Wenn es negativ gewesen war, sollte sie sich sagen: »Das war Mutter, wie sie leibt und lebt. So ist sie eben normalerweise.« Falls es positiv war, sollte sie sagen: »Das war sehr ungewöhnlich. Meine Mutter ist selten so positiv.«

Diese Übung erwies sich als der Durchbruch, den Sandra brauchte, um den schwierigen Charakter ihrer Mutter zu akzeptieren. Sie erlebte zwar ein gewisses Maß an Traurigkeit, als sie ihre Phantasievorstellung aufgab, ihre Mutter könne sich noch einmal ändern, aber sie verspürte auch eine sehr willkommene Erleichterung.

Wenn Sie von einem Elternteil oder beiden Eltern chronisch enttäuscht sind, dann schlage ich die folgende Übung vor.

ÜBUNG 1

Wie Sie die negativen Eigenschaften eines Elternteils akzeptieren

Denken Sie an den betreffenden Elternteil. Dann schreiben Sie hier die fünf Eigenschaften auf, die Sie am meisten an ihm stören.

1.

2.

3.

4.

5.

Als nächstes schreiben Sie fünf Sätze, die Ihre Bereitschaft zeigen, daß Sie diese Charakterzüge akzeptieren wollen. Zum Beispiel: »Ich akzeptiere die Tatsache, daß mein Vater eine schlechte Meinung von sich hat.« »Ich akzeptiere die Tatsache, daß mein Vater oft depressiv und mißmutig ist.« »Ich akzeptiere die Tatsache, daß meine Mutter mich oft kritisiert.« Es könnte hilfreich sein, diese Übung kurz vor einem Besuch bei diesem Elternteil zu wiederholen. Wenn Sie sich auf das vorbereiten, was höchstwahrscheinlich passieren wird, dann ersparen Sie sich Enttäuschungen.

So akzeptieren Sie die guten Eigenschaften eines Elternteils

Genauso wie es Ihnen vielleicht schwerfällt, die Schwächen eines Elternteils zu akzeptieren, sperren Sie sich vielleicht auch gegen seine positiven Eigenschaften; es ist durchaus möglich, daß Sie das Gute ebenso wie das Schlechte verleugnen. Das mag vor allem dann der Fall sein, wenn Sie sich einem Elternteil ganz entfremdet haben. Zum Beispiel besuchte ich einmal eine Freundin, die mit ihrem Vater eng verbunden gewesen und von ihrer Mutter schikaniert worden war. Während meines Aufenthalts erhielt sie einen Brief von ihrer Mutter, den sie mir vorlas. Ich fand den Stil ihrer Mutter sehr witzig, voller Humor und trockener Lebensklugheit, und das sagte ich ihr auch. Sie fing an, andere Briefe zu lesen. Sie las mir eine Stunde lang aus den Briefen vor, die sie aufbewahrt hatte, und ich amüsierte mich über die darin enthaltenen Einsichten köstlich.

Am nächsten Morgen sagte mir meine Freundin, daß ihr meine Reaktion auf die Briefe sehr geholfen habe. »Es war mir nie bewußt, daß meine Mutter soviel Sinn für Humor hat. Ich habe sie immer nur als fordernd und selbstsüchtig wahrgenommen. Ich habe ausschließlich ihre dunkle Seite gesehen. Mit deinem Lachen hast du mir geholfen, eine ganz neue Seite an ihr schätzen zu lernen.«

Wenn Sie meinen, daß auch Sie möglicherweise die positiven Eigenschaften eines Elternteils abblocken, dann sollten Sie überlegen, ob Sie diesen nicht einmal in Begleitung einer Freundin bzw. eines Freundes besuchen wollen. Machen Sie der oder dem Betreffenden (oder auch Ihrem Partner) klar, daß er oder sie nichts weiter tun soll als zuzusehen, sich also weder als Therapeut noch als Vermittler betätigen soll. Vielleicht entdeckt Ihre Freundin positive Eigenschaften, die Sie bisher übersehen haben.

Sie können Ihr Gesichtsfeld auch erweitern, indem Sie erkunden, wie Ihre Geschwister oder andere Verwandte den betreffenden Elternteil sehen. Deren Einschätzung kann total anders sein.

Ein Beispiel: Eine meiner Klientinnen hatte als Kind ihren Vater vergöttert und auf ihre Mutter herabgesehen. Auf meinen Rat hin sprach sie mit ihrer älteren Schwester über ihre Mutter und mußte dabei feststellen, daß diese Hochachtung vor der Mutter hatte. Meine Klientin hatte immer gedacht, daß die ganze Familie der gleichen Meinung sei wie sie. Da sie ihre Schwester sehr bewunderte, brachte deren Einschätzung sie dazu, sich auch der Stärken ihrer Mutter bewußt zu werden.

ÜBUNG 2

Wie Sie sich die positiven Seiten eines Elternteils bewußtmachen können

Denken Sie über den Elternteil nach, zu dem Sie ein schlechtes Verhältnis haben oder hatten. Schreiben Sie jetzt auf, welche fünf bewundernswerten Eigenschaften auf diesen Menschen zutreffen. Wenn Ihnen nicht so viele einfallen, sprechen Sie mit einer Freundin oder einem Familienmitglied, vielleicht kommen Sie dann doch auf ein paar mehr.

1.

2.

3.

4.

5.

Achten Sie bei der nächsten Begegnung oder dem nächsten Gespräch mit dieser Person darauf, ob Sie Ihre Liste noch verlängern könnten. Welche positiven Eigenschaften haben Sie mit diesem Elternteil gemeinsam?

So weisen Sie einen vereinnahmenden Elternteil in die Schranken

Eine klare Grenzziehung zwischen Ihnen und den Eltern ist ein wesentlicher Aspekt des Friedensschlusses. Wie ich in Kapitel 7 erklärt habe, besteht in einem gesunden Familiensystem eine feste, wenn auch elastische Barriere zwischen Eltern und Kindern. Wenn die Kinder erwachsen werden, wird diese Barriere noch verstärkt. Das erwachsene Kind braucht die Eltern weder zum Schutz noch zur Führung noch für tägliche Liebesbeweise, Förderung oder finanzielle Unterstützung, denn für diese Bedürfnisse sorgt jetzt ein Partner oder Freundeskreis. Wenn die beiden Generationen in Verbindung bleiben, dann, weil sie sich lieben und wirklich Interesse aneinander haben, und nicht aus einem bloßen Gefühl der Verpflichtung heraus oder weil sie gegenseitig ihre jeweiligen Grundbedürfnisse befriedigen.

Allerdings gibt es Ausnahmen. Ich glaube, daß ein Elternteil und ein erwachsenes Kind die Verpflichtung haben, sich gegenseitig über ihren Zustand und ihren Aufenthaltsort zu informieren.

Beispielsweise sollten sie sich von einer schweren Krankheit, einem Sterbefall, einem Wechsel des Arbeitsplatzes, einer Scheidung oder Eheschließung und einem Ortswechsel in Kenntnis setzen. Außerdem glaube ich, daß erwachsene Kinder in irgendeiner Form verpflichtet sind, für die Eltern zu sorgen, wenn diese alt werden. Ob es sich dabei um häusliche Pflege oder den Aufenthalt in einem Heim handelt, muß jede Familie selbst entscheiden.

Über diese minimalen Verpflichtungen hinaus ist ein gesundes Verhältnis zwischen einem Elternteil und einem erwachsenen Kind durch rationale Überlegungen gekennzeichnet. Ein Grund, in Kontakt zu bleiben, ist es beispielsweise, den Familienmitgliedern ein Gefühl für Geschichte zu vermitteln. Wenn Verwandte das Spiel »Weißt du noch …« spielen, wirkt sich das in einem Zusammengehörigkeitsgefühl aus, und jeder fühlt sich mit den vergangenen Zeiten verbunden. Durch die Wiederholung dieser Anekdoten wird die Familienidentität von Generation zu Generation weitergegeben.

Gemeinsame Feiern und Rituale sind ein weiterer Grund, warum Erwachsene und ihre Eltern sich für einen Zusammenhalt entscheiden. Familienfeste setzen dem Alltag Glanzlichter auf und sind ein öffentliches Bekenntnis zur Familie. Familienfeiern können auch Beziehungen wieder in Ordnung bringen. In den meisten Familien begraben die Menschen das Kriegsbeil, wenn Onkel Paul heiratet, und streitende Geschwister rufen einen Waffenstillstand aus für die Dauer der Vorbereitungen für die Goldene Hochzeit von Mama und Papa. Solche Festlichkeiten bieten einen Anlaß, Kontakte wieder aufzufrischen oder neu zu schließen, sie sind eine Art privater Neujahrstag, eine Zeit für Neuanfänge.

Das Bedürfnis nach Führung kann auch erwachsene Kinder mit ihren Eltern verbinden. Vielleicht haben die Angehörigen der älteren Generation Fachkenntnisse auf einem bestimmten Gebiet, oder sie haben im Laufe der Jahrzehnte viel an Lebensweisheit gewonnen. Das Blatt wendet sich, wenn die Eltern durch Krankheit oder Alter zunehmend eingeschränkt werden; dann sucht vielleicht die ältere Generation Rat und Hilfe bei der jüngeren. Bei diesem Austausch von Einsichten und Informationen kommt es auf zweierlei an: Erstens bedeutet Ratsuchen noch nicht, daß der Rat auch angenommen wird, und zweitens können unerbetene Ratschläge auf Abwehr stoßen – insbesondere, wenn sich bestimmte Erwartungen daran knüpfen.

Die gemeinsame Familiengeschichte, der Wunsch, Gefühle auszudrücken, miteinander Feste zu begehen und sich gegenseitig Rat und Hilfe zu erteilen, das sind die Hauptkomponenten eines gesunden Verhältnisses von Eltern und ihren erwachsenen Kindern. Im Idealfall sollten diese Interaktionen – und Dinge, die darüber hinausgehen, wie z. B. gemeinsame Interessen, Hilfe bei verschiedenen Unternehmungen und gemeinsamen Hobbys – der persönlichen Entscheidung unterliegen.

Marc: *»Ich konnte in meiner Familie kein Bein an den Boden kriegen.«*

Ein 28jähriger Klient namens Marc hatte eine Beziehung zu seinen Eltern, die zu dem eben beschriebenen gesunden Modell in starkem Kontrast stand. Sein Vater gab ihm ungebetene Ratschläge, stellte ihm Geldgeschenke in Aussicht, die mit unausgesprochenen Bedingungen verknüpft waren, und mischte sich direkt oder indirekt ständig in seine Angelegenheiten ein. Auch zwischen Marc und seinen Schwestern war der Mangel an Abgrenzung spürbar. Auch sie glaubten das Recht zu haben, ihre Nase in seine Angelegenheiten stecken zu dürfen. Wann immer zwei Familienmitglieder etwas miteinander zu tun hatten, waren sofort alle übrigen zur Stelle und gaben ihren Senf dazu.

Marc schilderte mir eine Episode, die für diesen Mangel an Abgrenzung typisch war. Marc besitzt in der Nähe von Austin, Texas eine kleine Kunstgalerie. Sie wird zwar allmählich bekannt, aber bisher hat Marc noch Mühe genug, für seinen Lebensunterhalt zu sorgen, und kann sich seit Jahren kein neues Auto leisten. Sein Vater hatte ihm zwar dafür Geld aufdrängen wollen, aber Marc war bisher standhaft geblieben. Sein Vater hatte ihm nämlich schon früher Geld gegeben, doch die Sache hatte immer einen Haken gehabt. Zum Beispiel hatte sein Vater ihm das Darlehen für sein Studium bezahlt, doch hatte er sich danach dazu berechtigt gefühlt, Marc für seine Berufswahl zu kritisieren. »Nach allem, was ich für deine Ausbildung getan habe«, sagte er zu Marc, »hast du den Nerv, Geld in eine Galerie zu stecken! Wie konntest du mir das bloß antun?«

Der Streit wegen des Autos erreichte seinen Höhepunkt, als Marc zu Ostern einen Besuch zu Hause machte und zwei seiner Schwestern unabhängig voneinander das Thema Auto aufbrachten. Die eine drängte ihn, das Angebot des Vaters anzunehmen, weil diesem ihrer Meinung nach nichts so viel Freude mache wie seinen Kindern Geld zu schenken. Die andere Schwester redete auf ihn ein, weil sie ihn überzeugen wollte, wie wichtig ein neues Auto für das Image seiner Galerie sei. Marc gab schließlich nach und ging zu seiner Mutter, um ihr zu sagen, daß er sich entschlossen habe, mit seinem Vater über ein neues Auto zu reden. Worauf seine Mutter sagte: »Warum willst du ausgerechnet mit ihm über Autos sprechen? Er versteht doch gar nichts davon.«

Sofort merkte Marc, daß sein Vater noch gar nicht mit seiner Frau darüber gesprochen hatte, daß er seinem Sohn ein Auto schenken wollte – er hatte es ihm ohne ihr Einverständnis angeboten. Marc wechselte schnell das Thema, um Zeit zum Nachdenken zu gewinnen. Einige Zeit später ging er zu einer seiner Schwestern und bat sie, dem Vater zu sagen, daß er, Marc, das Angebot annehmen würde, wenn sein Vater vorher darüber mit der Mutter redete. So sprach die Schwester mit dem Vater, der mit der Mutter sprach, die mit der Tochter sprach, die schließlich die Botschaft an ihren Bruder zurückgab. Zu guter Letzt nahm Marc das Geld an. Aber später sagte er zu mir: »Inzwischen bereue ich es, denn nun erwartet mein Vater, daß ich jedes Wochenende nach Hause komme, und das ist wirklich sehr lästig.«

Dies ist ein klassisches Beispiel für eine Familie mit diffusen Grenzen. Um Marc darin zu unterstützen, zwischen sich und seinen Eltern und Geschwistern eine klare Linie zu ziehen, forderte ich ihn auf, zwei Listen aufzustellen, eine mit den Fakten, die er für sich behalten wollte, und die andere mit Informationen, die die Familie von ihm aus wissen konnte. So sahen seine beiden Listen aus:

Meine Angelegenheit	*Familienangelegenheiten*
Meine Finanzen	Meine Gesundheit
Mein Liebesleben	Wie man mich erreichen kann
Wie ich meine Zeit verbringe	Größere Veränderungen in meinem Leben
Welche Freunde ich mir aussuche	Der Gesundheitszustand gemeinsamer Freunde
Wen ich heiraten will	Tod gemeinsamer Bekannter
Mit wem ich ausgehe	Der Gesundheitszustand von Familienmitgliedern
Was sich zwischen mir und meinen Freunden abspielt	Tod von Familienmitgliedern
Wie ich meine Wohnung instandhalte	*Jegliche Informationen, die ich ihnen mitteilen will*
Meine Berufswahl	
Was sich zwischen mir und einem anderen Familienmitglied abspielt	

Wir stimmten darin überein, daß der wichtigste Punkt auf dieser Liste der kursivgedruckte wäre. Marc wollte die Freiheit haben, seine Familie in sein Leben so einzubeziehen, wie es ihm jeweils paßte, aber er wollte selbst darüber bestimmen und es nicht den anderen überlassen. Sonst würde die Ineinanderverstricktheit der Familie, die ihm schon in seiner Kindheit so geschadet hatte, nie ein Ende nehmen. Diese Liste erwies sich als recht hilfreich für Marc. Zum erstenmal hatte er eine klare Vorstellung, wann jemand zu weit ging, und so konnte er endlich sein ureigenes Gebiet vor Übergriffen schützen.

Gründe für das Bedürfnis, in der Verstrickung mit den Eltern zu bleiben, und wie Sie sie herausfinden

Erinnert Marcs Familie Sie in irgendeiner Weise an Ihre eigene? Passiert es immer wieder, daß Sie in verwirrende emotionale Transaktionen mit Ihren Eltern verwickelt werden? Wenn ja, ist es vielleicht an der Zeit, einige Grenzzäune zu ziehen.

Bevor Sie aber anfangen, Löcher für die Zaunpfähle zu graben, wäre es vielleicht nützlich herauszufinden, welchen Anteil Sie selbst an diesen ständigen Grenzverletzungen haben. Es könnte sein, daß Sie eine aktivere Rolle spielen, als Sie dachten. Zum Beispiel lassen manche Menschen es aus einem unangebrachten Schuldgefühl zu, daß ihre Eltern sich in ihr Leben einmischen.

Sie glauben, sie seien es ihren Eltern irgendwie schuldig, weil sie früher einmal etwas Schlechtes getan hätten, was sie wiedergutmachen müßten. Im Endeffekt wirkt das wie eine Ermunterung: »Nur zu. Geht zu weit. So wie ich mich früher benommen habe, habe ich sowieso kein Recht auf Unabhängigkeit.«

Diese Denkweise findet sich vor allem zwischen einem auserwählten Kind und dem ausgeschlossenen Elternteil. Irgendwie hat das Lieblingskind das Gefühl, dafür verantwortlich zu sein, daß dieser Elternteil draußen vor der Tür blieb. Ich arbeitete einmal mit einer Frau, die sehr eng mit ihrem Vater verbunden war und sich mit ihrer Stiefmutter nicht verstand. Nach dem Tod ihres Vaters wurde sie gegen ihren Willen zur Vertrauten der Stiefmutter. Abend für Abend saß sie bis tief in die Nacht mit ihr zusammen und hörte sich ihre endlosen Klagen an. »Es war, als hätte ich keine Kraft, mich da herauszuziehen«, erzählte sie mir. »Ich hatte keinen eigenen Willen. Ich saß da, von Haßgefühlen erfüllt, aber ich war nicht imstande, aufzustehen und aus dem Zimmer zu gehen. Sie hatte mich in ihrer Gewalt.«

Schließlich wurde ihr klar, warum sie es zuließ, in dieser Rolle gefangen zu sein – sie gab nämlich sich selbst die Schuld daran, daß ihr Vater sie vorgezogen hatte. Sie glaubte, sie müsse für frühere Sünden büßen.

Andere Menschen protestieren nicht gegen die Vereinnahmung durch einen Elternteil, weil sie sich in übertriebener Weise für diesen verantwortlich fühlen. Diese Reaktion ist weitverbreitet. Ein Kind, das dazu erzogen wird, für die emotionalen Bedürfnisse von Vater bzw. Mutter dazusein, hat es später sehr schwer, diese Rolle wieder aufzugeben – besonders, wenn der Elternteil sehr hohe Ansprüche stellt. Ich erinnere mich an einen Mann, der zur Eheberatung kam, weil seine Mutter sich nicht davon abbringen ließ, sich in sein Leben zu drängen. Sie lebte bei ihm und seiner Frau und schien es darauf abgesehen zu haben, seine Ehe zu ruinieren. Es verging kein Tag, an dem sie nicht über seine Frau herzog, und trotzdem hatte er Angst, ihr Einhalt zu gebieten. »Ich möchte sie nicht aufregen«, sagte er zu mir. »Ich bin alles, was sie hat. Was soll sie ohne mich anfangen?« Sein übertriebenes Verantwortungsgefühl für seine Mutter führte zu erheblichen Schwierigkeiten in seiner Ehe. Ich wies ihn darauf hin, daß sein Mutter eine gesunde, körperlich aktive, finanziell unabhängige Frau Mitte Sechzig war. Außer bei ihm zu bleiben, standen ihr durchaus noch andere Möglichkeiten offen. Seine Erfahrung als auserwähltes Kind hatte ihm den falschen Eindruck vermittelt, daß er ihre einzige Zuflucht war.

Andere auserwählte Kinder bleiben aus ganz anderen Gründen an ihre Eltern gefesselt: Sie wollen die Vorteile des Kindseins nicht aufgeben. Sie lassen sich finanziell unterstützen, genießen die Sicherheit und den Komfort, weiter zu Hause zu leben, oder sie lassen es zu, daß ein Elternteil für ihre Alltagsbedürfnisse sorgt. Zum Ausgleich für diese Wohltaten wird vom Lieblingskind allerdings erwartet, daß es einige seiner Privilegien aufgibt. Typischerweise schreibt Mutter bzw. Vater vor, wofür das Kind ihr Geld ausgibt, sie oder er erwartet detaillierte Berichte über sein Privatleben, schränkt sein Benehmen unangemessen ein oder nimmt einen unverhältnismäßig großen Teil seiner Zeit und Aufmerksamkeit in Anspruch. Das auserwählte Kind kann nur dann alle Privilegien eines Erwachsenenlebens verlangen, wenn es bereit ist, die Vorteile des Kindseins aufzugeben.

Wenn Sie sich nicht richtig von Ihren Eltern abgrenzen können, dann überlegen Sie, aus welchen Gründen Sie es zugelassen haben, daß Ihre Rechte verletzt werden. Liegt es an einem unnötigen Schuldgefühl? Oder einem übertriebenen Verantwortungsgefühl? Ist es die Angst, einen »Aufstand« zu machen? Oder möchten Sie sich die Vorteile des Kindseins erhalten? Steckt die Furcht vor dem Zorn eines Elternteils dahinter? Oder handelt es sich um eine Kombination aus mehreren dieser Gründe?

So werden sie Meister in der Kunst der Zehn-Sekunden-Konfrontation

Wenn Sie herausgefunden haben, inwieweit Sie selbst daran beteiligt sind, daß Vater oder Mutter Ihre Grenzen nicht respektiert, sollten Sie sich einer simplen Technik bedienen, die Ihnen dabei hilft, sich abzugrenzen. Ich nenne sie die »Zehn-Sekunden-Konfrontation«.

Eine Zehn-Sekunden-Konfrontation ist eine ehrliche, direkte, prompte Aussage, die Sie in dem Augenblick machen, wo Ihre Grenzen verletzt werden. Sie brauchen ja nicht unhöflich zu sein oder die Rechte eines Elternteils zu verletzen, um sich abzugrenzen. Es ist nichts weiter nötig, als den entscheidenden Punkt beim Namen zu nennen und dann die Sache fallenzulassen.

Ich kann mich noch genau an die Worte erinnern, die meine Loslösung von meiner Mutter einleiteten. Ich war zu Ostern aus dem College zu Besuch gekommen, in Begleitung meines Freundes, und wir hatten vor, noch 65 Kilometer weiter nach Süden zu fahren, um einen Studienfreund zu besuchen. Als es Zeit zum Aufbrechen war, sagte meine Mutter zu mir: »Draußen ist es sehr stürmisch. Ich will nicht, daß du bei diesem Wetter unterwegs bist.« Meine Antwort war knapp: »Wir fahren auf jeden Fall.« Meine Mutter und ich sahen uns einen Augenblick an und nahmen dieses ungewöhnliche Verhalten in uns auf. Ich hatte meine Meinung ruhig, aber bestimmt geäußert, und, das muß ich ihr lassen, sie fing keinen Streit an. Von diesem Augenblick an verliefen unsere Wege in größerer Entfernung voneinander. Ich entschied mehr und mehr Sachen, ohne sie zu fragen, und sie erhob keine Einwände dagegen.

Es folgen nun noch ein paar Beispiele, wie Menschen sich neu von ihren Eltern abgrenzten. Ellie war eine alleinstehende Frau, die die Lieblingstochter ihres Vaters gewesen war. Kurz nachdem seine Frau gestorben war, besuchte er sie und blieb mehrere Monate. Eines Abends kam Ellie sehr spät von einer Verabredung nach Hause und wurde schon von ihrem Vater erwartet. Sobald sie in die Tür trat, überhäufte er sie mit einem Schwall von Vorwürfen: »Wie kannst du es wagen, so spät nach Hause zu kommen! Ich bin schon ganz krank vor Sorge gewesen! Das erlaubst du dir nicht noch einmal!« Darauf antwortete sie: »Paps, ich verstehe, daß du aufgeregt bist, aber ich muß dir sagen, so kannst du nicht mit mir reden. Ich bin dreißig Jahre alt und bin dir keine Rechenschaft mehr schuldig wie ein Teenager.« Ihr Vater hatte begriffen und mischte sich nie wieder in ihr Privatleben ein.

Martin bekam bald nach seiner Heirat Ärger mit seiner Mutter. Sie konnte seine Frau vom ersten Tag an nicht leiden und machte kein Geheimnis daraus. Sie versuchte sogar, ihre übrigen Kinder dahin zu bringen, sich gegen die »Neue« in der Familie zu verschwören. Martin machte der Sache ein Ende, indem er zu ihr sagte: »Mutter, Martha ist meine Frau. Ich liebe sie und habe die Absicht, mit ihr verheiratet zu bleiben. Du glaubst vielleicht, daß du sie aus meiner Nähe vertreiben kannst, aber statt dessen vertreibst du *mich* aus *deiner* Nähe.«

Wenn Sie der Meinung sind, daß es für Ihr Verhältnis zu einem Elternteil nützlich sein könnte, wenn Sie ein paar warnende Worte sprechen, lesen Sie sich die folgenden Äußerungen durch, die Ihnen vielleicht als Anregung dienen können:

»Mutter, ich will nicht, daß du mich nach zehn Uhr abends anrufst. Um diese Uhrzeit möchte ich ein bißchen Ruhe für mich und meinen Mann haben.«

»Ich bin nicht bereit, mit dir zu telefonieren, wenn du mich jedesmal kritisierst. Ruf mich an, wenn du etwas Nettes zu sagen hast.«

»Ich möchte nicht, daß du mich am Arbeitsplatz anrufst. Ruf mich statt dessen zu Hause an.«

»Vater, ich möchte wirklich nicht mit dir über Mutter sprechen. Laß uns das Thema wechseln.«

»Mutter, einmal im Monat gehe ich wirklich gern mit dir einkaufen, aber nicht jede Woche.«

»Mutter, auch wenn du im selben Haus wohnst und es nicht verhindern kannst, Streitigkeiten zwischen Dan und mir mitanzuhören, bleibt das trotzdem unsere Angelegenheit. Wenn ich mit dir darüber sprechen möchte, werde ich es schon sagen.«

»Papa, ich möchte nicht, daß du vor meiner Schwester mit mir angibst. Es ist mir furchtbar unangenehm, wenn du so mit mir prahlst.«

Wenn Sie eine Aussage dieser Art machen, müssen Sie vielleicht zugleich Ihrer Mutter bzw. Ihrem Vater versichern, daß Sie nur eine unerwünschte Form der Interaktion abschaffen und nicht den Kontakt insgesamt abbrechen wollen. Zum Beispiel könnten Sie zu Ihrer Mutter sagen: »Ich kann dich als Kritikerin nicht gebrauchen, aber als Mutter brauche ich dich sehr.« Oder ein Vater bekäme gesagt: »Ich finde es schön, daß du dich um mich sorgst, und ich konnte mich immer darauf verlassen, daß du für mich da bist. Ich möchte dich auch nicht verletzen. Es geht mir einzig und allein darum, daß Robert und ich von jetzt an über unsere Geldangelegenheiten allein entscheiden.«

Wenn Sie vorhaben, in Zukunft weniger Zeit mit einem Elternteil zu verbringen, wäre es gut, rechtzeitig darauf hinzuweisen: »Ich habe vor, über Thanksgiving meine Freundin Emma zu besuchen, deshalb komme ich nicht wie sonst im November nach Hause.« Oder: »In vier Wochen will ich aus dem Club austreten. Du wirst dir wohl eine neue Tennispartnerin suchen müssen. Wie wär's mit Betsy?«

Sobald Sie erklärt haben, was Sie beabsichtigen, *bemühen Sie sich darum, daß Ihre weiteren Interaktionen so normal wie möglich sind.* Das ist sehr wichtig. Machen Sie weiter wie bisher, rufen Sie an, machen Sie Witze, benehmen Sie sich freundlich und locker, machen Sie Besuche an den Feiertagen – tun Sie also nichts anderes als vorher, sofern es dabei nicht zu Grenzverletzungen kommt. Sie müssen Ihre Eltern nicht verstoßen, nur weil Sie beschlossen haben, einige überfällige positive Veränderungen durchzuführen!

Fertig werden mit Schuldgefühlen und Ängsten

Sicher gibt es einige unter Ihnen, für die so eine Zehn-Sekunden-Konfrontation mit einem Elternteil einfach undenkbar ist. Sie können sich keinesfalls vorstellen, wie sie Vater oder Mutter (bzw. einen Stiefelternteil) in die Schranken verweisen und sich selbst dabei wohl fühlen können. Schon bei dem Gedanken daran wird Ihnen ganz schlecht.

In so einem Fall könnte es nützlich sein, wenn Sie mit einer engen Freundin bzw. einem Freund eine Zehn-Sekunden-Konfrontation proben, um sich Mut zu machen. Lassen Sie Ihre Freundin die Rolle von Mutter, Vater oder Stiefelternteil spielen, und üben Sie, was Sie gern sagen möchten. Vielleicht ziehen Sie es auch vor, diese Übung nur »im Geiste« vorzunehmen; dann stellen Sie sich vor, wie der betreffende Elternteil Ihnen zuhört und Ihre Wünsche respektiert. Stellen Sie sich vor, daß Sie genauso stark sind wie Ihr Elternteil. Je öfter Sie das durchexerzieren, desto leichter wird das neue Verhalten für Sie.

Wenn Sie dann das nächste Mal mit Ihrem Elternteil zusammen sind, achten Sie auf Gelegenheiten, ihre Meinung zu sagen. Wenn Sie sich nicht stark genug für eine Zehn-Sekunden-Konfrontation fühlen, dann sprechen Sie die Worte wenigstens im Kopf und nehmen vorerst kleinere Anlässe wahr, um sich durchzusetzen. Versuchen Sie nicht, im Amazonas zu schwimmen, wenn Sie Angst vor Swimmingpools haben. Bauen Sie Ihr Selbstvertrauen ganz allmählich auf. Es ist schon ein erheblicher Fortschritt, wenn Sie das Verhalten, das Sie nicht mögen, identifizieren und zu sich selbst sagen, wie sich Ihr Elternteil statt dessen verhalten sollte.

Wenn Schuldgefühle Sie davon abhalten, sich deutlich abzugrenzen, dann erinnern Sie sich daran, daß das Ziel der Übung nicht ist, Vater bzw. Mutter zu verletzen oder das Band zu ihnen zu durchtrennen. Das Ziel besteht darin, die Beziehung neu zu klären, so daß für Sie beide genügend Raum bleibt, um sich zu entwickeln und zu verwirklichen. Am Ende werden Sie die Grundlage für eine stärkere, dauerhaftere und widerstandsfähigere Beziehung gelegt haben.

Manche von Ihnen machen vielleicht eine Trauerphase durch, wenn Sie den übermäßigen Kontakt, den Sie mit einem Elternteil hatten, einzuschränken beginnen. Sie werden vielleicht depressiv und niedergeschlagen sein und sich nach dem alten Verhältnis zurücksehnen. Vielleicht haben Sie gar nicht geahnt, wie sehr Sie sich an die allzu engen Bindungen klammern möchten. Wenn Sie sich aber weiter an Ihre klare Grenzziehung halten und sich Zeit geben, dann wird die Intensität dieser Gefühle nachlassen. In der Zwischenzeit sollten Sie einen Teil Ihrer Energien darauf verwenden, neue Bindungen mit anderen Familienmitgliedern und guten Freunden herzustellen.

So »befreien« Sie sich von einem extrem vereinnahmenden Elternteil

Wenn es Ihnen sehr schwer fällt, Abstand von einem Elternteil zu gewinnen, sollten Sie überlegen, ob Sie sich nicht von einem Therapeuten helfen lassen wollen. Vielleicht brauchen Sie die zusätzliche Unterstützung, um angemessene Grenzziehungen durchzuführen. Ab und zu ein paar vorsichtige Bemerkungen fallenzulassen, genügt dann nicht; statt dessen ist vielleicht eine Familientherapie angezeigt.

Eine meiner Klientinnen, eine Achtzehnjährige, hatte große Schwierigkeiten, sich von ihrem besitzergreifenden Vater zu lösen. Er war von ihrer emotionalen Unterstützung so abhängig, daß er darauf bestand, daß sie mit ihm genauso viele Stunden verbrachte wie mit ihren Freunden. Das ging so weit, daß sie darüber Buch führen mußte. Jedesmal, wenn Sie anfing, eine etwas engere Beziehung mit einem jungen Mann zu haben, fühlte sie sich schuldig oder illoyal, und auf einmal fielen ihr nur noch dessen schlechte Seiten auf. Monatelang beschäftigten wir uns mit ihrem Verhältnis zu ihrem Vater, aber sie konnte sich einfach nicht von ihm lösen, bis ich ihn zu einer Therapiesitzung einlud.

Meine Rolle bei diesem Ablösungsprozeß war es, dem Vater die harten Fragen zu stellen, die meine Klientin in ihrer Angst nicht stellen mochte: »Werden Sie Selbstmord begehen, wenn Ihre Tochter jemanden findet, den sie liebt?« – »Können Sie allein leben?« – »Werden Sie es schaffen zurechtzukommen, ohne daß Ihre Tochter sich ständig um sie kümmert?« – »Sind Sie bereit, Ihre Tochter von der Verantwortung für Ihr Wohlergehen zu entbinden?« Nachdem der Vater seiner Tochter versichert hatte, daß er nicht die Absicht habe, sich das Leben zu nehmen, und ohne sie auskommen könne, war sie fähig, die ersten kleinen Schritte von ihm fort zu tun. Sie brauchte jedoch ständigen Zuspruch, um den Übergang zu schaffen.

Wenn es Ihnen sehr schwer fällt, sich von einem Elternteil zu lösen, suchen Sie auf jeden Fall professionelle Hilfe. Ein Therapeut wird Ihnen dabei helfen, neue Wege zu finden und mit Ihren Schuldgefühlen und Ihrer Angst fertig zu werden. Es ist ein Zeichen von Klugheit – und nicht von Schwäche –, Hilfe zu suchen, wenn Sie sie brauchen.

So gestalten Sie Ihr Verhältnis zu Vater bzw. Mutter positiver

Zusätzlich zu einer stärkeren Abgrenzung möchten Sie vielleicht auch ein besseres Verhältnis zu dem betreffenden Elternteil haben. Durch jahrelange Konflikte kann eine gespannte, unfreundliche Atmosphäre entstanden sein. Wenn das auf Sie zutrifft, gibt es verschiedene Möglichkeiten, wie Sie sich wieder näherkommen können. Bei manchen Eltern ist es angebracht, nach dem Motto zu handeln: »Je weniger Worte gemacht werden, desto besser kommt alles in Ordnung«. Sie müssen nicht die gesamte Vergangenheit wieder aufrollen, um zu einer Verständigung zu kommen, sondern es genügt, ein kleines, freundliches Friedensangebot zu machen und zu sehen, wie es von da an weitergeht. Diese Taktik ist nützlich, wenn es sich um einen eher verschlossenen Menschentyp handelt oder um jemanden, dem es sehr wichtig ist, das Gesicht zu wahren.

Der erste Schritt auf diesem Weg wäre also ein netter Brief, eine Einladung zum Essen, ein Kompliment, das von Herzen kommt, oder ein echtes Interesse an den Hobbys des Betreffenden – also irgend etwas, das Ihre Absicht, das Verhältnis zu verbessern, zum Ausdruck bringt. Eine meiner Klientinnen schaffte es durch ein selbstgeschriebenes Muttertagsgedicht, die Kluft zu ihrer Mutter zu überbrücken. Ihre Mutter war über diese Geste gerührt, und ihre Beziehung wurde zunehmend herzlicher.

Mit Hilfe eines so kleinen positiven Zeichens einem Elternteil die Hand entgegenzustrecken, ist einer dieser scheinbar allzu simplen Vorschläge, die man gern vorschnell von sich weisen möchte: »Das würde mit Mutter (bzw. Vater) nie so klappen, denn unsere Probleme sind einfach zu komplex.« Ich möchte Ihnen den Rat geben, diese Ideen nicht gleich abzulehnen, sondern erst einmal einen Versuch damit zu machen. Das könnte durchaus zu dem Durchbruch führen, auf den Sie gewartet haben.

Tun Sie, so als ob – bis es funktioniert!

Es gibt eine Variante dieser Technik, die ich recht nützlich finde – nämlich sich ein besseres Eltern-Kind-Verhältnis auszumalen und dann so zu tun, als ob es von Ihrer Seite aus bereits bestünde. Ich half einer Klientin namens Sarah eine positivere Haltung zu finden, bevor sie nach Hause fuhr, um die Ferien bei Mutter und Stiefvater zu verbringen; trotz ihrer Ängste, die sie in Gegenwart ihrer Mutter stets überfielen, zwang sie sich dazu, zufrieden, ruhig und kooperativ zu erscheinen. Sie plauderte über ihre Hobbys, als ob sich ihre Mutter tatsächlich dafür interessierte. Es war einfach unmöglich, Sarah zu beleidigen oder sie dazu zu kriegen, bei den sonstigen »Spielchen« mitzumachen. Jedesmal wenn die Mutter eine Breitseite in ihre Richtung abfeuerte, zog Sarah einfach nur den Kopf ein. Diese Taktik funktionierte erstaunlich gut. Sarah verlebte die erfreulichste Zeit seit langem, und für alle zukünftigen Treffen mit ihrer Mutter war damit ein Präzedenzfall etabliert.

Wenn Sie diese Technik perfektionieren, kann es nicht nur sein, daß Sie sich in Gegenwart Ihrer Eltern wohler fühlen, sondern sogar, daß auch *deren* Verhalten sich ändert. Es ist nämlich nicht einfach, immer dieselben alten Sprüche zu machen, wenn der andere ein geändertes Drehbuch benutzt. Eine anhaltende Veränderung setzt allerdings Geduld und einen erheblichen Energieaufwand voraus. Die Menschen halten zäh an alten Gewohnheiten fest – das gilt ganz besonders für Familien, wo sich alle in ausgetretenen Pfaden bewegen. Aber auf das ernstgemeinte und beharrliche Bemühen, die Vergangenheit ruhenzulassen, reagieren Ihre Eltern vielleicht schließlich doch noch. Fangen Sie auf jeden Fall erst einmal damit an, sich abzugrenzen.

Machen Sie mal etwas gänzlich Unerwartetes!

In manchen Fällen kann es die Beziehung zu einem Elternteil dramatisch verbessern, wenn Sie ganz anders als sonst auftreten. Statt subtiler Verhaltensänderungen tun Sie einfach etwas völlig Unerhörtes. Wenn Sie es wagen, die ungeschriebenen Familiengesetze zu übertreten, können bemerkenswerte Veränderungen geschehen. Im folgenden Beispiel geht es um das Verhältnis einer Frau zur Großmutter ihres Mannes, aber im Prinzip könnte es sich ebensogut um eine Eltern-Kind-Beziehung handeln.

Katie, die Teilnehmerin an einem meiner Seminare, berichtete mir von einer entscheidenden Begegnung, die sie mit der Großmutter ihres Mannes hatte, einer herrischen, einschüchternden Frau, die bei allen als »Baba« bekannt war. Katies Mann war Babas Lieblingsenkel. Diese Tatsache war den übrigen Familienmitgliedern wohlbekannt und verhaßt. Baba machte ihrem Auserwählten teure Geschenke, vergaß nie seinen Geburtstag, ergriff bei Familienzwistigkeiten grundsätzlich seine Partei und lud ihn öfter als alle anderen zu Besuch zu sich ein. Baba hatte vom ersten Augenblick an etwas gegen Katie, zweifellos, weil sie in ihr eine ernst zu nehmende Rivalin im Kampf um die Zuneigung ihres Enkels sah.

Anfangs paßte Katie sich den übrigen Familienmitgliedern an und benahm sich der Matriarchin gegenüber respektvoll zurückhaltend. Aber als sie erkannte, daß das zu nichts führte, änderte sie sich hundertprozentig. Ein konkreter Wortwechsel erwies sich dabei als entscheidender Anstoß für die Veränderung der Beziehung. Katie fragte Baba ganz spontan, ob sie sie im folgenden Sommer besuchen wolle. Baba antwortete in bewährter Märtyrermanier: »Das ist sehr nett gemeint, aber bei meinem derzeitigen Gesundheitszustand werde ich wohl kaum den Winter überleben.« Katie nahm diese Aufforderung zum Tanz nicht an, und statt die erwarteten aufmunternden Worte zu sagen, platzte sie heraus: »Na ja, wenn du stirbst, wär's mir auch lieber, du kommst nicht. Ich will schließlich keine Toten in meiner Wohnung rumspuken haben.« Baba war entgeistert. So sprach man nicht zu ihr! Sie schwieg einen Augenblick, doch dann brach sie zur allgemeinen Überraschung in ein trockenes Lachen aus und kicherte noch minutenlang vor sich hin. Katies respektlose Bemerkung hatte ihre verkrustete Zurückhaltung durchbrochen. Baba lebte noch viele Jahre (trotz ihrer Klagen war sie kerngesund), und die beiden Frauen freundeten sich an.

Nur weil Katie es gewagt hatte, etwas völlig Unübliches zu tun, hatte sie Babas furchteinflößende Abwehr unterlaufen können.

Wenn Sie in einer negativen, stagnierenden Beziehung mit Ihrer Mutter bzw. Ihrem Vater befangen sind, überlegen Sie, ob Sie nicht mal etwas Unerwartetes tun wollen. Wenn Sie bisher unterwürfig waren, seien Sie frech wie Oskar. Wenn Sie seit Jahren einen großen Bogen um ihn oder sie gemacht haben, fangen Sie an, Geschenke zu schicken. Wenn Sie immer zu Weihnachten nach Hause kommen – und es hassen –, fliegen Sie statt dessen nach Hawaii. Hauptsache, *Sie machen etwas Neues!* Wie oft haben Klienten zu mir gesagt: »Sobald ich mein Elternhaus betrete, bin ich wieder zwölf Jahre alt.« Dann betreten Sie das Haus nicht! Verabreden Sie sich mit ihnen statt dessen in Santa Fé! Stellen Sie das System auf den Kopf! Wenn das, was Sie bisher getan haben, nichts bewirkt hat, dann wagen Sie mal etwas ganz anderes! Ein Mann, der seit zwanzig Jahren nicht mehr mit seinem Vater gesprochen hatte, lud ihn zu einer Floßfahrt auf dem Colorado River ein. Es war eine unvergeßliche Reise, und seither stehen sie sich sehr viel näher. Denken Sie sich auch etwas Trickreiches aus, und warten Sie ab, was dann geschieht.

Das offizielle Versöhnungstreffen

Es gibt auch Familien, wo ein direkterer Ansatz angezeigt ist. Statt Ihre Einstellung und Ihr Verhalten zu verändern, diskutieren Sie den Konflikt offen bei einem dafür angesetzten Treffen. Diese Methode ist am wirkungsvollsten, wenn Sie – wie auch der betreffende Elternteil – sich nicht scheuen, über Gefühle zu sprechen, und wenn er oder sie eine gewisse Selbsterkenntnis hat. Lassen Sie es bleiben, wenn Ihre Mutter oder Ihr Vater gewohnheitsmäßig die Verantwortung für frühere Handlungsweisen leugnet – es wäre reine Zeitverschwendung.

Es gibt noch eine weitere Vorbedingung: Sie müssen eine realistische, positive Einstellung haben. Ihre Absichten bei der offiziellen Aussöhnung sollten in zwei Richtungen gehen. Das eine Ziel ist eine Verbesserung ihrer Beziehung, das zweite eine Korrektur des Geschehenen. Falls Sie den heimlichen Wunsch haben, die Beziehung abzubrechen oder Ihren Elternteil zu bestrafen, dann sollten Sie mit einem Therapeuten sprechen und nicht mit Vater bzw. Mutter.

Wenn Sie sich erst einmal über Ihre Absichten im klaren sind, wäre es vielleicht nicht falsch, Ihren Gefühlen die Schärfe zu nehmen, indem Sie Ihre Gedanken aufschreiben oder sie einem Menschen Ihres Vertrauens mitteilen. Diese Generalprobe trägt dazu bei, daß Sie sich ruhiger und rationaler fühlen. Das Treffen soll ja keine kathartische Funktion haben (es geht also nicht um eine emotionale Abreaktion Ihrer inneren Spannungen), sondern es soll Ihren Wunsch nach einer Verbesserung der Beziehung ausdrücken.

Das hilft Ihnen vielleicht auch, um sich seelisch für die wahrscheinliche Reaktion Ihres Elternteils zu rüsten. Falls es zwischen Ihnen sehr viele Konflikte gegeben hat, bereiten Sie sich auf weitere vor. Wenn Ihr Vater zum Beispiel in der Vergangenheit sehr kritisch aufgetreten ist, dann ist es wahrscheinlich, daß er auch bei diesem Treffen sehr viel zu kritisieren finden wird. Daß Sie sich verändert haben, bedeutet ja noch lange nicht, daß er bereit ist, dasselbe zu tun – jedenfalls nicht auf Anhieb. Es wäre klug von Ihnen, auf eine defensive Reaktion gefaßt zu sein, auch wenn Sie noch so sehr darauf achten, weder Schuld zuzuteilen noch Urteile zu fällen.

Zu guter Letzt sollten Sie auch offen für den Standpunkt Ihres Elternteils sein, der sich erheblich von Ihrem unterscheiden könnte und vielleicht auch ein Körnchen Wahrheit enthält. Es ist nicht sehr wahrscheinlich, daß Ihre Sicht die einzig gültige ist. Üben Sie sich in Toleranz. Fragen Sie sich: »Was kann ich bei diesem Treffen über mich selbst lernen? Wo bin ich blind gewesen?«

Wenn Sie diese »Hausaufgaben« erledigt haben, sind Sie für das Treffen gerüstet. Im folgenden finden Sie eine Leitlinie für den Verlauf der Diskussion.

ANLEITUNG FÜR DIE AUSSÖHNUNG MIT EINEM ELTERNTEIL

1. *Absichtserklärung.* Erklären Sie in einfachen, deutlichen Worten, warum Sie das Treffen arrangiert haben. Bemühen Sie sich um einen gelassenen, zuversichtlichen Ton. Wenn nötig, vorher üben!

Beispiele:

»Ich habe den Wunsch, daß unsere Beziehung besser wird. Ich bin bereit, etwas dafür zu tun, ich hoffe, du auch.«

»Ich möchte mit dir über unser Verhältnis sprechen. Es hat mich sehr bedrückt, und ich möchte es verbessern.«

»Ich habe lange darüber nachgedacht, wie die Dinge zwischen uns stehen. Ich möchte, daß wir uns wieder aussöhnen.«

2. *Ihr eigener Anteil an den Schwierigkeiten.* Hier haben Sie Gelegenheit darzulegen, wie Sie selbst zu dem Konflikt beigetragen haben. Bemühen Sie sich um eine objektive Beschreibung Ihres eigenen Verhaltens.

Beispiele von Äußerungen gegenüber einem entfremdeten Elternteil:

»Ich weiß wohl, wie schwer es für dich gewesen sein muß, daß ich die ganze Zeit so wütend war. Es war bestimmt schwierig für dich, mich richtig zu behandeln, Ich war sicher nicht gerade leicht zu erziehen.«

»Ich war gemein zu dir, als du Vater geheiratet hast. Ich habe dich nicht so respektiert, wie du es verdient hättest. Es muß sehr schwer gewesen sein, mit mir zu leben.«

Beispiele von Äußerungen gegenüber einem Elternteil, mit dem Sie allzu eng verbunden waren:

»Ich habe in der Vergangenheit zuviel Verantwortung für dich übernommen. Ich möchte, daß das ausgeglichener wird.«

»Ich habe das Gefühl, daß ich früher Mutter gegenüber ›dichtgemacht‹ habe. Ich wünschte, ich hätte ihre Qualitäten mehr zu schätzen gewußt. Ich glaube, ich habe die Spannungen zwischen euch noch verstärkt.«

»Daß ich als Kind so eng mit dir verbunden war, löst bei mir widerstreitende Empfindungen aus. Einerseits gefiel mir meine Sonderstellung bei dir, andererseits fühlte ich mich auch manchmal deshalb unwohl. Du mußt meine zwiespältigen Gefühle zu spüren bekommen haben.«

3. *Erklärungen, wie Sie sich Ihre Beziehung in der Zukunft vorstellen.* Dieser Abschnitt sollte eine positive Beschreibung der Veränderung beinhalten, die Sie sich wünschen. Auch hier gilt: keine Schuldzuweisungen, keine Anklagen!

Zum Beispiel:

»Ich möchte, daß wir beide entspannter sind, wenn wir zusammentreffen.«

»Wir haben nie wirklich miteinander geredet. Ich möchte von dir wissen, wie diese ganzen Jahre für dich waren, als es so viele Schwierigkeiten in der Familie gab.«

»Ich möchte, daß wir das Kriegsbeil begraben und einen Neuanfang machen. Was sich zwischen uns abgespielt hat, hatten wir beide nicht im Griff. Jeder wollte nur seine eigenen Bedürfnisse befriedigen.«

»Ich möchte mit dir zusammensein, aber auch mit Mutter. Wenn ich bei ihr bin, heißt das ja nicht, daß ich dich im Stich lasse. Du bist mir immer noch wichtig. Aber Mutter ist mir auch wichtig.«

»Ich möchte, daß wir die Feiertage wieder gemeinsam verbringen. Ich habe mich immer sehr allein gefühlt, wenn wir Weihnachten nicht zusammengekommen sind. Vielleicht können wir ja dieses Jahr den Anfang machen.«

Achtung: Wenn Sie glauben, daß eine Aussprache mit einem Ihrer Angehörigen Ihnen helfen würde, Sie aber Zweifel haben, ob Sie sie wirkungsvoll durchführen können, dann sollten Sie eventuell die Hilfe eines Therapeuten in Anspruch nehmen. Sie können mehrere kurze Sitzungen oder auch eine längere vereinbaren: Es ist nicht nötig, sich lebenslänglich zu verpflichten! Erklären Sie nur genau, was Sie wollen, und versichern Sie sich, daß der Therapeut/die Therapeutin Ihre Ziele ernst nimmt. Wenn Sie sich bei verschiedenen Stellen erkundigen, sollten Sie Therapeuten finden, die Ihr Anliegen verstehen. Wenn möglich, suchen Sie nach jemandem, der mit Familien arbeitet und nicht nur mit Einzelpersonen.

Gefühle klären, wenn der Elternteil verstorben ist

Ich habe schon vielen Klienten geholfen, ihre Gefühle bezüglich eines verstorbenen Elternteils zu analysieren. Eine immer wieder nützliche Taktik ist es, Vater bzw. Mutter einen Brief zu schreiben, so als wären sie noch am Leben, und darin alle aufgestauten Gefühle in Worte zu fassen. Wenn Sie meinen, daß dieser Ansatz Ihnen helfen würde, finden Sie hier ein Beispiel.[2]

BEISPIEL EINES BRIEFES AN EINEN VERSTORBENEN ELTERNTEIL

1. *Berichten Sie die Tatsachen, so wie sie waren.* Dies ist Ihre Chance, die Dinge geradezurücken. Seien Sie konkret und lassen Sie nichts aus. Zum Beispiel könnten Sie auf folgende Weise anfangen: *»Du hast dich zu stark auf mich gestützt, als ich klein war. Ich habe mich für dein Befinden verantwortlich gefühlt. Ich konnte nicht aus dem Hause gehen, ohne Schuldgefühle zu haben. Du hast mir das*

Gefühl vermittelt, ich könnte nicht auf eigenen Füßen stehen ... Lassen Sie alle Gefühle raus. Halten Sie nichts zurück.

2. *Bekennen Sie sich zu Ihren Gefühlen.* Lassen Sie Ihren Gefühlen freien Lauf und verleihen Sie ihnen Ausdruck: dem Zorn, der Scham, den Ängsten, der Traurigkeit, den Schuldgefühlen oder dem Groll, die jetzt in Ihnen aufsteigen. Es geht darum, alles bis zum Letzten hervorzuholen. Übertreiben Sie ruhig, wenn Ihnen danach ist. Diesen Abschnitt des Briefes zu schreiben, wird eine Menge angestauter Gefühle freisetzen. Es ist wichtig, daß Sie wissen: Ich kann diese Gefühle haben, ohne daß ich danach handeln muß.

Zum Beispiel:

»Ich bin so wütend, daß du mich nie beachtet hast. Ich brauchte so dringend deine Hilfe, und du hast so getan, als wäre ich gar nicht da.«

»Ich habe eine solche Wut, weil du Mutter so schlecht behandelt hast. Sie hat soviel für dich empfunden.«

»Ich schäme mich so, daß ich dich so schlecht behandelt habe, als du krank warst. Ich wußte nicht, wie schlecht es dir ging.«

3. *Finden Sie heraus, was hätte sein können.* Teilen Sie Ihrem Vater bzw. Ihrer Mutter Ihre unerfüllten Träume mit.

Zum Beispiel:

»Wenn wir uns nähergestanden hätten, hätte ich soviel von dir lernen können.«

»Ich fühle mich betrogen, weil du gestorben bist, als ich noch klein war. Ich kann mich fast nicht an dich erinnern. Das meiste weiß ich nur von Fotos.«

»Ich denke immer wieder darüber nach, wie anders mein Leben verlaufen wäre, wenn du dich zwischen Mutter und mich gestellt hättest. Ich war so verletzlich und so eingeschüchtert. Wenn du mich besser geschützt hättest, hätte ich nicht so viele Verletzungen davongetragen.«

»Wenn du mich ein bißchen mehr gezügelt hättest, wäre ich später nicht so oft in die Klemme geraten. Du hast mir das Gefühl vermittelt, daß ich alles tun könnte, was ich wollte. Ich wünschte, du wärest mehr als Vater und weniger als Kumpel aufgetreten.«

»Ich wünschte, ich hätte als Kind erlebt, wie es ist, von dir geliebt und geschätzt zu werden. Ich hätte mich bestimmt viel sicherer gefühlt.«

»Ich wünschte, du hättest meine Geschwister fairer behandelt. Sie hätten mich nicht so abgelehnt, wenn sie auch etwas von deiner Zuwendung abbekommen hätten.«

»Ich würde gern wissen, wie es gewesen wäre, wenn ich mich etwas freier hätte fühlen können und nicht auf Schritt und Tritt beobachtet und überwacht worden wäre.«

4. *Stellen Sie ehrlich und umfassend dar, in welcher Hinsicht Ihnen dieser Mensch fehlt.* Auch hier ist es wichtig, nichts auszulassen.

Zum Besipiel:

»Ich bedauere so sehr, daß ich mein Leben nicht mit dir teilen kann.«

»Ich vermisse deinen Sinn für Humor.«

»Mir fehlen die langen Gespräche, die wir früher miteinander hatten.«

»Es fehlt mir, daß ich dir nicht mehr in der Küche beim Kochen zusehen kann.«

»Weihnachten fehlst du mir so sehr. Du hast es wie kein anderer verstanden, mir Dinge zu schenken, die mich im Innersten berührten.«

»Ich wünschte, du hättest meine Kinder noch kennengelernt. Besonders Carl, er ist dir so ähnlich.«

5. *Erzählen Sie, was inzwischen passiert ist.* Dieser Abschnitt dient dazu, daß Sie sich Ihrem Elternteil neu präsentieren. Sagen Sie ihm oder ihr, wie Sie sich verändert haben. Teilen Sie Ihre Träume und Hoffnungen mit. Reden Sie über Seiten Ihrer Persönlichkeit, die Sie früher vor ihm oder ihr verborgen haben. Teilen Sie auch mit, welche Veränderungen in Ihrer Einstellung zu ihm oder ihr in den letzten Jahren eingetreten sind.

Zum Beispiel:

»Du würdest mich heute kaum wiedererkennen. Ich bin nicht mehr so unsicher. Seit meiner zweiten Heirat bin ich viel ausgeglichener.«

»Meine Gefühle gegenüber Mutter haben sich sehr verändert. Ich stehe ihr heute viel näher. In gewisser Weise hat dein Tod uns einander nähergebracht. Wir haben beide soviel zu betrauern gehabt.«

»Ich habe mir vorgenommen, doch noch zu studieren. Heutzutage genügt eine Lehre nicht mehr.«

»Als Kind habe ich dir nicht gesagt, wie einsam ich mich fühlte. Du hast nicht gefragt, und deshalb habe ich nichts gesagt.«

»Die meiste Zeit geht für meinen Beruf drauf. Ich habe nicht genug

Zeit für Marge und die Kinder, aber ich glaube, du würdest das verstehen. Es ist schwer, eine so große Familie zu ernähren.«

»Ich wünschte, du könntest sehen, wie erfolgreich ich geworden bin. Ich bin ein anerkannter Fachmann, und ich verdiene viel Geld. Du hast ja immer gesagt, daß ich meinen Weg schon machen werde.«

»Früher habe ich dich für vollkommen gehalten. Heute weiß ich, daß du in mancher Hinsicht sehr selbstsüchtig warst. Dadurch verstehe ich mich selbst jetzt auch besser. Ich bin in vieler Hinsicht genau wie du. Manchmal merke ich, daß ich genau dasselbe sage wie du.«

Wenn Ihnen nichts mehr einfällt, legen Sie den Brief beiseite. Vielleicht möchten Sie ihn in ein paar Monaten oder Jahren wieder lesen und noch etwas hinzufügen. Wahrscheinlich werden Sie überrascht sein, welche Heilkraft diese simple Übung besitzt.

So schließen Sie Frieden mit Ihren Schwiegereltern

Wenn Ihr Partner ein auserwähltes Kind ist und weiter mit einem seiner Elternteile verstrickt ist, haben Sie zweifellos Probleme mit den Schwiegereltern, die Sie angehen möchten. (Mir ist klar, das dies etwas untertrieben sein mag.) Was ich bezüglich der Eltern gesagt habe, gilt in höherem Maße für die Schwiegereltern: Die Beziehung zu ihnen sollte zwanglos sein und darauf basieren, daß man sich verträgt und gemeinsame Interessen hat. Aber es gibt darüber hinaus spezielle Aspekte, die sich nur auf Schwiegereltern beziehen.

Ein Buch, das mir die Einzigartigkeit von Problemen mit der Schwiegerfamilie bewußt machte, ist *The Evaluation and Treatment of Marital Conflict.*[3] Ein Satz ist mir besonders in Erinnerung geblieben: »Schwiegersohn oder -tochter werden selten in dem Maße als Familienmitglied betrachtet wie ein direkter Abkömmling.« Das scheint mir sehr richtig zu sein. Es ist wahr, daß Ihr Partner Ihren Schwiegereltern nähersteht, als Sie es je werden, auch wenn es nicht den Anschein hat. Blut ist tatsächlich dicker als Wasser.

Zwei weitere Aussagen in diesem Buch haben mir auch genützt: »Jeder Ehepartner trägt die Verantwortung für die Beziehung zu seiner Ursprungsfamilie und bemüht sich um eine funktionale Verbindung mit ihnen.« Und »keiner der beiden Ehepartner schneidet die Verbindung zu seiner eigenen Familie ab und wird Teil der anderen Familie«. Das wichtige daran erschien mir, daß es im Fall von Schwiegereltern, die sich ständig einmischen, wesentlich darauf ankommt, klarzustellen, wessen Problem das eigentlich ist. Wenn Ihre Schwiegermutter sich Übergriffe auf Ihr Gebiet erlaubt, ist es richtig, wenn Sie sich darüber mit ihr auseinandersetzen. Wenn jedoch Ihre Schwiegermutter die Grenzen Ihres Ehepartners verletzt, dann ist es dessen Sache, die Dinge klarzustellen. Es ist nicht Ihr Problem – es ist seins. In diesem Fall müssen Sie sich beherrschen und sich aus allem heraushalten, was Sie nicht direkt angeht.

Zum Beispiel kann es Sie zur Weißglut bringen, wenn Sie sehen, wie Ihre Schwiegermutter Ihren Ehemann bedrängt. Vielleicht denken Sie: »Es ist nicht mitanzusehen, wie sie ihn behandelt! Er soll ständig für sie dasein! Warum kann sie ihn nicht in Ruhe lassen!« Statt dessen sollten Sie sich aber lieber fragen: »Ist das Verhalten meiner Schwiegermutter ein Problem für meinen Mann?« Es kann durchaus der Fall sein, daß ihr Benehmen Sie mehr stört als ihn; er hat vielleicht schon vor Jahren resigniert. Auf jeden Fall ist es seine Sache, etwas zu verändern. Sie können nichts weiter tun, als ihm Ihre Empfindungen mitzuteilen, und müssen alles weitere ihm überlassen. Ansonsten sollten Sie sich auf die Probleme konzentrieren, die sich in *Ihrer* Partnerschaft zeigen. Er ist gut möglich, daß dort ähnliche Verhältnisse herrschen.

Andererseits kann es sich bei einem scheinbaren »Schwiegereltern-Problem« in Wirklichkeit um ein unerkanntes Eheproblem handeln. Wenn Sie beispielsweise Ihrer Frau vorschlagen, in den Frühjahrsferien einen Skiurlaub zu machen, und sie antwortet: »Nein, ich muß in der Zeit zu meinen Eltern fahren«, dann müssen Sie sich bei Ihrer Frau beschweren und nicht bei Ihren Schwiegereltern. Denn sie läßt zu, daß ihre Eltern größeren Einfluß auf sie haben als Sie. In einem gesunden Familiensystem sehen Mann und Frau ihre jeweiligen Interessen als vorrangig an, vor denen die Interessen der beiden Schwiegerelternpaare in den Hintergrund rücken. Wenn Ihre Frau das nicht tut, ist eine Auseinandersetzung zwischen Ihnen beiden berechtigt.

Margarita, eine Frau, mit der ich ein Interview machte, erzählte mir, wie sie ihre Beziehung zu ihrer Schwiegermutter auf die Reihe brachte. Als sie und ihr Mann Pietro jung verheiratet waren, nahm ihre Schwiegermutter Stella sie oft beiseite und gab ihr Ratschläge für ihre Ehe. Stella führte sich auf, als ob sie und sie ganz allein ihren Sohn verstünde und Dinge wüßte, die der Schlüssel zum Erfolg dieser Ehe wären. Margarita fand das für sich wie auch für ihren Mann beleidigend. Außerdem hatte sie den Eindruck, daß ihre Schwiegermutter nur darauf aus war, ihren übermäßigen Einfluß auf ihren Sohn zu behalten. Seine beiden vorherigen Ehen hatten katastrophal geendet, unter anderem auch wegen Stellas ständiger Einmischung.

Eines Tages hatte Margarita genug von Stellas unerbetenen Ratschlägen und sagte freundlich, aber entschieden zu ihr: »Du bist ein wirklich gern gesehener Gast bei uns, aber ich möchte nicht über unsere Ehe sprechen, wenn du zu Besuch bist. Das geht nur Pietro und mich etwas an. Laß uns von etwas anderem reden.« Das genügte, um ihre Beziehung zurechtzurücken. Irgendwie hatte Stella es auch darauf angelegt, daß es zu einer Konfrontation kam. Pietro für seinen Teil staunte, mit welcher Konsequenz Margarita die Situation gemeistert hatte. Seine beiden ersten Frauen hatten vor seiner Mutter kapituliert, und für ihn war das Ganze eine Tortur gewesen. Er war glücklich darüber, daß Margarita ihn darin unterstützte, die Generationen deutlich voneinander abzugrenzen.

Eine Erfolgsstory

Ein Klient namens Nathan erzählte mir, wie er mit seiner Mutter Frieden schloß – eine Geschichte, die Mut macht. Nathan verlebte seine Kindheit in einem kleinen Ort in den Bergen von Colorado, wo jeder jeden kannte. Solange er zurückdenken konnte, hatte er seine Mutter unterstützt und beschützt. Sie litt unter zahlreichen gesundheitlichen Problemen, so daß er Angst hatte, aus dem Haus zu gehen, denn immer, wenn er eine Zeitlang fort war, schien es ihr schlechter zu gehen. Aus einem falsch verstandenen Verantwortungsgefühl nahm Nathan deshalb nicht an außerschulischen Aktivitäten teil und schloß so gut wie keine Freundschaften.

Als Nathan die Highschool hinter sich hatte, boten sich ihm wenig Arbeitsmöglichkeiten am Ort. So überlegte er – wie viele andere auch –, ob er nicht woanders einen Job suchen sollte. Diese Absicht empfand seine Mutter als sehr beängstigend, was wiederum dazu führte, daß Nathan sich schuldbewußt und unsicher fühlte. Doch die Notwendigkeit, Arbeit zu finden, wie auch seine zunehmende Unabhängigkeit ließen ihn die Bedenken in den Wind schlagen. Zum Entsetzen seiner Mutter zog er nach Houston und fing bei einem Onkel auf den Ölfeldern zu arbeiten an.

Jahrelang weigerte sich seine Mutter, auch nur ein Wort mit ihm zu reden. Wenn er zu Besuch nach Hause kam, fühlte er sich wie ein Eindringling. Sie tröstete sich mit ihren übrigen Kindern, die ihr alle nachgegeben hatten und sich im Umkreis von siebzig Kilometern niedergelassen hatten.

Nathan heiratete, bekam zwei Kinder und fing an, gut zu verdienen. Siebzehn Jahre nach seinem Auszug beschloß er, mit dem Ölgeschäft Schluß zu machen und ein Restaurant in seiner Heimat Colorado zu eröffnen. Er kaufte ein Objekt in einer vielversprechenden Touristengegend, dreißig Kilometer von seiner Heimatstadt entfernt.

Monatelang überging seine Mutter ihren eigenwilligen Sohn mit Schweigen. Sie übertrug ihren Ärger auch auf seine Frau und seine Kinder, zu denen sie nicht viel mehr als guten Tag und auf Wiedersehen sagte. Nathan gelang es, ihr theatralisches Auftreten an sich abprallen zu lassen, weil er darauf gefaßt gewesen war, daß der Wiedereintritt in die Familie nicht so einfach sein würde. Für seine Frau war es im Endeffekt schwerer als für ihn, weil es sie sehr kränkte, wie er behandelt wurde. Aber sie schaffte es, sich herauszuhalten und ihn die Sache erledigen zu lassen.

Auf einen Aspekt seiner Rückkehr war Nathan allerdings nicht vorbereitet, nämlich auf den Groll seines mittleren Bruders Jerome. Während der langen Jahre seiner Abwesenheit hatte er mit Jerome engen Kontakt gehalten. Sie hatten sich gegenseitig besucht, und ihre Kinder waren sich recht nahegekommen. Nachdem Nathan das Zuhause verlassen hatte, war Jerome der Liebling seiner Mutter geworden. Vorher war er nur das typische mittlere Kind gewesen, das keine besondere Rolle spielt. Jetzt genoß er die Rolle des Lieblingskindes, auch wenn der Preis hoch war. Durch die Heimkehr von Nathan fühlte er sich bedroht, und zwar um so stärker, je mehr die Mutter ihren Groll gegen diesen fallenließ. Aus seiner Verunsicherung heraus fing Jerome an, Nathans Kinder zu kritisieren, und weigerte sich, Nathans Restaurant zu besuchen. Während dies alles vor sich ging, schaffte Nathan es irgendwie, sich seine ausgewogene Beurteilung der Situation zu erhalten.

Im Laufe der Zeit stabilisierten sich die Familienbeziehungen. Nathans Mutter nahm ihren ältesten Sohn wieder in die Familie auf. Sie gestand ihm aber nie mehr die bevorzugte Stellung von früher zu, denn er war seinerseits nicht bereit, seine Unabhängigkeit wieder aufzugeben. Nathans Weigerung, in die Rolle des auserwählten Kindes zurückzuschlüpfen, führte dazu, daß auch sein Bruder Jerome sich allmählich beruhigte und die Spannungen zwischen ihnen abnahmen.

Heute ist Nathan glücklich, daß er in Colorado lebt, und genießt die Zeit, die er mit seinen Eltern und Geschwistern verbringt. Am Ende unseres Gesprächs sagte Nathan zu mir, daß er folgende Weisheit gern weitergeben wolle: »Die Redensart ›Es führt kein Weg zurück‹ stimmt nicht. Aber wenn du wieder nach Hause gehst, achte darauf, daß du dich selbst mitnimmst.«

11

So schließen Sie mit Ihren Geschwistern Frieden

In meiner jahrelangen Arbeit als Familientherapeutin habe ich die Überzeugung gewonnen, daß es fast so wichtig ist, die Probleme mit unseren Geschwistern zu lösen wie die mit den Eltern. Genau wie im Fall der Eltern führt ein Ignorieren der Probleme dazu, daß Sie die Konflikte auf andere projizieren; was Sie abwehren, wirkt weiter fort. Wenn Sie Ihre Tochter betrachten, sehen Sie die Dinge, die Ihnen an Ihrer Schwester mißfallen; Sie behandeln Ihren Ehemann so, wie Sie von Ihrem Bruder behandelt wurden; Sie unterstellen anderen Menschen Motive, die eigentlich zu einem Ihrer Geschwister gehören. Geschwisterbeziehungen hinterlassen einen tiefen Eindruck, und die negativen Gefühle können Jahrzehnte überdauern.

Ich kenne z. B. eine wohlhabende Familie in Kentucky, bei der sich die Geschwisterrivalität durch drei Generationen hindurchzieht. Der Konflikt entstand um die Jahrhundertwende, als ein Elternpaar sich unter seinen vier Kindern jeweils eines zum Favoriten auserkor. Der Vater bevorzugte die jüngste Tochter, die Mutter den ältesten Sohn. Kurz vor seinem Tod schrieb der Vater heimlich ein Testament, in dem er sein Gestüt seiner Lieblingstochter hinterließ. Dieses Testament war nicht juristisch bindend, so daß seine Absichten nie zum Tragen kamen. Einige Jahre später verkaufte seine Witwe die Pferde bei einer Auktion. Die Tochter vergab ihrer Mutter nie, daß sie ihr das ihrer Meinung nach rechtmäßige Erbe vorenthalten hatte. Als die Witwe starb, hinterließ sie ihrem Lieblingsohn den Hauptanteil ihres Vermögens, was ihre Tochter noch mehr verbitterte. Die Tochter ließ ihren Zorn an dem Bruder aus, und diese Fehde wurde von Kindern und Enkeln weitergeführt. Bis heute herrscht zwischen den beiden

Zweigen der Familie böses Blut, auch wenn sich kaum jemand an den Ursprung des Konflikts erinnern kann.

Geschwisterrivalität kann sehr verletzend sein, trotzdem zögern viele Menschen, sich damit auseinanderzusetzen. Das trifft sogar auf »Psycho-Profis« zu. Bei einem Workshop für Therapeuten stellte ich die Behauptung auf, daß generell der Beziehung zu den Geschwistern bei Beratungsgesprächen zu wenig Aufmerksamkeit geschenkt wird. Probleme mit den Eltern werden in allen Einzelheiten untersucht, aber die Beziehungen zu den erwachsenen Geschwistern werden oft außer acht gelassen. Um das auszugleichen, machte ich den Vorschlag, daß die Psychotherapeuten ihre eigenen Geschwisterbeziehungen betrachten sollten. Vielleicht würde sich dabei klären, warum dieser wesentliche Bereich des Familienlebens so oft vernachlässigt würde. Kaum hatte ich das gesagt, machte eine Frau in der ersten Reihe eine abwehrende Handbewegung und platzte laut heraus: »Kommt nicht in Frage!« Viele Hörer mußten lachen, weil die Wahrheit hier so offen zutage trat. Auch sie hätten sich nur zu gern davor gedrückt, die Geschwisterproblematik anzuschauen. Es war leichter, sich auf die Eltern zu konzentrieren, ein üblicheres – und deshalb sichereres Untersuchungsfeld.

So stellen Sie größere Zusammenhänge her

Wenn es zwischen Ihnen und einem Bruder oder einer Schwester unaufgelöste Spannungen gibt, ist es wichtig, daß Sie genauer hinsehen, auch gegen Ihre inneren Widerstände. Sie können sich der Tabuzone vorsichtig nähern, indem Sie sich fragen, ob Ihre derzeitigen Konflikte auf die Rollen, die Sie als Kind gespielt haben, zurückgeführt werden können. Diese erweiterte Perspektive kann vielleicht dazu beitragen, daß Ihre gegenwärtigen Frustrationen abnehmen, weil sie sie in das richtige Verhältnis setzt. Wurden Sie von demselben Elternteil sehr unterschiedlich behandelt? War Ihr Bruder oder Ihre Schwester ein ausgeschlossenes Kind oder das Lieblingskind des anderen Elternteils? Hat einer von Ihnen die Stellung besetzt, die eigentlich dem anderen in der Familie zustand? Es folgen ein paar einfache (und nicht bedrohlich wirkende) Übungen, die Ihnen den Einstieg in Ihre Ermittlungen erleichtern sollen.

ÜBUNG 1

Versteckte Kamera

Stellen Sie sich vor, Sie wären bei einem Familientreffen. Irgend jemand schleicht sich heran und macht einen heimlichen Schnappschuß von Ihnen, Ihren Eltern und Ihren Geschwistern, auf dem die Wahrheit über die Familienbeziehungen ans Licht kommt.

Was würde jede Person gerade tun? Welchen Abstand hätten die einzelnen voneinander? Wäre jemand gar nicht auf dem Foto? Welche Unterschrift würden Sie dem Foto geben?

Beschreiben Sie das Bild einem guten Freund, oder schreiben Sie Ihre Einfälle auf ein Blatt Papier.

Eine Bekannte, die das Manuskript zu diesem Buch gelesen hat, machte diese Übung und kam zu einigen interessanten Ergebnissen. Auf ihrem Phantasie-Foto standen ihre Mutter und ihr Vater auf entgegengesetzten Seiten des Fotos, und beiden hatten den Arm um ein Kind gelegt. Ihre Mutter klammerte sich an ihren ältesten Bruder. Ihr Vater hatte sie selbst im Arm. Ihre jüngste Schwester befand sich in der Mitte des Fotos, ihr galten zwar eindeutig die Sympathien beider Geschwister, doch bestand weder zu Vater noch Mutter eine enge Beziehung. Ihre ältere Schwester war nicht auf dem Bild, denn der Abstand, den sie zwischen sich und der Familie brauchte, war zu groß, als daß die Kamera sie noch hätte erfassen können. Zum erstenmal wurde meiner Freundin klar, daß ihre ältere Schwester ein ausgeschlossenes Kind gewesen war.

ÜBUNG 2

Trauminsel

Stellen Sie sich vor, daß Sie und alle Ihre Geschwister auf einer kleinen Insel leben. Außer Ihnen wohnt dort niemand. Jetzt malen Sie sich aus, wie die Insel aussieht, und setzen Sie Ihr Haus dorthin, wo Sie sich am wohlsten fühlen würden. Jetzt fügen Sie für jedes Ihrer Geschwister ein Haus dazu. Wer würde am nächsten bei Ihnen wohnen? Wer würde am weitesten entfernt leben? Stellen Sie sich vor, es gäbe auf der Insel mehrere häufig begangene Fußpfade. Welche Häuser würden sie verbinden? Stellen Sie sich vor, daß mehrere der Häuser bei einem Sturm zerstört würden und eines der Geschwister bei Ihnen einziehen müßte. Welchen Bruder oder welche Schwester würden Sie wählen? Stellen Sie sich vor, daß ein Boot Ihre einzige Verbindung zum Festland wäre. Welchem Ihrer Geschwister würden Sie die

Oberaufsicht über die Benutzung des Bootes anvertrauen? Stellen Sie sich vor, Ihre Eltern kämen zu Besuch. Bei wem würden sie wohnen? Würde jemand eifersüchtig sein? Würde jemand erleichtert sein?

Veränderung zweiter Ordnung

Eine Klientin namens Carla, die einige Zeit mit Nachdenken über ihr Verhältnis zu ihren Geschwistern verbracht hatte, erkannte dabei zum erstenmal, daß das unsoziale und kriminelle Verhalten eines ihrer Brüder sich zu einem erheblichen Teil dadurch erklären ließ, daß er das ausgeschlossene Kind der Familie gewesen war. Ihr Vater hatte sie selbst vorgezogen, ihr jüngster Bruder war von der Mutter bevorzugt worden. John, der mittlere, war weitgehend ignoriert worden. Je länger sie darüber nachdachte, um so mehr erschien ihr sein unruhiges Leben als eine direkte Folge des aus dem Gleichgewicht geratenen Familiensystems. »Er hatte niemanden«, erkannte sie, »und noch heute sehnt er sich nach mehr Beachtung.« Diese Einsicht ließ in ihr ein neues Mitgefühl für ihn entstehen. Nach acht Jahren rief sie ihn zum erstenmal an und lud ihn zum Thanksgiving-Essen ein. Seit damals haben beide den Kontakt nicht wieder verloren.

Als Margaret einen Ehe-Workshop besuchte und dazu aufgefordert wurde, die negativen Einflüsse in ihrer Kindheit aufzuzählen, erkannte sie, wie stark die Wirkung ihrer älteren Schwester auf sie gewesen war. Anfangs hatte sie nur die Probleme mit ihren Eltern aufgelistet und war frustriert gewesen, weil das Bild noch irgendwie unfertig erschien. Die Schwierigkeiten, die sie mit ihnen gehabt hatte, konnten nicht für all ihre seelischen Probleme verantwortlich sein. Als Margaret aber auch noch den Umstand mit einbrachte, daß ihre ältere Schwester sie sehr schlecht behandelt hatte, machte ihre Familiengeschichte mehr Sinn. »Ich glaube, daß ich in vieler Hinsicht mehr durch mein Verhältnis zu meiner Schwester gelitten habe als durch das Verhältnis zu meinen Eltern. Sie konnte gemein und bösartig sein.« Ein Buch über Geschwisterbeziehungen verhalf Margaret zu weiteren Erkenntnissen. Ihr wurde klar, daß ihre Schwester nicht böse gewesen war, sondern nur hochgradig eifersüchtig, weil Margaret von beiden Elternteilen vorgezogen worden war. Auch Margaret war daraufhin imstande, mit mehr Verständnis auf ihre Schwester zuzugehen.

Eine Klientin namens Tina fand heraus, daß ihr Bruder Randolph immer noch einen Groll gegen sie hegte, weil sie das Lieblingskind gewesen war, obwohl das Jahrzehnte zurücklag. Als Kind hatte sie mehr Geld und mehr Privilegien als Randolph gehabt. Selbst mehr als zwanzig Jahre später machte ihn das noch rasend. Wenn Tina einmal im Jahr zu Besuch in ihr Elternhaus kam, behandelte Randolph sie grob und unhöflich und stellte Verhöre mit ihr wie auch den Eltern an, ob sie etwa Geld oder Geschenke erhalten habe. Tina wehrte sich nicht gegen dieses Verhalten, weil sie Schuldgefühle wegen der Vergangenheit hatte.

Als sie jedoch eine etwas objektivere Sicht der Dinge gewonnen hatte, fühlte sie sich weniger schuldbewußt. Es wurde ihr klar, daß sie seit vierzehn Jahren nicht mehr in der Nähe der Eltern wohnte und daß sie, seit sie ihre Ausbildung zur Krankenschwester mit einundzwanzig Jahren beendet hatte, finanziell immer auf eigenen Füßen gestanden hatte. Randolph dagegen war in ihrer Heimatstadt geblieben und hatte von den Eltern erhebliche finanzielle und materielle Unterstützung bekommen. Tina erkannte, daß sie für etwas bestraft wurde, das schon seit vielen Jahren der Vergangenheit angehörte.

Als sie diese Tatsachen erkannt hatte, ging sie zu Randolph und konfrontierte ihn auf entschiedene, aber höfliche Weise damit. »Ich möchte nicht länger von dir beschuldigt werden, daß ich mehr bekomme, als mir zusteht«, sagte sie zu ihm. »Das war einmal. Heute bekommst du mehr von den Eltern als ich.« Randolph stritt ab, eifersüchtig zu sein, und tat so, als wüßte er nicht, wovon sie redete. Aber einige Monate nach diesem Gespräch unternahmen er und seine Frau zum erstenmal eine Reise an die Ostküste, um sie zu besuchen – bisher war ihnen die lange Reise immer zuviel gewesen. Tina ist überzeugt, daß er dies nie getan hätte, wenn sie nicht festgeblieben wäre und ihn mit der Wirklichkeit konfrontiert hätte.

Genaugenommen hatte Tina eine Zehn-Sekunden-Konfrontation in Gang gesetzt. Sie hatte ihre Einwände dargestellt und ihre Grenzen neu gezogen. Ihre Botschaft war einfach gewesen: »Ich dulde es nicht mehr, daß du deine Wut an mir ausläßt. Ich habe das nicht verdient. Laß mich in Ruhe.« Weil Randolph erkannte, daß sie recht hatte, rückte er von seiner Eifersucht ab und respektierte sie mehr als früher. Ein harmonischeres Bruder-Schwester-Verhältnis war die Folge.

Hier einige Beispiele von weiteren Zehn-Sekunden-Konfrontationen zwischen Geschwistern.

»Pamela, ich bin nicht bereit, dir diesen Gefallen zu tun. Ich habe zuviel um die Ohren.«

»Jerome, ich weiß, daß du weißt, daß wir viel Geld verdient haben.

Aber ich habe kein Interesse an einem Geschäft mit dir. Wir haben andere Pläne mit dem Geld.«

»Mark, es regt mich auf, daß du unserer Schwester Maggie weitererzählt hast, worüber wir beide gesprochen haben. Ich möchte, daß sie es lieber von mir selbst erfährt.«

»Jane, du mußt jemand anderes finden, der dir bei den Vorbereitungen für Papas Geburtstag hilft. Ich mache dieses Jahr mal Pause.«

»John, mir ist es unangenehm, über die Probleme unserer Schwester zu sprechen. Ich meine, wir sollten mit Jane selbst reden.«

»Ruth, ich weiß, daß du meinst, daß Daddy mir das bessere Teil hinterlassen hat, aber das ist nicht der Fall. Ich würde gern mit dir über die Einzelheiten sprechen, damit die Sache ins reine kommt.«

Im großen und ganzen gilt der in Kapitel 10 vorgeschlagene Weg zur Aussöhnung mit den Eltern auch für die Geschwister. (Vielleicht betrachten Sie die dort vorgeschlagenen Übungen noch einmal, wobei sie statt »Elternteil« dann »Bruder« oder »Schwester« einsetzen.) Hier eine Zusammenfassung des Gesamtprozesses: Um eine Geschwisterbeziehung zu verbessern, müssen Sie erstens die negativen und positiven Züge des oder der Betreffenden akzeptieren; zweitens Ihre eigenen Grenzen überdenken und klären; drittens sich darauf konzentrieren, wie *Sie* die Beziehung verändern könnten, und viertens eine versöhnliche Geste machen, um Ihren Wunsch zu unterstreichen, daß Sie die Beziehung verbessern wollen.

Ich habe die Erfahrung gemacht, daß ein Versöhnungstreffen von Geschwistern eine besonders nützliche Sache sein kann. Nachfolgend sehen Sie, wie eine solche Sitzung aufgebaut sein könnte.

Anleitung für ein Versöhnungstreffen mit Schwester oder Bruder

1. *Absichtserklärung.* Erklären Sie klar und deutlich, warum Sie das Treffen arrangiert haben. Bemühen Sie sich um einen gelassenen, zuversichtlichen Ton. Wenn nötig, vorher üben!

Beispiele:

»Ich wünsche mir, daß unsere Beziehung besser wird. Ich bin bereit, etwas dafür zu tun, und ich hoffe, du auch.«

»Ich möchte mit dir über unser Verhältnis sprechen. Es hat mich sehr bedrückt, und ich möchte es verbessern.«

»Ich habe lange darüber nachgedacht, wie die Dinge zwischen uns stehen. Ich möchte, daß wir uns wieder vertragen.«

2. *Ihr eigener Anteil an den Schwierigkeiten.* Hier haben Sie die Gelegenheit darzulegen, wie Sie selbst zu dem Konflikt beigetragen haben. Halten Sie sich an eine objektive Beschreibung Ihres eigenen Verhaltens. Beispiele:

»Ich war eifersüchtig auf dich, als du älter wurdest, denn du konntest machen, was du wolltest, aber ich nicht.«

»Als wir Kinder waren, war ich gemein zu dir. Ich habe meinen Vorteil daraus gezogen, daß du so aufmüpfig warst. Manchmal habe ich mich wie eine Heilige aufgeführt, nur damit du um so schlimmer dastandest. Du mußt das gehaßt haben.«

»Ich wünschte, es gäbe eine Möglichkeit, unsere Kindheit noch mal zu erleben, denn ich würde vieles anders machen. Ich würde mich mehr für dich interessieren und eine bessere Meinung von dir haben. Ich würde netter sein und nicht so selbstsüchtig. Ich bereue es, wie ich dich behandelt habe.«

»Es ist oft vorgekommen, daß ich Privilegien hatte und du nicht. Es muß für dich wirklich schwer gewesen sein, zuzusehen, wie ungleich Mutter uns behandelt hat. Ich weiß auch, daß ich mir mit den Privilegien Vorteile verschaffte. Kein Wunder, daß du mich gehaßt hast.«

»Als wir noch Kinder waren, hat Paps mich oft um Rat gefragt. Er wollte sogar, daß ich ihm dabei half, mit dir fertig zu werden. Es war falsch von mir, dabei mitzumachen. Du mußt dich über meine Kommentare sehr geärgert haben.«

Vielleicht möchten Sie das Thema vertiefen und auch darüber reden, wie Sie zu den noch bestehenden Spannungen beitragen.

Beispiele:

»Ich bin nicht in Bestform, wenn wir zusammen sind. Ich bin oft distanziert und ablehnend. Ich möchte lockerer sein im Umgang mit dir.«

»Ich habe mich nicht gerade darum bemüht, mit dir in Kontakt zu bleiben. Ich habe mich nie gemeldet.«

»Statt mit dir direkt zu sprechen, spreche ich mit Jane über dich. Ich habe deshalb ein schlechtes Gewissen.«

»Ich behandele dich noch immer wie vor fünfzehn Jahren. Ich habe ignoriert, daß du dich verändert hast.«

3. *Erklärung, wie Sie sich Ihre Beziehung in Zukunft vorstellen.* Es handelt sich dabei um eine positive Beschreibung der Veränderung, die Sie sich wünschen. Wieder gilt: Keine Schuldzuweisung, keine Anklagen!

»Ich möchte, daß wir entspannter sind, wenn wir uns treffen.«

»Wir haben nie wirklich miteinander geredet. Ich möchte von dir wissen, wie es für dich war, in unserer Familie aufzuwachsen.«

»Ich möchte die Vergangenheit ruhen lassen und einen neuen Anfang machen. Wir können beide nichts dafür, daß Papa einen von uns vorgezogen hat.«

»Als Kinder standen wir uns nicht sehr nahe. Ich durfte mir damals nicht anmerken lassen, daß ich Probleme hatte und durfte keine Gefühle zeigen außer Zufriedenheit. Ich möchte jetzt ehrlicher mit dir sein. Ich möchte offen mit dir über meine Gefühle sprechen können.«

»Ich glaube, die Art, wie Mama und Papa uns behandelt haben, stand immer zwischen uns. Ich möchte, daß wir das alles hinter uns lassen und neu anfangen. In Wirklichkeit haben wir nämlich einiges gemeinsam, besonders seitdem wir beide Kinder haben.«

Sie müssen damit rechnen, daß Ihr Bruder bzw. Ihre Schwester eine eigene Verantwortung für den Konflikt ablehnt und eventuell sogar dessen Existenz leugnet. Das ist in Ordnung. Die Wirkung Ihrer Aussprache wird dadurch nicht geringer. Denn für Sie geht es darum, sich auf sich selbst und Ihre Geschwister zu konzentrieren – auf Ihr Verhalten, Ihre Wünsche, Ihre Wahrnehmungen, Ihre Entschuldigungen.

Ihr Bruder (bzw. Ihre Schwester) ist vielleicht entgegenkommender, wenn Sie erklären, was Sie sich für die Zukunft von Ihrer Beziehung wünschen. Vielleicht möchte er (sie) nicht gern über die Vergangenheit reden. Das ist sein (ihr) gutes Recht. Aber vielleicht ist er (sie) bereit, das seine zu tun, damit ein besseres Verhältnis zwischen Ihnen zustande kommt. Lassen Sie Ihrem Bruder (Ihrer Schwester) nach dem Treffen Zeit, über das nachzudenken, was Sie mitgeteilt haben, und achten Sie darauf, daß Ihr weiteres Verhalten mit Ihrer erklärten Absicht übereinstimmt. Es kann ein oder zwei Jahre dauern, bis sich wirklich etwas ändert, aber das ist die Sache wert.

Wenn Ihr Geschwister nicht auf Ihre ehrlichen und höflichen Friedensangebote eingeht, müssen Sie Ihre Erwartungen herunterschrauben, in dem Bewußtsein, daß Sie Ihr Möglichstes getan haben, um sich zu versöhnen. Es kann sein, daß Ihre Beziehung niemals so wird, wie Sie es sich wünschen. Vielleicht ist das Höchste, worauf Sie zu diesem Zeitpunkt hoffen können, die Einigkeit, daß Sie verschiedener Meinung sind, und das Versprechen, daß sie bei Familienzusammenkünften etwas herzlicher miteinander umgehen wollen. Doch selbst das kann schon eine willkommene Änderung sein. Und Sie können sich zumindest damit trösten, daß Sie nicht länger dafür verantwortlich sind, daß der Streit weiterschwelt.

Die einzigartige Dynamik der Geschwisterbeziehung

Viel von dem bisher Gesagten könnte ebensogut auf jede andere Beziehung innerhalb der Familie zutreffen. Aber es gibt bestimmte Antriebskräfte, die speziell unter Geschwistern auftreten. Erstens sollten Sie darüber nachdenken, inwieweit eventuell die Reihenfolge, in der Sie und Ihre Geschwister geboren wurden, Ihr Verhalten beeinflußt. Nur weil Sie das Jüngste waren, heißt das noch nicht, daß Ostern nie bei Ihnen gefeiert werden kann; die paar Jahre zwischen Ihnen und Ihren älteren Geschwistern machen heute, wo alle erwachsen sind, kaum noch einen Unterschied. Genauso ist es, wenn Sie der oder die Älteste sind und als einzige(r) in der Familie einen Eßtisch haben, an dem zwölf Personen sitzen können – trotzdem müssen nicht alle Familientreffen bei Ihnen stattfinden, selbst wenn das seit fünfundzwanzig Jahren so gewesen ist. Ebensowenig müssen Sie als der/die Älteste alle Krisen lösen, alle Familienfeiern organisieren und die Gesamtlast der emotionalen und finanziellen Unterstützung auf sich nehmen. Ihre jüngeren Geschwister können auch einspringen. Nicht nur, daß Ihre Rolle als Älteste(r) Sie allzu sehr belastet, sie hält eventuell auch die übrigen davon ab, ein eigenes Verantwortungsgefühl zu entwickeln. *Jeder* kann von einer Veränderung profitieren. Es gibt keinen Grund, warum alle am Hergebrachten kleben sollten, wenn es für Sie und andere abträglich ist.

Im Fall gespannter Geschwisterbeziehungen könnten Sie zweitens aber auch instinktiv den Wunsch haben, ganz mit ihnen zu brechen. Vielleicht träumen Sie davon, so weit wie möglich fortzuziehen und den Kontakt damit drastisch zu verringern. Aber da Sie und Ihre Geschwister ungefähr gleichaltrig sind, werden Sie mit großer Wahrscheinlichkeit in der Zukunft zwangsläufig wieder miteinander zu tun haben. Zum Beispiel könnte es nötig werden, wegen der Pflege eines alt gewordenen Elternteils Absprachen zu treffen oder Einzelheiten im Zusammenhang mit einem Todesfall zu regeln. Eventuell möchten Ihre Kinder auch wieder Kontakt zu ihren Onkeln und Tanten aufnehmen, und Sie möchten eventuell im Leben Ihrer Nichten und Neffen eine positive Rolle spielen. Es kann sogar passieren, daß Sie im

Alter auf eines Ihrer Geschwister angewiesen sind. Wenn Sie jetzt den Mut haben, auf Aussöhnung zu drängen, ersparen Sie sich zukünftige Probleme.

Drittens ist unter Geschwistern die Frage »Wer hat recht?« sehr häufig der Anlaß für lang anhaltende, verwickelte Streitigkeiten. Das kann ein Überbleibsel aus der Zeit sein, als es ihnen so wichtig war, daß Mutter und Vater alle gleich und gerecht behandelten, und wo die Entscheidung darüber, wer recht und wer unrecht hatte, eine Sache auf Leben und Tod zu sein schien. Nachdem nun alle erwachsen sind, müssen Sie entscheiden, was wichtiger ist: recht zu haben oder sich nahezustehen. Wie viele Brüder haben schon gesagt: »Meine Schwester muß meinen Standpunkt einsehen. Ich weiß, daß ich recht habe, aber sie will es einfach nicht zugeben.« Behalten Sie im Auge, daß Sie »recht haben« können, ohne daß Ihre Geschwister das auch finden; jeder von Ihnen hat seinen eigenen begründeten Standpunkt. Wenn Sie diese Tatsachen akzeptieren und den Familienfrieden nicht auf dieselben Werturteile, sondern auf wechselseitigen Respekt gründen, dann ist das für alle vorteilhaft. Eine meiner besten Freundinnen hat einen Bruder mit total entgegengesetzten politischen Anschauungen. Wenn sie darauf bestünde, daß er bei ihr nur dann gut angeschrieben wäre, wenn er ihrer Meinung wäre, würde sie die Familie spalten. Statt dessen hat sie sich dafür entschieden, daß die Frage, wem er bei der nächsten Wahl seine Stimme gibt, für sie nicht so wichtig ist wie mit ihm in Kontakt zu stehen. Es ist eine Entscheidung, die täglich Früchte trägt.

Nehmen Sie die Streitthemen unter die Lupe, die Ihre Familie spalten. Sind sie es wert, sich deshalb anzufeinden? Geht es nur darum, den Stolz und das Gesicht zu wahren? Liegen die Wurzeln in der vorhergehenden Generation? Sind sie eine Folge der Art und Weise, wie Ihre Eltern mit Ihnen allen umgegangen sind – was Sie ja kaum beeinflussen konnten? Wäre es nicht an der Zeit, sich endlich wie Erwachsene zu benehmen und die Vergangenheit ruhenzulassen?

12

So vertiefen Sie die Bindung zu Ihrem Partner

Wenn Sie mit einer allzu engen Elternbindung aufgewachsen sind, haben Sie *unweigerlich* Probleme in Ihren Liebesbeziehungen; es gibt sozusagen eine Garantie darauf. Wenn Ihre spezifischen Schwierigkeiten auch davon abhängen, wie Sie aufgewachsen sind, so ist es doch sehr wahrscheinlich, daß Sie zumindest eines der folgenden Probleme haben:

- Sie wählen immer wieder Partner, denen eigene Bedürfnisse wichtiger sind als Ihre;
- Sie wählen immer wieder Partner, die nicht »zu haben« sind (z. B. bereits verheiratete, an einen Elternteil oder ein Kind gebundene oder in geographischer wie emotionaler Hinsicht auf Abstand bedachte Menschen);
- Sie geraten in Konflikte, weil Sie mit einem Elternteil oder einem Kind sehr eng verbunden sind;
- Sie haben Verlassensängste, die zu Verunsicherung, Eifersucht, Stichelei, Gefallsucht oder Ko-Abhängigkeit (gegenseitiger Abhängigkeit) führen;
- Sie haben Angst vor Vereinnahmung (»Aufgefressenwerden«), was zu Isolation, Feindseligkeit, Wortkargheit, Verschlossenheit, Einzelgängertum und dem Bedürfnis nach sehr viel Freiraum für Sie persönlich führt;
- Sie haben eine Reihe von Liebesaffären hinter sich oder einen Partner, der sehr viele Affären hatte;
- Sie haben Schwierigkeiten, einen passenden Partner zu finden;
- Sie können keine romantischen Gefühle für Ihren Partner aufbringen.

Wenn Sie einen Moment darüber nachdenken, erkennen Sie, daß

sich ein roter Faden durch diese Liste zieht, nämlich die Unverbindlichkeit, die Ihre primäre Liebesbeziehung kennzeichnet. Einer von Ihnen oder auch Sie beide setzen Ihre Energien nicht voll dafür ein, sondern lenken sie in andere Bahnen – Eltern, Kinder, Hobbys oder andere Partner.

Wenn Sie Ihre Lebensgeschichte Revue passieren lassen, werden Sie einige Erkenntnisse bezüglich dieser Unverbindlichkeit erhalten. Wenn Sie derjenige sind, der seine Energie nicht einbringt, dann könnte das daran liegen, daß Ihre Eltern Ihnen kein funktionierendes Ehe-Vorbild geben konnten. Sie haben nicht gelernt, daß eine Ehe Spaß machen, Geborgenheit geben und für beide Partner lohnend sein kann. Sie haben nicht gelernt, daß der Ehepartner zugleich Geliebter, Vertrauter und bester Kamerad sein kann. Ihre Eltern haben Ihnen statt dessen demonstriert, daß Liebe und Zusammengehörigkeitsgefühl woanders – in der Beziehung zu einem Kind, in der Arbeit oder in einer Sucht – zu finden sind. Dieses Verhaltensmuster hat sich Ihrem Unterbewußtsein eingeprägt und hat Sie Jahre später stark beeinflußt. Die Menschen wissen nur, was man sie gelehrt hat, und Ihnen hat man beigebracht, Vergnügen und Intimität außerhalb der Ehe zu suchen.

Falls Sie aber einen Partner gewählt haben, der die meiste Zeit für Sie nicht erreichbar ist oder der nur sehr zögernd auf Ihre Bedürfnisse eingeht, läßt sich auch das anhand Ihrer persönlichen Geschichte verstehen. Als Kind hatten Sie die Aufgabe, die Bedürfnisse eines Elternteils zu befriedigen. Ihre eigenen Bedürfnisse wurden zur Seite geschoben, damit Sie Vater oder Mutter dienen oder sich darum bemühen konnten, die unrealistischen Erwartungen eines Elternteils zu erfüllen. Im Laufe der Jahre wurde Ihnen diese Art der Beziehung zur zweiten Natur, und Sie wurden unbewußt von Menschen angezogen, die es Ihnen erlaubten, diese Rolle weiterzuspielen. Es fühlte sich für Sie vertraut und natürlich an, für jemanden zu sorgen, der nicht auf Ihre Bedürfnisse achtete; genau dafür waren Sie geschult worden.

Die Ehe und Veränderungen zweiter Ordnung

Die Arbeit, die in den vorangehenden Kapiteln beschrieben wurde, insbesondere die Lösung von Problemen mit den Eltern, wird dazu beitragen, diese Barrieren gegen Nähe und Intimität aus dem Weg zu räumen – auch wenn Sie nicht direkt an Ihrer Ehe arbeiten. Wenn Sie Ihr Verhältnis zu Ihren Eltern wieder ins Lot bringen, dann lösen Sie damit wesentliche Beziehungsprobleme. Alle Ihre Beziehungen – insbesondere aber Ihre Ehe – werden von Ihren Bemühungen profitieren.

Ich erinnere mich an eine Sitzung mit Mandy, einer Frau Mitte Dreißig, die von ihrem Vater förmlich angebetet worden war. Wir sprachen die ganzen fünfzig Minuten darüber, wie leidenschaftlich diese Beziehung gewesen war. Zum erstenmal wurde ihr deren völlige Unangemessenheit bewußt. Ihre Liebe zu ihrem Vater war von überwältigender Anziehungskraft gewesen. Intensiver als alle anderen Beziehungen, die sie je hatte, mit Ausnahme einer kurzen Affäre mit einem älteren verheirateten Mann.

Während dieser Sitzung berührten wir mit keinem Wort ihre Ehe, eine glanzlose, matte Beziehung, die die Ursache gewesen war, warum sie in die Therapie gegangen war; das ganze Gespräch drehte sich nur um ihren Vater. Aber auf der Fahrt nach Hause hatte Mandy auf einmal das Gefühl, sie müsse sofort ihren Mann sehen. Sie kehrte um und fuhr direkt zu seinem Geschäft. Als sie sein Büro betrat, fühlte sie sich von ihm emotional wie sexuell stärker angezogen als in den ganzen Jahren zuvor. Dieses ersehnte Aufflammen der romantischen Gefühle hielt tagelang an.

In der folgenden Sitzung sprachen wir über diese plötzliche Kehrtwendung – eine Veränderung zweiter Ordnung. Mandy hatte beim letztenmal der Wahrheit über die übersteigerte Bindung an ihren Vater ins Auge gesehen, und jetzt erkannte sie, daß ihr, als unerwartete Folge davon, ihr Ehemann plötzlich in einem günstigeren Licht erschienen war. Sie erkannte, daß sie bisher unbewußt nach einem überlebensgroßen Supermann gesucht hatte, nach jemandem, der mit ihrem Vater konkurrieren konnte. Nun war ihr dieses Ziel endlich bewußt geworden, und zugleich hatte sie eingesehen, wie unsinnig es war. So großartig wie sie als Zehnjährige ihren Vater gefunden hatte, würde sie nie mehr einen Mann finden. Als sie diese Wahrheit akzeptiert hatte, wurden ihr plötzlich die tatsächlichen Stärken ihres Mannes bewußt. Nein, er war kein Märchenprinz, aber er war ein gütiger, verläßlicher und liebevoller Ehemann. Sie mußte daran denken, was für ein guter Vater er war. Und wie geduldig er ihre Unzufriedenheit mit ihrer Ehe ertragen hatte. Von einer unbewußten Blockierung befreit, fühlte sie sich plötzlich auf mehreren Ebenen zugleich von ihm angezogen. Eine Abwehrmauer war plötzlich in sich zusammengebrochen, die wie eine unsichtbare Barriere vor der Nähe zum Partner gewirkt hatte.

Außer einer Wahrnehmungsveränderung, wie Mandy sie erlebte, gibt es noch direktere Wege, um das Vertrauen und die Intimität in Ihrer Ehe zu vertiefen. Bei meiner langjährigen Arbeit mit Paaren habe ich mir eine Reihe von Techniken angeeignet, die Sie einander näherbringen, ganz gleich, ob Sie allein oder Ihr Partner oder beide es waren, die mit ihrer Liebe gegeizt haben.[1] Wie Sie sehen werden, können einige strategische Veränderungen in Kombination mit neuen Erkenntnissen Ihre Beziehung dramatisch verbessern.

So entwerfen Sie ein positives Zukunftsbild

Logischerweise fängt Ihre Arbeit an Ihrer Ehe damit an, daß Sie herausfinden, ob Sie glauben, daß zwischen Ihnen und Ihrem Partner eine gute Ehe möglich ist. Nur wenn Sie eine gewisse Hoffnung in Ihre Ehe setzen, werden Sie das Gefühl haben, daß sich die Mühe lohnt. Fangen wir mit ein paar grundsätzlichen Fragen an. Haben Sie eine klare Vorstellung davon, wie eine gute Ehe aussieht? Können Sie sich vorstellen, mit Ihrem Partner harmonisch zusammenzuleben? Können Sie sich vorstellen, füreinander dazusein, die Bedürfnisse des anderen zu befriedigen, miteinander zu reifen und zu lernen?

Wer in einer verstrickten Familie aufgewachsen ist, hat es schwer, diese Fragen mit Ja zu beantworten. Wir haben einfach keinen passenden Vergleichsmaßstab für eine gesunde Liebesbeziehung, und wir sind nicht sehr optimistisch bezüglich unserer Fähigkeit, eine solche herzustellen. Ich sehe dieses Problem in meiner Praxis wieder und wieder. Vor einigen Jahren arbeitete ich mit einem Ehepaar namens Sheila und Al, beide von Beruf Psychotherapeuten. Obwohl sie eine ganze Reihe von Fertigkeiten und Techniken zur Aufrechterhaltung einer Beziehung erlernt hatten, waren sie nicht in der Lage, diese auf ihre eigene Ehe anzuwenden. Sie waren erst neun Monate verheiratet, aber sie waren bereits tief in einen Machtkampf verwickelt.

Während einer unserer Sitzungen kam es zu einem bedeutsamen Durchbruch. Es begann damit, daß sie es schafften, eine belastende Streitfrage zu lösen, mit der sie sich schon eine ganze Weile herumgequält hatten. Sie genossen einen Augenblick lang den Sieg, dann schüttelte Al den Kopf und sagte mit einem Blick auf Sheila: »Ich kann einfach nicht glauben, daß wir hier sitzen und tatsächlich die Probleme lösen, über die wir uns seit Monaten gestritten haben. Es kommt mir völlig unwirklich vor. Ich staune immer noch, daß wir uns geeinigt haben. Ich warte immer noch darauf, daß noch etwas nachkommt.«

Als ich Sheila und Al musterte, erkannte ich schlagartig etwas: Sie glaubten nicht daran, daß ihre Ehe gut werden könnte. Ich sagte: »Hört mal, Ihr zwei seid dazu fähig, eine wertvolle, liebevolle Beziehung zu gestalten. Ihr habt es verdient. Ihr habt es euch erarbeitet. Ihr erlebt es genau in diesem Augenblick. Wirklich, ihr könnt die Beziehung haben, die ihr euch wünscht.«

Es war einen Augenblick ganz still, keiner von beiden sprach. Beide hatten Tränen in den Augen, und mir lief eine Gänsehaut über den Rücken. Ein verstecktes Problem war ans Tageslicht gekommen: Al und Sheila waren nur äußerlich dabei, an ihrer Beziehung zu arbeiten. Tief drinnen hatten sie beide längst aufgegeben. Sie waren zwar bereit, viel Geld in eine Therapie zu investieren und alles zu tun, was ich von ihnen verlangte, aber keiner von beiden glaubte daran, daß sein Wunsch erfüllbar sei. Bei beiden hatte ihre Vorgeschichte – lauter gescheiterte Beziehungen und schmerzliche Kindheitserinnerungen – ihre Träume zerstört. Meine Worte waren für sie der allererste Hoffnungsstrahl, daß tatsächlich die Möglichkeit bestand, eine gute Ehe zu führen.

Ich möchte Ihnen vorschlagen, daß Sie die Gelegenheit wahrnehmen, Ihre eigenen unausgesprochenen Vorstellungen von der Ehe unter die Lupe zu nehmen. Können Sie sich selbst in einer langen, gesunden Liebesbeziehung vorstellen? Glauben Sie daran, daß Sie mit Ihrem gegenwärtigen Partner glücklich werden können? Hat Ihr Partner auch nur die geringste Chance, Sie zufriedenzustellen?

Falls Ihnen die Vorstellung, miteinander glücklich zu sein, schwerfällt, müssen Sie eine positivere Sicht der Dinge aufbauen. Sie müssen Ihr Denken neu programmieren, damit Sie wirklich eine Erfolgschance haben.

Sie können das zum Beispiel durch positives Denken tun. Viele von Ihnen sind sicher mit dieser wirkungsvollen Technik vertraut. Setzen Sie sich in einer ruhigen Minute hin, und stellen Sie eine Liste mit positiven Aussagen über Ihre Ehe auf. Lassen Sie Ihren Partner das gleiche tun. Es folgen einige Aussagen, die eventuell auf Ihre Liste passen.

Ich werde von meinem Partner geliebt.
Ich fühle mich von meinem Partner körperlich angezogen.
Ich sehe die guten Eigenschaften meines Partners.
Ich liebe meinen Partner.
Ich fühle mich bei meinem Partner geborgen.
Wir genießen es, zusammenzusein.
Ich respektiere und bewundere meinen Partner.
Wir schaffen es, unsere Probleme gut zu lösen.
Unsere sexuelle Beziehung befriedigt uns beide.
Wir lassen uns innerhalb unserer Beziehung Freiräume.
Wir lieben uns, aber wir gestehen uns gegenseitig Freiheit zu.
Wir vertrauen einander.
Formulieren Sie Ihre Aussagen positiv. Schreiben Sie: »Wir helfen uns aus freien Stücken gegenseitig bei der Hausarbeit«, statt: »Wir streiten uns nicht über die Hausarbeit.« Die Liste Ihres Partners braucht nicht mit Ihrer identisch zu sein. Worauf es ankommt, ist, daß die Punkte auf Ihrer Liste in direkter Beziehung zu eigenen Vorstellungen stehen, also auf die negative innere Stimme reagieren, die zu Ihnen sagt: »Den Kerl respektiere ich niemals« oder »Aus ihr wird nie eine gute Partnerin im Bett«.

Wenn Sie die bejahenden Aussagen ständig wiederholen, werden Sie erleben, wie sich allmählich neuer Optimismus in Ihrer Ehe einstellt. Sie werden vielleicht sogar Verhaltensveränderungen an sich wahrnehmen. Diese Technik hat nichts mit magischem Denken oder mit Heuchelei zu tun. Sie ist einfach eine effektvolle Methode, ein Tonband zu löschen und durch ein anderes zu ersetzen – ein Weg, um ein verborgenes Hindernis zu entfernen, das Ihren ernsthaften Wunsch nach einer liebevolleren Beziehung sabotiert hat.

Die universale Hausaufgabe

Wenn Sie erstmals mit positiveren Gefühlen an Ihre Beziehung denken, tragen auch Ihre weiteren Bemühungen mehr Früchte. Die nächste Aufgabe, die ich Ihnen empfehle, ist die Verstärkung des Schutzwalls um Ihre Ehe, also der unsichtbaren Grenzlinie, die Sie beide sowohl von Ihren Eltern wie von Ihren Kindern trennt. Wie Sie aus den vorhergehenden Kapiteln wissen, ist diese Demarkationslinie entscheidend für die Gesundheit Ihres Familiensystems.

Maria Selvini Palazzoli, eine einflußreiche Familientherapeutin, hat eine Übung entwickelt, die die Ehebeziehung so wirkungsvoll von anderen Beziehungen abgrenzt, daß viele Therapeuten diese schon als die »universale Hausaufgabe« bezeichnen. Diese Übung ist maßgeschneidert für Ehepartner, die einen Gefühlsmißbrauch in ihrer Vorgeschichte erlebt haben. Einfach ausgedrückt, geht es bei dieser »Hausaufgabe« darum, daß Sie jede Woche mehrere Stunden damit zubringen, gemeinsam mit Ihrem Partner etwas zu unternehmen, was beiden Spaß macht, *ohne daß Sie den anderen Familienmitgliedern erklären, was Sie eigentlich machen,* egal ob es sich um die Eltern oder die Kinder handelt; es sind private Stunden, die für Sie beide reserviert bleiben. Sie brauchen Ihrer Familie nichts weiter mitzuteilen als »Wir gehen jetzt fort, um uns zu amüsieren. Wir sind um elf zurück.« Oder: »Vielleicht gehen wir ins Kino oder machen einen Spaziergang. Wir wissen es noch nicht genau.« Auch wenn Sie wieder zurück sind, machen Sie ähnliche vage Äußerungen. Sie brauchen nicht geheimnisvoll zu tun oder den Rest der Familie an der Nase herumzuführen; Sie lassen sich nur nicht darauf ein, in Einzelheiten zu berichten, wie Sie die Zeit verbracht haben. (Es ist etwas anderes, wenn es sich um einen Babysitter handelt – ihm geben Sie natürlich genauere Informationen.)

Diese Übung hat den Sinn, für Sie beide genügend gemeinsame Zeit herauszuholen, aber zusätzlich ist sie dazu gedacht, Sie psychisch vom Rest der Familie abzugrenzen. Die allwöchentliche Verabredung signalisiert der Familie: »Wir mögen uns. Uns ist die gemeinsame Zeit so viel wert, daß wir ganz sichergehen wollen, daß wir jede Woche einige Stunden zusammen verbringen. Was wir in dieser Zeit machen, geht euch nichts an. Sie ist ein Teil einer ganz besonderen und manchmal intimen Beziehung.« So erfahren Kinder, Eltern und gute Freunde auf eine höfliche und behutsame Weise, daß sich um Ihre Ehe eine Grenze zieht, die Ihnen heilig ist.

Ich garantiere Ihnen eine spürbare Verbesserung Ihrer Ehebeziehung, auch wenn Sie nichts außer dieser einen Übung machen. Familientherapeuten wie Klienten staunen immer wieder, wie gut diese simple Technik funktioniert.

Widerstand

Ein Anzeichen dafür, daß die »universale Hausaufgabe« ihre Funktion erfüllt, ist der Widerstand, den Sie höchstwahrscheinlich von Ihren Familienmitgliedern zu spüren bekommen. Falls Sie Kinder haben, können diese zum Beispiel versuchen, bei Ihnen Schuldgefühle hervorzurufen, indem sie fragen: »Warum dürft ihr ausgehen und ich nicht?« oder »Geht ihr schon wieder weg? Ihr geht andauernd weg. Ihr macht nie was mit mir zusammen!« Antworten Sie darauf ehrlich und fest. Erklären Sie, dies sei eine Zeit für die Erwachsenen. Einem kleineren Kind könnten Sie erklären, daß Sie und Ihr Partner ja auch nicht mitkämen, wenn es nach draußen geht, um mit seinem Freund zu spielen. Eine andere Reaktion wäre ein durch Freundlichkeit und Behutsamkeit gemildertes »Du bist nicht mit eingeladen«. Kinder müssen lernen, daß sie nicht immer einbezogen werden. Das gehört dazu, um reif und realistisch zu werden.

Falls Ihr Kind Erfolg damit hat, Ihnen Schuldgefühle wegen Ihres allwöchentlichen Verschwindens zu vermitteln, dann erinnern Sie sich daran, daß *gute Eltern dafür verantwortlich sind, ein gesundes erwachsenes Verhalten vorzuleben.* Dazu gehört es, eine gesunde Liebesbeziehung zu demonstrieren und dem Kind zu zeigen, daß es seine Vorteile hat, erwachsen zu sein. Ihr Kind wird sich eher wünschen, groß zu werden und die unumgänglichen Härten des Erwachsenseins auf sich zu nehmen, wenn es weiß, daß bei diesem Handel auch Vergnügen winkt. Führen Sie also Ihre »Hausaufgabe« trotz der kindlichen Verhinderungsversuche durch.

Falls es eine Weile her ist, seit sie aktiv an Ihrer Beziehung gearbeitet haben, spüren Sie vielleicht auch in sich selbst Widerstände dagegen. Eventuell müssen Sie diese Übung *trotz Ihrer Gefühle* machen, die Sie füreinander hegen. Sie sind vielleicht aufeinander böse oder langweilen sich miteinander. Eventuell überlegen Sie sogar, ob Ihre Beziehung den Aufwand überhaupt noch lohnt. Aber wenn Sie so lange damit warten wollen, dem anderen die Hand entgegenzustrekken, bis Sie von Liebe überwältigt werden, dann könnte sich das hinziehen. Fangen Sie einfach an und tun Sie so, als ob Sie sich liebten. Handeln Sie so, als ob Ihre Ehe es wert sei. Sie werden erkennen, was die Verhaltensforscher uns seit Jahren predigen: ein ausgezeichneter Weg, um sich liebevoller zu *fühlen*, ist es, liebevoller zu *handeln*.

Wenn Sie immer noch das Bedürfnis haben, diese Übung auszulassen, ist es sehr wahrscheinlich, daß Sie schon eine Reihe von Jahren in einer unbefriedigenden Beziehung verharren. Ihre Wunden sind tief und gut abgeschirmt. Je tiefer die Verletzung war, desto stärker ist Ihr Widerstand, sich Ihrem Partner zu öffnen. Sie fühlen sich vielleicht nicht sicher genug in Ihrer Beziehung, um noch zusätzlich Zeit miteinander verbringen zu wollen. Vielleicht möchten Sie instinktiv Ihre Barrieren aufrechterhalten oder sogar aus der Beziehung fliehen. Auch in diesem Fall sollten Sie gegen Ihren Widerstand angehen und diese Übung trotz allem durchführen! Es wird sich für Sie besonders lohnen, weil Sie so zu einem Frontalangriff auf Ihr eigenes Abwehrsystem gezwungen werden, um die Bahn für mehr Nähe freizumachen. Treffen Sie noch für diese Woche eine Verabredung mit Ihrem Partner, und sehen Sie zu, daß Sie sich, noch bevor Sie wieder zu Hause sind, mit dem Kalender in der Hand zusammensetzen und Ihre weiteren Verabredungen planen!

Wenn Sie mit Ihrem Widerstand kämpfen, richten Sie Ihr Augenmerk auch auf unbewußte Sabotageversuche, wie zum Beispiel: daß Sie keine »geeignete« Unterbringung für Ihr Kind finden können; daß Sie die Suche nach einem Babysitter so lange hinausschieben, bis es zu spät ist; daß Sie einfach zuviel um die Ohren haben, um sich amüsieren zu wollen; daß Sie kein Geld für Vergnügungen übrig haben; daß Sie die Kinder (falls sie schon größer sind) nicht allein lassen können; daß Sie sich zu anderen Aktivitäten verpflichten, die dann mit Ihrer regelmäßigen Verabredung kollidieren; daß Sie zu müde sind, um auszugehen; daß Sie meinen, die Übung zwei-, dreimal gemacht zu haben, »reicht«.

Es mag Ihnen nicht leichtfallen, so stark gegen die Unverbindlichkeit in Ihrer Ehe anzugehen, aber ich habe Ihnen nirgendwo versprochen, daß Ihre Heilung leicht sein würde. Sie müssen an sich arbeiten, und meine Definition von Arbeiten heißt »etwas tun, was Sie nicht tun möchten«. Sie müssen erheblich in Ihre Beziehung investieren, damit sie besser wird, und die erste Investition ist Zeit.

So vertiefen Sie die Nähe zueinander

Ein Mangel an Nähe und Intimität ist ein weitverbreitetes Problem in Liebesbeziehungen, insbesondere wenn einer der Partner ein auserwähltes Kind war. Es besteht eine Tendenz, sich außerhalb der Ehe nach Unterstützung und Zusammengehörigkeit umzutun. Sich hier zurückzuorientieren, erfordert sowohl Einsicht wie Mühe.

Was ist eigentlich Nähe? Und wie stellt man sie her? Man könnte eine Menge Verwirrung beseitigen, wenn allen Menschen klar wäre, daß Nähe Reden und Zuhören bedeutet, nicht mehr und nicht weniger. Je persönlicher und aufrichtiger die Unterhaltung ist, um so profunder ist die Nähe. Eine solche Form von Intimität, die über eine gewisse Dauer hinausgeht, führt allmählich zu mehr Vertrauen, Verständnis und Verbindlichkeit.

Lassen Sie uns zuerst einmal über das Reden reden. Wir alle reden mit unseren Partnern. Im Laufe der Beziehung wechseln wir Millionen Wörter. Aber nur allzu oft teilen wir dabei nicht unsere innersten Gedanken und Gefühle mit. Die behalten wir für uns oder geben sie nur in aufpolierten und korrigierten Versionen weiter. Wir haben gelernt, unsere Gedanken und Gefühle nicht preiszugeben, weil unsere Eltern uns vereinnahmen wollten oder sich überhaupt nicht für uns interessierten oder uns ständig kritisiert haben.

Aber wenn wir unsere Gedanken und Gefühle nicht mitteilen, blockieren wir die Nähe. Und zwar unabhängig davon, ob die von uns zurückgehaltenen Informationen negativ oder positiv sind. Wenn ich zum Beispiel von deinen Handlungen immer wieder enttäuscht bin, aber dir das nicht mitteile, dann werde ich mich im Laufe der Zeit immer weiter von dir entfernen; mein Groll staut sich an, bis meine Liebe zu dir davon so gut wie begraben ist. Ähnlich ist es, wenn ich für dich liebevolle Gefühle hege, die ich dir nicht mitteile. Denn dann entscheide ich mich dafür, dich über meine Gefühle im unklaren zu lassen. Ich baue eine eigene Welt auf, die dich ausschließt.

Ich gebe Ihnen jetzt ein paar Beispiele für intime Kommunikation. Lesen Sie sie durch und überlegen Sie dabei, wie oft Sie etwas Ähnliches gedacht oder gefühlt haben, ohne es Ihrem Partner zu sagen.

»Ich finde es schön, wenn du mich tagsüber anrufst.«

»Es fällt mir schwer, zusehen zu müssen, wieviel beruflichen Erfolg du hast, während es mit meiner Karriere immer weiter bergab geht.«

»Ich mag es nicht, wenn du deinen Freundinnen von unserem Privatleben erzählst, insbesondere Dinge, die mich betreffen.«

»Ich freue mich wirklich auf ein ruhiges Wochenende mit dir.«

»Ich kann keine erotischen Gefühle für dich empfinden, wenn wir uns nicht gut vertragen.«

»Manchmal liebe ich dich so sehr, daß ich Angst habe, dich zu verlieren.«

»Ich komme mir manchmal dumm vor, und ich habe Angst, jemand merkt es.«

»Ich weiß, daß ich nicht nett zu dir bin und manchmal überreagiere. Es liegt nicht allein an dir, aber es ist so schwer zu erklären, was in mir vorgeht.«

»Wenn du mich auf diese Weise ansiehst, fühle ich mich unbeschreiblich geliebt und geborgen.«

»Meine glücklichsten Momente habe ich erlebt, wenn ich mit dir zusammen war.«

»Ich bin so froh, daß es dich gibt.«

»Ich weiß, daß letzthin schwer mit mir auszukommen war. Danke, daß du Geduld gehabt hast.«

Offen über seine innersten Gedanken und Gefühle zu sprechen, kann für ein ehemaliges Lieblingskind besonders schwer sein. Wenn dir ein Elternteil ohne Unterlaß gesagt hat, was du angeblich fühltest, oder dir ein bestimmtes Benehmen anerzog oder dich für bestimmte Vorlieben und Wertvorstellungen belohnte, dann bist du eventuell nicht sicher, *was* du eigentlich denkst oder fühlst. Wie kannst du mitteilen, was dir durch den Kopf geht, wenn das, was dir durch den Kopf geht, so vage, durcheinander oder widersprüchlich ist?

Die Tochter, das einzige Kind einer dominierenden, kritisierenden Mutter, erzählte mir einen Traum, durch den sie besser verstand, warum sie sich ihrem Ehemann nicht mitteilen konnte. In ihrem Traum wollte sie einige Rosenstöcke beschneiden, aber sie konnte die Rosenschere nicht finden. Sie dachte, daß ihre Mutter vielleicht wüßte, wo sie sei, aber sie hatte Angst, sie zu fragen. In ihrem Traum stellte sie sich zwei Fragen: »Muß ich deshalb meine Mutter fragen? Kann ich sie nicht doch allein finden?« Da sie aber schon lange erfolglos nach der Schere gesucht hatte, kam sie zu dem Schluß, daß es unumgänglich sei, ihre Mutter zu fragen.

Ihr nächster Schritt in diesem Traum war, sich gegen die wahrscheinliche Reaktion ihrer Mutter zu wappnen. Ihr fielen mehrere Möglichkeiten ein. 1. Ihre Mutter könnte sagen: »Wie soll ich wissen, wo die Schere ist? Ich lege die Dinge immer wieder an ihren Platz. Du tust das nie.« 2. Sie könnte sagen: »Du kannst aber auch wirklich nichts allein erledigen, oder? Du wirst es nie schaffen, allein zurechtzukommen. Du wirst immer auf mich angewiesen sein.« Sie durchdachte noch weitere mögliche Reaktionen und fand schließlich für jede eine passende Antwort. Dann nahm sie ihren ganzen Mut zusammen und fragte ihre Mutter nach der Schere.

»Wissen Sie, was?« sagte sie zu mir. »In diesem Traum reagierte meine Mutter aber auf eine Weise, auf die ich überhaupt nicht vorbereitet war – sie ging auf mich los, weil ich die Schere brauchte! Sie sagte: »›Die Rosenschere? Warum willst du die Rosenschere haben? Zu dieser Jahreszeit darfst du die Rosen gar nicht beschneiden!‹« Meine Klientin hatte jede erdenkliche Reaktion außer dieser erwartet. Kein Wunder, daß sie mental blockiert war, wenn es darum ging, eine wirklich nahe und offene Unterhaltung zu führen. Wenn sogar ihr Unterbewußtsein ihr schon signalisierte, daß etwas so Einfaches wie die Frage nach der Rosenschere ihr wahrscheinlich ein Donnerwetter eintragen würde, dann war es nur zu verständlich, daß sie heiklere Themen am liebsten gar nicht ansprach.

Auch mir fällt es nicht leicht, meine Gedanken mitzuteilen, und diese Probleme lassen sich auch auf meine Beziehung zu meiner Mutter zurückführen. Ich hatte allerdings als Kind keine Angst, daß meine Mutter mich kritisieren würde; ich befürchtete vielmehr, ihr Sorgen zu machen. Bevor ich irgend etwas sagte, mußte ich es erst daraufhin prüfen, ob sie sich dadurch unter Druck gesetzt fühlen würde. Jahre später, nachdem ich schon einige Zeit in der Therapie gewesen war, unternahm ich die bewußte Anstrengung, anderen Menschen gegenüber freimütiger zu sein. Aber jedesmal wurde ich von Gefühlen der Demütigung und Scham überwältigt, so daß ich fast kein Wort herausbekam. Die Tränen stiegen mir in die Augen, und meine Kehle wurde eng. Es war mir so furchtbar unangenehm, offen zu sprechen. Schließlich lernte ich, trotz meiner Tränen weiterzusprechen. Meine Bemühungen, mehr von mir mitteilen zu können, haben mir aber schließlich dazu verholfen, daß die Verbindung mit meinem Mann und meinen Freundinnen immer enger wurde.

Wenn Sie sich eine größere Intimität mit Ihrem Partner wünschen, müssen Sie möglicherweise üben, mitteilsamer zu sein. Das bedeutet durchaus nicht, daß Sie jeden einzelnen Gedanken aussprechen oder Ihrem Partner alles erzählen, was Sie je in Ihrem Leben getan haben. Doch es bedeutet, daß Sie das, was gerade in diesem Augenblick in Ihnen vorgeht und für die Beziehung bedeutsam ist, aussprechen.

Falls Sie ganz durcheinander sind und nicht genau wissen, was Sie denken oder fühlen, oder falls es Ihnen schwerfällt, etwas in Worte zu fassen, dann sagen Sie auch das frei heraus! Viele Menschen verlangen zuviel von sich. Fangen Sie da an, wo Sie sind, und wenn Sie nicht wissen, wo Sie stehen, dann fangen Sie mit den Worten an: »Ich weiß nicht, wo ich anfangen soll.«

Kürzlich arbeitete ich mit einem Mann namens Phillip, der einen schweren Unfall hinter sich hatte. Während seines Krankenhausaufenthalts mußte er feststellen, welche große Distanz zwischen ihm und seiner Frau entstanden war. Er sagte mir, daß er dringend ihre Hilfe brauche, um wieder ins Gleichgewicht zu kommen, daß er aber nicht fähig sei, sie darum zu bitten. Ich schlug ihm vor, daß er zu seiner Frau genau das sagen solle, was er mir gerade eben gesagt hatte: »Ich brauche dringend deine Hilfe, aber ich weiß nicht, wie ich dich darum bitten soll. Ich habe das Gefühl, daß wir uns nicht sehr nahe sind, und ich weiß nicht, wie ich dir näherkommen kann.« Später berichtete er mir, seine Frau habe sehr warmherzig darauf reagiert, daß er seine Verwirrung und Frustration so ehrlich und offen zugegeben hatte.

Hier finden Sie weitere Aussagen, die ungeschminkt die innere Verwirrung ausdrücken:

»Ich weiß nicht, was ich will.«

»Zu diesem Thema habe ich völlig verworrene Ansichten.«

»Ich möchte dir näher sein, aber ich habe nicht den leisesten Schimmer, wie ich das anstellen soll.«

»Ich bin traurig, aber ich weiß nicht, warum.«

»Ich bin wütend, aber ich weiß nicht, warum.«

»Irgend etwas von dem, was du eben gesagt hast, hat mir weh getan, aber ich weiß nicht, warum.«

»Ich fühle mich dir wieder näher, aber ich kann nicht erklären, aus welchem Grund.«

Wenn Sie die Kugel erst einmal ins Rollen gebracht haben, wird es Ihnen leichter fallen, wieder Zugang zu Ihren verschütteten Gedanken und Gefühlen zu bekommen. Die folgende Übung wird Ihnen zusätzlich helfen.

Übung 2

Vervollständigen Sie diesen Satz!

Setzen Sie sich mit Ihrem Partner zusammen und vervollständigen Sie abwechselnd die folgenden Sätze. Die Liste beginnt mit einfachen Aussagen und schreitet zu persönlicheren Themen fort. Es spricht immer nur einer, während der andere aufmerksam zuhört.

Vervollständigen Sie die folgenden Sätze:

Meine liebste Jahreszeit ist der ____________________

Ich kann mich am besten entspannen, wenn ____________________

Wenn ich jeden Job haben könnte, den ich wollte, dann würde ich ____

Worüber ich mir die meisten Sorgen mache, ist ____

Mein bester Freund/meine beste Freundin während meiner Kindheit war ____

Als Kind war mein liebstes Spielzeug ____

Wenn ich reisen könnte, wohin ich wollte, dann würde ich ____

Die Frage, die ich am liebsten beantwortet haben möchte, heißt ____

Eine Sache, die niemand an mir versteht, ist ____

Ich bedaure ____

Geld ist ____

Ich vergeude Zeit mit ____

Ich denke über Kinder, daß ____

Am meisten Streß macht mir ____

Ich verstehe noch heute nicht, warum ich ____

Wenn ich einen Wunsch frei hätte, dann wäre das ____

Das Schlimmste, was mir im Leben passiert ist, war ____

Ich möchte unbedingt, daß du weißt, daß ____

Was mir an unserer Beziehung am meisten Sorge macht, ist ____

Das Beste, was mir je passiert ist, ist ____

Was ich nie irgend jemandem gesagt habe, ist ____

Wenn Sie mit dieser Liste fertig sind, denken Sie sich Ihre eigene aus. Üben Sie so lange, bis Sie sich dabei wohl fühlen und auch spontan in der Lage sind, sich ehrlich und offen gegenseitig etwas anzuvertrauen. Während Sie diese Fähigkeit immer weiter verbessern, lernen Sie und Ihr Partner sich immer besser kennen. Dies wird Ihre Bindung vertiefen und die schützenden Grenzen um Ihre Beziehung stärken.

Hörst du mir auch zu?

Es bringt nicht viel, wenn Sie sich um mehr Offenheit bemühen und Ihr Partner gar nicht darauf achtet, was Sie gerade sagen. Wie ich schon sagte, Nähe bedeutet reden und *zuhören*. Aber während der eine spricht, ist es nur allzu oft der Fall, daß sein Partner entweder seinen eigenen Gedanken nachhängt oder ungeduldig auf die Gelegenheit wartet, selbst zu Worte zu kommen oder schweigend an einer Gegenrede feilt. Wenn zwei Menschen reden, aber keiner zuhört, fühlen sich beide einsam und unverstanden.

Wir kommen jetzt zu einer einfachen Kommunikationsübung, bei der Sie trainieren, besser zuzuhören. Wenn Sie sie richtig anwenden, wird sich Ihr Kommunikationsniveau – und damit der Grad der Nähe zu Ihrem Partner – in sehr kurzer Zeit verbessern.

Um den größten Nutzen aus der Übung zu ziehen, sollten Sie sie ganz genau in der hier beschriebenen Form durchführen. Wenn Sie aus dem festen Schema ausbrechen, besteht die Gefahr, daß Sie zu Gesprächstechniken zurückkehren, die sich schon in der Vergangenheit nicht bewährt haben. Die Regeln zu befolgen, wird erst einmal unbequem sein, aber nur so gelangen Sie sicher zum Erfolg.

Das Ziel dieser Übung ist scheinbar simpel – nämlich, eine Botschaft exakt so zu empfangen, wie Ihr Partner sie aussendet. Das bedeutet nicht, daß Sie der Aussage zustimmen müssen – sie sollen nur hinhören und die Worte Ihres Partners so verstehen, wie er sie verstanden wissen will. Wiederholen Sie diese Übung, bis sie Ihnen zur zweiten Natur geworden ist, und benutzen Sie sie immer dann, wenn Sie merken, daß sich zwischen Ihnen Spannungen entwickeln. Sie ist überflüssig, wenn es nur darum geht, daß Ihr Partner Ihnen das Salz reicht, doch wenn Sie in eine Diskussion darüber geraten, wer mit dem Abwaschen dran ist, dann schalten Sie um und benutzen diese Technik.

Übung 3
Klärende Zuhör-Übung

Als erstes müssen Sie sich einen Satz ausdenken, der eine Überlegung oder eine Empfindung beinhaltet, die Ihr Partner verstehen soll. Lassen Sie Ihren Partner dasselbe tun. Einigen Sie sich, wer der »Sender« sein soll, und befolgen Sie nacheinander Schritt 1 bis 7. Dann tauschen Sie die Rollen und wiederholen das Ganze.

Schritt 1. *Sender:* Machen Sie eine kurze Aussage, die aus Ihrer Sicht sehr wichtig ist und die der Empfänger hören soll.

Schritt 2. *Empfänger:* Geben Sie die Aussage des Senders frei wieder, oder formulieren Sie sie neu, ohne sie jedoch zu interpretieren oder beim Inhalt Abstriche oder Zusätze zu machen.

Schritt 3. *Sender:* Bestätigen Sie die Umschreibung oder lehnen Sie sie ab. Wenn Sie sie ablehnen, fangen Sie wieder bei Schritt 1 an. Wenn Sie sie bestätigen, machen Sie mit Schritt 4 weiter.

Schritt 4. *Empfänger:* Sobald Ihre Umschreibung bestätigt worden ist, stellen Sie Fragen, die mit den Worten »Willst du damit sagen, daß . . . ?« anfangen, bis Sie drei »Ja«-Antworten bekommen haben.

Schritt 5. *Sender:* Beantworten Sie die Fragen des Empfängers mit Ja oder Nein. (Am Ende der Übung haben Sie noch Gelegenheit, auf Einzelheiten einzugehen.)

Schritt 6. *Empfänger:* Sobald Sie drei Antworten mit Ja bekommen haben, fassen Sie zusammen, was Sie von der Botschaft verstanden haben, oder machen Sie so lange weiter, wie noch Interesse vorhanden ist.

Schritt 7. *Sender:* Bestätigen Sie die Zusammenfassung, und erläutern Sie frühere Antworten, falls es gewünscht wird.

Schritt 8. Tauschen Sie die Rollen, und beginnen Sie bei Schritt 1 neu.

Hier ein Beispiel eines derartigen Übungs-Dialogs:

SENDER	*EMPFÄNGER*
1. »Ich möchte, daß du mehr im Hause hilfst.«	2. »Du möchtest, daß ich mehr Hausarbeit tue.«
3. »Ja.«	4. »Willst du damit sagen, daß ich dir gar nicht helfe?«
5. »Nein.«	6. »Willst du damit sagen, daß ich Sachen machen soll, die ich nicht tue?«
7. »Ja.«	8. »Willst du damit sagen, daß ich fast die ganze Hausarbeit machen soll?«
9. »Nein«.	10. »Willst du damit sagen, daß ich die Sachen, die ich eigentlich übernommen habe, tun soll, ohne daß ich erst angemeckert werde?«

11. »Ja.«

12. *Zusammenfassung*: »Du willst also sagen, daß du es gut fändest, wenn ich die Dinge, die meine Aufgabe sind, tue, ohne daß ich immer daran erinnert werden muß, und daß du nicht soviel meckern willst, wenn ich das mache.«

13. »Stimmt genau.«

Diese Übung führt recht elegant zum Kern des Problems hin, insbesondere wenn es um ein heikles Thema geht. Um optimale Ergebnisse zu erreichen, sollten Sie ruhig und rational bleiben. Sobald Sie alle Sachinformationen haben, können Sie darangehen, das Problem zu lösen. Die meisten Problemlösungsversuche scheitern daran, daß die sachlichen Grundlagen und die Gefühle nicht exakt genug mitgeteilt wurden.

Ich möchte Ihnen eine Geschichte erzählen, die mit dieser Übung zu tun hat. Lucille und Brad, ein junges Paar aus West-Texas, nahmen an einem meiner Workshops teil und hatten sehr schnell heraus, wie sich mit dieser etwas komplizierten, aber sehr wirkungsvollen Technik Botschaften senden und empfangen lassen. Ein paar Monate später luden sie mich zu einem Frühstück ein, um mir zu erzählen, wie sehr der Workshop ihrer Beziehung geholfen hatte. Insbesondere diese Kommunikationsübung habe sehr viel dazu beigetragen. Lucille erzählte mir eine lustige Geschichte, die ein paar Wochen vorher passiert war. Sie und Brad hatten ihre Mutter besucht, und dabei war ein Streitpunkt aufgekommen, der sofort geklärt werden mußte. Automatisch machten die beiden die »Klärende Zuhör-Übung«. Lucilles Mutter saß mit offenem Mund dabei und fragte, als sie fertig waren: »Redet ihr immer so geschwollen daher?«

Lucille antwortete: »Ja, immer wenn wir verschiedener Meinung sind.«

Wie aus der Pistole geschossen kam es von ihrer Mutter: »Aber woher wißt ihr, wer gewonnen hat?«

Wir sehen in Gesprächen oft einen Wettkampf mit Siegern und Verlierern. Schon das bloße Zuhören scheint zu bedeuten, daß wir entweder mit unseren Partnern übereinstimmen oder ihnen nachgeben müssen. Wir scheuen den Versuch herauszubekommen, was sie wirklich sagen wollen, weil wir befürchten, das habe zur Folge, daß wir unseren eigenen Standpunkt opfern müßten. Eine effektive Kommunikation erfordert aber, daß wir unseren Partnern respektvolle Aufmerksamkeit schenken, ihnen »zurückmelden«, was wir gehört haben, und dann so höflich sind, zu fragen, ob wir sie richtig verstanden haben. Zuhören. Selbst formulieren. Überprüfen lassen. Wenn wir dieses schlichte Drei-Stufen-Schema beachten, dann erhöhen wir automatisch unseren Grad von Vertrautheit und Nähe – und dann sind *alle* Gewinner.

Zusätzliche Tips zur besseren Kommunikation

Folgendes trägt noch dazu bei, Ihren Kommunikationsstil zu verbessern. Erstens, achten Sie auf Ihren *Tonfall.* Wenn Sie einen barschen oder schneidenden Ton anschlagen, wird sich Ihr Partner entweder von Ihnen zurückziehen oder mit Ihnen Streit anfangen. Wenn Sie in einem gelassenen Ton sprechen, wird Ihr Partner Ihnen eher zuhören und auf zivile Weise reagieren. Erinnern Sie sich noch an den Tonfall, in dem Ihre Mutter oder Ihr Vater sprachen, wenn sie Ihnen die Leviten lesen wollten? (Meine Kinder wußten immer, daß etwas in der Luft lag, wenn ich »James Edward« statt »Jimmy« oder »Kathleen Ann« statt »Kathleen« sagte.) Kinder reagieren auf diesen Tonfall, indem sie »muttertaub« oder »vatertaub« werden. Erwachsenen geht es ebenso. Wenn Ihr Partner mit Ihnen in einem nörgelnden oder anklagenden Ton spricht, dann stellen Sie die Ohren auf Durchzug. Wenn Sie also wollen, daß man Sie hört, sprechen Sie leise und sachlich. Die Wirkung wird Sie angenehm überraschen.

Auch die *Dauer* Ihrer Rede ist wichtig. Je länger Sie reden, desto mehr verlieren Ihre Zuhörer die Lust. Kurze Sätze, direkt und zum Thema, haben die größte Wirkung. Hier finden Sie ein paar gute Beispiele – Aussagen, die die Dinge auf den Punkt bringen:

»Ich mag es nicht, wenn du zu spät zum Essen kommst. Ich möchte, daß du zur verabredeten Zeit nach Hause kommst oder daß du mich anrufst, wenn es mehr als eine Viertelstunde später wird.«

»Ich möchte wissen, was du von unseren Urlaubsplänen hältst.«

»Ich mache mir Sorgen über unsere finanzielle Situation. Ich möchte, daß wir uns zusammensetzen, um darüber zu reden.«

»Ich habe das Gefühl, wir sind uns nicht mehr so nahe wie früher.«

Hören Sie sich selbst beim Reden zu und achten Sie darauf, ob Sie unnötig Worte machen. Falls ja, korrigieren Sie Ihre Sätze entsprechend, und Sie werden sehen, daß Ihre Zuhörer besser aufpassen.

Der Grundsatz *Mach es mal ganz anders!* ist auch auf dem Feld der

Kommunikation angebracht. Häufig bewegen sich die Menschen auf ausgetretenen Pfaden und sagen immer wieder das gleiche. Wenn aber vorauszusehen ist, was Sie sagen, dann bekommen Sie auch vorhersehbare Antworten. Hier eine kleine Liste von abgenutzten Phrasen, die Sie vermeiden sollten:

»Wann wirst du jemals . . .«

»Wie oft soll ich dir noch sagen . . .«

»Ja, ja, ich mach's nachher.«

»Reg' dich nicht so auf.«

»Du übertreibst immer gleich.«

»Es ist doch immer wieder das gleiche mit dir . . .«

»Du hörst mir nie zu . . .«

Sobald diese verschlissenen Sprüche fallen, macht Ihr Partner dicht. Sein Widerspruch ist ebenso vorprogrammiert, und schließlich könnten Sie beide ebensogut aus einem fertigen Drehbuch vorlesen. Wenn Sie sich wieder näherkommen wollen, müssen Sie schon etwas ganz anderes sagen.

Auch die *Körpersprache* kann die Kommunikation blockieren. Wenn Sie schon einige Jahre zusammenleben, hat sich so manche schlechte Gewohnheit eingeschliffen. Lesen Sie in der Zeitung weiter, wenn Ihr Partner mit Ihnen spricht? Blicken Sie zwar hoch, aber mit einem völlig abwesenden Ausdruck in den Augen? Stützen Sie die Hände in die Hüften und wippen Sie mit dem Fuß? Rollen Sie mit den Augen, wenn Sie anderer Ansicht sind? Können Sie die Augen nicht einen Augenblick lang von der Mattscheibe lösen?

Wenn Ihr Partner das nächste Mal mit Ihnen spricht, schenken Sie ihm Ihre vollständige Aufmerksamkeit. Legen Sie beiseite, womit Sie sich beschäftigt haben. Blicken Sie mit einem freundlichen, interessierten Gesichtsausdruck hoch. Wenden Sie sich Ihrem Partner mit dem ganzen Körper zu. Falls nötig, stellen Sie sich vor, daß Sie mit einem sehr attraktiven Unbekannten sprechen. Ein verbessertes Gefühlsklima wird Ihr Lohn sein.

Unerbetene Ratschläge zu erteilen ist eine sehr wirkungsvolle Art, den Gesprächsfluß zu sabotieren. Wenn Ihr Partner Ihnen ein Problem anvertraut, möchten Sie ihm vielleicht spontan eine Lösung anbieten. Und falls Ihnen nicht gleich eine einfällt, dann fühlen Sie sich schuldbewußt oder hilflos. Diese Reaktion ist typisch für jemanden, der in einer verstrickten Familie aufgewachsen ist, in der er dafür belohnt wurde, die Verantwortung für andere zu übernehmen.

Wenn Ihr Partner das nächste Mal mit einem Problem zu Ihnen

kommt, erinnern Sie sich daran, daß es sich um sein Problem handelt und nicht um Ihres. Sie müssen es nicht lösen. Außerdem ist Ihr Partner auf der Suche nach Sympathie und Verständnis und nicht nach einer Patentlösung. Holen Sie tief Luft, und unterdrücken Sie Ihren Drang, ihm einen Rat zu geben. Hören Sie aufmerksam zu. Fassen Sie die Sätze Ihres Partners in eigene Worte, und machen Sie einfühlsame Kommentare wie »Es muß schwer sein zu ...« oder »Daß dir so etwas Übles passieren mußte« oder »Ich kann dein Dilemma gut verstehen« oder »Kein Wunder, daß du dir solche Sorgen gemacht hast. Es wäre mir genauso gegangen.« Gehört und verstanden zu werden, hat eine therapeutische Wirkung; Sie brauchen die Dinge nicht noch dadurch zu komplizieren, daß Sie einen Rat geben.

Humor kann eine anhaltende Pattsituation in einem gemeinsamen Gelächter auflösen. Es ist noch nicht lange her, daß mein Mann eine schwere Bronchitis hatte, sich aber trotzdem weigerte, irgendwelche Medikamente zu nehmen. Es ging ihm miserabel, und er war reizbar und schlechtgelaunt. Schließlich kam er eines Nachmittags in die Küche geschlendert und fragte mich: »Weißt du, wo die Pistole ist?« – »Ja«, antwortete ich leicht verschreckt. »Na, dann hol sie mal, damit du mich endlich zwingen kannst, diese blöden Tabletten zu nehmen.« Ich mußte laut loslachen. Daß er sich selbst auf den Arm nehmen konnte, ließ die Frustration einer ganzen Woche mit einemmal verschwinden.

Es gibt auch Menschen – und sicher wissen Sie sofort, ob Sie dazu gehören –, *die lernen müssen, wann sie ihren Mund halten sollten.* Das kann das Beste sein, was Sie je getan haben, um Ihrem Partner wieder näherzukommen. Ich habe selten erlebt, daß jemand, der sich über die Wortkargheit seines Partners beklagte, nicht das Gespräch total dominierte – was ihm allerdings nicht bewußt war. Wenn Sie das nächste Mal zusammen sind, üben Sie sich in der Kunst des Schweigens. Warten Sie. Seien Sie geduldig. Geben Sie Ihrem Partner eine Chance, etwas zu sagen. Warten Sie, bis Sie sicher sind, daß er seinen Gedanken zu Ende geführt hat. Tun Sie mal etwas anderes – nämlich nichts!

Und zu guter Letzt: *Achten Sie auf die Aufnahmefähigkeit Ihres Partners.* Es sollte für Menschen, ähnlich wie das »Baudrating« für Computer, eine Maßeinheit geben, mit der sich die Geschwindigkeit, mit der sie Informationen verarbeiten, ausdrücken ließe. Manche Menschen reagieren augenblicklich; sie sprechen so schnell, wie sie denken (oder, wie ihre vergrätzten Partner behaupten, *bevor* sie denken). Andere scheinen geradezu jahrelang über einen Gedanken zu grübeln. Nicht selten heiratet ein Schnelldenker einen Menschen, der zum Kommunizieren etwas länger braucht, was für beide Teile frustrierend ist. Der »Renner« muß eine Ewigkeit warten, bis er eine Reaktion bekommt, und der »Schleicher« fühlt sich von dem maschinengewehrartigen Beschuß seines Partners total mattgesetzt.

Um diese Schwierigkeiten zu umgehen, müssen Sie erst einmal erkennen, daß diese Ungleichheit existiert und wie elementar sie ist; sie beruht auf der verschiedenen Anlage der Gehirne. Es handelt sich also nicht um den unbewußten Versuch, sich gegenseitig zu frustrieren. Zweitens sollten Sie die spezielle Weise, in der Ihr Partner Informationen verarbeitet, respektieren. Falls Sie ein Schnellsprecher sind, sollten Sie Ihre »Datenübertragung« verlangsamen und nicht mehr ständig von Thema zu Thema springen. Trainieren Sie, lange genug den Mund zu halten, damit Ihr Partner reagieren kann. Falls Sie langsam und bedächtig sprechen, wäre es sicher klug, Ihrem Partner einen Hinweis darauf zu geben, daß Sie gerade schweigend über einer Idee brüten. Sonst kann es geschehen, daß er oder sie sich ignoriert fühlt oder der Eindruck entsteht, Sie wären gerade dabei einzuschlafen. Sie könnten also sagen: »Ich denke darüber nach. Laß mir einen Augenblick Zeit.«

Am Anfang wird eine bewußte Anstrengung nötig sein, um sich diese vielen verschiedenen Vorschläge anzueignen. Es wird vielleicht sehr bemüht klingen, wenn Sie etwas davon ausprobieren, oder es wird Ihnen unbehaglich zumute sein. Gelegentlich werden Sie in Versuchung kommen, Ihre Zuflucht zu den altbekannten Verhaltensweisen zu nehmen. Aber bleiben Sie dran! Nach meiner Beobachtung liegt den meisten Eheproblemen eine schlechte Kommunikation zugrunde. Wenn Sie eine konzertierte Aktion machen, um Ihren Kommunikationsfluß zu verbessern, bearbeiten Sie damit eines der leidigsten Eheprobleme.

So lösen Sie generationsübergreifende Bündnisse auf

Generationsübergreifende Bündnisse sind ein typischer Bestandteil von Beziehungen, bei denen einer von beiden ein auserwähltes Kind ist. Das Lieblingskind bleibt entweder an den betreffenden Elternteil gebunden, woraus sich Schwiegereltern-Konflikte ergeben, oder er oder sie verbündet sich mit einem der Kinder, wodurch das frühere Verhaltensmuster der Verstricktheit sich wiederholt.

Es ist überflüssig zu erwähnen, daß der jeweilige Ehepartner diese Bündnisse übel vermerkt. Es ist schwer, mit jemandem verheiratet zu sein, der in übertriebener Weise an jemand anderem hängt. Unglücklicherweise reagiert der Partner meistens auf eine Weise, die die Dinge noch weiter kompliziert. Falls Sie zum Beispiel eine Frau sind, die eine allzu enge Bindung an ihr Kind hat, kann es sein, daß Ihr Mann sich dadurch zu trösten versucht, daß er eine Affäre mit einer anderen Frau hat. Oder falls Sie ein Mann mit einer übertriebenen Mutterbindung sind, versucht Ihre Frau eventuell ihre verletzten Gefühle mit Hilfe von Alkohol oder einem anderen Mann zu beruhigen.

Auf den ersten Blick mag es für Sie, das auserwählte Kind, schwierig sein, einen Zusammenhang zwischen Ihrem Verhalten und dem Ihres Partners zu entdecken – insbesondere wenn Ihr Partner gesellschaftlich geächtete Wege geht. Sie fragen sich: Was hat die heimliche Liebesgeschichte Ihres Mannes mit Ihrer Liebe zu Ihrem Sohn zu tun? Was hat der Alkoholismus Ihrer Frau mit Ihrer Zuneigung für Ihre kranke Mutter zu tun? Auf den ersten Blick scheinen diese Verhaltensweisen überhaupt nicht in Beziehung zueinander zu stehen.

Wenn es genau andersherum wäre, könnte es Ihnen eventuell leichter fallen, die Parallelen wahrzunehmen. Stellen Sie sich vor, daß bei Ihrem Partner immer ein Kind oder ein Elternteil an erster Stelle steht. Wenn dies auch niemals offen ausgesprochen wird, so sind Sie sich dessen doch ganz sicher und zutiefst verärgert darüber. Ihr Geburtstag wird vergessen oder routinemäßig behandelt, während Ihre Tochter Brillantohrringe bekommt. Ihr Mann bespricht mit Ihrer Tochter, wohin die nächste Urlaubsreise gehen soll, während Sie gar nicht gefragt werden. Diese Situation setzt sich jahrelang fort, ohne daß etwas geschieht. Sie beschäftigen sich damit, das Haus zu führen, die berufliche Karriereleiter zu erklimmen oder Kinder zu erziehen, und machen sich selbst vor, daß die Ehe Ihre Bedürfnisse erfüllt. Aber wenn Sie lange genug mit Ihrem Partner zusammenbleiben, wird die Leere spürbar. Sie werden depressiv oder reizbar. Sie trinken zuviel, haben eine Affäre, werden krank oder verbringen mehr und mehr Zeit außerhalb des Hauses. Weil Ihr Partner mit jemand anders verbunden ist, fühlen Sie sich ausgeschlossen und allein gelassen; Einsamkeit und ein niedriges Selbstwertgefühl bilden aber den Kern der meisten dysfunktionalen Verhaltensweisen.

Eine Ehebeziehung ist ein System; keiner von Ihnen lebt und handelt in einem Vakuum. Wenn Sie Ihre Energie abziehen und einem Kind oder einem Elternteil zuwenden, wird Ihr Partner nach einer Ersatzbefriedigung suchen und sie finden. Dies wird Sie zornig machen und dazu führen, daß Sie ihm Ihre Liebe nur um so mehr entziehen. Das bewirkt wiederum, daß Ihr Partner sein Glück außerhalb der Ehe sucht. Nicht lange, und Ihre Probleme geraten gänzlich außer Kontrolle.

Um diese Kettenreaktion der Ressentiments abzubrechen, müssen Sie Ihr eigenes Verhalten besser durchschauen. Beim ersten Schritt aus der Ehe heraus hatte noch keiner von Ihnen die Absicht, den anderen zu verletzen; sie versuchten nur, unerfüllte Bedürfnisse zu befriedigen. Sie versuchten, Liebe zu finden und sich von Ihrem Leid zu befreien, vorausgesetzt, Sie hatten eine nicht gerade ideale Ehe. Ohne bestimmte Kenntnisse und angemessene Rollenvorbilder war es nicht verwunderlich, daß Ihre Suche Sie auf Abwege geraten ließ.

Während Sie sich diese mitfühlendere Haltung aneignen, bemühen Sie sich zugleich darum, irgendwelche Vorbehalte, die Sie noch bezüglich der Vergangenheit hegen, zu entschärfen. Wie Sie dies machen, hängt zu einem gewissen Grad von Ihrem früheren Verhalten ab. Wenn Sie zum Beispiel ständig Ihrem Unmut Luft gemacht haben, dann können Sie eventuell beschließen, daß es jetzt reicht. Genug ist genug. Soll es bei einem Unentschieden bleiben. Sie jedenfalls wollen die Vergangenheit von jetzt an nicht mehr herbeizitieren, sondern wollen neu bei null anfangen.

Wenn Sie aber Ihren Groll immer verborgen haben, dann mag es wiederum angebracht sein, etwas deutlich auszusprechen. Sie können das unter vier Augen tun oder aber einen Dritten zu Hilfe holen, möglicherweise einen Eheberater. Der Zweck der Übung wäre, daß Sie Ihre Ressentiments in einer selbstbewußten Weise zur Sprache brächten und alle Gefühle aufdeckten, die damit verbunden sind.

Wenn Sie Ihren Unmut mitteilen, dann sollten Sie diese einfachen Regeln beachten: 1. Drücken Sie Ihre Gefühle ehrlich, aber auch höflich aus; 2. Seien Sie bereit, sie aufzugeben; 3. Seien Sie bereit, etwas Neues zu tun. Wenn Ihnen Stufe 2 nicht gelingt und Sie merken, daß Sie schon wieder die Vergangenheit hervorholen, entschuldigen Sie sich. Hier sind ein paar Möglichkeiten, wie Sie sagen können, daß es Ihnen leid tut (für den Fall, daß Sie ein bißchen aus der Übung sind):

»Ich weiß, daß ich an dir herumgenörgelt habe, kaum daß du in der Wohnung warst. Es tut mir leid, daß ich wie früher war.«

»Wenn ich noch mal von vorn anfangen könnte, würde ich netter zu dir sein als vorhin, als du hereinkamst. Ich werde mich bessern.«

»Ich war in den letzten Tagen wirklich sehr schlechter Stimmung. Es tut mir leid. Es war nicht nötig, den ganzen alten Kram wieder hervorzuholen.«

So lernen Sie die Kunst, Kompromisse zu schließen

Um zu verhindern, daß ständig neue Probleme auftauchen und damit wieder neuen Ressentiments Nahrung geben, brauchen Sie wirksame Mittel zur Konfliktlösung. Eines dieser Mittel ist die Kunst des Kompromisses. Einen Kompromiß zu schließen bedeutet, daß keiner von beiden seinen Willen bekommt. Statt dessen entscheiden Sie sich dafür, daß es Ihnen wichtiger ist, eine dauerhafte Ehe aufzubauen als sich immer durchzusetzen.

Als auserwähltes Kind haben Sie möglicherweise Ihre Schwierigkeiten mit dieser Vorstellung. Ich würde mich nicht wundern, wenn Sie das eine oder andere Extrem verkörperten, also entweder die Tendenz, in der Partnerschaft immer nur zu geben und zu geben – womit Sie Ihre Kindheitsrolle als Musterknabe bzw. Elternschmeichlerin weiterspielen – oder zu nehmen und zu nehmen – aus dem eingewurzelten Gefühl heraus, das stehe Ihnen zu.

Es ist auch recht wahrscheinlich, daß Sie mehr als die üblichen Schwierigkeiten haben, ihre eigenen Wünsche und Begierden zuzugeben. Da Ihre Bedürfnisse weniger wichtig als die Ihres Vaters bzw. Ihrer Mutter waren, haben Sie vielleicht Mühe, sie überhaupt zu definieren. Wenn Sie meinen, daß eines dieser Probleme auf Sie zutrifft, seien Sie getrost – die folgende Übung wird sehr produktiv sein.

Wenn Sie die Kunst des Kompromisses zu üben anfangen, kommt sie Ihnen anfangs vielleicht wie ein Spiel vor, bei dem jeder verliert, denn schließlich bekommt keiner von ihnen beiden genau das, was er wollte. Aber es wird nicht lange dauern, bis Sie erkennen, warum es sich lohnt. Zum einen werden Sie sich allmählich als findiger und kompetenter empfinden: »Ist es nicht toll – wir können unsere Differenzen klären, ohne uns zu streiten!« Dann sehen Sie sehr viel zuversichtlicher in die Zukunft. Denn egal wie kompliziert ein Problem sein mag, Sie sind jetzt sicher, daß Sie eine Lösung finden können. Zum anderen werden Sie entdecken, daß Sie manchmal mit dem Kompromiß zufriedener sind, als wenn Sie uneingeschränkt Ihren Willen bekommen hätten. Gemeinsame Entscheidungen erfordern ja mehr Kreativität und berücksichtigen das Urteilsvermögen und die Erfahrung von zwei und nicht nur von einem Menschen. Eine gemeinsame Entscheidung ist oft die bessere Entscheidung.

In der folgenden Übung wird eine Konfliktlösungsstrategie modellhaft dargestellt. Um zu funktionieren, müssen die folgenden fünf Vorbedingungen erfüllt sein:

- Sie müssen genügend Zeit haben und möglichst ungestört sein.
- Das Problem muß klar definiert sein.
- Beide Parteien müssen den Wunsch haben, den Konflikt zu lösen.
- Beide Parteien müssen ruhig bleiben und sich »wie Erwachsene« benehmen.
- Beide Parteien müssen sich einig sein, daß sie nicht aufhören wollen, bevor eine Entscheidung gefallen ist.

Übung 4
Die Kunst, einen Kompromiß zu schließen

1. Ein Partner beginnt, indem er kurz darstellt, welchem Weg er den Vorzug geben würde. Zum Beispiel so: »Meine erste Wahl in dieser Situation ist ...«

2. Zur Klarstellung wiederholt der andere Partner die Position des ersten noch einmal mit eigenen Worten und stellt dann seine eigene Position dar. Zum Beispiel so: »Ich habe verstanden, daß du ... Ich für meinen Teil meine ...«

3. Der erste formuliert die Position des anderen noch einmal mit eigenen Worten und bietet dann einen Kompromiß an. Zum Beispiel so: »Deine erste Wahl ist also ... Ich könnte das akzeptieren, wenn ...«

4. Der andere Partner wiederholt den letzten Vorschlag noch einmal in eigenen Worten und stimmt diesem entweder zu oder schlägt eine Alternative vor, die sich auch in Richtung eines Kompromisses bewegt.

5. Dieser Prozeß wird so lange fortgesetzt, bis eine Übereinstimmung erzielt worden ist, die sich auch auf Einzelheiten bezieht.

Wenn Sie nicht innerhalb einer angemessenen Zeit eine Lösung finden, dann sollten Sie beide die folgenden Punkte prüfen:

- Liegt mir mehr daran, zu gewinnen als den Konflikt zu lösen?
- Habe ich die heimliche Absicht, meinen Partner zu verletzen oder zu bestrafen?

- Geht es vielleicht mehr um das Bedürfnis, gehört und verstanden zu werden als darum, eine Übereinkunft zu erreichen?
- Handelt es sich um ein Thema bzw. Problem, das man nicht zum Objekt eines Handels machen kann?
- Kann ich damit leben, wenn diese Sache ungelöst bleibt?

Wenn Sie dieses Schema oft genug genau befolgt haben, können Sie von der rigiden Struktur auch abweichen. Bemühen Sie sich erstens um eine klare Formulierung Ihrer eigenen Wünsche; zweitens um eine genaue Wiedergabe der Wünsche Ihres Partners und drittens die Bereitschaft, weitere Alternativen anzubieten, bis Sie beide sich auf ein bestimmtes Vorgehen geeinigt haben.

So schalten Sie die Projektionen aus

Bei einer ineinander verstrickten Familie läßt sich oft schwer sagen, wo der eine beginnt und der andere aufhört. Wenn der Papi traurig ist, ist die Tochter traurig. Wenn die Mama wütend ist, hat der Sohn Schuldgefühle. Wenn die Stiefmutter depressiv ist, fühlt sich die Tochter wertlos. Viele der auserwählten Kinder sind mit einem der Elternteile seelisch eng verbunden. Jahre später wird diese geistige Verschmelzung auf den Partner oder die Partnerin übertragen und verursacht einen Wust von Schwierigkeiten.

Mein Mann läuft zum Beispiel sehr gern, und früher projizierte ich meinen Ärger über meine eigene Unsportlichkeit auf ihn. Ich bildete mir ein, daß das Joggen uns gemeinsame Zeit kostete, die sonst unserer Beziehung zugute gekommen wäre; ich bildete mir ein, ihm sei es wichtiger, zu laufen als mit mir zusammenzusein; jedesmal, wenn ich sah, wie er seine Laufschuhe schnürte, bildete ich mir ein, daß das Laufen für ihn bloß eine Ausrede war, um von mir wegzukommen. Nichts davon stimmte. Es machte ihm einfach Freude, zu laufen und in Form zu bleiben. Daß ich ihm alle möglichen anderen Gründe unterstellte, lag daran, daß ich mich in Wirklichkeit über meine eigene Trägheit ärgerte und diesen Ärger auf ihn projizierte. In meinem Kopf spielte sich eine Art Stummfilm ab – mit mir in der Hauptrolle der bedauernswerten verlassenen Heldin –, und ich benutzte ihn als Leinwand. Glücklicherweise kam ich mir schließlich auf die Schliche. Inzwischen mache ich regelmäßig Gymnastik und ärgere mich nicht mehr darüber, wieviel Zeit er mit Joggen verbringt.

Ich nenne Ihnen jetzt noch eine Reihe von Projektionen, die ich aus meiner Praxis als Paartherapeutin kenne. Kommt Ihnen eine davon bekannt vor?

Projektion: »Du hast nie Lust, mit mir zu schlafen.«

Übersetzung: »Ich bin unsicher, wie sehr wir uns eigentlich noch lieben, und um mich zu beruhigen, brauche ich Sex.«

Projektion: »Du bringst dich nicht in unsere Beziehung ein.«

Übersetzung: »Ich fühle mich nur teilweise an dich gebunden. Ansonsten gehöre ich Vater/Mutter/den Kindern/meiner Arbeit.«

Projektion: »Du hörst mir nie zu.«

Übersetzung: »Ich höre dir nicht zu. Ich will nur das hören, was ich hören will.«

Projektion: »Du benimmst dich unhöflich mir gegenüber.«

Übersetzung: »Ich habe meine eigene Form der Unhöflichkeit. Ich unterbreche dich vielleicht nicht beim Sprechen, aber dafür mache ich Pläne, ohne dich zu fragen.«

Projektion: »Du bestehst nur aus Abwehr.«

Übersetzung: »Ich verstehe mehr von deinen Problemen als von meinen eigenen.«

Projektion: »Du gehörst zum Psychotherapeuten.«

Übersetzung: »Ich brauche Hilfe, aber ich habe Angst davor.«

Jedesmal, wenn Sie Ihren Partner auf solche Weise kritisieren, sollten Sie auf etwaige Projektionen achten. Wenn Sie beispielsweise Ihren Partner beschuldigen wollen, daß er leichtsinnig sei, fragen Sie sich erst: »In welcher Weise bin ich leichtsinnig gewesen?« Wenn Sie glauben, daß Ihr Partner Sie nicht genug liebt, fragen Sie sich erst einmal: »In welcher Weise habe *ich* meinen Partner vernachlässigt?« Vielleicht beschuldigen Sie Ihren Partner, er verhalte sich Ihren Freunden gegenüber rücksichtslos, und Sie sind sich wirklich sicher, daß Sie selbst diesen Fehler nicht haben – Sie nehmen nämlich sehr viel Rücksicht auf Ihre Freunde. Doch ohne sich dessen bewußt zu sein, sind Sie vielleicht jemand anderem gegenüber rücksichtslos – nämlich gegenüber Ihrem Partner! *Es ist eine der effektivsten Methoden, Ihre eigene Entwicklung zu fördern, wenn Sie alle Ihre kritischen Bemerkungen umdrehen und auf sich selbst anwenden.* Fragen Sie sich: »Auf welche Weise trifft diese Kritik auf mich selbst zu? Was gefällt mir nicht an mir selbst? Was fehlt mir, hier und heute, an meinem Leben? Welchen negativen Gedanken oder welche Empfindung versuche ich zu verbannen, indem ich sie auf meinen Partner projiziere?«

Eine andere, weitverbreitete Form der Projektion ist das ständige

Bemühen, die Gedanken des Partners zu erraten. Anstatt Ihren Partner direkt nach seinen Wünschen oder seiner Meinung zu fragen, legen Sie sich Ihre eigene Folgerung zurecht. Ich habe das früher sehr häufig gemacht. Wenn ich zum Beispiel beim Besuch einer Kunstgalerie auf ein Bild aufmerksam wurde, fragte ich mich, wie mein Mann es wohl finden würde. In neun von zehn Fällen war ich der Meinung, daß es ihm nicht gefallen würde. Ich stelle mir vor, daß er den Stil nicht mochte oder es ihm zu teuer wäre. In stummer Wut über seinen Negativismus wandte ich mich dann von dem Bild ab. Dabei hatte er sich in keiner Weise selbst dazu geäußert.

Ich habe unzählige Male eine derartige Projektion negativer Gedanken auf meinen Mann vorgenommen. Manchen von Ihnen wird ein derartiges Verhalten gar nicht nachvollziehbar sein; andere wissen nur zu gut, wovon ich spreche. Aber ob Sie nun dieses spezielle Übel mit mir gemeinsam haben oder nicht, Sie können in jedem Fall sicher sein, daß ein Großteil Ihrer negativen Gedanken und Gefühle bezüglich Ihres Partners mehr mit Ihnen zu tun hat als mit dem Menschen, mit dem Sie verheiratet sind. Je früher Sie dies erkennen, desto besser für Ihre Beziehung. Projektionen schaden einer Partnerschaft sehr. Sie stellen Distanz her, wo Sie sich nach Nähe sehnen. Sie blockieren Fortschritte, weil sie die wahren Probleme verbergen. Sie erschweren es, an den wahren Kern Ihrer Probleme heranzukommen. Fangen Sie jetzt gleich damit an, danach zu suchen, wo und auf welche Weise Sie die Grenzen zwischen sich und Ihrem Partner verwischen. Je mehr Gedanken und Gefühle Sie als Ihre eigenen identifizieren, desto gesünder wird Ihre Beziehung.

Polarisierung

Es ist typisch für das auserwählte Kind, daß es in einem in zwei Lager gespaltenen Haushalt aufwächst. Die Mutter hält die Tochter für egoistisch und verwöhnt; Papa hält sie für einen Engel. Für die Ehefrau ist die Schwiegermutter eine Hexe; für ihren Ehemann ist sie eine vorbildliche Mutter. Mama muß man aufs Wort gehorchen; Papa läßt mit sich reden. Ohne es zu wissen, übernimmt das Lieblingskind dieses Schwarzweißdenken in die Ehe. Wenn er schwarz sagt, sagt sie weiß. Wenn sie ja sagt, sagt er nein. Wenn sie eine Nachbarin kritisiert, nimmt er diese in Schutz. Wenn er streng ist, ist sie extrem tolerant.

Die Herausbildung von Gegensätzen ist kein bloßes Eheproblem, sondern eine universale Tendenz des Menschen. Wenn wir das Gefühl haben, daß jemand nur die eine Seite des Bildes wahrnimmt, dann neigen wir dazu, das ausgleichen zu wollen. Automatisch geben wir die entgegengesetzte Auffassung zu bedenken. Stellen Sie sich einmal vor, wir wären gute Freunde und ich wollte Sie mit einer Freundin von mir bekannt machen. Ich erzähle Ihnen vorher Folgendes: »Oh, ich kann es gar nicht abwarten, daß du Georgette kennenlernst. Sie ist so hübsch. Und sie ist sehr intelligent und hat einen großartigen Sinn für Humor. Ihre Wohnungseinrichtung ist Spitze, und sie hat tolle Kinder mit einem erstklassigen Benehmen. Ich bin sehr gern mit ihr zusammen, und ich weiß jetzt schon, daß sie dir auch sehr gefallen wird.« Während Sie sich das anhören, denken Sie sicher: »So jemanden gibt's doch gar nicht. Die muß doch auch ihre Schwächen haben. Wo die wohl liegen können?« Da Sie wissen, daß niemand nur gut oder nur schlecht sein kann, suchen Sie nach den fehlenden Puzzlestücken. Auf diese Weise versuchen Sie instinktiv, sich ein vollständigeres Bild zu machen.

Aber diese Tendenz, jeweils den Gesichtspunkt des anderen auszugleichen, kann schnell in eine destruktive Polarisierung ausarten. Dann verschanzen Sie und Ihr Partner sich in gegensätzlichen Positionen und treffen sich nicht mehr in der Mitte. Zwischen Sie wird ein Keil getrieben, der alle Versuche, doch noch Intimität und Nähe herzustellen, zunichte macht.

Es gibt eine verblüffend einfache Methode, den Keil zu entfernen, nämlich den Seitenwechsel. Wenn Sie sich auf der negativen Seite einer Argumentation festgebissen haben, wechseln Sie auf die positive über. Machen Sie sich die andere Seite des Problems klar, und sprechen Sie das auch aus. Sie brauchen weder zu lügen noch unehrlich zu sein, denn Ihr Partner hat immer einen berechtigten Standpunkt – nur waren Sie bisher auf diesem Auge blind. Sie müssen genau hingucken und sich ansehen, was für die Position Ihres Partners spricht.

Eine Stieffamilie, mit der ich gearbeitet habe, hatte sich über ein finanzielles Thema gespalten – es ging um die Studienkosten des Sohnes. Der Stiefvater beklagte sich bis zum Überdruß über die finanzielle Belastung, während die Mutter unnachgiebig die Notwendigkeit der Ausgabe verteidigte. Obwohl sie insgeheim den finanziellen Druck auch empfand, wagte sie trotzdem nicht, über diese Angst zu sprechen, weil sie befürchtete, daß sich dadurch die Waagschale zugunsten ihres Mannes neigen würde.

Auf meinen Rat hin begann die Mutter, ihre finanziellen Sorgen ehrlicher zu betrachten. Eines Abends gestand sie ihrem Mann: »Ja, es wird ganz schön eng durch Daniels Studium an einer privaten Universität. Bei der Höhe des Studiengelds ist es schwer, finanziell den Kopf über Wasser zu halten. Ich weiß nicht, was wir tun sollen.« Sobald ihr Mann dieses offene Eingeständnis gehört hatte, beklagte er sich sehr viel seltener. Es war für ihn eine Erleichterung zu wissen, daß seine Frau seine Ängste verstehen konnte. Weil seine Sorgen schließlich anerkannt wurden, konnte er sich selbst aus dem tiefen Loch, in das er gefallen war, wieder herausarbeiten. Er sagte seiner Frau, daß er nicht wolle, daß Daniel auf ein weniger teures College ginge – im Gegenteil, er sei stolz darauf, daß er seinen Stiefsohn auf einer Spitzen-Universität habe. Ihm war es einzig darum gegangen, daß anerkannt wurde, wie erheblich sein Opfer war.

Das muß gefeiert werden!

Wenn Sie beide im Laufe der Zeit immer mehr angenehme Stunden miteinander verbringen, offenere Gespräche führen, positive Wege finden, um Konflikte zu lösen und ihre Ehe besser nach außen hin abgrenzen, werden Sie eine deutliche Verbesserung Ihres emotionalen Klimas verspüren. Vielleicht ist es irgendwann soweit, daß Sie es feiern möchten, daß Ihre Ehe wieder sinnvoll geworden ist. Es gibt viele Möglichkeiten, das zu tun. Zum Beispiel:

- ein Dinner für zwei
- eine religiöse Feier
- eine Erneuerung Ihres Ehegelöbnisses
- gegenseitige Geschenke zur Erinnerung daran
- eine »Wallfahrt« an einen Ort, der Ihnen beiden etwas bedeutet
- eine zweite Hochzeitsreise

In jedem Fall sollten Sie irgend etwas finden, womit Sie der Anerkennung Ausdruck geben, daß Sie so viele Schwierigkeiten überwunden haben. Schon unter den besten Umständen ist es nicht leicht, eine dauerhafte Liebesbeziehung aufrechtzuerhalten, und Ihre Geschichte als auserwähltes Kind macht es doppelt schwer. Belohnen Sie sich für den Fortschritt, den Sie gemacht haben:

Sie beide haben es verdient!

Und was ist, wenn Ihr Partner nicht an der Ehe arbeiten will?

Beim Lesen dieses Kapitels haben Sie vielleicht gedacht: »Das hört sich ja interessant an, aber ich wette, daß mein Partner die Übungen keinesfalls mitmachen wird.« Dies Klagelied ist nicht selten zu hören. Dutzende von Menschen haben schon in meinem Bürozimmer gesessen und darüber geklagt, daß sie selber zwar bereit seien, an der Beziehung zu arbeiten, ihr Partner jedoch nicht. In allen Partnerschaftsseminaren, die ich geleitet habe, hatten die meisten Paare eine Tendenz, sich in einen, der zieht, und einen, der gezogen wird, aufzuteilen. Der eine möchte unbedingt an dem Seminar teilnehmen und mitarbeiten, während der andere nach einer Möglichkeit sucht, aus dem Hintertürchen zu schlüpfen. Dies kann wirklich ein ernsthaftes Hindernis sein. Wenn nicht beide Partner bereit sind, an der Ehe zu arbeiten, ist es schwer, Fortschritte zu machen. Es müssen natürlich beide Partner einen Veränderungsprozeß bejahen.

Wenn dies auch Ihr Problem ist, möchte ich Ihnen denselben Rat geben, den ich meinen Klienten gebe: Gehen Sie auch der Möglichkeit nach, daß *Ihre* Einstellung ein Teil des Problems ist. Vielleicht hat Ihr Partner im Laufe der Zeit den Eindruck gewonnen, daß das »An-der-Beziehung-Arbeiten« bedeutet, daß ausschließlich *Ihre* Bedürfnisse befriedigt werden sollen; Ihr Partner scheut sich vielleicht vor einer Paartherapie, weil er Angst hat, mit einer ellenlangen Liste von Forderungen Ihrerseits konfrontiert zu werden. Nach meiner jahrelangen Erfahrung *wollen die meisten Menschen an Ihrer Ehe arbeiten, wenn sie die berechtigte Erwartung haben, daß es sich auch für sie selbst lohnt.* Fragen Sie sich einmal, ob Sie nur immer von den eigenen Bedürfnissen reden und wenig Interesse an den Bedürfnissen Ihres Partners haben. Habe ich gezeigt, daß ich bereit bin, mich zu entwickeln und zu ändern, um die Bedürfnisse meines *Partners* zu befriedigen? Hat mein Partner das Gefühl, daß er/sie etwas zu gewinnen hat, wenn er/sie an unserer Beziehung arbeitet?

Falls das Ihr Problem noch nicht trifft, dann kann es auch einen ganz anderen Grund dafür geben, daß Ihr Partner nicht motiviert ist – Sie haben es versäumt, ihm oder ihr das Ausmaß Ihrer Besorgnis klarzumachen. Es sind schon viele Klienten zu mir gekommen, die völlig verzweifelt über Ihre Ehe waren, doch gegenüber Ihren Partnern hatten sie sich nicht anmerken lassen, wie unglücklich sie waren! Ihre

Zurückhaltung und Schweigsamkeit erklärten sie damit, daß sie den anderen »nicht aufregen« wollen oder daß dieser »sich eh nicht dafür interessiert«. Hieran wird noch einmal ganz deutlich, wie sich die Vergangenheit auf die Gegenwart auswirkt. Weil ihre Eltern nicht auf ihre kindlichen Bedürfnisse eingegangen waren, nahmen meine Klienten an, daß ihre Bedürfnisse heute ebensowenig von ihren Partnern erfüllt würden. Ihre Kindheitsjahre hatten sie darauf konditioniert, nur sehr wenig von anderen zu erwarten. Um festzustellen, ob dies ein Teil Ihres Problems ist, fragen Sie sich: »Habe ich die Probleme, die ich in unserer Beziehung sehe, wirklich deutlich ausgesprochen? Habe ich meine Unzufriedenheit mitgeteilt? Habe ich meinem Partner gesagt, daß unsere Beziehung nicht meine Bedürfnisse befriedigt? Spreche ich mich über meinen Ehekummer mit einer Freundin oder einem Freund aus und nicht mit meinem Partner?«

Wenn Sie diese beiden Möglichkeiten gründlich überdacht haben und immer noch nicht vorankommen, brauchen Sie vielleicht zusätzliche Unterstützung. In diesem Fall möchte ich raten, die Hilfe eines Paar- oder Familientherapeuten in Anspruch zu nehmen, um Ihrem Partner dabei zu helfen, seinen oder ihren Widerstand gegen Weiterentwicklung und Veränderung zu überwinden.

13

So verstärken Sie Ihr unterstützendes Umfeld

Für das erwachsene auserwählte Kind stellt ein intaktes Auffangnetz von Menschen, die ihm Halt geben, einen Schlüssel zur Gesundung dar. Mit guten Freunden im Rücken führen Sie ein erfülltes Leben. Wenn Sie verheiratet sind, so ist Ihr Partner dadurch von der Verpflichtung befreit, alle Ihre emotionalen Bedürfnisse zu befriedigen, und auch die Gefahr, daß Sie sich auf ein Kind stützen, nimmt ab. Wenn Sie ledig sind, sind Freunde doppelt wichtig. Denn Sie beziehen in erster Linie aus ihnen Ihren Rückhalt. Freundschaften aufrechtzuerhalten kann jedoch für Menschen, die in verstrickten Familien aufgewachsen sind, problematisch sein. Wegen der fehlenden persönlichen Abgrenzungen innerhalb ihrer Ursprungsfamilie neigen sie dazu, Menschen entweder nicht an sich heranzulassen oder sich den falschen Leuten zu öffnen.

Ich hatte mit dem Erstgenannten Probleme – ich hielt die Menschen auf Distanz. Meine Methode, Nähe zu vermeiden, war recht subtil: Ich hatte eine ganze Reihe von guten Bekannten, doch ich war immer darauf bedacht, ihnen eine bessere Freundin zu sein als sie mir, d. h. stets der Teil zu sein, der mehr gab. Kein Wunder also, daß Leute es schwer fanden, mir näherzukommen. »Du bist eine Freundin, die schwer zu lieben ist«, sagte einmal eine Freundin zu mir, und sie hatte recht.

Der Grund, warum ich meine Freunde auf Distanz hielt, ist einfach. Ich war so sehr von meinen Wünschen, Bedürfnissen und Gefühlen abgeschnitten, daß ich nicht wollte, daß jemand mir so nahe kam, daß er womöglich etwas wußte, was *ich* nicht wußte. Das bedeutete aber für mich, daß ich meine Abgrenzungen ständig kontrollieren mußte.

Mit niemandem konnte ich wirklich vertraulich sprechen, und die Einsamkeit war meine ständige Begleiterin. Ich weiß noch, wie ich an einem Tiefpunkt zu mir selbst sagte: »Niemand kennt mich wirklich, und niemand will mich kennenlernen.« Ich hatte zwar viele Bekanntschaften und nahm an zahlreichen Aktivitäten teil. Doch diente das alles nur dazu, meinen Kummer vor mir selbst und anderen zu verbergen.

Das Aufwachsen in einer verstrickten Familie kann aber auch zu dem entgegengesetzten Problem führen – nämlich sich Hals über Kopf in ganz nahe Beziehungen zu stürzen. Unbewußt möchten Sie in Ihren Freundschaften genauso aufgehen wie früher in Ihrer Beziehung zu einem Elternteil, und ohne es zu merken, überschreiten Sie die Grenzen, die Menschen gewöhnlich voneinander trennen. Sie neigen dazu, ein oder zwei sehr intensive Freundschaften zu haben oder bei jeder Bekanntschaft zu erwarten, daß eine enge Freundschaft daraus wird. Zwanzig Minuten nachdem Sie jemanden kennengelernt haben, bringen Sie schon sehr persönliche Themen ins Gespräch ein. Ob der oder die Betreffende irgendein Interesse zeigt oder nicht, Sie erzählen detailliert von Ihren gesundheitlichen Problemen, Ihrem Liebesleben und Ihrem Frust am Arbeitsplatz. Die anderen wissen schon nach dem ersten Treffen alles über Sie.

Menschen, die sich nicht gut abgrenzen können, neigen außerdem dazu, von ihren Freunden mehr zu erwarten als eine Freundschaft normalerweise bieten kann. So versuchen Sie zum Beispiel, tiefverwurzelte emotionale Probleme mit Hilfe einer Freundin zu lösen. Das funktioniert nicht häufig, da Freunde selten willens sind, sich in dem Maße auf Sie einzulassen, wie es für eine Konfliktlösung notwendig wäre. Diese Rolle wird am besten entweder vom Ehepartner oder einem Therapeuten übernommen. Wenn Sie erwarten, daß sich eine Freundin bzw. ein Freund tief in Ihre inneren Kämpfe einbeziehen läßt, dann müssen Sie auf eine Enttäuschung gefaßt sein.

Durch die Unfähigkeit, sich abzugrenzen, fällt man außerdem leichter einer »emotionalen Vergewaltigung«, wie ich das nenne, zum Opfer. Wer sich sehr nach intimer Vertrautheit sehnt, wird leicht zur Zielscheibe emotionaler Übergriffe. Kathleen, eine dreißigjährige Hausfrau, war besonders anfällig für Männer, die ihr schmeichelten. Sie ließ jeden Mann, der sich bei ihr anbiederte, in ihr Leben hinein. Ob das ein Fremder an der Bushaltestelle, ein Klempner, der den verstopften Abfluß säuberte, oder ein Teilnehmer an einem Wochenendseminar war – jeder Mann, der sich ihr nähern wollte, bekam auch

Gelegenheit dazu. Manche dieser Augenblicks-»Freundschaften« führten zu sexuellem Kontakt, andere nicht. Aber alle begannen als Folge ihrer mangelnden Abgrenzung. Was Intimität und Nähe anging, pflegte sie eine Art Politik der offenen Tür.

So finden Sie heraus, welche Art von Abgrenzungsproblemen Sie haben

Wenn Sie erkennen, daß Sie sich entweder zu sehr abschotten oder aber allzu undeutliche Grenzen setzen, so ist schon der erste Schritt zur Veränderung getan. Die folgende Übung kann Ihnen vielleicht einige Einsichten vermitteln. Lesen Sie die zwölf kurzen Situationsbeschreibungen durch, und achten Sie darauf, welche auf Sie zutreffen. (Wenn Sie sich in den letzten Jahren verändert haben, könnte es auch nützlich sein, festzustellen, was früher auf Sie zutraf, heute jedoch nicht mehr.)

1. Sie haben einen schönen Tag verlebt und erzählen begeistert einer Freundin/einem Freund davon. Diese(r) hat jedoch gerade schlechte Laune und reagiert darauf uninteressiert oder abweisend. Peng! Ihre gute Laune ist futsch.
2. Sie haben einen schlechten Tag und bekommen einen Anruf von einer alten Freundin bzw. einem Freund. Sie sorgen dafür, daß die Unterhaltung auf einer unpersönlichen Ebene bleibt, und sprechen nicht über Ihre Sorgen.
3. Sie waren mit Freunden im Kino. Sie fanden den Film gut, doch Ihre Bekannten fanden ihn schrecklich. Während Sie zuhören, wie die anderen über den Film sprechen, beginnen Sie, Ihr eigenes Urteil in Frage zu stellen.
4. Sie haben einen Film gesehen, den Sie wirklich gut finden, während Ihre Freunde ihn überhaupt nicht mochten. Sie lassen deren kritische Bemerkungen automatisch an sich abprallen. Sie lassen sie weiterreden, während Sie Ihre eigenen Gedanken zu dem Film noch einmal genüßlich ausspinnen.
5. Eine Freundin fragt Sie, ob sie Ihren Wagen ausleihen dürfe. Sie möchten das zwar nicht, aber Sie sagen trotzdem ja. Schließlich nehmen Sie es Ihrer Freundin übel, daß sie Sie gefragt hat.
6. Ihre Bekannten bitten Sie selten, sich etwas von Ihren Sachen ausleihen zu dürfen. In der Regel verleihen Sie nichts.

7. Sie gehen regelmäßig mit jemandem aus und finden heraus, daß diese Person sich auch mit anderen verabredet. Sie sind ärgerlich und gekränkt, brechen die Beziehung aber nicht ab.

8. Wenn Sie öfter mit jemandem ausgehen und diese Person geht auch mit jemand anderem aus, so würden Sie am liebsten gar nichts darüber wissen wollen. Das sei einzig deren Angelegenheit. Sie finden es gut, wenn die Privatsphären voneinander getrennt bleiben.

9. Eine Freundin bzw. ein Freund braucht ein Problem nur zu erwähnen, und schon versuchen Sie es zu lösen. Sie haben oft das Gefühl, Sie wüßten, was das beste für andere Leute ist, oder Sie fühlen sich verpflichtet, deren Probleme zu lösen.

10. Sie geben Ihren Freunden selten einen Rat, und ebenso selten fragen Sie andere um Rat. Im großen und ganzen finden Sie, daß Ihre jeweiligen Angelegenheiten Privatsache sind.

11. Es fällt Ihnen sehr schwer, ein Geheimnis für sich zu behalten. Wenn Sie etwas wissen, das einen Ihrer Freunde betrifft, erzählen Sie es meistens weiter. Das hängt eigentlich nur davon ab, ob sich Zeit und Gelegenheit bieten.

12. Sie können Geheimnisse gut für sich behalten. Sie können z. B. etwas wissen, was einen Ihrer Freunde direkt betrifft, und es trotzdem nicht weitersagen. Manche Leute sagen, es sei schwierig, Ihnen eine Neuigkeit zu entlocken.

Schauen Sie sich Ihre Antworten an. Wenn Ihre Abgrenzungen sehr unbestimmt sind, werden Sie sich wahrscheinlich eher mit den Darstellungen hinter den ungeraden Ziffern identifizieren können. Wenn Sie sich aber hinter starre Abgrenzungen zurückziehen, werden Ihnen die geraden Ziffern wohl eher zusagen. Falls sich bei Ihnen die geraden und ungeraden Ziffern die Waage halten, werden Sie wahrscheinlich in einigen Lebensbereichen starre Grenzen, in anderen diffuse haben.

So lernen Sie sich stärker abzugrenzen

Menschen mit unbestimmten Grenzen kann es schwerfallen, ein angemessenes Maß an Distanz zwischen sich und anderen – selbst völlig Fremden – aufzubauen. Eine Klientin erzählte mir folgende Geschichte: Sie hielt einmal in einer ländlichen Gegend zum Tanken an. Als sie in den Kassenraum der Tankstelle trat, um zu zahlen und sich noch eine Sonnenbrille zu kaufen, begann der Tankwart, ein großer Mann mit hervorquellendem Bauch, ihr persönliche Fragen zu stellen wie »Wo fahren Sie hin?«, »Was haben Sie dort vor?« usw. Sie antwortete ihm auf entgegenkommende Weise und ließ sich auf ein Gespräch ein. Als Sie sich wieder abwenden wollte, griff der Mann nach ihrer Hand und fragte, ob er ihr aus der Hand lesen dürfe. Obwohl es ihr unangenehm war, erlaubte sie es ihm. Es waren kaum ein paar Minuten vergangen, da erörterten sie bereits ihre Ehe, ihre Berufswahl, ihr Liebesleben und ihre Zukunftsaussichten. Schließlich schaffte sie es, ihm ihre Hand zu entziehen und sich endlich nach einer Sonnenbrille umzusehen.

Während sie die Brillen aufprobierte, kam eine attraktive Frau in die Tankstelle. Sofort zog der Tankwart mit ihr dieselbe vertrauliche Nummer ab. Als Antwort auf seine Frage nach ihrem Ziel, sagte die Frau nur: »Ich bin auf Urlaub.« Ihr Tonfall war freundlich, aber distanziert. Sie kaufte noch einen Schokoriegel und ging.

»Warum kann ich mich nicht wie diese Frau verhalten?« fragte mich meine Klientin, nachdem sie mir die Geschichte erzählt hatte.

»Das können Sie durchaus«, antwortete ich. »Es wird Ihnen jedoch anfangs unangenehm sein. Sie werden das Gefühl haben, Ihr Gegenüber zu brüskieren. Doch genau das müssen sie eben mit manchen Leuten tun, wenn Sie Ihre Grenzen wahren wollen.«

Ich schlug vor, daß sie in der nächsten vergleichbaren Situation innerlich ganz harte Worte gebrauchen solle – etwa: »Hier passiert eine Vergewaltigung meiner Gefühle« – und der Situation sofort Grenzen setzen sollte. Wenn sie dies oft genug täte, würde sie es schon bald als natürlich empfinden, Barrieren aufzubauen. Es würde ihr dann wie eine Verletzung vorkommen, sich jedem x-beliebigen zu offenbaren.

Um ihr zu helfen, dieses neue Verhalten einzuüben, ging ich mit ihr die Geschichte mit dem Tankwart noch einmal durch und verlangsamte den Ablauf so, daß sie festlegen konnte, wie sie an bestimmten Stellen eigentlich gern gehandelt hätte. Wir stimmten beide darin überein, daß der Übergriff von vornherein nicht stattgefunden hätte, wenn sie die Tankstelle in einer sehr bestimmten und distanzierten Haltung betreten hätte. Doch zur Übung spielten wird das Ganze trotzdem vom ersten Hallo bis zu dem Punkt, wo er ihre Hand ergriff, noch einmal durch.

Ein derartiges Rollenspiel – ob es nur in Ihrer Vorstellung oder gemeinsam mit einem/r guten Bekannten stattfindet – ist eine gute Methode, neue Verhaltensweisen einzustudieren. Wenn Sie immer wieder üben, sich abzugrenzen, wird Ihnen eine selbstbewußte Reaktion in dem Moment, wo es nötig ist, leichter fallen.

Manche unter ihnen, die mit einem vereinnahmenden Elternteil aufwuchsen, haben mit dem entgegengesetzten Problem zu tun. Anstatt Methoden zu finden, wie Sie andere Menschen aus Ihrem Leben heraushalten, müssen Sie lernen, mehr Leute in Ihr Leben einzulassen. Ihre starren Abgrenzungen verhindern, daß Sie Freunde gewinnen und ein funktionales Unterstützungssystem aufbauen.

Ein guter erster Ansatz für Veränderungen ist es, zu Leuten, die Sie schon kennen und denen sie trauen, offener zu sein. Wenn Sie sich z. B. schlecht fühlen und eine Freundin ruft Sie an, um zu fragen, wie es Ihnen geht, dann erliegen Sie einmal nicht der Versuchung, die Frage automatisch mit einem »Gut. Und wie geht's dir?« abzuwehren. Geben Sie doch statt dessen einmal eine offene Antwort. Hier sind einige Beispiele für Antworten, die mehr Nähe herstellen:

»Ich fühle mich irgendwie niedergeschlagen heute morgen. Ich weiß auch nicht, warum. Ich bin schon in schlechter Stimmung aufgewacht. Ich wünschte fast, es wäre nicht so sonnig draußen. Das ist so ein totaler Gegensatz zu meiner Laune. Kennst du so was auch?«

»Ich bin völlig fertig. Ich glaube, heute bekomme ich nichts zustande. Ich will ja nichts weiter als gründlich saubermachen, aber ich werde ständig unterbrochen. Heute früh habe ich schon die Kinder angeschrien und mich wie ein richtiger Hausdrachen aufgeführt.«

»Irgendwie fühle ich mich deprimiert. Ruth ist von ihrer Geschäftsreise nach Hause gekommen, aber wir scheinen nicht den richtigen Ton miteinander zu finden. Ich mache mir manchmal Sorgen, daß wir uns auseinanderleben.«

»Mir fällt die Decke auf den Kopf. Seit der Scheidung bin ich nicht mehr gern allein zu Hause. Die Wohnung ist so leer. Ich muß wirklich mehr rauskommen.«

Oft wird diese Offenheit durch ebensolche Offenheit auf seiten Ihrer Freundin oder Ihres Freundes belohnt; Vertrauen schafft wiederum Vertrauen. Je leichter es Ihnen mit der Zeit fällt, sich auf dies sehr persönliche Terrain zu begeben, um so tiefer werden Ihre Freundschaftsbeziehungen.

Wenn es Ihnen unbehaglich ist, Ihre Gedanken und Gefühle so offen mitzuteilen, sollten Sie es mit einer weniger bedrohlich erscheinenden Methode, eine Freundschaft zu vertiefen, versuchen: Unternehmen Sie einfach mal für ein paar Tage etwas Ungewöhnliches zusammen! Machen Sie eine Dampferfahrt, fliegen Sie mit einem Heißluftballon, gehen Sie reiten, stellen Sie selbstgezogene Kerzen her, streichen Sie ein Zimmer neu oder machen Sie einen Tag blau und wandern. Oder belegen Sie zusammen einen Kurs. Fahren Sie zu einem Konzert in eine fremde Stadt. Musizieren Sie miteinander. Solche gemeinsamen Erlebnisse tragen dazu bei, eine dauerhafte Verbindung zwischen Ihnen aufzubauen.

Einige von Ihnen werden Widerstand gegen diese Vorschläge verspüren. »Ich hab' keine Zeit.« »Dafür habe ich kein Geld.« »Das erscheint mir nicht interessant.« »Ich kenne niemanden, den ich dazu einladen könnte.« Um Ihren Widerstand zu überwinden, müssen Sie Ihre Anstrengungen, andere Menschen für sich zu gewinnen, verdoppeln. Sie müssen Ihre Einladungen aussprechen, auch wenn Ihre innere Stimme Ihnen rät, sich zurückzuziehen. Nähe ist ein Risiko, und Sie werden es eingehen müssen.

Nach vielen Jahren innerer Kämpfe, in denen ich mich weiter entwickelte, habe ich es schließlich geschafft, meine Barrieren Freunden gegenüber abzubauen. Wenn ich heute deprimiert bin, gestehe ich es offen ein. Ich gebe vorbehaltlos zu, Menschen zu brauchen. Als ich begann, meine Verletzlichkeit zu zeigen, mußte ich zu meiner Überraschung feststellen, daß meine Freunde mich so eher noch lieber mochten. Ich hatte nämlich angenommen, sie würden sich von mir abwenden, sobald ich von meinen Problemen anfinge. Doch meine Freunde fanden es gut mitzubekommen, daß auch ich meine guten und schlechten Tage hatte, genau wie sie. Sie waren froh, mich auf ein menschliches Maß reduziert zu sehen. Und sie waren froh, zur Abwechslung auch einmal *mir* helfen zu können.

Übung 1

Prüfen Sie die Stärke Ihres unterstützenden Umfeldes

Die folgende Übung wird Ihnen bei der objektiven Einschätzung Ihres unterstützenden Umfeldes helfen. Nehmen Sie einen Bleistift und ein leeres Blatt Papier zur Hand. Zeichnen Sie in der Mitte ein Symbol für sich selbst, z. B. einen Kreis, wenn Sie eine Frau, und ein Quadrat, wenn Sie ein Mann sind. Schreiben Sie dann Ihre Initialen in die Mitte des Symbols.

Als nächstes zeichnen Sie jeweils ein Symbol für alle Leute, die in Ihrem Leben eine wichtige Rolle spielen – einschließlich Ihrer Freunde, Mitarbeiter und Verwandten. Benutzen Sie Quadrate für

Männer und Kreise für Frauen. Zeichnen Sie große Symbole für Menschen, die Sie stark beeinflussen (ob positiv oder negativ), und kleine Symbole für die Leute, die Sie weniger stark beeinflussen.

Die Stelle, an der Sie das jeweilige Symbol zeichnen, zeigt an, wie oft Sie eine Person treffen. Wenn Sie oft mit der Person zusammen sind, tragen Sie das Symbol nahe dem Zentrum, anderenfalls mehr zum äußeren Rand hin ein. Schreiben Sie die Initialen der Person in das entsprechende Symbol.

Verbinden Sie jetzt jedes Symbol mit dem Zentrum durch ein Linienpaar. Die eine Linie zeigt die Energie an, die Sie an die Person aussenden, die andere die Energie, die Sie von der Person empfangen. Ist der Austausch positiv, benutzen Sie eine gerade Linie, ist er neutral, eine unterbrochene und ist er überwiegend negativ, eine Zickzacklinie. (Dabei kann sich die eingehende von der ausgehenden Linie unterscheiden.)

Wenn Sie wollen, fügen Sie Ihrer Grafik weitere Symbole hinzu, die andere Bereiche Ihres Lebens repräsentieren, z. B. Familie, Haustiere, Hobbys, Geld, persönliche Interessen – alles, was wichtig für Ihr Wohlbefinden ist. Auch hier zeigen die Größe und die Stellung der Symbole in der Grafik ihre relative Wichtigkeit für Sie an. Wenn Sie diese zusätzlichen Symbole eingezeichnet haben, verbinden Sie sie mit dem Zentrum auf dieselbe Weise wie schon bei den anderen Symbolen.

Schauen Sie sich Ihr Diagramm jetzt noch einmal sorgfältig an, um sicherzugehen, daß die Größe der Kreise und Quadrate der Wichtigkeit der entsprechenden Personen entspricht. Wenn Sie z. B. eine sehr gute Freundin haben, die Sie aber nur alle drei Jahre treffen, so sollte sie durch einen großen Kreis am Rande des Blattes repräsentiert sein. Unterhalten Sie eine schwache Freundschaft zu einem Berufskollegen, den Sie täglich sehen, so sollte er durch ein kleines Quadrat relativ dicht am Zentrum dargestellt werden.

Am Schluß sollte Ihre Zeichnung in etwa wie das Diagramm auf der nächsten Seite aussehen.

Was können Sie nun durch das Studium Ihres Diagramms lernen? Wenn Sie die Anzahl an Quadraten und Kreisen schnell durchzählen, erhalten Sie einen ersten Anhaltspunkt in bezug auf die grundsätzliche Intaktheit Ihres Auffangnetzes. Finden sich nur sechs oder weniger Symbole in Ihrer Zeichnung, brauchen Sie wahrscheinlich mehr emotionale Unterstützung als durch Ihre wenigen Freunde geleistet werden kann – besonders, wenn Sie alleinstehend sind. Wenn ande-

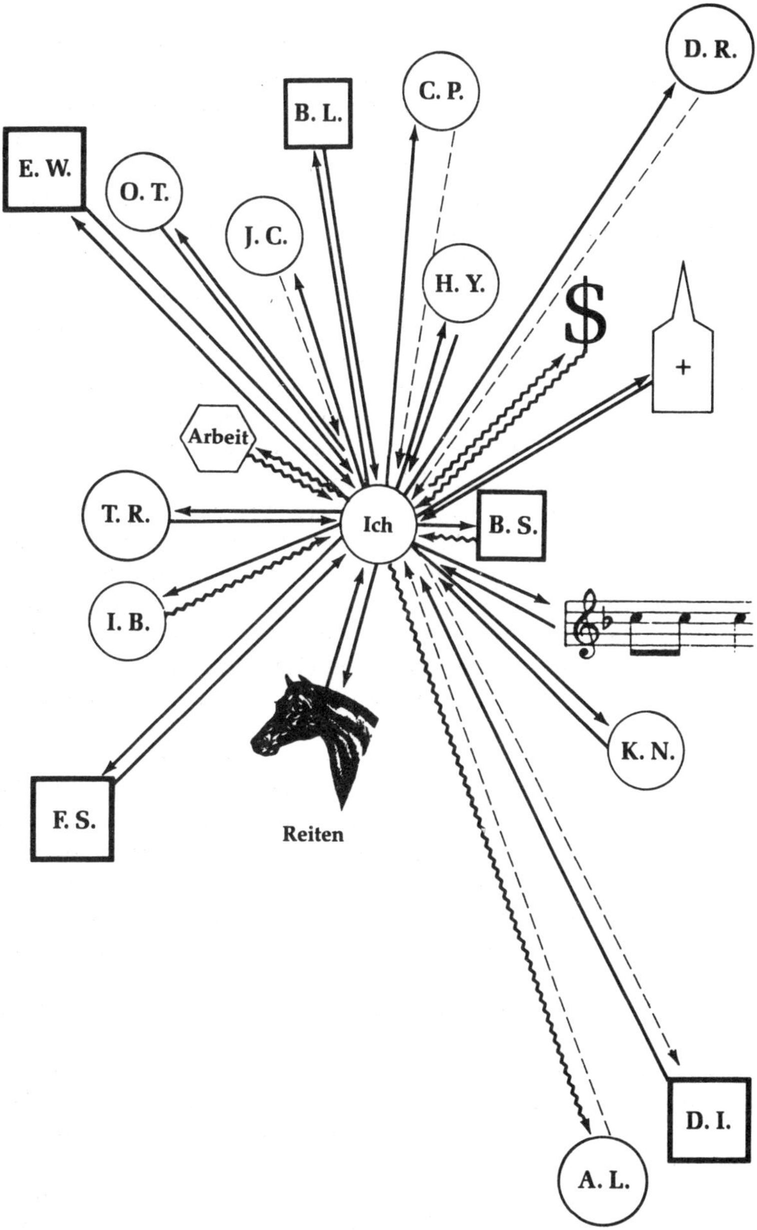

Unterstützendes Umfeld

P.

rerseits Dutzende von Namen auf Ihrer Zeichnung stehen, könnte es sein, daß Ihre Freunde von Ihnen mehr erwarten, als Sie geben können. Freundschaften aufrechtzuerhalten nimmt Zeit und Energie in Anspruch und kann sich zu einer Belastung auswachsen. Ein übervolles Diagramm könnte darüber hinaus ein Indikator für unterschwellige Probleme sein. Benutzen Sie vielleicht die große Anzahl von Bekannten, um wirkliche Nähe zu vermeiden? Gehen Sie der Lösung von Eheproblemen aus dem Weg, indem Sie sich durch Ihre vielen Kontakte davon ablenken lassen? Wenn ja, so könnte eine Verkleinerung Ihres sozialen Umfeldes angebracht sein.

Als nächstes sehen Sie sich einmal die Anzahl der Zickzacklinien in Ihrem Diagramm an. Haben Sie viele konfliktreiche Beziehungen? Gibt es gezackte Linien in Verbindung mit Leuten, von denen Sie sehr beeinflußt werden? Es wäre klug, entweder die Konflikte zu lösen oder aber Ihren Tagesablauf so abzuändern, daß Sie diese Leute weniger oft sehen.

Sehen Sie jetzt noch einmal auf Ihre Zeichnung, und achten Sie auf die Stellung Ihrer wichtigsten positiven Freundschaften. Stehen einige davon im Randbezirk? Was können Sie tun, um diese Freundschaften zu fördern? Vielleicht könnten Sie Briefe schreiben, ein paar Telefonanrufe machen oder ein Wiedersehen planen, um diese wichtigen Verbindungen wieder aufzufrischen.

Hier sind einige zusätzliche Fragen, die Sie sich stellen sollten:

1. Welche Schlüsselperson habe ich unabsichtlich ausgelassen?
2. Sende ich mehr positive Energien aus, als ich empfange?
3. Bekomme ich mehr positive Energie von Frauen oder von Männern zurück?
4. Sind meine Freunde eine wichtigere Stütze als meine Familie?
5. Empfange ich eine Menge negativer Energie von seiten eines Elternteils oder von einem der Schwiegereltern?

Vorschläge, wie Sie neue Freunde gewinnen

Wenn diese Übung Ihnen zu der Erkenntnis verholfen hat, daß Sie von einer Ausweitung Ihres Freundeskreises profitieren würden, möchte ich Ihnen etwas raten. Mein erster Tip ist simpel: *Gehen Sie raus aus Ihren vier Wänden!* Sie können keine neuen Freunde gewinnen, wenn Sie zu Hause sitzen und ein Buch lesen oder fernsehen.

Gehen Sie zur Kirche. Schreiben Sie sich bei der Volkshochschule ein. Gehen Sie zu Stadtteilfesten. Werden Sie Mitglied im Elternrat. Besuchen Sie eine politische Veranstaltung. Sagen Sie ja zu allen Einladungen. Gehen Sie mit Jane zu einer Modenschau, auch dann, wenn Sie weder für Jane noch für Mode viel übrig haben. Jane könnte ja interessante Bekannte haben. Nehmen Sie jede Gelegenheit wahr, aus Ihren vier Wänden herauszukommen und im allgemeinen Trubel mitzumachen. Die Moral von der Geschichte ist, daß Sie eine Menge Frösche küssen müssen, bevor Sie einen Prinzen, sprich einen guten Freund gewinnen.

Geben Sie acht, ob sich in Ihrem Alltag Möglichkeiten für eine Freundschaft bieten. Vor etwa einem Jahr gingen mein Mann und ich in die Oper, wo wir mit dem Paar auf den Nachbarplätzen ins Gespräch kamen. Wir plauderten miteinander vor Beginn der Oper und in den Pausen. Beim Verlassen der Oper schlug mein Mann vor, unsere Telefonnummern auszutauschen. Als wir noch im Laufe dieses Monats eine Party gaben, luden wir das Paar zu uns ein. Sie kamen gern, und inzwischen sind wir mit ihnen sehr gut befreundet. Hätten wir uns geniert, nach Ihrer Telefonnummer zu fragen oder nicht daran gedacht, das Ehepaar zu unserer Party einzuladen, hätten wir sie wohl niemals näher kennengelernt.

Wenn Sie jemanden treffen, den Sie gern besser kennenlernen würden, knüpfen Sie ein Gespräch an. Wenn Ihnen zusagt, was Sie hören, stellen Sie sich vor, fragen Sie nach dem Namen Ihres Gegenübers, und prägen Sie sich den Namen ein. Stellen Sie Fragen, und achten Sie sorgfältig auf die Antworten. Leute interessieren sich für Menschen, die wiederum an Ihnen interessiert sind. Wenn sich eine Verbindung entwickelt, schlagen Sie vor, sich einmal zum Tee oder Kaffee zu treffen. Es kann sein, daß Sie den Großteil, wenn nicht sogar die alleinige Initiative ergreifen müssen – besonders, wenn die betreffende Person bereits eine Menge Freunde hat. Mich mußte eine Frau dreimal zum Kaffee einladen, bevor ich Zeit für sie finden konnte. Doch dank Ihrer Hartnäckigkeit sind wir heute Freundinnen. Aber in einer Hinsicht möchte ich Sie warnen: Auch wenn Sie die ersten Schritte unternehmen müssen, achten Sie darauf, daß Ihr Interesse nach angemessener Zeit erwidert wird, sonst wird die Beziehung eine sehr einseitige Angelegenheit, und darum geht es Ihnen ja gerade nicht.

Freunde zu gewinnen braucht Zeit und Energie. Um Ihren Freundeskreis aufzubauen, müssen Sie möglicherweise Zeit verwenden, die Sie ansonsten für Beruf, Familie oder im Haus eingesetzt hätten. Sie müssen vielleicht Geld für Ferngespräche und Reisen aufbringen. Doch wenn Sie Ihr Auffangnetz ausbauen wollen, sind sowohl Zeit als auch Geld gut angelegt. Fragen Sie sich doch einmal selbst, ob Sie Ihr Geld lieber in den Aufbau neuer Freundschaften investieren oder für die Dienste von Ärzten und Psychologen ausgeben möchten. Mit Freunden zusammenzusein, ist die beste Präventivmedizin.

Auf der Suche nach Freundschaften kann es Ihnen auch passieren, daß Sie eine Zurückweisung einstecken müssen. Manche Leute sind vielleicht nicht an Ihnen interessiert, andere sind vielleicht interessiert, jedoch zu beschäftigt, um eine neue Freundschaft einzugehen. Lassen Sie sich jedoch durch eine Ablehnung nicht unterkriegen. Vor Jahren, als ich alleinstehend war, suchte ich einmal jemanden, der mit mir ins Kino gehen wollte. Ich begann meine Freunde anzurufen und holte mir eine Absage nach der anderen. Meine sämtlichen Bekannten waren entweder nicht zu Hause, zu beschäftigt oder hatten keine Lust, ins Kino zu gehen. Als ich schon fast aufgeben wollte, fiel mir eine weitere Person ein, die ich anrief. Sie war hocherfreut mitzukommen, und wir verbrachten einen tollen Abend zusammen. Wenn ich nach dem zweiten, fünften oder auch siebten Anruf aufgehört hätte, hätte ich den Abend allein verbringen müssen.

Während Sie neue Freunde gewinnen, vergessen Sie nicht, die alten Freundschaften zu pflegen. Alte Freunde spielen eine besondere Rolle in Ihrem Leben. Ich habe einen Freund, den ich kenne, seit wir beide sieben Jahre alt waren. Tom und ich wuchsen in derselben Kleinstadt auf und waren in der Schule zeitweise in derselben Klasse. Im Sommer bevor wir in die achte Klasse der Highschool kamen, zog er nach Arizona, und jahrelang beschränkte sich unsere Kommunikation im wesentlichen auf Briefe. Er kam zu meiner Hochzeit, als wir beide 20 Jahre alt waren, doch danach sahen wir uns viele Jahre nicht wieder. Er ging zum Peace Corps, und ich war vollauf mit meiner Familie beschäftigt. Aber eines Tages rief er mich aus heiterem Himmel an. Ich hatte seine Stimme seit zehn Jahren nicht mehr gehört, doch ich erkannte sie sofort. Ein paar Monate später hatte er Gelegenheit, mich zu besuchen. Sein Besuch brachte mich mit einem Teil meines Selbst wieder zusammen, den ich ganz vergessen hatte. Zum Beispiel sagte er zu mir: »Wo ist dein Sinn für Humor geblieben? Du bist nicht mehr so ausgelassen wie früher.« Ich merkte dadurch, wie ernst ich geworden war. Es war, als fände ich aus einem dichten Nebel heraus. Ich begriff, daß ich mich von der unbeschwerten Person, die ich einmal gewesen war, weit entfernt hatte. Auf einmal war ich fest entschlossen, diesen Teil meines

Ichs wiederzubeleben, und diese Entschlossenheit wurde schließlich auch belohnt. Noch einmal vielen Dank, Tom!

Haben Sie noch einen alten Freund aus der Schulzeit, den Sie aus den Augen verloren haben? Haben Sie enge Freunde, die in eine andere Stadt gezogen sind? Gibt es vielleicht gute Freunde, denen Sie nur zu den Feiertagen schreiben? Sie können sie vielleicht wieder in den engeren Kreis Ihrer Freunde zurückholen. Wenn Sie den Kontakt verloren haben, müssen Sie möglicherweise etwas Detektivarbeit leisten; doch geben Sie nicht auf.

Wenn Sie Ihre Grenzen neu festlegen und Ihr Leben wieder ins Gleichgewicht bringen, sollten Sie sich keine Sorgen machen, wenn Sie auch einige Freunde verlieren. Vielleicht stellen Sie fest, daß Sie von einigen Ihrer Freunde nicht genügend Unterstützung bekommen oder daß Sie einfach nicht gern mit ihnen zusammen sind. Wenn Sie gesünder werden, wollen Sie automatisch auch gesündere Leute um sich haben. Andererseits kann es auch sein, daß einige Leute nicht mehr mit *Ihnen* zusammensein wollen. Als mein Klient John begann, sein Leben wieder neu zu ordnen, beschloß er, seinen Freunden nicht länger Geld zu leihen. Die Folge war, daß ein Freund, der ihn gewissermaßen als seine Privatbank angesehen hatte, plötzlich keine Zeit mehr für ihn hatte. Corina, eine Innenarchitektin, machte eine ähnliche Erfahrung, als sie ihre Freundschaften auf den Prüfstand schickte. Während einer Therapie, der sie sich unterzog, weil sie als Kind sexuell mißbraucht worden war, wurde ihr klar, daß ihre Rolle in praktisch all ihren Freundschaften die der Zuhörerin und Ratgeberin war. Es gab niemanden, der ihr den Rücken stärkte. Sie testete, welche ihrer Freunde an einer ausgeglicheneren Beziehung interessiert waren. Es gab verschiedene, die mit einer Beziehung, in der sich Geben und Nehmen die Waage hielt, nichts anfangen konnten, und diese ließ sie schließlich fallen und suchte sich neue Freunde, die ihr auch mal Rückhalt geben konnten.

So wahren Sie angemessene Grenzen am Arbeitsplatz

Das Berufsleben bietet zahlreiche Gelegenheiten, Freundschaften zu schließen. Da Sie Ihre Kollegen täglich zu Gesicht bekommen, haben Sie die Möglichkeit, sie näher kennenzulernen, bevor Sie irgendwelche persönlichen Annäherungen einleiten. Wer sich allerdings nicht gut abgrenzen kann, sollte mit Bedacht vorgehen: Ihr Hintergrund macht Sie zum idealen Kandidaten für eine verstrickte Kollegenbeziehung. Ein typisches Beispiel ist der Versuch, eine »besondere Beziehung« zu einem Vorgesetzten aufzubauen. Man braucht nicht viel Phantasie, um Parallelen zwischen einer übermäßig engen Beziehung zum Chef und einer übermäßig engen Beziehung zu einem Elternteil zu entdecken.

Eine Frau namens Vicki tappte blindlings in eine solche Falle. Als eine von vier direkt dem Chef verantwortlichen Angestellten arbeitete Vicki täglich lange und hart, um den ersten Platz unter ihnen einzunehmen. Ihre Mühen wurden belohnt, als er sie aufforderte, ihn auf ein Wochenendseminar zu begleiten. An diesem Wochenende forschte Vicki ihren Chef vorsichtig über sein Privatleben aus. Er zeigte sich ihren Annäherungen gegenüber aufgeschlossen, und sie verbrachten mehrere Stunden mit dem Austausch von Geschichten aus ihrem Leben. Es entwickelte sich eine Freundschaft, die sich in den folgenden Wochen vertiefte. Bald saßen Vicki und ihr Chef bei Dienstbesprechungen Seite an Seite, aßen zusammen zu Mittag und brüteten zusammen bis spät in die Nacht über Arbeitsstrategien.

Vicki war bald von dieser Freundschaft wie besessen. Wenn ihr Chef einen Tag frei nahm, tat sie dies auch. Ging er früh zu Mittag, ging auch sie früh zu Mittag. Sie schlich sich sogar in sein Büro, um seinen Terminkalender auszukundschaften, damit sie ihre Termine den seinen angleichen konnte. Obwohl allgemein angenommen wurde, daß sie eine Affäre miteinander hätten, war dies nicht der Fall. Vicki fühlte sich nicht körperlich, sondern geistig zu ihm hingezogen. Er war einer der klügsten Männer, die sie je getroffen hatte; sie fand ihn einfach faszinierend.

Vickis Interesse an ihrem Chef hielt unvermindert an – bis zur betrieblichen Weihnachtsfeier, als er sie mit einer Ankündigung überraschte: Er war in eine höhere Position bei einer Zweigniederlassung befördert worden. Vicki war niedergeschmettert. »Es kam mir vor, als wenn mir der Boden unter den Füßen weggezogen worden wäre. Ich war wütend, daß er es mir nicht als erster gesagt hatte. Ich fühlte mich betrogen.«

Vicki kündigte ihren Job eine Woche vor dem geplanten Fortgang ihres Chefs und versank in eine lang anhaltende Depression. Es war diese Depression, die sie schließlich zur Therapie brachte. Im Laufe der Zeit konnte sie allmählich die vielen Ähnlichkeiten zwischen der Beziehung zu ihrem Chef und der Beziehung zu ihrem Vater sehen.

Beide waren sie sehr intelligente Männer. Beide fühlten sich zu Frauen außerhalb ihrer Ehe hingezogen. Amüsiert stellte sie fest, daß sie sogar eine Menge körperlicher Merkmale gemeinsam hatten: Beide Männer waren untersetzt, hatten dunkles Haar und braune Augen und trugen eine Brille. Selbst ihre Glatzen ähnelten sich!

Als ihre Augen erst einmal geöffnet waren, begann Vicki auch zu sehen, wie sehr die Handlungsstrategien bei der Arbeit die Strategien in ihrer Familie widerspiegelten. Als Kind hatte sie erfolgreich mit ihren drei älteren Schwestern um die Gunst ihres Vaters gewetteifert. Im Beruf hatte sie drei weibliche Kolleginnen aus dem Feld geschlagen. »Ich habe immer weiter darum gekämpft, Vaters Liebling zu sein«, sagte sie zu mir. »Ich war an diesen besonderen Status gewöhnt. Ich habe nie gelernt, mit anderen auf der gleichen Stufe zu stehen. Ich will mich immer von der Menge abheben. Es kam mir völlig natürlich und unausweichlich vor, daß mein Chef mich bevorzugen würde. Ich wäre am Boden zerstört gewesen, wenn es nicht so gekommen wäre.« Nachdem Vicki dies alles durchschaut hatte, war es sehr unwahrscheinlich, daß sich dieses Muster in ihrem neuen Job wiederholen würde. »Ich kenne jetzt die Warnsignale«, sagte sie, »und ich werde darauf achtgeben. Ich möchte das nicht noch einmal durchmachen. Es hat mich total fertig gemacht.«

Am Arbeitsplatz wie auch in der Familie läuft es am besten, wenn die vorgegebenen Abgrenzungen respektiert werden. Seien Sie vorsichtig, wenn Sie sich mit jemandem außerhalb Ihrer Stufe in der Hierarchie anfreunden. Wenn Sie mit jemandem Freundschaft schließen, der höher oder tiefer in der betrieblichen Hierarchie steht, beschränken Sie ihre Freundschaft auf die Zeit außerhalb der Arbeitszeit, und halten Sie sich während der Arbeitszeit an die Betriebsregeln. Achten Sie auf die folgenden Gefahrensignale: Sie werden aufgrund Ihrer Freundschaft befördert; Sie gewähren Ihrem Freund besondere Privilegien; Sie umgehen die normalen betrieblichen Kommunikationswege; Sie senken für Ihren Freund die Anforderungen an die Arbeitsqualität; Sie überziehen Pausen und nehmen zusätzlich frei, weil Sie eine Vorzugsstellung genießen.

Hüten Sie sich auch davor, aus Ihren Geschäftspartnern Freunde und aus Ihren Freunden Geschäftspartner zu machen. Ihre frühere Verstrickung erhöht die Wahrscheinlichkeit, daß diese Beziehungen außer Kontrolle geraten. Überlegen Sie gut, bevor Sie handeln. Holen Sie andere Meinungen ein. Manch eine Freundschaft ist schon an geschäftlichen Unternehmungen zerbrochen.

14

Lieblingskinder als Eltern: So können Sie den Teufelskreis der Verstrickung beenden

Vor kurzer Zeit sprach ich mit Peter, einem Mann Anfang Fünfzig. »Meine Kindheit war ein klassischer Fall von emotionalem Mißbrauch«, sagte er. »Ein besseres Beispiel werden Sie wohl kaum finden.« Er hatte Recht. Wir unterhielten uns zwei Stunden lang, und seine Geschichte war so typisch, daß ich damit gut und gern die meisten Aspekte in diesem Buch hätte illustrieren können. Sein Vater war ein stiller, passiver Mann (ein weiterer »Schattenvater«), der zuviel trank. Seine Mutter, der dominante Elternteil, richtete ihre gesamte Energie auf Peter, ihren erstgeborenen Sohn. Peter war ein sehr intelligentes Kind, und in ihrer Phantasie sah sie ihn bereits als nobelpreisverdächtigen Physiker. Mit jedem Einser-Zeugnis, das er nach Hause brachte, wuchs ihr Dünkel. Sie konzentrierte sich dermaßen auf ihren Sohn, daß Peter manchmal das unheimliche Gefühl hatte, sie könne seine Gedanken lesen. Wenn er als Halbwüchsiger an etwas dachte, wovon seine Mutter nichts wissen sollte, ging er in sein Zimmer und drehte das Radio auf – in der Hoffnung, daß die Lautstärke seine Gedankengänge übertönen würde.

Trotz der intensiven Vereinnahmung durch seine Mutter wuchs Peter, wie so viele Opfer eines emotionalen Inzests, mit der Illusion auf, seine Kindheit sei normal. Seine Eltern waren nicht geschieden. Es gab keine tätlichen Auseinandersetzungen. In vieler Hinsicht schienen sie sogar eine Bilderbuchfamilie zu sein. Eine schwere Midlifecrisis belehrte ihn eines Besseren. Im Alter von achtundvierzig Jahren sah er sich plötzlich, ohne erkennbaren Grund, außerstande, sein tägliches Leben zu meistern. Er konnte den Berufsstreß nicht mehr aushalten, verlor jedes Interesse an der Physik, und zum ersten Mal in siebenundzwanzig Jahren stellte er seine Ehe in Frage. Nichts in seinem Leben schien mehr im Lot zu sein. Die Krise verschärfte sich, bis er schließlich wegen seiner Depression in eine Klinik gehen mußte.

Nach seinem Krankenhausaufenthalt war er noch zwei Jahre in psychotherapeutischer Behandlung und gelangte am Ende zu einer völlig neuen Beurteilung seiner Kindheit. Es war ihm klar geworden, daß die exzessive Vereinnahmung durch seine Mutter, gepaart mit der Passivität seines Vaters, die Ursache für seine zahlreichen emotionalen Probleme war.

Am Ende unseres Gesprächs sah Peter mich an und stellte mir eine Frage, die ich schon hatte kommen sehen. »Es geht mir jetzt gut«, sagte er. »Ich habe mich in mancher Hinsicht verändert und fühle mich jetzt obenauf. Ich bin mehr ...«, er machte eine Pause, um nach dem rechten Wort zu suchen, »mehr mit mir selbst im Einklang als je zuvor. Doch mich beunruhigt eines, nämlich, daß ich meinem Sohn und meiner Tochter womöglich dasselbe antun könnte, was mir widerfahren ist. Wenn ich schon nicht gemerkt habe, was meine Mutter mir angetan hat, wie kann ich dann sicher sein, daß ich nicht mit meinen eigenen Kindern zu sehr verstrickt bin?«

Es war offensichtlich, daß er sich große Sorgen machte.

»Wie alt sind Ihre Kinder?« fragte ich.

»Fünf und dreizehn«, sagte er.

»Worauf Sie achtgeben sollten«, erklärte ich ihm, »wäre zum Beispiel, ob Sie Ihre Kinder möglicherweise gerade dann wieder mehr an sich binden wollen, wenn Sohn oder Tochter älter werden und beginnen, sich von der Familie zu lösen. Es könnte sein, daß Sie sie länger als notwendig in Abhängigkeit halten wollen. Sie werden es vielleicht auch als Verlust empfinden, wenn Ihre Kinder darangehen, sich ihre eigene Welt aufzubauen.«

»Meine Güte«, seufzte er, »das geht mir ja jetzt schon so. Ich wünsche mir immer, daß meine große Tochter mehr Zeit mit mir verbringt und daß sie auf all unsere Familienausflüge mitgeht, obwohl sie viel lieber mit ihren gleichaltrigen Freunden zusammen ist. Gut, daß Sie mich darauf aufmerksam gemacht haben, denn ich glaube, ich war schon auf dem falschen Weg.«

Zu irgendeinem Zeitpunkt der Therapie werden fast alle meine Klienten, die selbst Kinder haben, vom Durcharbeiten ihrer eigenen Kindheit abgelenkt, weil sie über ihre Fehler als *Eltern* nachdenken. Viele von ihnen kommen dabei zu der schmerzlichen Einsicht, daß sie sich unbeabsichtigt übermäßig an einen Sohn oder eine Tochter geklammert haben. Schuldgefühle und Ängste quälen sie dann: »Wie konnte ich nur in denselben Fehler verfallen? Warum habe ich nicht sehen können, was passiert? Wie konnte es geschehen, daß ausgerechnet ich mich mit meinem Kind derart verstrickt habe?«

Vielleicht ist es einigen von Ihnen beim Lesen dieses Buches ähnlich ergangen. Wenn Sie Ihre augenblickliche Familiensituation unter die Lupe nehmen, können Sie zwei der verräterischen Anzeichen für emotionalen Inzest erkennen: erstens das Fehlen einer gesunden, stützenden Ehebeziehung und zweitens eine Neigung, bei einem oder mehreren der Kinder Trost und emotionalen Halt zu suchen. Sie befürchten, daß Sie mehr oder weniger die gleiche verdrehte Dynamik aufbauen, die für Sie selbst als Kind so schädlich war.

Es ist eine betrübliche, jedoch vielfach belegte Tatsache, daß die Menschen dazu neigen, die destruktiven Elemente ihrer eigenen Erziehung an ihre Kinder weiterzureichen. Ähnlich wie dominante Gene werden funktionsgestörte Verhaltensweisen von Generation zu Generation weitergegeben, als ob sie sich selbst nach Belieben reproduzieren könnten. Kinder von Alkoholikern entwickeln Alkohol- bzw. Drogenprobleme. Mißhandelte Kinder mißhandeln später die eigenen Kinder. Kinder aus instabilen Familien haben selbst wieder eine betrüblich hohe Scheidungsquote. Wir neigen dazu, die Verhaltensweisen, die wir in der eigenen Familie mitangesehen haben, entweder nachzuahmen oder aber blindlings in die entgegengesetzte Richtung zu marschieren und damit wiederum einen ganz neuen Problembereich zu eröffnen.

Wie können Sie sich davor bewahren, die Fehler der Vergangenheit zu wiederholen? Und, falls Sie schon Fehler gemacht haben, wie können Sie Ihrer Familie ein gesundes Gleichgewicht wiedergeben? Das Wichtigste, was Sie tun können, ist die Stärkung Ihres unterstützenden Umfeldes. Diese Empfehlung ist sowohl Heilmittel als auch vorbeugende Medizin: Ein starkes unterstützendes Umfeld hilft denjenigen von Ihnen, die gerade eine Familie gründen, ein gesundes Interaktionsmuster aufzubauen, und denjenigen, die schon ältere Kinder haben, hilft es, eine bestehende Verstrickung zu korrigieren. Eine starke Ehebeziehung und/oder Freunde, denen Sie etwas bedeuten, geben Ihnen den nötigen Rückhalt, um ein objektiver und fürsorglicher Elternteil zu sein.

Doch wie stark und belastungsfähig Ihr unterstützendes Umfeld auch immer sein mag, Sie neigen dennoch mehr als andere Eltern dazu, die unsichtbaren Grenzen zwischen Eltern und Kindern zu übertreten. Besonders in Streßzeiten werden Sie versucht sein, sich hilfesuchend an Ihre Kinder zu wenden; Sie erleben das als ein vertrautes und beruhigendes Verhaltensmuster. Um sich vor dieser Neigung zu schützen, müssen Sie sich über die Unterschiede zwischen der Rolle des Elternteils und der Rolle des Partners besonders im klaren sein. Ich habe diese Unterschiede das ganze Buch hindurch angesprochen, doch eine Zusammenfassung an dieser Stelle ist sicherlich von Nutzen. Wenn Sie sich an die folgenden zehn Punkte halten, werden Sie eine gesunde Trennlinie zwischen sich und Ihren Kindern ziehen.

Zehn Grundregeln für eine gesunde Elternschaft

1. *Sprechen Sie mit Ihrem Kind nur dann über Ihre ganz persönlichen Angelegenheiten, wenn es im Interesse Ihres Kindes ist.* Es gibt einige berechtigte Gründe dafür, Ihr Kind in etwas ganz Persönliches einzuweihen. In erster Linie deshalb, weil Kinder eine Bestätigung für ihr Realitätsempfinden brauchen. Wenn Sie z. B. geistesabwesend oder reizbar waren, so sind ein Eingeständnis Ihrer Gemütslage und eine kurze Erklärung dafür durchaus angebracht: »Ja, ich bin dir gegenüber heute ziemlich grantig gewesen. Ich habe schlecht geschlafen und außerdem Kopfschmerzen. Ich will versuchen, etwas geduldiger zu sein.« Kinder müssen wissen, daß ihre Wahrnehmungen zutreffend sind und daß nicht sie es sind, die an allem die Schuld haben. Anhand ihrer Mitteilung können sie die Realität überprüfen und werden von der Verantwortung für die Situation befreit.

Ein weiterer Grund, weshalb es angebracht ist, Kindern ab zehn Jahren persönliche Informationen mitzuteilen, ist die Tatsache, daß es ihnen helfen kann, eine realistische Einschätzung der Welt der Erwachsenen zu bekommen. Es wäre für sie z. B. hilfreich zu wissen, daß in allen Ehen gelegentlich Differenzen auftreten, daß es nicht leicht ist, eine Familie zu unterhalten, und daß das Älterwerden auch seine Schattenseiten hat. Diese Informationen sollten jedoch nur sparsam ausgegeben werden, und dem Kind sollte überdeutlich demonstriert werden, daß Sie die Situation immer unter Kontrolle haben, d. h. daß Sie damit jederzeit fertig werden können. Schließlich wollen Sie Ihre Kinder nicht unnötig beunruhigen oder ihnen das Gefühl geben, sie müßten irgendwo einspringen. Es ist nicht ihre Aufgabe in der Familie, Sie zu unterstützen.

Schließlich läßt das Mitteilen einiger Ihrer Probleme Ihre Kinder auch erkennen, daß niemand perfekt ist. Jeder gerät gelegentlich in Schwierigkeiten, und Ihre Offenheit zeigt Ihren Kindern, daß es keinen Grund gibt, sich dessen zu schämen.

Es ist jedoch wichtig, die ganz persönlichen Mitteilungen auf ein Minimum zu beschränken. Wenn Sie sich nach dem Gespräch mit Ihrem Kind besser fühlen, Ihr Kind sich jedoch schlechter fühlt oder sich gar verpflichtet fühlt, Ihnen Ratschläge oder moralische Unterstützung anzubieten, dann sind Sie zu weit gegangen. Dann bitten Sie um eine Art von Unterstützung, die Ihnen nur ein anderer Erwachsener gewähren kann.

2. *Behalten Sie Einzelheiten Ihrer Eheprobleme für sich.* Dies ist gewissermaßen eine Unterregel der eben beschriebenen. Doch sie ist es wert, besonders aufmerksam betrachtet zu werden. Wenn Sie Probleme mit Ihrem Partner bzw. Ihrer Partnerin haben, *machen Sie diese unter sich aus!* Halten Sie Ihre Kinder da heraus. Kinder, die in die Eheprobleme ihrer Eltern mit hineingezogen werden, nehmen auch einen Teil der Spannungen auf und fühlen sich verpflichtet, eine Quelle emotionaler Unterstützung für einen oder beide Erwachsenen zu sein. Das läßt den Teufelskreis des Gefühlsmißbrauchs fortbestehen. Der einzige Grund, mit einem Kind detaillierter über einen Ehezwist zu sprechen, liegt in der Bestätigung der Wirklichkeitswahrnehmung des Kindes und darin, es zu beruhigen. Zum Beispiel so: »Ja, deine Mutter und ich haben uns gestern abend gestritten. Wir hatten eine ernste Meinungsverschiedenheit. Wir haben jedoch lange genug darüber gesprochen, um diese Unstimmigkeit auszuräumen. Es tut mir leid, daß du das mit anhören mußtest.«

3. *Halten Sie sich an Erwachsene, wenn Sie emotionale Bedürfnisse haben.* Wenn Sie sich einsam oder traurig fühlen oder ärgerlich sind, suchen Sie nicht bei Ihrem Kind Trost. Rufen Sie einen guten Freund an, vertrauen Sie sich Ihrem Partner an, treten Sie einer Selbsthilfegruppe bei, suchen Sie einen Therapeuten auf, sprechen Sie mit Ihren Eltern, rufen Sie Bruder oder Schwester an, wenden Sie sich an einen Nachbarn, schreiben Sie in Ihr Tagebuch oder meditieren Sie – *tun Sie alles mögliche, aber wenden Sie sich nicht an Ihr Kind.* Es ist eine Verletzung Ihrer Rolle als Elternteil, bei einem Sohn oder einer Tochter Halt zu suchen. Die einzige Ausnahme von dieser Regel besteht dann, wenn Sie fortgeschrittenen Alters sind und Ihr Sohn oder Ihre Tochter bereits unabhängig und erwachsen ist. Dann kann es angemessen sein, daß die Eltern-Kind-Rollen vertauscht werden.

4. *Stärken Sie die besonderen Fähigkeiten Ihres Kindes.* Die meisten Menschen neigen dazu, ihre Kinder dafür zu belohnen, daß sie die Gedanken, Meinungen und Vorlieben ihrer Eltern übernehmen. Das gibt ihnen das Gefühl, einen Rückhalt zu haben und nicht allein zu sein. Doch wenn Sie Ihre Kinder dafür, daß sie Ihnen ähnlich sind, loben, werden dadurch wesentliche Anteile ihrer Persönlichkeit unterdrückt; sie opfern einen Teil von sich, um Ihre Anerkennung zu erlangen.

Um diese Neigung zu beseitigen, sollten Sie sich darin üben, die Verhaltensweisen oder Eigenschaften, in denen Ihre Kinder sich von Ihnen unterscheiden, positiv zu kommentieren. Hier einige Beispiele dafür: »Ich habe schon immer eine Vorliebe für Sachbücher gehabt, doch wie ich sehe, magst du eher Belletristik. Ich freue mich, daß du einen Sinn für schöngeistige Literatur entwickelst.« »Als ich dich mit deinen Skiern den Berg dort habe hinunterfahren sehen, fiel mir auf, daß du viel weniger ängstlich bist als ich. Darin unterscheiden wir uns sehr. Schon als Kind hatte ich immer Angst, mir weh zu tun. Ich bewundere deinen Mut.« »Ich habe mich nach dem Film richtig gut gefühlt, doch dir schien er nicht gefallen zu haben. Ist es nicht interessant, wie unterschiedlich die Reaktionen zweier Menschen auf denselben Film sein können?« »Ich bin eher ein Nachtmensch, während du schon singend aufwachst. Es muß toll sein, sich schon am frühen Morgen so voller Tatendrang zu fühlen.«

5. *Respektieren und fördern Sie den Unabhängigkeitsdrang Ihres Kindes.* Kinder zeigen schon sehr früh den Wunsch, selbständig zu sein, und diese Neigung nimmt mit jedem Jahr zu. Wenn Sie es nicht in diesen Bestrebungen stören, ist die Wahrscheinlichkeit gering, daß Sie sich miteinander verstricken. Ihre Kinder werden instinktiv auf den Weg zu immer größerer Selbständigkeit gebracht.

Sie sollten sich davor hüten, *unbeabsichtigt* das Unabhängigkeitsstreben Ihres Kindes zu beeinträchtigen. Sie mögen vielleicht glauben, daß Sie Ihr Kind nur vor Gefahren schützen oder ihm vernünftige Grenzen setzen wollen, doch in Wirklichkeit fördern Sie dadurch nur die Abhängigkeit Ihres Kindes. Wie können Sie herausfinden, ob Sie sich so verhalten? Die folgenden Fragen können Ihnen vielleicht einen Anhalt geben. Schränken Sie das Kommen und Gehen Ihres Kindes stärker ein als andere fürsorgliche Eltern? Machen Sie sich mehr Sorgen über das körperliche und emotionale Wohl Ihres Kindes als die meisten anderen Eltern? Sind Sie stark in die Hobbys und die musischen und sportlichen Aktivitäten Ihres Kindes einbezogen? Beschwert sich Ihr Kind, daß Sie es zu sehr gängeln? Schränken Sie die Freundschaften Ihres Kindes ein? Haben Dritte schon einmal angedeutet, daß Sie Ihr Kind vielleicht überbehüten? Deprimiert oder ängstigt Sie der Gedanke, daß Ihre Kinder erwachsen werden und das Haus verlassen, erheblich?

Wenn Sie viele dieser Fragen mit Ja beantwortet haben, wäre es klug, wenn Sie nach Gelegenheiten suchten, Ihr Kind in seinen Unabhängigkeitsbestrebungen zu ermutigen. Lockern sie allmählich Ihre Kontrollen, so daß Ihr Kind freier wird, Aktivitäten und Freundschaften außerhalb des Hauses nachzugehen.

6. *Fördern Sie Freundschaften Ihres Kindes mit anderen Kindern.* Ihr Kind braucht ein unterstützendes Umfeld, genau wie Sie. (Dies trifft ganz besonders auf Einzelkinder zu.) Gewöhnen Sie sich an, ja zu sagen, wenn Ihr Kind bei einem Freund oder einer Freundin übernachten oder Freunde zum Spielen mitbringen möchte. Geben Sie sich Mühe, daß die Freunde Ihres Kindes sich in Ihrem Haus wohl fühlen. Seien Sie ein bereitwilliger Chauffeur. Ermutigen Sie Ihr Kind, Jugendorganisationen beizutreten und an Aktivitäten teilzunehmen, die seinen Freundeskreis vergrößern. Halten Sie sich aus diesen Aktivitäten weitgehend heraus, außer wenn Sie sich nützlich machen können, oder wenn Ihr Kind möchte, daß Sie bei einer Veranstaltung zusehen oder an ihr teilnehmen. Kinder brauchen eine Privatsphäre, in der sie agieren können, wie Sie möchten.

7. *Verschaffen Sie Ihrem Kind Sicherheit und Klarheit, indem sie ihm Grenzen setzen.* Aus Ihrer eigenen Lebensgeschichte heraus haben Sie vielleicht die Tendenz entwickelt, Ihrem Kind eher ein Freund bzw. eine Freundin als ein Vater bzw. eine Mutter zu sein. Da Freunde sich nicht gegenseitig erziehen, fehlen Ihrem Kind möglicherweise die Sicherheit von festen Grenzen. Denken Sie daran: Sie sind die leitende Instanz in der Familie und müssen die Richtlinien festsetzen. Natürlich müssen Sie damit rechnen, daß Ihr Kind auf einige Ihrer Beschränkungen ärgerlich reagieren kann und versuchen wird, Sie durch Unmutsäußerungen und leichte Verstöße gegen diese Grenzen zum Zurückstecken zu bewegen. Es ist Ihre Aufgabe, die Regeln trotzdem durchzusetzen. Trotz seiner Proteste wird Ihr Kind im Grunde für die klaren und konsequenten Richtlinien dankbar sein.

8. *Suchen Sie in jedem Kind die positiven Eigenschaften.* Viele Eltern fühlen sich unwillkürlich zu einem bestimmten Kind stärker hingezogen als zu einem anderen. Dies mag besonders dann der Fall sein, wenn Sie selbst ein auserwähltes Kind waren. Unbewußt mag es Ih-

nen ganz natürlich vorkommen, ein Bündnis mit einem Kind einzugehen. Um dieser Tendenz entgegenzuwirken, sollten Sie wünschenswerte Eigenschaften bei jedem Ihrer Kinder suchen und belohnen. Es mag zwar einige Mühe erfordern, in einem schwierigen oder weniger ansprechenden Kind etwas zu finden, was bewundernswert ist, doch jedes Ihrer Kinder muß sich Ihrer Liebe und Unterstützung sicher sein können. In manchen Fällen könnte auch eine Familientherapie erforderlich sein, um dies zu erreichen.

9. *Verleihen Sie Ihren Beziehungen zu Erwachsenen Priorität.* Reservieren Sie sich in jeder Woche Zeit, um mit Ihrem Ehepartner und/oder guten Bekannten allein zu sein. Sie tun Ihrer Aufgabe als Vater oder Mutter keinen Abbruch, wenn Sie Zeit mit anderen Erwachsenen verbringen – im Gegenteil, Sie verschaffen sich sogar den Rückhalt, den Sie brauchen, um eine gute Mutter bzw. ein guter Vater zu sein. Darüber hinaus vermitteln Sie Ihren Kindern ein gesundes Modell des Erwachsenenlebens. Machen Sie Wochenendausflüge zu zweit. Gehen Sie ohne Ihre Kinder in ein Restaurant. Ziehen Sie einmal in der Woche allein los. Treffen Sie sich mit einem Freund oder einer Freundin regelmäßig zum Mittagessen. Machen Sie mit einer(m) Bekannten zusammen einen Kurzurlaub. Schreiben Sie Ihren Freunden Briefe und rufen Sie sie an. Demonstrieren Sie Ihren Kindern, daß Sie ein lebensfähiges soziales Umfeld besitzen.

10. *Vermitteln Sie Ihren Kindern die Überzeugung, daß es Ihnen gutgeht.* Zeigen Sie Ihren Kindern, daß Sie für sich selbst sorgen können. Haben Sie Probleme, so beruhigen Sie sie darüber, daß Sie durchaus imstande sind, die notwendigen Schritte zu deren Bewältigung zu unternehmen. Wenn es Ihnen gutgeht, sprechen sie auch darüber, zum Beispiel: »Mir macht meine Arbeit letzthin wirklich Spaß.« »Ich bin in letzter Zeit gesundheitlich wieder in Topform.« »Der Tag hat einfach zu wenig Stunden für die vielen Dinge, die ich gerne tun möchte.« »An Tagen wie heute bin ich richtig froh, auf der Welt zu sein.« »Wie habe ich nur soviel Glück verdient!«

Die Befreiung des Kindes aus der Verstrickung

Ich bedaure am meisten, daß ich dies alles nicht wußte, als meine Kinder klein waren. Ohne mir dessen bewußt zu sein, entwickelte ich eine zu enge Beziehung zu meinen Kindern und benutzte sie oft als Zielscheibe für meinen Ärger. Dies betraf besonders meinen Ältesten. Ich ließ meinen Ärger an ihm statt an meinem Mann aus. In den letzten Jahren habe ich mir diese Fehler eingestanden und mich gebührend entschuldigt. Es war sowohl für mich als auch für meine Kinder wohltuend, über die Vergangenheit zu reden und unsere Beziehungen auf eine neue Grundlage zu stellen.

Wenn auch Sie unwissentlich gegen einige Grundregeln der Elternschaft verstoßen haben, verspüren Sie vielleicht das Bedürfnis, das in irgendeiner Form wieder auszugleichen. Es kann sein, daß die Erweiterung Ihres unterstützenden Umfelds und die Verstärkung der Abgrenzungen zwischen Ihnen und Ihrem Kind noch nicht ausreichen – Sie müssen möglicherweise auch Wiedergutmachung leisten.

Wenn Ihr Kind zwölf Jahre oder älter ist, ziehen Sie eine Zusammenkunft zum Zweck der Neuordnung Ihrer Beziehung in Betracht. Sie sollte nicht lange dauern, und Sie sollten direkt zur Sache gehen. Sie legen dabei dar, was passiert ist, entschuldigen sich für Ihr Verhalten und beschreiben kurz die Veränderungen, die Sie sich vorgenommen haben. Wenn Sie der Ansicht sind, Ihr Kind könne Schwierigkeiten haben, Ihnen zuzuhören, legen Sie Ihre Gedanken in einem Brief nieder. (Bevor Sie den Brief jedoch abschicken, lassen Sie ihn erst von einem(r) Vertrauten gegenlesen.) Eine weitere Möglichkeit wäre ein Treffen unter Hinzuziehung einer dritten Person als Mittler.

Achten Sie bei der Planung des Treffens darauf, daß Sie ausreichend Ruhe haben und keine Störungen dazwischenkommen können. Sagen Sie Ihrem Kind schon vorher, daß Sie etwas mit ihm besprechen möchten. Bleiben Sie dabei ganz gelassen, damit nicht der Eindruck aufkommt, es ginge um etwas Unangenehmes. Als erstes bitten Sie Ihr Kind, Ihnen zuzuhören, ohne Sie zu unterbrechen. Ihr Ziel ist es, eine »Botschaft« zu vermitteln, und nicht, das Kind um Vergebung zu bitten oder sich seine Sicht der Dinge anzuhören.

Bleiben Sie beim Thema. Verwässern Sie das Treffen nicht mit anderen Angelegenheiten. Dies ist nicht der Ort, um über Lockerungen oder Verstöße gegen bestimmte Regeln in der Familie zu sprechen. Dies soll eine kurze Angelegenheit bleiben, die sich darauf beschränkt, daß Sie Gelegenheit haben, sich für vergangenes Verhalten zu entschuldigen und eventuelle neue Verhaltensweisen, die Sie anstreben, zu erklären. Je kürzer und simpler Sie das Treffen halten, um so eher erreichen Sie Ihr Ziel.

Zehn Schritte, um die Beziehung zu einem auserwählten Kind neu zu ordnen

1. *Versichern Sie Ihrem Kind, daß Sie es lieben.* Das Treffen beginnt und endet mit einer Erklärung der Liebe und des Vertrauens. Ihr Kind braucht nämlich unbedingt die Versicherung, daß Sie es weiter liebhaben und zu ihm stehen. Es folgen einige Beispiele, wie man dies ausdrücken kann:

»Zuallererst möchte ich, daß du weißt, daß ich dich liebhabe. Du bedeutest mir sehr viel. Dein Glück und dein Wohlergehen liegen mir sehr am Herzen.«

»Ich möchte, daß du weißt, daß ich dich lieb habe und daß ich immer für dich da sein werde. Ich werde immer dein Vater (bzw. deine Mutter) bleiben.«

»Unsere Beziehung ist mir sehr wichtig. Es ist wichtig für mich, ein guter Vater (eine gute Mutter) zu sein. Ich habe dich sehr lieb und respektiere dich, und ich bin sehr glücklich, dich zum Sohn (zur Tochter) zu haben.«

2. *Schildern Sie die Tatsachen.* Beschreiben Sie kurz und in einfachen Worten Ihr Verhalten in der Vergangenheit. Seien Sie präzise und bleiben Sie beim Thema. Sie könnten es folgendermaßen formulieren:

»Ich habe mich sehr stark auf dich gestützt. Ich habe mich an dich gewandt, als ich mich eigentlich an deinen Vater/deine Mutter oder einen Freund hätte wenden sollen.«

»Ich war einsam und habe erwartet, daß du mich tröstest.«

»Ich erwartete von dir, daß du wie ich bist und genau die gleichen Sachen magst, die mir gefallen.«

»Ich habe nur an meine und nicht an deine Bedürfnisse gedacht. Ich war so sehr mit mir selbst beschäftigt, daß ich deine Bedürfnisse gar nicht wahrgenommen habe.«

»In vieler Hinsicht bin ich mehr ein Freund (eine Freundin) als ein Vater (eine Mutter) gewesen. Oftmals habe ich dir allein schon deshalb keine Grenzen gesetzt, weil ich dich nicht aufregen wollte.«

»Als dein Vater und ich uns scheiden ließen, wandte ich mich dir zu, um Gesellschaft zu haben. Ich erwartete, daß du seinen Platz in meinem Leben ausfülltest. Ich habe dich darin bestärkt, zu Hause zu bleiben, weil ich nicht allein sein wollte.«

»Ich habe dich mit Informationen belastet, die dich überhaupt nichts angingen.«

»Ich habe dir Dinge erzählt, die du in deinem Alter noch nicht verstehen konntest.«

»Damit du so würdest, wie ich dich haben wollte, belohnte ich dich mit Lob und besonderer Aufmerksamkeit.«

»Ich sah in dir nur das, was ich sehen wollte.«

»In vieler Hinsicht habe ich mein Leben durch dich gelebt.«

»Ich ärgerte mich über deine Freunde, weil ich eifersüchtig war.«

»Ich habe unsere Beziehung verkehrt herum aufgezogen. Ich habe dich als Stütze benutzt und mich auf dich verlassen, als ich doch eigentlich für dich hätte da sein müssen.«

»Ich habe dich dafür belohnt, daß du mich nicht mit Problemen belastet hast.«

»Ich hätte öfter nein sagen sollen.«

»Ich brachte dir bei, daß meine Bedürfnisse wichtiger seien als deine.«

»Ich habe dich deinem Bruder vorgezogen. Mit dir war ich immer nachsichtiger als mit ihm.«

»Ich bin in deine Intimsphäre eingedrungen. Ich habe dir zweideutige sexuelle Informationen vermittelt.«

»Ich habe dir zuviel über mein Sexleben erzählt.«

»Ich habe dich ständig durch Geld, Schuldgefühle und ein falsches Verantwortungsgefühl an mich gebunden.«

»Als du anfingst, dich für Jungen (Mädchen) deines Alters zu interessieren, fühlte ich mich betrogen. Ich war wütend und bestrafte dich mit Liebesentzug.«

»Als du von zu Hause fort aufs College gingst, fühlte ich mich zurückgesetzt. Ich war gekränkt und ärgerlich. Ich bestrafte dich durch Nichtbeachtung; durch Krankwerden; dadurch, daß ich versuchte, dir Schuldgefühle einzupflanzen; dadurch, daß ich mich deinem Bruder/deiner Schwester zuwandte.«

»Ich belastete dich zu früh mit Verantwortung.«

»Nach der Scheidung wurdest du mein Partner. Aber als ich wieder heiratete, ließ ich dich links liegen. Das muß wirklich schwer für dich gewesen sein. Kein Wunder, daß du so sauer auf deinen Stiefvater warst.«

»Ich habe deinen Vater vor dir schlechtgemacht. Dazu hatte ich kein Recht. Ich habe meine eigene Frustration sowohl an dir als auch an ihm ausgelassen.«

3. *Sprechen Sie über Ihre Gefühle.* Zeigen Sie Ihrem Kind, wie Sie heute zu Ihrem damaligen Verhalten stehen. Auch wenn Ihr Kind

versuchen sollte, Sie (oder sich selbst) vor Ihren eigenen Gefühlen zu schützen, lassen Sie sich davon nicht abhalten. Reden Sie trotz Ihrer Scham- und Schuldgefühle, Ihres Bedauerns und Ärgers weiter. Versichern Sie Ihrem Kind, daß es keine Schuld trifft, sondern daß Sie die volle Verantwortung für Ihr Verhalten tragen.

»Ich schäme mich so sehr, daß ich dir weh getan habe. Ich wünschte, es wäre anders gewesen.«

»Es fällt mir wirklich schwer, darüber zu sprechen. Es fällt mir schwer, meine Fehler einzugestehen. Aber ich weiß, daß das, was ich getan habe, falsch war. Es tut mir sehr, sehr leid.«

»Ich habe solche Schuldgefühle, daß ich all die Jahre nicht für dich da war, als du mich gebraucht hast. Es war fast so, als ob dir ein Elternteil fehlte. Es tut mir so leid, daß ich dich vernachlässigt habe.«

»Es macht mich so traurig, daß du unter meinen Fehlern zu leiden hattest. Es ist einfach nicht fair. Denn es war ja nicht deine Schuld.«

»Es ist mir furchtbar unangenehm, wie ich dich behandelt habe, als du von zu Hause weggingst. Ich hatte kein Recht, mich so zu verhalten. Ich fühle mich schrecklich, wenn ich nur daran denke.«

»Ich ärgere mich darüber, daß ich damals so wenig Ahnung hatte. Wenn ich mehr über die Aufgaben eines Vaters (einer Mutter) gewußt hätte, hätte ich nicht so viele Fehler gemacht.«

4. *Erklären Sie wesentliche Umstände.* Für Ihr Verhalten gab es Gründe, und wenn Ihr Kind reif genug ist, könnten Ihre Erklärungen schon einige Fragen beantworten. Machen Sie jedoch keine Mitteilungen, die Ihr Kind nichts angehen. Mogeln Sie sich nicht aus der Situation heraus. Jetzt sind Sie an der Reihe, etwas einzustecken und Rechenschaft abzulegen.

Im Folgenden finden Sie einige Beispiele für Erklärungen, die zwar wichtige Informationen vermitteln, aber dennoch nicht Sinn und Ziel des Treffens gefährden oder die Grenzen zwischen Kind und Mutter/Vater verletzen:

»Bevor du geboren wurdest, gab es eine Menge Zwistigkeiten zwischen mir und deiner Mutter. Wir wußten einfach nicht, wie wir sie lösen sollten. Obwohl wir uns liebten, wußten wir nicht genug, um eine funktionierende Ehe zu führen. Als du dann schließlich da warst, fand ich es viel einfacher, dich zu lieben anstatt deine Mutter. Du stelltest kaum Ansprüche. Und du fandest mich wundervoll. Es war ein riesiger Kontrast zu dem, was sich zwischen deiner Mutter und mir abspielte. Ich weiß jetzt, daß es für dich falsch war, eine Art Freund für mich zu sein. Es bedeutete eine schwere Belastung für dich. Ich habe dir beigebracht, dich um mich zu kümmern, anstatt mich selbst um dich zu kümmern.«

»Als dein Vater und ich uns scheiden ließen, machte ich eine schwere Zeit durch. Ich fühlte mich verletzt und abgelehnt, und ich wußte nicht, an wen ich mich halten sollte. Ich hatte das Gefühl, versagt zu haben, weil es mir nicht gelungen war, die Familie zusammenzuhalten. Daher versuchte ich, dich dadurch zu entschädigen, daß ich viel Zeit mit dir verbrachte und mich bemühte, dich glücklich zu machen. Ich wurde aber zugleich auch abhängig davon, daß du da warst. Ich bemerkte gar nicht, wie unfair dies dir gegenüber war. Als du anfingst, dein eigenes Leben zu leben, bekam ich es mit der Angst zu tun. Ich hatte nicht viele Freunde – und das war meine eigene Schuld. Ich hatte gar nicht erst den Versuch unternommen, zu anderen Leuten Kontakte aufzubauen. Ich war einfach zu Hause geblieben. Jetzt saß ich in der Sackgasse, und du mußtest dafür bezahlen.«

»Als dein Vater starb, war ich von meiner Trauer überwältigt. Ich hätte mir helfen lassen sollen, doch ich tat es nicht. Statt dessen hielt ich mich an dich. Das war falsch. Ich habe mich in deine Ehe eingemischt. Ich wollte dich hier ganz für mich allein haben, obwohl du verheiratet warst und eine eigene Familie hattest. Ich stellte unvernünftige Forderungen. Ich behandelte deinen Mann schlecht. Er muß sich wirklich sehr über mich geärgert haben. Aber du warst dennoch bereit, mir zu helfen, weil ich dich in deiner Jugend dazu erzogen hatte, meinen Bedürfnissen nachzukommen. Du hast immer an mich gedacht und versucht, mir zu helfen. Das war falsch. Ich hätte mich um dich kümmern müssen.«

5. *Befreien Sie Ihr Kind von Schuldgefühlen.* Ihr Kind darf sich in keiner Weise mehr irgendeine Schuld an der Verstrickung geben. Wie in den vorangegangenen Kapiteln beschrieben, kann ein auserwähltes Kind sich aus einer Reihe unlogischer Gründe heraus schuldig fühlen – z. B. weil es sich gegen den anderen Elternteil durchgesetzt hat, weil es den Geschwistern vorgezogen wurde, wegen des Erhalts von Privilegien, weil es die Ursache für Ihr Unglücklichsein war, weil es Ihre Bedürfnisse nicht erfüllen konnte, weil es sich über Ihre Anforderungen ärgerte oder weil es sich entschloß, sich von Ihnen unabhängig zu machen und sein eigenes Leben zu leben. Lassen Sie Ihr Kind wissen, daß es keinen Grund hat, sich schuldig zu fühlen.

»Es war nicht falsch von dir, von zu Hause fortzugehen. Das war ganz natürlich und auch richtig für dich. *Ich* war diejenige, die unrecht hatte, weil ich dir einredete, daß es falsch sei.«

»Es war nicht deine Schuld, daß dein Stiefvater dich so behandelt hat. Die Art und Weise, wie ich dich ihm vorzog, mußte euch ganz einfach zu Feinden machen. Es war unsere Schuld.«

»An den Problemen zwischen mir und deinem Vater hattest du keine Schuld. Wir hatten schon lange, bevor du geboren warst, Probleme.«

»Du warst nicht schuld daran, daß deine Schwester einen Groll gegen dich hegte. Ich behandelte dich einfach besser als sie, was unfair gegenüber euch beiden war.«

»Es ist nicht deine Schuld, daß deine Mutter fortging. Die Probleme zwischen uns hatten nichts mit dir zu tun.«

»Du warst kein schlechtes Kind, auch wenn dein Vater dir so etwas gesagt hat. Sein Zorn hatte mit uns, nicht mit dir zu tun.«

»Es ist nicht deine Schuld, daß ich nicht wieder geheiratet habe. Ich habe bisher nicht genug Selbstvertrauen gehabt. Ich habe mich wohler dabei gefühlt, zu Hause zu bleiben.«

6. *Versichern Sie Ihrem Kind, daß Sie in Zukunft seine emotionale Unterstützung nicht mehr in Anspruch nehmen wollen.* Es ist wichtig, daß Sie Ihrem Sohn bzw. Ihrer Tochter mitteilen, daß er oder sie nicht länger die Verantwortung für Sie oder Ihre Gefühle trägt. Auch wenn Sie meinen, Kinder wüßten dies sowieso, kann es nicht schaden, dies noch einmal zu sagen.

»Ich bin erwachsen und kann selbst für mich sorgen. Ich schließe im Moment neue Freundschaften und gehe zu einer Therapeutin. Ich habe eine neue, interessante Arbeit. Es fehlt mir an nichts – mein Leben ist ausgefüllt.«

»Du kannst dein Leben leben, ohne dich um mich sorgen zu müssen. Ich möchte zwar Anteil an deinem Leben nehmen und dich gern regelmäßig sehen. Doch ich respektiere dich als Individuum, das sein eigenes Leben führt. Ich bin verantwortlich für mich wie du für dich.«

7. *Entschuldigen Sie sich.* Es ist auch Teil des Heilungsprozesses zuzugeben, daß es einem leid tut. Durch eine ehrliche Entschuldigung erkennt Ihr Kind, daß Sie nicht perfekt sind, daß auch Sie Fehler machen. Eine Entschuldigung zeigt Ihrem Kind auch, daß es Besseres verdient hat und daß Sie vorhaben, sich zu ändern.

»Es tut mir wirklich leid, was ich getan habe. Ich wünschte, die Dinge wären anders verlaufen.«

»Ich bedaure, daß du in dieser Zeit so verletzt wurdest.«

»Wenn es möglich wäre, würde ich es anders machen.«

»Ich wünschte, ich wäre für dich da gewesen. Du hattest es verdient.«

»Ich wünschte, ich wäre nicht so hart mit dir umgesprungen. Es tut mir wirklich leid.«

»Entschuldige bitte.«

»Ich bedaure, was ich getan habe. Es war nicht richtig. Es war weder für mich noch für dich gut.«

»Es tut mir leid.«

8. *Verpflichten Sie sich zu einer gesunden Beziehung.* Denken Sie vor dem Treffen lange und ausgiebig über die Änderungen, die Sie vornehmen wollen, nach. Seien Sie realistisch. Vielleicht wäre es auch gut, das Resultat schriftlich festzuhalten. Teilen Sie Ihrem Kind diese Vorsätze am Ende des Treffens mit.

»In Zukunft werde ich für dich als Mutter dasein und nicht als Partnerin oder beste Freundin. Wir werden uns nah sein, doch werde ich von dir nicht erwarten, daß du dir meine Probleme anhörst oder dich für meine Gefühle verantwortlich fühlst. Ich werde mehr Zeit mit Leuten meines Alters verbringen, was jedoch nicht heißen soll, daß ich keine Zeit mehr für dich haben werde. Ich möchte, daß wir einen engen Kontakt haben, doch nicht mehr so abhängig voneinander sind.«

»Ich werde nicht mehr mit dir über meine Probleme mit deinem Vater sprechen. Das geht nur ihn und mich etwas an. Du hast mich schon genug über ihn reden gehört. Von jetzt an werde ich das, was mich ärgert, ihm selbst sagen. Er ist dafür der richtige Ansprechpartner.«

»Ich werde mich künftig nicht mehr so stark in deine Karriere als Musiker einmischen. Ich glaube, es wäre besser für dich, von jemand anders unterrichtet zu werden, damit du neue Anregungen bekommst. Außerdem habe ich meine Meinung geändert und beschlossen, dir den Beitritt zum Jugendsymphonieorchester zu erlauben. Ich glaube, es wäre eine gute Idee. Bisher habe ich ja die Meinung vertreten, es würde zuviel von deiner Zeit in Anspruch nehmen. In Wirklichkeit aber, denke ich, hatte ich nur Angst, daß du dich mehr und mehr von mir entfernst. Das war falsch. Du mußt mehr Zeit mit Freunden verbringen.«

9. *Beenden Sie das Treffen mit einer nochmaligen beruhigenden Aussage.* Das Treffen beginnt und endet mit einer Versicherung, durch die Ihr Kind erfährt, daß Sie es nicht im Stich lassen und daß die Änderungen zu einer Verbesserung der Verhältnisse beitragen.

»All dies soll nicht heißen, daß ich nicht deine Mutter sein will. Wenn du mich brauchst, bin ich immer für dich da.«

»Ich habe dich lieb und habe mir vorgenommen, daß unsere Beziehung so gut wird, wie es irgend möglich ist.«

»Ich bin so glücklich, daß du meine Tochter bist. Ich freue mich auf die gemeinsamen Jahre, die vor uns liegen.«

»Ich habe dich sehr lieb und möchte unsere Beziehung auf eine bessere Grundlage stellen.«

»Wenn ich mich so ändere, wie ich das eben gesagt habe, dann wird es zwischen uns eher noch besser werden. Du wirst dir um mich keine Sorgen mehr machen müssen und nicht das Gefühl haben, daß du jedes Wochenende nach Hause kommen müßtest. Und ich werde mich nicht mehr schuldig fühlen, weil ich darum gebettelt habe, daß du nach Hause kommst. Ich glaube, dann genießen wir es um so mehr, wenn wir zusammen sind.«

10. *Machen Sie Ernst mit Ihren Vorsätzen.* Die konsequente Durchführung ist von entscheidender Bedeutung für den Übergangsprozeß. Sie müssen wirklich tun, was Sie unter Punkt 8 angekündigt haben. Gewöhnen Sie sich an, sich jedesmal, wenn etwas mit Ihrem Kind zu regeln ist, zu fragen: »Dient dies dem Wohlergehen meines Kindes oder geht es mir nur um mich? Könnte nicht mein Partner oder eine Freundin dieses Bedürfnis erfüllen?« Wenn Sie rückfällig werden, geben Sie es zu. Entschuldigen Sie sich und geloben Sie Besserung.

Wahrscheinlich wird Ihr Kind einige der Veränderungen, die Sie vornehmen, begrüßen. Wenn Sie z. B. Ihren ehelichen Frust nicht mehr an Ihrem Kind auslassen, sondern sich direkt mit Ihrem Partner auseinandersetzen, wird Ihr Kind sicherlich aufatmen; es ist wirklich kein Vergnügen, ständig unter Beschuß zu stehen. Wenn Sie aber Ihre Rolle als Freund bzw. Freundin ablegen und wieder die Rolle des Elternteils verkörpern, könnte es sein, daß Ihr Kind einige Zeit dagegen rebelliert. Es ist schließlich nicht leicht, auf einmal ein Nein von jemandem zu hören, den man bisher für seinen besten Freund gehalten hat. Sie werden konsequent sein müssen, ohne auf Strafen zurückzugreifen oder schließlich doch nachzugeben. Und Sie müssen möglicherweise auch eine Zeitlang ein abweisendes Verhalten Ihres Kindes ertragen. Wenn Sie Hilfe brauchen, um den Übergang durchzustehen, könnte der regelmäßige Besuch einer Eltern-Selbsthilfegruppe von unschätzbarem Wert sein.

Wenn Sie schon über einen langen Zeitraum hinweg für Ihr Kind eine Art Freund bzw. Freundin waren, können Sie der Versuchung erliegen, es jetzt plötzlich übertrieben autoritär zu erziehen. Denken Sie darüber nach, ob die Ausübung Ihrer Elternrolle noch dem Entwicklungsstand Ihres Kindes entspricht. Beispielsweise benötigen die meisten älteren Teenager weder viel Beaufsichtigung noch vorgegebene Verhaltensregeln. Hier spielen Sie nur noch eine begrenzte Rolle. Auch in diesem Fall könnte eine Elterngruppe ideal für Sie sein, um den nötigen Abstand zu gewinnen.

Wiedergutmachung am ausgeschlossenen Kind

Wenn Sie zu einem Ihrer Kinder eine übermäßig enge Beziehung hatten, ist Ihnen möglicherweise ein anderes Ihrer Kinder ganz fremd geworden. Wenn Sie die Neuordnung Ihrer Familienbeziehungen angehen, ist es wichtig, daß Sie auch am ausgeschlossenen Kind Wiedergutmachung leisten.

Wenn Ihre Beziehung zu dem Kind über einen langen Zeitraum hinweg negativ gewesen ist, rate ich Ihnen, professionelle Hilfe in Anspruch zu nehmen. In vielen Fällen ist eine Therapeutin bzw. ein Therapeut nötig, um die Dinge wieder ins Lot zu bringen. Wenn es sich jetzt nur um einen leichteren Fall von Entfremdung handelt, können Sie auch allein bedeutende Fortschritte machen. Eine Zusammenkunft zur Neuordnung Ihrer Beziehung – in der Weise, wie ich sie soeben für das auserwählte Kind beschrieben habe – kann hier sehr hilfreich sein.

Treffen Sie jedoch einige Vorbereitungen dafür. Ihre Gefühle dem Kind gegenüber können sehr kompliziert sein, und es ist zweckdienlich, sie vorher zu ordnen. Zu diesem Zweck sollten Sie sich unter anderem ganz klar eingestehen, was Sie nicht an dem Kind mögen. Schreiben Sie es in ungeschminkten Worten auf. Schrecken Sie auch nicht vor Übertreibungen zurück, denn diese Liste ist einzig und allein für Ihre Augen bestimmt.

Beispiele:

»Ich mag sein Aussehen nicht.«

»Ich mag es nicht, wie sie redet – das ständige Gejammer und dann wieder die Unverschämtheiten.«

»Er ist faul und rücksichtslos.«

»Er denkt nur an sich selbst.«

»Sie erinnert mich an meinen Vater.«

»Sie erinnert mich an ihren Vater.«

»Sie hat alle meine schlimmsten Schwächen.«

»Sie ist übermäßig theatralisch, genau wie ihr Vater.«

»Ich mag die Art nicht, wie er mich behandelt.«

»Seine Einstellung gefällt mir nicht.«

»Ich mag ihre Arroganz nicht.«

»Ich mag es nicht, wie er schmollt, wenn nicht alles nach seinem Kopf geht.«

»Er hilft niemals im Haushalt. Er ist ein schlampiger Faulpelz.«

»Sie ist gemein und nachtragend. Alles muß nach ihrem Kopf gehen.«

»Aus ihr wird nie etwas. Egal, wieviel ich zu helfen versuche, sie weigert sich einfach, etwas zu ändern.«

»Wenn ich ihn ansehe, habe ich das Gefühl, als Mutter (Vater) versagt zu haben.«

»Er ist wirklich egozentrisch.«

Nachdem Sie diese Liste aufgestellt haben, gehen Sie alle Punkte einzeln durch und stellen Sie sich dann folgende Fragen:

»Woher hat mein Kind dieses Verhalten?«

»Mache ich das gleiche?«

»Ist dies eine Eigenschaft, die ich bewundere, aber selbst nicht besitze?«

»Wann hat dieses Verhalten begonnen? Wie war die Situation zu der Zeit in der Familie?«

»Könnte es sein, daß ich dieses Verhalten nur auf das Kind projiziere? Verhalte ich mich ähnlich?«

»Welche Rolle spielt mein Partner für das Verhalten meines Kindes?«

»An wen erinnert mich dieses Kind?«

»Welche meiner geheimen Sorgen verkörpert sich in dem Kind?«

»Welches geheime Familienproblem wird an diesem Kind sichtbar?«

Die Beantwortung dieser Fragen kann Ihnen dabei helfen, die Ursache für einen Teil Ihrer Unzufriedenheit zu finden. Es könnte sein, daß Ihr Kind einige Ihrer eigenen Fehler oder die Fehler eines anderen Familienmitglieds widerspiegelt, und Ihre Reaktion deshalb vielleicht mit überflüssigen Animositäten belastet ist. Andererseits könnten Sie auch Fehler auf Ihr Kind projizieren, die eigentlich Fehler von anderen sind.

Als nächstes versuchen Sie einmal, tiefere Einsicht in die Funktionsweise Ihrer Familie zu bekommen. Könnte es sein, daß das ausgeschlossene Kind sich über das Ausmaß an Zeit, die Sie mit seinem Bruder oder seiner Schwester verbringen, ärgert? Versucht das Kind unbewußt, ein Defizit in der Familie auszugleichen? Wenn Sie z. B. Ihre Arbeit zwanghaft übererfüllen, ist das mangelnde Interesse Ihres Sohnes an der Schule möglicherweise ein unbewußter Versuch, Sie dazu zu bringen, häufiger fünf gerade sein zu lassen? Oder, falls Sie sich ständig bemühen, immer nur die gute Seite einer Situation zu sehen, ist die Depressivität Ihrer Tochter ein Versuch, ein Gegengewicht dazu zu liefern? Bilden Sie und Ihr Kind Gegenpole? Sagt Ihr Kind immer das Gegenteil von dem, was Sie vertreten? Benutzen Sie Ihr Kind als Sündenbock oder als Mittel, um sich von Ihrem eigenen unglücklichen Zustand abzulenken? Wenn dieses Kind nicht soviel Anlaß zur Sorge böte, worüber würden Sie dann unglücklich sein?

Finden Sie als nächstes heraus, was Sie sich von Ihrem Kind wünschen. Sehen Sie sich dazu Ihre Liste kritischer Bemerkungen an, und schreiben Sie das Verhalten auf, das das Problem beheben würde. Wenn Sie z. B. geschrieben haben: »Ich mag die Art nicht, wie sie sich kleidet«, könnte es statt dessen heißen: »Ich wünsche mir, daß sie sich konservativer kleidet. Ich wünsche mir, daß sie mir Ehre macht.«

Betrachten Sie schließlich Ihre Kritikpunkte und Ihre Wünsche noch einmal und fragen Sie sich nach jedem Punkt: »Ist dies ein Aspekt, auf den ich verzichten kann, damit sich die Spannung zwischen uns legt?« Einige Punkte sind sicherlich der Diskussion wert, andere wiederum nicht. Wenn Ihre Tochter wegen ihrer Kleidung weder in der Schule noch in ihrem persönlichen Leben Schwierigkeiten hat, könnte es am besten sein, das Thema fallenzulassen. Die Verbesserung Ihrer Beziehung ist wichtiger als die Durchsetzung einer Kleiderordnung.

Sobald Sie diese Übung absolviert haben, sagen Sie Ihrem Kind, daß Sie etwas mit ihm unter vier Augen besprechen wollen. Wenn Ihr Kind sich dagegen sträubt, seien Sie geduldig und versuchen Sie es ein anderes Mal wieder. Weigert sich Ihr Kind immer noch, schreiben Sie Ihre Gedanken in einem Brief nieder oder warten Sie auf eine neuerliche Gelegenheit.

Drei Schritte, um die Beziehung zu einem ausgeschlossenen Kind neu zu ordnen

1. *Beginnen Sie mit einer zusammenfassenden Darstellung Ihrer Beziehung.* Hier haben Sie die Gelegenheit, objektiv darzustellen, wie Sie beide miteinander umgegangen sind. Bleiben Sie bei dem, was Sie selbst beigetragen haben. Machen Sie keine Schuldzuweisungen, und rechnen Sie keine Kränkungen gegeneinander auf. Fordern Sie keine Entschuldigungen, und erinnern Sie Ihr Kind nicht an seine Fehler. Geben Sie einfach eine kurze Beschreibung von Ihrer Seite der Beziehung. Hier sind einige Beispiele:

»Unsere Beziehung ist während der letzten zwei Jahre nicht besonders gut gewesen. Ich möchte über das, was ich getan habe, sprechen und mich dafür entschuldigen.«

»Es ist sehr häufig vorgekommen, daß ich meine Frustrationen über andere Leute an dir ausgelassen habe.«

»Ich habe mit dir geschimpft, obwohl ich mich eigentlich über mich selbst oder über andere Leute geärgert habe.«

»Ich habe deinem Bruder viel mehr Zeit und Aufmerksamkeit gewidmet als dir. Das möchte ich ändern und uns beide wieder näher zusammenbringen. Ich bin bereit, mich zu ändern.«

»Ich bin Mutter geworden, bevor ich überhaupt wußte, was das bedeutete. Daher habe ich eine Menge Fehler gemacht. Ich habe dich angeschrien, obwohl ich es nicht hätte tun sollen. Ich habe dich geschlagen, obwohl ich es nicht hätte tun sollen. Ich habe dich ausgeschimpft, obwohl ich es nicht hätte tun sollen. Wenn ich nicht wußte, wie ich dir helfen sollte, habe ich dich einfach ignoriert. Ich habe dir oft nicht zugehört und oft keine Rücksicht auf deine Gefühle genommen.«

»Als ich deinen Vater heiratete, hatten wir beide gleich einen schlechten Start. Ich war wegen deiner engen Beziehung zu ihm eifersüchtig auf dich. Und da ich niemals vorher Mutter gewesen war, wußte ich nicht, was ich von einem Mädchen im Teenageralter verlangen konnte. Meine Ansprüche waren viel zu hoch. Ich war daran gewöhnt, allein zu leben. Es endete schließlich damit, daß ich viel zu streng mit dir war, und das bereue ich.«

»Als ich begann, mit Susan auszugehen, dachte ich nicht daran, wie schwer das für dich sein müßte. Ich war blind für deine Bedürfnisse. Es tut mir leid, daß ich so wenig Rücksicht auf deine Gefühle genommen habe. Du mußt dich sehr verlassen gefühlt haben.«

»Es fiel mir schwer, mich dir nah zu fühlen. Wir sind wirklich sehr verschiedene Persönlichkeiten. Du bist ungestümer und emotionaler. Ich bin eher in mich gekehrt. In vieler Hinsicht erinnerst du mich an deinen Vater, und du weißt ja, wie schwer es mir fiel, mit ihm zurechtzukommen. Zeitweise war ich nicht fähig, diese Unterschiede zwischen uns zu akzeptieren, und so mußt du dich ungeliebt gefühlt haben. Es fiel mir leichter, mit deinem Bruder und deiner älteren Schwester auszukommen, und ich denke, du hast das gespürt.«

2. *Entschuldigen Sie sich für Ihren Anteil an der Entfremdung.* Um Wiedergutmachung zu leisten, müssen Sie sich zuerst für Ihre Fehler entschuldigen. Seien Sie aufrichtig und fassen Sie sich kurz.

»Es tut mir leid, daß ich mich von dir abgewandt habe. Du brauchtest mich, und ich war nicht für dich da.«

»Ich entschuldige mich für all die Male, die ich dich angeschrien habe. Ich bedaure es wirklich sehr.«

»Ich wünschte, ich könnte all die Beschimpfungen, die ich dir an den Kopf geworfen habe, wieder zurücknehmen. Es muß dich sehr gekränkt haben. Es tut mir leid.«

»Es tut mir leid, daß ich dir nicht soviel Aufmerksamkeit gewidmet habe wie deiner Schwester. Du hättest mehr von mir verdient.«

»Es tut mir leid, daß du soviel von meinem Ärger abbekommen hast. Das war nicht gerecht.«

»Es tut mir leid, daß du soviel Feindseligkeit mit ansehen mußtest. Es muß schwer gewesen sein, in dieser Familie zu leben.«

»Ich bereue die Zeit sehr, als ich dich geschlagen und dir weh getan habe. Ich wünschte, ich könnte es ungeschehen machen. Ich hatte mich nicht mehr unter Kontrolle. Ich schäme mich dafür.«

»Ich war unfair dir gegenüber. Entschuldige bitte.«

»Es tut mir leid, das es mir so schwer gefallen ist, all deine guten Eigenschaften wirklich zu schätzen. Ich war zu voreingenommen davon, daß du deinem Vater so ähnlich bist. Ich habe viele wertvolle Eigenschaften an dir übersehen. Ich habe es zugelassen, daß meine Probleme mit deinem Vater auch auf unsere Beziehung abfärbten. Das tut mir wirklich leid.«

3. *Lassen Sie das Kind wissen, daß es keine Schuld trifft.* Obwohl das Kind auch eine Rolle in dem Drama spielte, müssen Sie als Erwachsener doch den Hauptteil der Verantwortung übernehmen.

»Ich habe dir die Schuld gegeben, als es in Wirklichkeit meine war.«

»Es ist sehr verständlich, daß du so ärgerlich auf mich bist. Ich habe dich ungerecht behandelt.

»Dich trifft keine Schuld an der Scheidung. Das Problem bestand zwischen mir und deiner Mutter. Du warst daran ganz unbeteiligt.«

»Du konntest ja nichts dafür, daß du aussahst und dich verhieltest wie dein Vater. Du bist schließlich seine Tochter! Du bist genauso ein Teil von ihm wie von mir!«

»Es ist nicht deine Schuld, daß wir nicht miteinander ausgekommen sind. Es war meine Schuld. Ich war viel zu wütend und frustriert, um eine gute Mutter zu sein. Ich fühlte mich überlastet.«

»Du warst nicht der Grund dafür, daß deine Stiefmutter und ich miteinander gebrochen haben.«

»Ich werde dich nicht mehr so mit den Hausaufgaben quälen. Du bist alt genug, selbst die Verantwortung dafür zu übernehmen. Ich werde hier sein und dir helfen, wenn du mich darum bittest, doch ich werde dir nicht hinterherlaufen.«

»Ich würde dich gern mal besuchen. Es ist lange her, daß wir uns gesehen haben. Paßt es dir zu Ostern?«

Sie werden Geduld und Durchhaltevermögen brauchen, um diese Veränderungen durchzuführen, und es ist wahrscheinlich, daß Sie Fehler machen. Darüber hinaus kann auch Ihr Kind Ihre guten Vorsätze auf die Probe stellen. Zum Beispiel wäre es normal, wenn Ihr Kind die Verhaltensweisen, die Sie stören, erst einmal verstärkte, in dem unbewußten Versuch, Sie zur Rückkehr zum alten Beziehungsstil zu veranlassen. Ein eingefahrener Ablauf ist zumindest beruhigend – auch wenn es sich um einen destruktiven Ablauf handelt. Sie werden viel Unterstützung brauchen, um diese Übergangsperiode durchzustehen.

Machen Sie als Teil Ihres Bemühens, Ihr Kind positiver zu behandeln, den Versuch, einander neu kennenzulernen. Ein Kollege von mir traf zum Beispiel mit seinem Sohn die Vereinbarung, einmal pro Woche mit ihm ins Kino zu gehen. In der einen Woche wählte er den Film aus, in der nächsten sein Sohn. Sie sahen auf diese Weise beide eine Reihe von Filmen, die sie sonst wohl nicht gesehen hätten, und lernten zugleich die Sichtweise des anderen neu schätzen.

Falls Sie bisher die schulischen und außerschulischen Auftritte Ihres Kindes nie miterlebt haben, dann wäre jetzt der Zeitpunkt dafür gekommen. Ich kann Ihnen gar nicht sagen, wie viele Erwachsene sich bei mir beklagt haben: »Meine Eltern haben nie zugeguckt, wenn ich Fußball gespielt habe.« »Mein Vater ist niemals zu einem meiner Konzerte gegangen.« »Meine Eltern sind nicht zur Abschlußveranstaltung meiner Schule gekommen.« »Als ich ins Internat kam, haben sie mich einfach in den Zug gesetzt.« Ihr Kind wird aus dem, was Sie ganz konkret tun, den Schluß ziehen, ob es Ihnen wichtig ist oder nicht.

Erfolgsgeschichte einer Mutter

Maria war eine alleinstehende Mutter mit zwei Kindern. Ihre fünfzehnjährige Tochter Sally lebte bei ihr, während ihr zwanzigjähriger Sohn beim Militär war. Als sie zu mir zur Therapie kam, führte sie ein ödes Leben. Sie ging nie aus, und sie haßte ihren Job. Ihre Freizeit verbrachte sie damit, sich Fernsehserien anzusehen, die sie zu diesem Zweck auf Video aufnahm. Obwohl sie eine attraktive Frau war, tat sie fast nichts, um das zu unterstreichen.

Da Maria so wenig hatte, worauf sie sich täglich freuen konnte, klammerte sie sich übermäßig stark an ihre Tochter. Sie fühlte sich einsam, wenn Sally nicht zu Hause war, und war eifersüchtig, wenn ihre Tochter die Zeit mit Freunden verbrachte. Sie schränkte die Aktivitäten ihrer Tochter mehr als nötig ein und weckte bei ihr Schuldgefühle dafür, daß sie ein eigenes Leben führte. Ein weiteres Problem bestand darin, daß Sally bei ihrer Mutter die Elternrolle übernahm, und zwar mehr als umgekehrt. Sally war ständig für ihre Mutter da und deckte sie mit klugen Ratschlägen ein, wie sie ihr Leben führen solle.

Der erste Schritt bei Marias Therapie bestand darin, sie sehen zu lassen, wie furchtbar einsam sie war. Sie hatte dies durch zwanghaftes Essen und ihre Fernsehsucht überdeckt. Sie mußte sich dem Schmerz stellen, der die Ursache dafür war, daß sie sich so stark an ihre Tochter hängte. Sie verbrachte die ersten sechs Monate der Therapie damit, darüber zu reden, wie unglücklich sie war. Sie setzte sich mit ihrer Vergangenheit auseinander und stellte Verbindungen her zwischen der Art und Weise, wie sie als Kind behandelt worden war und wie sie sich selbst jetzt behandelte. Da gab es einige auffällige Parallelen.

Der nächste Schritt in ihrer Therapie war, einen kühlen, sachlichen Blick auf ihr Leben zu werfen und mit einigen Veränderungen zu beginnen. Das Ziel war, ihr Leben so zu bereichern, daß sie jeden Tag etwas vorhaben würde, worauf sie sich freute. Zu diesem Zweck ließ ich sie drei Leute aussuchen, die sie gern näher kennengelernt hätte, und einen einfachen Plan entwickeln, wie sie mit ihnen mehr Zeit verbringen könnte. Innerhalb von wenigen Monaten war eine dieser Frauen schon zu einer viel engeren Freundin geworden.

Als nächstes sahen wir uns ihr Berufsleben an. Maria war sehr tüchtig, aber sie saß in einem schlechtbezahlten Job ohne Aussicht auf Weiterkommen fest. Ich schlug ihr vor, jeden Morgen die Stellenanzeigen zu lesen, um herauszufinden, welche Art von Arbeit sie interessieren könnte, und sich dann beim Arbeitsamt über Umschulungsmaßnahmen beraten zu lassen. So kam sie zu dem Entschluß, sich zur Heilgymnastin ausbilden zu lassen.

Bisher hatte sich unsere Arbeit nicht direkt auf ihre Beziehung zu ihrer Tochter konzentriert. Doch durch das Angehen der tieferen Ursachen für ihr Problem – nämlich ihr tristes Leben – entwickelten sich ganz automatisch Veränderungen. Nach zehn Monaten in der Therapie ließ Maria sich zum Beispiel nicht mehr von ihrer Tochter ungebetene Ratschläge geben. Sie hatte inzwischen zuviel Selbstachtung, um zuzulassen, daß Sally ihr Leben dirigierte. Einige Monate später begann sie, Sally mehr Freiheit im Umgang mit ihren Freunden zuzugestehen.

Darüber hinaus war es Maria jetzt möglich, ihre Tochter aus der Verantwortung für ihr Wohlergehen zu entlassen. Zu diesem Zweck äußerte sie immer mal wieder etwas Positives, wie: »Ich genieße es richtig, etwas Neues zu lernen.« »Ich freue mich, wenn ich abends allein zu Hause bin, weil ich dann meine Hausaufgaben fertigstellen kann.« »Heute mittag war ich mit Freunden verabredet, und wir haben uns köstlich amüsiert.« »Ich habe heute überhaupt keine Zeit, mir die Fortsetzung der Fernsehserie anzusehen. Es gibt so vielerlei, was ich tun will.«

Innerhalb eines Jahres war aus Maria eine bessere Mutter geworden, die fürsorglicher und interessierter war und die zugleich ihre Tochter besser loslassen konnte. Da sie so mutige Schritte zur Änderung ihres Lebens unternommen hatte, konnte sie auch ihrer Tochter erlauben, unabhängiger zu werden, ohne ihr dafür ein lebenslanges Schuldbewußtsein aufzubürden. Eine Krise hatte Maria jedoch noch zu bestehen. Einige Monate bevor Sally von zu Hause fort und aufs College gehen sollte, wurde Maria sehr nervös. Der Gedanke, daß ihre Tochter für immer das Haus verlassen würde, löste bei ihr Ängste aus. Zusammen erarbeiteten wir einen Plan, der ihr helfen sollte, diesen schwierigen Übergang zu meistern. Als erstes trat Maria den Anonymen Eßsüchtigen bei, um sich einen zusätzlichen Rückhalt zu sichern. Außerdem engagierte sie sich in ihrer Kirchengemeinde und übernahm ein Ehrenamt mit einem beträchtlichen Maß an Verantwortung. Zu guter Letzt forcierte sie ihre Jobsuche als Heilgymnastin und wurde schließlich von einer Klinik ganz in der Nähe eingestellt. Diese zusätzliche Anstrengung erhöhte ihre Selbstachtung so weit, daß das Weggehen ihrer Tochter ihr nicht mehr bedrohlich erschien. Sie hatte das Gefühl, daß sowohl sie als auch ihre Tochter in eine vielversprechende Zukunft blicken konnten.

15

Am Ziel

Während Sie die vorangegangenen Kapitel gelesen haben, haben Sie sich vielleicht manchmal gefragt: »Lohnt sich eigentlich all die Mühe, sich mit der Vergangenheit auseinanderzusetzen und sämtliche Beziehungen umzukrempeln? Welche Belohnung winkt mir denn am Ende des Weges?« Diese Fragen beantworte ich Ihnen am besten, indem ich Ihnen die Geschichte zweier meiner Klienten erzähle, die auf dem besten Wege sind, sich heil und gesund zu fühlen. Am Anfang dieses Buchs bin ich detailliert auf die Probleme der Leute eingegangen, die unter einem Gefühlsmißbrauch leiden. Jetzt haben Sie Gelegenheit zu erfahren, wie zwei Menschen ihre Schwierigkeiten lösen konnten.

Die beiden Geschichten in diesem letzten Kapitel sind recht typisch. Die eine handelt von einem Mann, der sich vor einer vereinnahmenden Mutter schützen mußte, die andere von einer Frau, die mit einem Vater, der sie vergötterte, verstrickt war. Durch den Entwicklungsprozeß, den ich in diesem Buch beschrieben habe, konnten sie sich darüber klar werden, was in ihren Familien falsch gelaufen war, und schließlich die meisten ihrer emotionalen Probleme überwinden. Mit Mut und Durchhaltevermögen haben sie die Verletzungen, die durch ihre Verstrickung entstanden waren, wieder geheilt.

Evan: *»Ich kam schon als Streithammel auf die Welt!«*

»Meine Mutter meint, ich sei schon ein Kämpfer gewesen, als ich auf die Welt kam«, erklärte Evan gleich zu Anfang unserer ersten Sitzung. »Und ich glaube, sie hat recht. Nur so habe ich meine Kindheit überlebt. In meinem Unterbewußtsein wußte ich, daß ich kämpfen mußte, wenn ich mit dem Leben davonkommen und nicht völlig untergebuttert werden wollte.«

Evan war ein vierzigjähriger Postangestellter. Ich freute mich immer auf meine Sitzungen mit ihm, weil er so gut mitarbeitete. Er war versessen darauf, seine Probleme zu verstehen, und fieberte danach, sie auch zu lösen. Er brauchte nur ein wenig Anleitung, wie das geschehen könnte.

Schon bei der ersten Sitzung machte er seine Mutter als Urquell seiner Probleme aus. Im Gegensatz zu anderen Klienten wurde seine Heilung nicht durch sehr viel Verleugnung behindert. »Meine Mutter ist eine Person, die von allen Seiten zugleich auf dich losgeht«, sagte er. »Sie ist so furchtbar hartnäckig und aufdringlich. Sie hat sich in jeden Bereich meines Lebens eingemischt. Sie sagte mir, was ich zu tun und zu lassen hätte. Sie saß über meine Freunde zu Gericht, und erst recht verurteilte sie alles, was ich tat. Sie hackte ständig und immer auf mir herum.« Ohne Geschwister, die hätten dazwischengehen können, bekam er die volle Wucht der überwältigenden Persönlichkeit seiner Mutter zu spüren.

Er war sich auch bereits bewußt, daß eine ihrer subtileren Manipulationstechniken darin bestand, sich als übereifrige Mutter zu gebärden. »Sie hat mich mit ihrer übermäßigen Fürsorge erdrückt«, berichtete er. »Wenn ich mit unserer Schulmannschaft zum Tennisspielen gehen wollte, stand schon alles bereit für mich. Sie hatte meine Tennisshorts gewaschen und gebügelt, neue Bälle gekauft und sogar meine Tennisschuhe geputzt! Sie bestand darauf, mir einfach alles abzunehmen. Das lähmte mich und machte mich abhängig.«

Von seinem Vater war keine große Hilfe zu erwarten, um ihn vor der Mutter zu schützen. Er war ein »Schattenvater«, der seiner Frau das Kommando überließ. Die einzige Art der Rebellion, die sein Vater sich erlaubte, war das Fremdgehen. Die Passivität seines Vaters ließ Evan nur eine Möglichkeit der Gegenwehr – seinen Zorn. Er begehrte ständig gegen seine Mutter auf und widersprach ihr grundsätzlich. Er sagte mir einmal, daß er ihr sogar dann eine freche Antwort gegeben hätte, wenn sie ihn mit dem Tod bedroht hätte: »Da konnten mich keine zehn Pferde aufhalten.«

Oft kann ein Klient ein Schlüsselereignis in seinem Leben herausschälen, das das Verhältnis zu einem Elternteil zusammenfaßt, einen Moment, der ihre gesamte wechselseitige Beziehung spiegelt. Bei

Evan war es das folgende: »Bei uns zu Hause konnte man nirgendwo abschließen – nicht einmal die Tür zum Badezimmer. Eines Tages, ich war zwölf Jahre alt, war ich gerade in der Badewanne, als meine Mutter hereinkam, ohne anzuklopfen. Sie sah mich in der Wanne sitzen, entschuldigte sich aber weder, noch fragte sie, ob mir ihre Anwesenheit etwas ausmachen würde. Sie machte sich einfach daran, ihren Rock hochzuziehen und sich aufs Klo zu setzen. Das reichte. Ich stand auf, völlig nackt, und schrie los: ›Hau ab! Hau ab!‹ Ich schrie so laut, daß mein Vater herbeigelaufen kam, um zu sehen, was los war. Er erriet schnell, worum es ging, und holte meine Mutter aus dem Badezimmer. Das war auch gut so, denn ich war so wütend, daß ich auf sie losgegangen wäre.«

Auf den ersten Blick mag es den Anschein haben, daß Evan einigermaßen gut mit seiner Mutter fertig wurde. Er ließ es nicht zu, daß sie sein Leben bestimmte, und er brachte es fertig, sein Selbstgefühl zu bewahren. Er mußte jedoch übermäßig aggressiv sein, um seine Identität zu behaupten, und mit der Zeit wurde sein Zorn zu einem Dauerzustand, zu einem festen Bestandteil seiner Persönlichkeit. In seinem späteren Leben umgab er sich, ohne es zu merken, gerade mit solchen Leuten, die seinen Zorn provozierten. Evan selbst drückte es so aus: »Genau das, was mir half, mich von meiner Mutter zu lösen, fesselte mich auch gleichzeitig wieder, denn ich war jetzt ständig auf dem Siedepunkt.« Seine Hauptaufgabe bestand nun darin, sich dieses Mittels zu entledigen, das seine Schuldigkeit getan hatte.

Als größte Belastung erwies sich sein Zorn bei seinen Liebesbeziehungen. Von Anfang an fühlte er sich unbewußt immer wieder zu Frauen hingezogen, die seine Bedürfnisse ignorierten und damit seinen Ärger auslösten – Frauen also, die seiner Mutter sehr ähnlich waren. »Wenn eine Frau für mich da sein wollte«, sagte er offen, »habe ich sie abblitzen lassen. Ich konnte es nicht ertragen, wenn man mir auf die Pelle rückte.«

Jahrelang machte er einen Bogen ums Heiraten. Mit siebenundzwanzig Jahren heiratete er schließlich doch. »Carmen würde vor Wut platzen, wenn sie mich jetzt hören könnte«, erzählte er mir, »aber sie und meine Mutter sind sich sehr ähnlich. Beide geben dir nicht das Schwarze unterm Fingernagel, mäkeln ständig herum und erdrücken dich mit ihrer Fürsorge.« Es dauerte nicht lange, und Evan und Carmen waren wie Hund und Katze. Diese Situation war Evan vertraut, aber sie frustierte ihn auch. »Fünfeinhalb Jahre haben wir uns herumgezankt«, sagte er. »Ich hatte das Gefühl, als wollte sie mich kastrieren, und sie, als sei sie mit dem Teufel zusammengezogen. Nach sechs Jahren in dieser Hölle gaben wir auf.«

Evans zweite Ehe stellte sich als eine Variante der ersten heraus: wieder eine zornige, kleinliche Frau, wieder eine Serie von Streitigkeiten. Auch diese Ehe endete mit einer Scheidung. Nach einem besonders schweren Streit mit seiner zweiten Exfrau saß Evan die ganze Nacht wach und unterzog sich selbst einer scharfen Prüfung. Er sagte zu sich: »Hast du das nicht alles schon mal erlebt? Du wirst dich immer wieder in solchen Schlamassel reinreiten, wenn du der Sache nicht endlich auf den Grund gehst.« Das war der Augenblick, in dem er beschloß, sich in psychotherapeutische Behandlung zu begeben.

Während einer unserer Sitzungen fragte ich Evan, ob er eine prinzipielle »Botschaft« benennen könne, die er von seiner Mutter mitbekommen habe. »Allerdings«, sagte er. »Du darfst nicht glücklich sein. Und nicht vernünftig. Was du auch anpackst – sei wütend und verbissen.« Während des Rests der Sitzung sprach er darüber, wie dieses unausgesprochene Gebot sein Leben beherrscht hatte. Dann zog er eine weise Schlußfolgerung: »Ich werde erst völlig geheilt sein, wenn ich mir selbst sagen kann: ›Ich habe ein Recht darauf, glücklich zu sein. Ich bin dazu fähig, mich zu beherrschen.‹«

Ein paar Monate später interessierte sich Evan dafür, neue Methoden im Umgang mit seiner Mutter zu erlernen. In den fünfundzwanzig Jahren seiner Abwesenheit von zu Hause hatte er nur eine weitere Methode dafür entwickelt – nämlich seiner Mutter aus dem Wege zu gehen. Während der letzten zehn Jahre hatte er seine Mutter nur zweimal gesehen und ein paarmal mit ihr telefoniert. Er hatte den räumlichen Abstand als ungeheure Erleichterung empfunden. Jetzt begann er jedoch einzusehen, daß das Aus-dem-Weg-Gehen keine Lösung auf Dauer sein konnte. Es hatte nur dazu geführt, daß andere Frauen die Stelle seiner Mutter eingenommen hatten. Vielleicht würde die direkte Auseinandersetzung mit seiner Mutter ihm helfen, seinen Zorn besser zu beherrschen.

Weihnachten stand vor der Tür, und so beschloß er, den Kontakt mit seiner Mutter während der Feiertage wieder aufzunehmen. Sein Plan sah schließlich so aus, daß er sie übers Wochenende zu sich einladen wollte. »Ich werde nicht zu ihr fahren«, sagte er zu mir. »Ich bin doch nicht verrückt. Sobald ich einen Schritt über die Schwelle gesetzt habe, ist es wieder genau wie vor dreißig Jahren. Wenn sie hierherkommt, habe ich wenigstens eine gewisse Aussicht, mich als Erwachsener zu behaupten.«

Eine Woche bevor seine Mutter kommen sollte, sprach er mit mir ausführlich darüber, wie er mit ihr umgehen wollte. »Meine Mutter macht im wesentlichen zwei Dinge«, sagte er. »Sie mäkelt, und sie jammert. Ich muß darüber nachdenken, wie ich damit umgehen werde.« Er beschloß, sehr bestimmt, aber beherrscht zu bleiben. Er wollte sich behaupten, ohne in Wut zu geraten. »Der Besuch wird ein Erfolg«, schloß er, »wenn ich sie weder anschreie noch zu fluchen anfange. Schon diese beiden Dinge wären ein ungeheurer Durchbruch.« Um ihm beim Erreichen seines Ziels zu helfen, übte ich mit ihm die Kunst der »Zehn-Sekunden-Konfrontation«, bis er mit ihrem Umgang vertraut war.

Nach Weihnachten bekam ich die Ergebnisse zu hören. Wie vorausgesehen, hatte seine Mutter sich zu beschweren begonnen, sobald sie einen Fuß aus dem Flugzeug gesetzt hatte. Ihr Flug war mit Verspätung gestartet, und sie hatte deshalb den Anschlußflug nur knapp erreicht. Noch bevor Evan das Gepäck seiner Mutter geholt hatte, hatte er schon mehr von ihrer Nörgelei in seinen Ohren, als er vertragen konnte. Er fühlte all die altvertrauten Signale angestauter Wut. Sein Gesicht lief rot an, und seine Zähne waren fest zusammengebissen. Am liebsten hätte er ihr Gepäck gegen die Wand geklatscht und sie auf dem Flughafen stehengelassen.

Um dieser melodramatischen Reaktion entgegenzuwirken, atmete er tief durch und wiederholte innerlich immer und immer wieder, wie ein Mantra: »Du hast ein Recht darauf, glücklich zu sein. Du hast die Fähigkeit, dich zu beherrschen. Du hast ein Recht darauf, glücklich zu sein. Du hast die Fähigkeit, dich zu beherrschen.« Sobald er sich wieder unter Kontrolle hatte, führte er seine Mutter in eine ruhige Ecke des Flughafens und sagte zu ihr mit unverblümter Offenheit: »Mutter, es ist Weihnachten, und jeder will glücklich und zufrieden sein. Ich werde mir deine Nörgeleien nicht länger anhören. Wenn du irgend etwas Positives zu sagen hast, bin ich gern bereit, dir wieder zuzuhören.«

Seine Mutter war völlig verblüfft. Sie holte tief Luft und begann ihn auszuschimpfen: »Woher nimmst du die Frechheit ...«

»Mutter, es ist mir ernst«, sagte er beharrlich in demselben ruhigen, aber bestimmten Ton. »Ich hole jetzt den Wagen. Du wartest draußen. Ich erwarte, dich in guter Stimmung anzutreffen, wenn ich vorfahre. Andernfalls setze ich dich gleich ins nächste Flugzeug, das nach New York zurückfliegt.«

Diesmal war seine Mutter stumm vor Staunen. Sie wartete mit

einem wütenden Gesichtsausdruck bei ihrem Gepäck und sprach während der ganzen Fahrt nach Hause kein einziges Wort.

»Denk dran«, sagte Evan zu ihr, während er ihr Gepäck ins Haus brachte, »wenn du was Nettes zu sagen hast, bin ich bereit, dir zuzuhören.«

Seine Mutter schmollte für den Rest des Tages, doch als sie am nächsten Morgen zum Frühstück herunterkam, war sie zu Evans Überraschung bereit, mit ihm zu reden. Der Besuch war im großen und ganzen nicht gerade erfreulich – genaugenommen war die Anwesenheit seiner Mutter in seinem Haus für Evan ausgesprochen schwierig. Doch mit spürbarer Erleichterung konnte Evan mir berichten, daß er nicht ein einziges Mal die Beherrschung verloren hatte. »Ich war nicht sicher, ob ich es schaffen würde«, sagte er. »Es war sehr knapp, aber ich habe es geschafft.«

Es dauerte nicht lange, und dieser Durchbruch wirkte sich auch in anderen Bereichen von Evans Leben aus. Eines Abends, als er sich gerade am Telefon ein wüstes Wortgefecht mit seiner ersten Frau Carmen lieferte, kam ihm plötzlich der Gedanke: *Ich habe es doch gar nicht nötig, mich mit dieser Frau zu streiten.* Er hatte das Gefühl, als ob plötzlich ein Gummiband in ihm zerrisse, und auf einmal wußte er mit Sicherheit, daß er sich nie wieder mit ihr streiten würde. Er unterbrach das Gespräch. »Ich will keinen Streit mehr darüber, Carmen. Ich habe nicht mehr die Energie dazu. Ruf mich wieder an, wenn du bereit bist, das Thema in Ruhe zu besprechen.« Dann legte er auf. Seine Exfrau rief ihn sofort wieder an. Evan wiederholte ruhig, was er eben gesagt hatte, und legte wieder auf. Dann nahm er den Hörer ab und legte ihn daneben, um ihr Zeit zu geben, sich zu beruhigen.

Kurz nach der Auseinandersetzung mit Carmen begann Evan mit einer Frau namens Stacy auszugehen, die Anfang Dreißig war und ganz anders als seine ersten beiden Frauen. Er hatte sie bei der Hochzeit eines Freundes kennengelernt. Er weiß noch wie heute, daß er beim Verlassen der Feier dachte: »Das war mal eine besonders nette Frau. Ich habe es wirklich sehr genossen, mich mit ihr zu unterhalten.« Schon bald trafen sie sich regelmäßig.

Einmal versuchte Evan mir zu erklären, auf welche Weise sich Stacy von seinen beiden Ex-Frauen unterschied: »Stacy hat ihre Makken wie alle anderen Leute auch, aber man könnte sie wohl kaum in der Hölle schmoren lassen – sie würde sofort für eine Klimaanlage sorgen. Unvernünftig benimmt sie sich nur, wenn es ungefährlich ist – nämlich, wenn ich ruhig und beherrscht bin. Wir treffen da beide eine sehr bewußte Entscheidung. In unserer Partnerschaft herrscht Vernunft vor.«

Evan heiratete Stacy ein paar Monate später und entdeckte, daß er jetzt eine mächtige Verbündete für seine Bemühungen gefunden hatte, seine Beziehung zu seiner Mutter auf eine neue Basis zu stellen. Er erzählte mir von einem Vorfall, der sich während ihrer Hochzeitsfeier zutrug. Während des Essens verfiel seine Mutter nach seinen Worten in einen »depressiven Hänger«. »Mutter verträgt es nicht, wenn viele Leute um sie herum glücklich sind«, sagte er. »Und auf unserer Hochzeit gab es eine Menge glücklicher Menschen. Ehe ich mich's versah, saß meine Mutter schmollend allein am Tisch. Ich machte Stacy auf sie aufmerksam, und Stacy ging gleich zu ihr. Sie hockte sich hin, damit sie mit meiner Mutter auf gleicher Augenhöhe reden konnte, und sagte zu ihr: ›Mama, heute ist unser Hochzeitstag, und ich möchte, daß du mit uns glücklich bist. Wenn ich dir einen Gefallen tun kann, tu ich es. Doch du mußt mir schon sagen, was du willst. Also, was möchtest du?‹ Evans Mutter antwortete in ungewöhnlich demütigem Ton: ›Ich möchte einen Margarita-Cocktail, bitte.‹ Und Stacy sagte: ›Aber gern, ich bringe dir einen.‹«

Diese Mischung aus Bestimmtheit und Freundlichkeit stellte sich als erfolgreiche Kombination heraus. Von da an zogen Stacy und Evan, jedesmal wenn Evans Mutter wieder begann, sich unvernünftig aufzuführen, entschlossen die Grenzen neu für sie. Sie machten sie weder herunter, noch waren sie ärgerlich auf sie. Sie machten ihr einfach klar, was sie akzeptieren würden und was nicht. Zum erstenmal in seinem Leben konnte Evan seine Mutter um sich haben und sich dennoch als gesunder Mensch fühlen.

Meine letzte Sitzung mit Evan liegt vier Jahre zurück. Doch vor einigen Wochen rief er mich an und fragte, ob er zu einer Einzelstunde kommen könne. Immer wenn ich an dieses Treffen zurückdenke, sehe ich es als eine Art Siegesfeier an. Er spazierte mit einem breiten Lächeln auf dem Gesicht in mein Sprechzimmer und brachte mich auf den neuesten Stand. Er war immer noch glücklich mit Stacy verheiratet, und mit seiner Arbeit kam er gut zurecht. Doch die wirklich große Neuigkeit war, daß seine Frau und er vor kurzem ein Kind bekommen hatten. Damit war er mit sechsundvierzig Jahren zum erstenmal Vater geworden. »Jetzt weiß ich, was es heißt, glücklich zu sein«, sagte er mir.

Am Ende des Treffens fragte ich ihn, wie er jetzt mit seinem Zorn umginge. Er erklärte mir, daß er jedesmal, wenn er anfinge wütend zu werden – und dazu neigte er immer noch manchmal –, zu sich selbst sage: »Evan, es ist mal wieder soweit! Sei vernünftig.« Wenn er anfinge sich aufzuregen, ginge er erst mal auf Distanz und schalte seinen Verstand an. »Kurz bevor ich in die Luft gehe, versuche ich mich zusammenzureißen und noch mal alles zu durchdenken. Ich habe meinen Jähzorn aber noch nicht völlig unter Kontrolle. Ich kämpfe immer noch damit. Doch zu 95 Prozent bin ich schon erfolgreich. Und ich lerne, mir für die restlichen 5 Prozent zu vergeben. Ich bin schon ganz schön weit gekommen.«

Diana: *»Mein Vater sagte immer zu mir: ›Du wirst mich nie im Stich lassen.‹«*

Dianas Geschichte unterscheidet sich sehr von Evans. Anstatt sich von einer nörgelnden Mutter freizukämpfen, mußte Diana sich von einer Phantasie-Bindung zu ihrem Vater, der sie angehimmelt hatte, lösen. Dieser Prozeß ging schließlich in zwei Stufen vonstatten. Erst einmal mußte sie erkennen, daß etwas mit der Beziehung zu ihrem Vater nicht stimmte. Bis zu ihrem dreißigsten Lebensjahr hatte sie ihre Kinderjahre nämlich als die glücklichste Zeit ihres Lebens angesehen. Als zweites mußte sie innerlich darum ringen, die überragende Stellung, die er in ihrem Leben einnahm, etwas zurückzustufen. Für Diana war es schwerer, sich von ihrem Vater zu lösen, als für Evan, sich von seiner Mutter zu befreien. Denn Evan hatte das Gefühl, daß er durch seine Bemühungen nur gewinnen konnte; Diana hingegen fürchtete, etwas zu verlieren.

Als Diana geboren wurde, waren ihre Eltern Mitte Vierzig und hatten schon zwei halbwüchsige Söhne. Wegen des großen Altersunterschieds zu ihren Brüdern wurde Diana nicht wie eines von drei Geschwistern, sondern fast wie ein Einzelkind behandelt. Sie beschreibt ihre Mutter als attraktiv, liebenswert und freundlich und ihren Vater als zu Späßen aufgelegt, warmherzig und gütig. Sie kam gut mit ihrer Mutter aus, doch ihrem Vater fühlte sie sich noch mehr verbunden.

Eine der ersten Geschichten, die Diana mir über ihren Vater erzählte, handelte davon, daß er einmal auf dem Heimweg ein Rehkitz am Straßenrand neben dem toten Muttertier stehen sah. Er wickelte das Kitz in seine Jacke, nahm es im Auto mit nach Hause und schenkte es Diana. Mit Tränen in den Augen überreichte er ihr das Bündel. Unwillkürlich mußte ich damals, als Diana mir diese Geschichte erzählte, denken: »Das hört sich ja beinah an wie der Anfang von einem Walt-Disney-Film.«

Dianas glückliche und sorglose Kindheit ging noch im selben Jahr durch einen tödlichen Autounfall ihrer Mutter abrupt zu Ende. Das Ausmaß von Dianas Trauer entsprach der trostlosen Verzweiflung ihres Vaters. Sie erinnert sich an allwöchentliche gemeinsame Friedhofsbesuche, bei denen ihr Vater unaufhörlich weinte. Sie legte ihre Arme um seine breiten Schultern und tat ihr Bestes, um ihn zu trösten. Fünfundzwanzig Jahre später dachte sie über diese Szene nach und fragte sich, warum eigentlich sie ihren Vater getröstet habe und nicht umgekehrt er sie. Doch damals kam es ihr so vor, als erwarte man von ihr, daß sie sich um ihn kümmerte.

In den folgenden Jahren kamen Diana und ihr Vater sich sehr nahe. Ihre älteren Brüder lebten jetzt ihr eigenes Leben, und daher führten Vater und Tochter einen gemeinsamen Haushalt. Sie machten zusammen Ausflüge mit dem Fahrrad, lasen zusammen, verreisten zusammen, kochten zusammen, gingen gemeinsam einkaufen und machten gemeinsam den Abwasch. Wenn Dianas Vater Überstunden machen mußte, besorgte er nicht etwa jemanden, der auf Diana aufpaßte, sondern nahm seine Tochter mit ins Büro und stellte für sie eine Liege neben dem Schreibtisch auf. Sie erinnert sich noch, wie sie ihm bei der Arbeit zusah und darüber selig einschlief. Die Liebe, die ihr Vater einmal auf eine Frau und zwei Söhne ausgedehnt hatte, konzentrierte sich nun allein auf sie.

Eine von Dianas schönsten Erinnerungen ist das erste Weihnachtsfest nach dem Tod ihrer Mutter. Damals verdiente ihr Vater sehr wenig Geld, doch um Diana glücklich zu machen, knauserte und sparte er und machte Schulden, um ihr für Hunderte von Dollars Spielsachen und Kleider zu kaufen. Er war wegen der Geschenke so aufgeregt, daß er die ganze Nacht vor Weihnachten nicht schlafen konnte. Als er hörte, daß Diana mitten in der Nacht wach wurde, ging er in ihr Zimmer und sagte ihr, sie könne alle ihre Geschenke sofort aufmachen. Um drei Uhr morgens gingen sie zusammen nach unten ins Wohnzimmer. Ihr Vater machte das Licht an, und Diana erblickte einen Weihnachtsbaum mit einem Berg von Geschenken davor. Sie erinnert sich noch gut an das überwältigende Gefühl von Liebe und Glück.

Sechs Monate später begann Dianas Vater mit einer Frau namens Laura auszugehen, die in seinem Büro arbeitete. Ein Jahr später heirateten sie. Diana kam nie sehr gut mit Laura aus. »Ich hatte das Gefühl, daß ich ihr im Weg war«, sagte sie mir. »Sie sorgte zwar dafür, daß ich immer saubere Kleider hatte und daß das Essen auf dem Tisch stand, doch Zuneigung zeigte sie kaum. Damals dachte ich, sie wüßte einfach nicht, wie eine Mutter sein müßte, da sie keine eigenen Kinder hatte. Doch jetzt habe ich den Verdacht, daß sie wegen der Beziehung zwischen mir und meinem Vater auf mich eifersüchtig war.«

Schon sehr bald nach der Heirat begann Dianas Vater sich aus dem Haushalt zurückzuziehen und Laura das Feld zu überlassen. Er war ein lieber, aber überaus passiver Mann. Für Diana war der Übergang abrupt und schmerzlich. Die Launen ihrer Stiefmutter schienen völlig unberechenbar. Einmal schrie sie Diana wegen einer einzigen nicht weggeräumten Socke an, beim nächstenmal sagte sie nichts dazu. Es gab keine klaren Richtlinien im Haushalt, so daß Diana niemals wußte, woran sie war und ständig Angst hatte, etwas falsch zu machen.

Noch mehr aber bekümmerte es sie, daß ihre Stiefmutter ihr manchmal den Zugang zu ihrem Vater verbot. »Es kam vor, daß mein Vater und meine Stiefmutter über etwas sprachen und ich wie gewöhnlich dicht bei meinem Vater saß«, erzählte mir Diana. »Wenn Laura mich dort sitzen sah, befahl sie mir, ich solle hinausgehen. ›Das ist nichts für deine Ohren‹, sagte sie. ›Diese Sache geht nur mich und meinen Mann etwas an.‹ Ich ging dann hinaus und fühlte mich niedergeschmettert und gedemütigt.«

Wenn es zwischen Diana und ihrer Stiefmutter Streit gab, stellte sich ihr Vater nie auf ihre Seite. Statt dessen bat er sie eindringlich »ein braves Mädchen« zu sein. »Mach keine Schwierigkeiten. Tu, was Laura sagt.« Seine Liebe zeigte er Diana nur heimlich. Er kaufte ihr z. B. Geschenke, nahm ihr aber das Versprechen ab, die Sachen zu verstecken. Anstatt ganz offen Zeit mit seiner Tochter zu verbringen, schlich er mit ihr aus dem Haus, wenn seine Frau gerade nicht hinsah.

Eines der denkwürdigsten Ereignisse in Dianas Leben – ein Ereignis, das für sie so bedeutsam war wie der Schreianfall in der Badewanne für Evan – fand während eines dieser geheimen Treffen statt. Eines Samstags wollte ihr Vater zu einem Nachbarn, um diesem bei der Reparatur seines Heizkessels zu helfen. Kurz vorher kam er in Dianas Zimmer, um ihr zu sagen, wohin er ginge, damit sie ihn dort später treffen konnte. Als Diana im Haus des Nachbarn ankam, war ihr Vater allein im Keller. Der Nachbar war gerade unterwegs, um Ersatzteile für den Kessel zu kaufen. Diana sah ihren Vater an und bemerkte Tränen in seinen Augen. »Was ist denn los, Vati?« fragte sie ihn. Er schloß sie in die Arme und sagte: »Wo hab ich uns da bloß reingeritten, Diana? Wo hab ich uns bloß reingeritten?« Er hielt sie fest umarmt und weinte sich darüber aus, wie elend es ihm ginge. »Es ist überhaupt nicht mehr schön. Warum habe ich nur wieder geheiratet?«

Als Diana mir diese Geschichte erzählte, war ich davon tief berührt. Ich sagte zu ihr: »Wissen Sie, während ich Ihnen zuhörte, versuchte ich mir vorzustellen, wie es wohl wäre, als dreizehnjähriges Mädchen vom Vater in den Armen gehalten zu werden und einem so intimen Geständnis zu lauschen. Er hat Sie mit einem Grad von Intimität verführt, der Ihren Jahren völlig unangemessen war. Dreizehnjährige sind nicht dazu da, ihre Väter zu trösten. Sie sollten nicht zu hören bekommen, wie unglücklich ihre Väter in ihrer Ehe sind. Dieses Ereignis hat sicher in Ihrem Gefühlsleben Dehnungsstreifen wie bei einer Schwangerschaft hinterlassen.«

Diana lachte über meine Bemerkung, doch dabei standen ihr Tränen in den Augen. »Sie haben recht«, sagte sie. »Ich glaube nicht, daß ich mich jemals mit jemandem enger verbunden gefühlt habe – weder davor noch danach. Es war wie eine Offenbarung.«

»Die Bindung zu Ihrem Vater kommt mir fast wie Sekundenkleber vor«, meinte ich.

»Ja«, sagte sie und lachte mit Tränen in den Augen. »Ist das nicht das Zeug, mit dem man Klaviere an die Decke klebt? Ich habe wirklich dreißig Jahre an meinem Vater geklebt!«

Das geheime Bündnis zwischen Diana und ihrem Vater dauerte an, bis das nächste tragische Ereignis eintrat: Ihr Vater starb an einem Herzinfarkt. »Ich war wie vernichtet«, erzählte sie mir. »Ich weiß gar nicht, wie ich diesen verheerenden Schmerz beschreiben soll. Es war eine Agonie, die mein ganzes Inneres aufwühlte. Viel, viel schlimmer als das, was ich beim Tod meiner Mutter durchmachte. Es war, als schlüge ich mit dem Kopf gegen eine Mauer. Ich wußte nicht, wie ich mit dieser Situation fertig werde sollte. Es gab niemanden, der mir half. Es war, als hätte man mir die Haut bei lebendigem Leibe abgezogen.«

Angesichts der traumatischen Ereignisse in ihrer Kindheit nimmt es nicht Wunder, daß Diana als junge Erwachsene harte Zeiten durchzustehen hatte. Mit achtzehn ging sie von zu Hause weg, um ein College zu besuchen, wo sie jedoch schon nach dem ersten Semester wieder ausschied. Sie hatte zu ungenaue Zukunftsvorstellungen, um aus dem, was sie lernte, Nutzen zu ziehen. Bald danach wurde sie von einem Onkel sexuell mißbraucht, und danach schlief sie mit Dutzenden von Männern, von denen drei älter und verheiratet waren. Manchmal schien es ihr so, als ob in ihr zwei völlig verschiedene Menschen steckten: »Papis kleines Mädchen« von früher, das süß und lieb und artig war, und »Diana«, eine zügellose, unberechenbare Frau. Es gab keine sichere Mitte.

Nach fünf stürmischen Jahren machte Diana auf einmal eine Wendung um 180 Grad, kehrte ihrem ausschweifenden Leben den Rücken und wurde statt dessen ein Vorbild an Disziplin und Enthaltsamkeit. Sie gab ihre seltsame Sammlung von Freunden auf und zog zu einer Lieblingstante. Dort lernte sie einen netten Mann aus ihrer Heimatstadt kennen und heiratete ihn einige Monate später.

Diana schaffte es während ihrer ersten Ehejahre, einen einigermaßen klaren Kurs zu steuern. Sie und ihr Mann hatten zwei kleine Söhne und engagierten sich stark in der Bewegung gegen den Vietnamkrieg. Ihre »gute« Seite entwickelte sich. Doch aus heiterem Himmel verliebte sie sich plötzlich über beide Ohren in einen verheirateten Mann und begann mit ihm ein Verhältnis, das sich für sie schädlich auswirkte. Diese Affäre beherrschte nämlich schon bald ihr Leben. Nachts träumte sie von ihrem Liebhaber, und tagsüber suchte sie ständig nach Vorwänden, um ihn wiedersehen zu können. Durch dieses Doppelleben war sie so zerrissen, daß sie sich schließlich nach professioneller Hilfe umsah.

Während einer Gruppentherapie bekam Diana zum erstenmal einen Zipfel ihres heimlichen Zorns gegen ihren Vater zu fassen. Eine andere Teilnehmerin fragte sie eines Tages, warum ihr Vater es denn zugelassen habe, daß seine zweite Frau den Ton in der Familie angab. »Wenn das mein Vater gewesen wäre, der einfach klein beigegeben hätte«, sagte die Frau, »wäre ich rasend vor Wut gewesen! Was für ein Charakterschwein!« Dieser freimütige Kommentar weckte bei Diana die ersten Zweifel an der hingebungsvollen Liebe ihres Vaters. Ja, warum *hatte* er sich denn nicht besser um sie gekümmert? Warum hatte er ihr seine Liebe nur im geheimen gezeigt? Allmählich begann Diana etwas von ihrer versteckten Wut zu spüren. Ihr Zorn wuchs immer mehr, bis sie einige Monate später ihre Fäuste ballte und schrie: »Wie konntest du mir das nur antun?«

Evan, der Mann aus der vorigen Geschichte, mußte lernen, seinen Zorn zu beherrschen. Diana hingegen mußte ihren erst für sich zurückgewinnen. Als Diana schließlich die Verbindung zu ihrem unterdrückten Zorn fand, begann damit auch ein tiefer Riß in ihrem Inneren zu heilen. Sie fühlte sich nicht länger in einen guten und einen bösen Teil gespalten. Weder war sie »Papis süßes, immer nur lächelndes Mädchen« noch eine verachtenswerte Hure. Sie war ein normales menschliches Wesen, das sowohl zornige als auch liebevolle Gedanken hegte. Sie fühlte sich endlich als zusammengehöriges Ganzes.

Während Diana an der Klärung der Beziehung zu ihrem Vater arbeitete, erlebte sie eine allmähliche Rückwendung zu ihrer Ehe. Sie sah ihre Liebesaffäre nun als das an, was sie tatsächlich war – nämlich eine unbewußte Wiederholung ihrer heimlichen Rendezvous mit ihrem Vater. Sie hatte blindlings nach der emotionalen Intensität gesucht, die sie als kleines Mädchen erfahren hatte, als sich ihr ein älterer Mann wie einer Partnerin offenbart hatte. Diese Erfahrung konnte nur in den ersten berauschenden Wochen einer heimlichen Affäre eine Entsprechung finden.

Während einer Therapiestunde erzählte mir Diana von ihrer Affäre. Ihre Bemerkungen konzentrierten sich auf einen Aspekt der Beziehung, der ihr fast wie eine exakte Wiederholung ihrer Kindheitserfahrung erschien. Sie erzählte mir, daß sie ihren Liebhaber oft in einem Kellerraum des Gebäudes, in dem er arbeitete, getroffen habe. Er habe sie mit Tränen in den Augen umarmt und sich bei ihr über seine Qualen ausgeweint, so starke Gefühle für sie zu hegen, während er zugleich mit einer anderen Frau verheiratet war. Diana erkannte schaudernd, daß diese Szenen fast identisch mit der Szene im Heizungskeller waren, als ihr Vater über seine unglückliche Ehe mit ihrer Stiefmutter geklagt hatte. Ich bestätigte ihr, daß ihr Unterbewußtsein keinen Unterschied zwischen diesen beiden Ereignissen mache und sich daraus auch ihre Besessenheit von dieser Affäre erkläre.

Diana fühlte sich während der Therapie weiterhin zu anderen Männern hingezogen, doch ihre zunehmenden Einsichten hielten sie davon ab, ihren Impulsen zu folgen. Wenn sie sich von einem Mann angezogen fühlte, war sie nun fähig, sich zurückzuhalten. Einmal fühlte sie sich zum Beispiel zu einem Nachbarn hingezogen, dessen Tochter auf tragische Weise verunglückt war. Während sie bei den Vorbereitungen für die Beerdigung der jungen Frau half, verliebte sie sich Hals über Kopf in den Vater. Sie fühlte einen fast unerträglichen Drang, eine Beziehung mit ihm aufzunehmen. Sie wollte mit ihm reden, ihn in den Arm nehmen und in seinem Schmerz trösten.

Dann dämmerte es ihr plötzlich, daß sie wieder einmal versuchte, die Vergangenheit aufleben zu lassen. Diesmal hatte sie versucht, die Rolle wieder aufzunehmen, die sie gegenüber ihrem Vater gespielt hatte, als sie ihn nach dem Tod ihrer Mutter getröstet hatte. An diesem Punkt ging sie hart mit sich ins Gericht: »Du kennst diesen Mann doch überhaupt nicht! Was um alles in der Welt tust du denn eigentlich! Du gefährdest deine Ehe wegen eines Typen, den du nicht einmal kennst. Das ist verrückt! Der einzige Grund, warum du dich in diese Sache hineinziehen läßt, ist, daß du in dieser Weise auch mit dem Schmerz deines Vaters umgegangen bist – indem du nämlich als Retterin aufgetreten bist. Hör endlich auf!«

Nachdem Diana diese Entscheidung getroffen hatte, fühlte sie sich deprimiert. Es kam ihr so vor, als ob sie etwas Unersetzliches verlöre. Nach ein paar Tagen jedoch verschwand ihre Depression, und sie fand zu einem neuen Respekt für sich selbst. Sie hatte eine Entscheidung getroffen. Sie hatte ihre Gefühle unter Kontrolle. Sie war nicht länger die Gefangene ihrer Gefühle von vor zwanzig Jahren. Sie sagte zu sich selbst: »Du spielst jetzt eine andere Rolle, Diana. Heute kannst du dich frei entscheiden.«

Als Diana mir diesen inneren Kampf schilderte, sagte ich ihr, daß sie – auch wenn sie die Mühen der Wiedererfahrung der Vergangenheit durchgemacht habe – die Vergangenheit doch nicht völlig von sich abschütteln könne. Sie würde sich weiterhin von fremden Männern angezogen fühlen. Sie würde weiterhin einige der alten Sehnsüchte verspüren. Doch jetzt könne sie ihre Situation klar einschätzen; sie sei fähig, die Vergangenheit von der Gegenwart zu trennen. Sie sei fähig, bessere Entscheidungen zu treffen – so wie bereits in diesem speziellen Fall –, Entscheidungen, die sowohl für sie selbst als auch für ihre Familie besser wären. Ich sagte ihr: »Daß Sie von Ihrem Nachbarn fasziniert waren und sich dann doch entschieden haben, Ihrem Impuls nicht nachzugeben, genau das ist es, was den Heilungsprozeß ausmacht.«

Ein paar Wochen später erzählte mir Diana einen Traum, der ihr sehr bedeutungsvoll vorkam. In ihrem Traum war sie bei der Beerdigung ihres Vaters gewesen und hatte auf seinen Sarg in die Grube hinabgeschaut. Sie hatte zugesehen, wie eine Schaufel Erde nach der anderen auf den Sarg geworfen wurde. Sie erzählte mir, daß sie eine seltsame Ruhe empfunden habe, während dies passierte, als ob dieses Begräbnis schon lange überfällig gewesen wäre.

Der Traum hatte sie so bewegt, daß sie mitten in der Nacht aufgewacht war. Als sie so im Dunkeln lag, passierten zwei Dinge gleichzeitig. Erstens fühlte sie sich plötzlich stark zu ihrem schlafenden Ehemann hingezogen. Sie sah ihn an und fühlte sich mehr als je zuvor in ihrer Ehe mit ihm vereint. Zweitens hatte sie das eigenartige Gefühl, daß ihre Beziehung zu ihrem Vater endlich die richtigen Proportionen annahm. »Es war mir, als ob ich ihn endlich begraben hätte«, sagte sie. »Aber ich fühlte auch, daß sein Bild – sein Antlitz – so hell in meinem Leben strahlte wie seit Jahren nicht mehr. Doch diesmal war es kein Feuer, das den ganzen Raum erleuchtete, sondern die Flamme einer Kerze – hinten in einer Ecke, dort wo sie hingehört.«

Heimkehr zu uns selbst

Es ist eine Freude, Evan und Diana heute zu sehen. Die beiden stehen für viele andere Menschen, die den Mut und den Einsatz aufgebracht haben, den Lauf ihres Lebens zu ändern. Brauchen sie jetzt nicht mehr zu kämpfen? Natürlich nicht. Aber sie gehen die Schwierigkeiten des Lebens mit der Weisheit und Zuversicht an, die einer in sich gefestigten Persönlichkeit entspringen, sie empfinden sich als ungeteiltes Ganzes.

Die inneren Kämpfe, die sie durchgemacht haben, sind typisch für den Heilungsweg des auserwählten Kindes. Als erstes mußten sie lernen, sich von ihren Eltern abzugrenzen – Grenzlinien zu ziehen, die es während ihrer Kindheit nicht gegeben hatte. Evan mußte lernen, wie er seine Mutter in die Schranken weisen konnte, ohne seine Integrität zu verletzen oder seine Wut an die Oberfläche kommen zu lassen. Diana mußte einen Weg finden, wie sie ihren Vater lieben und schätzen konnte, ohne seine Schwäche zu leugnen oder ihm eine übersteigerte Bedeutung in ihrem Leben einzuräumen. Durch die Neuordnung dieser Beziehungen war es beiden möglich, ihr inneres Gleichgewicht wiederherzustellen.

Als zweites war es für sie notwendig zu erkennen, wie sich ihre Geschichte als auserwähltes Kind in ihrem Alltagsleben widerspiegelte. Evan mußte einsehen, daß er Frauen, die seiner Mutter ähnlich waren, deswegen auswählte, um weiter in seinem Zorn gefangenbleiben zu können. Diana mußte erkennen, daß sie sich deswegen in Männer außerhalb ihrer Ehe verliebte, damit sie die Verstohlenheit, in der sie mit ihrem Vater verstrickt gewesen war, wiedererleben konnte. Sobald diese Einsichten sich ihnen fest eingeprägt hatten, wurden sie auch in andere Verhaltensweisen übersetzt. Evan und Diana wiederholten nicht länger dieselben schmerzlichen Fehler. Sie waren weitgehend vom zerstörerischen Einfluß der Vergangenheit befreit.

Nachdem sie sich ihre Vergangenheit angesehen und die Gegenwart neu geordnet hatten, wurde ihnen schließlich bewußt, daß sie die Fähigkeit hatten, glückliche und voll funktionstüchtige Menschen zu sein. Sie erkannten, daß sie tatsächlich etwas Besonderes waren – nicht etwa, weil ein Elternteil sie dafür hielt, sondern weil sie liebende, in sich gefestigte Menschen waren. Ihre Mühen hatten sie befähigt, sich wieder am Leben zu freuen und ihren Kindern liebevolle, fürsorgliche Eltern zu sein. Ihre Reise war im Kreis verlaufen und hatte sie schließlich zurück zu ihrem ursprünglichen ungespaltenen Selbst geführt.

Ich hoffe, dieses Buch hat Ihr Verständnis für Ihre eigene Kindheit vertieft und Ihnen genügend konkreten Rat und Anreiz gegeben, um Ihre Schwierigkeiten zu lösen. Vielleicht sollten Sie es zu einem späteren Zeitpunkt in Ihrem Leben noch einmal lesen. Sie können dabei Ihre Fortschritte spüren wie auch Ihre zukünftige Weiterentwicklung in Umrissen vor sich sehen.

Ich möchte noch einmal wiederholen, daß eine Veränderung Zeit und Geduld braucht. Sie findet selten so statt, wie sie es meiner Meinung nach tun sollte, und sie hält sich wenig an den Fahrplan, den ich mir vorgegeben habe. Ein Wandel geht immer langsamer und schwieriger vonstatten, als ich es gerne hätte. Mitten in meinen inneren Kämpfen kommt es mir so vor, als würde ich so gut wie keine Fortschritte machen. Nur wenn ich auf mein Leben im ganzen zurückblicke, kann ich die stetige Weiterentwicklung erkennen.

Zum Abschied möchte ich Ihnen den Rat geben, die Vorschläge in diesem Buch zu befolgen, die Ihnen am vernünftigsten erscheinen, und sich dann Zeit zu lassen, damit sie auch Früchte tragen können. Wenn Sie zusätzliche Hilfe haben möchten, suchen Sie unbedingt einen kenntnisreichen und verläßlichen Therapeuten auf. Ich bin sicher, daß Ihre Bemühungen, die noch unbewältigten Erlebnisse der Vergangenheit zu verarbeiten, voll und ganz belohnt werden.

Wenn Sie mir über Ihre Erfahrungen schreiben möchten, tun Sie dies bitte. Schreiben ist eine gute Therapie, und in mir finden Sie eine interessierte Leserin.

Viel Glück auf Ihrem Weg.

Anmerkungen

zu 1

1. Der bekannte Familientherapeut Salvador Minuchin bezeichnet die entfremdete (alienated) Familie als »disengaged« = ungebunden, losgelöst. Er bezieht den Ausdruck auf die psychische Isolation, die entsteht, wenn die Abgrenzungen zwischen den einzelnen und den Untergruppen der Familie allzu rigide sind. Er benutzt die Bezeichnung »enmeshment« (=Verstrickung) für das Verwischen der psychischen Grenzlinien, das einen Autonomieverlust der Familienmitglieder zur Folge hat.

2. Die Bezeichnung »emotionaler Inzest« stammt aus dem bahnbrechenden Werk Pia Mellodys, die in den Vereinigten Staaten eine anerkannte Autorität auf dem Gebiet der Erforschung und Therapie der Ko-Abhängigkeit ist und die als erste diesen speziellen Aspekt des elterlichen Mißbrauchs beschrieb. Die Bezeichnung ist angebracht, wenn die emotionale Vereinnahmung durch den Elternteil sehr stark ist. Ein Kind hat das Recht, sich darauf verlassen zu können, daß von einem Elternteil weder sexuelle noch psychische Übergriffe zu erwarten sind.

3. Salvador Minuchin hat im Lauf seiner engagierten Arbeit mit Familien die »strukturelle Familientherapie« entwickelt. Es handelt sich dabei um einen Prozeß, bei dem Untergruppen innerhalb der Familie definiert und verstärkt werden. Die Untergruppen klar voneinander zu unterscheiden, ist ein Schlüssel für die Heilung von einem emotionalen Inzest und die Wiederherstellung von gesunden Familienbeziehungen. Familien-Untergruppen werden in Kapitel 7 definiert. Die Verstärkung der Abgrenzungen zwischen diesen Untergruppen ist eine der durchgehenden Vorstellungen in den darauffolgenden Kapiteln, die sich mit der Heilung befassen. Mehr zur strukturellen Fami-

lientherapie können Sie in dem Buch von Salvador Minuchin lesen: *Familie und Familientherapie. Theorie und Praxis struktureller Familientherapie*, Freiburg im Breisgau 1977.

zu 2

1. Lynn Hoffman, *Foundations of Family Therapy*, New York 1981, S. 110 (Basic Books, Inc.), dt. *Grundlagen der Familientherapie*, Hamburg, 3. Aufl. 1988 (Isko-Press).

2. Wenn Sie mehr über das Thema des emotionalen sexuellen Mißbrauchs erfahren wollen, lesen Sie das Buch von Pia Mellody: *Facing Co-dependence*, San Francisco 1989 (Harper & Row).

zu 3

1. Pat Conroy, *Die Herren der Insel*, Bergisch Gladbach, 1987, S. 141 (Gustav Lübbe).

zu 4

1. Minuchin, Salvador, *Familien und Familientherapie*, S. 7–9.

2. Mulherin, Jennifer (Hg.), *Favorite Fairy Tales*, New York 1983, S. 63 (Grosset and Dunlap).

zu 6

1. U. S. Bureau of the Census *Statistical Abstract of the US: 1986 (108th ed.)*, Washington, D. C. 1987. Weitere Hinweise auf die rapide Zunahme von Einelternfamilien finden sich in der Zeitschrift *American Demographics* vom Juni 1987 auf S. 70. Dort wird von einer Beinahe-*Verdoppelung* der Einelternfamilien zwischen 1970 und 1986 berichtet.

zu 8

1. Dieser Aphorismus stammt aus der Titelzeile des Buchs von John Gray *What You Can Feel, You Can Heal* (= Was du fühlen kannst, kannst du heilen), Mill Valley, California 1984 (HEART publishing).

2. Harvey Jackins, *The Human Side of Human Beings, The Theory of Re-Evaluation Counseling*, Seattle 1963 (Rational Island Publ.).

3. Weitere Informationen über die Veränderung zweiten Grades vgl. Watzlawick, Paul; Weakland, John H. und Richard Fish: *Lösungen. Zur Theorie und Praxis menschlichen Wandels.* Bern, Stuttgart, Wien 1974. Das alte Sprichwort »Gib einem Mann einen Fisch, und er wird einen Tag satt sein; aber lehre ihn angeln, und er wird nie wieder hungern« ist ein weiteres Beispiel für eine Veränderung zweiten Grades. Wenn Sie jemandem bloß einen Fisch schenken, wird nur das sichtbare Symptom berücksichtigt – der Hunger. Aber wenn Sie ihn das Angeln lehren, dann verändern sie zugleich den Prozeß oder das System, das die Ursache seines Hungers ist. Stellen Sie sich eine Veränderung erster Ordnung als eine Maßnahme vor, mit der nur eben ein Loch gestopft werden soll. Eine Veränderung zweiten Grades korrigiert das der Sache zugrundeliegende Problem.

Zu 9

1. Bei der Konzeption dieser autobiographischen Übung habe ich mich auf das Werk von Pia Mellody gestützt, die die verschiedenen Spielarten von Mißbrauch und Vernachlässigung ausgezeichnet kategorisiert hat.
2. Die Idee, eine grafische Darstellung der interpersonellen Dynamik der eigenen Familie zu verfertigen, geht zurück auf Murray Bowen, einen bekannten Familientherapeuten.

zu 10

1. Andrew Ferber, Marilyn Mendelsohn und Augustus Napier, *The Book of Familiy Therapy,* Boston 1973, S. 456 (Houghton Mifflin Co.).
2. Dies ist eine Abwandlung eines von Fritz Perls entwickelten gestalttherapeutischen Modells.
3. Philip Guerin, Leo Fay, Susan Burden, Judith Gilbert Kautto, *The Evaluation and Treatment of Marital Conflict,* New York 1987 (Basic Books).

zu 12

1. Meine paartherapeutische Arbeit ist stark beeinflußt von meiner Zusammenarbeit mit und Ausbildung bei Harville Hendrix, einem in den Vereinigten Staaten anerkannten Ehetherapeuten und

Autor von *Getting the Love You Want: A Guide for Couples,* New York 1988 (Henry Holt & Co.). Ich möchte dieses Buch allen Paaren und Einzelpersonen wärmstens empfehlen, die ihre Liebesbeziehungen verstehen und verbessern wollen.

Hinweise auf Beratungsstellen

Da es zur Zeit noch kein Verzeichnis von Psychologischen Beratungsstellen auf dem Gebiet der ehemaligen DDR gibt, konnte nur die folgende, Westdeutschland erfassende Auswahl aus dem »Verzeichnis der Bundeskonferenz für Erziehungsberatung e. V.« (Ausgabe 1989) aufgenommen werden. Für Anfragen zu Beratungsstellen in mittleren und kleineren Städten sei auf die Liste der »Landesarbeitsgemeinschaften« am Ende dieser Aufstellung verwiesen.

BADEN-WÜRTTEMBERG

7570 Baden-Baden, Psycholog. Beratungsst. f. Eltern/Kinder/Jugendliche, Hildastr. 30, Telefon 07221/278-243

7300 Esslingen, Beratungsstelle f. Familie und Jugend, Pulverwiesen 42, Telefon: 0711/3902-2671

7800 Freiburg, Beratungsstelle f. Eltern/Kinder/Jugendliche, Rempartstr. 4, Telefon: 0761/216-4316

6900 Heidelberg, Erziehungsberatungsstelle, Rohrbacher Str. 50, Telefon: 06221/58930-33

7100 Heilbronn, Psychol. Beratungsstelle f. Eltern/Kinder/Jugendliche, Fischergasse 6, Telefon: 07131/81721

7500 Karlsruhe 1, Psycholog. Beratungsst. f. Eltern/Kinder/Jugendliche, Sybelstr. 13, Telefon 0721/133-3181/0

6800 Mannheim 1, Psychol. Beratungsstelle f. Kinder/Jugendliche/Eltern, Ifflandstr. 2–6, Telefon: 0621/16048

7600 Offenburg, Psychol. Beratungsstelle f. Kinder/Jugendliche/Eltern, Okenstr. 26, Telefon: 0781/70083

7530 Pforzheim, Beratungsstelle f. Eltern/Kinder/Jugendliche, Jahnstr. 40/III, Telefon: 07231/24084

7550 Rastatt, Psycholog. Beratungsstelle f. Eltern/Kinder/Jugendliche, Markgrafenstr. 9, Telefon: 07222/381-344

7410 Reutlingen, Eltern/Jugend/Ehe/Lebensberatungsstelle, Aispachstr. 34, Telefon: 07121/17051

7700 Singen, Psychol. Beratungsstelle f. Kinder/Jugendliche/Eltern, Alemannenstr. 2, Telefon: 07731/41061-2

7000 Stuttgart 1, Beratungsstelle f. Eltern/Kinder/Jugendliche, Büchsenstr. 34–36, Telefon: 0711/2054-294

7200 Tuttlingen, Psychol. Beratungsstelle f. Eltern/Jugend/Ehe, Bogenstr. 2, Telefon: 07461/6047

7400 Tübingen 1, Psycholog. Beratungsstelle f. Eltern/Kinder/Jugendliche, Köllestr. 31, Telefon: 07071/40315

7770 Überlingen, Psychologische Beratungsstelle f. Eltern/Kinder u. Jugendliche, Mühlbachstr. 18, Telefon: 07551/63397

7900 Ulm, Psycholog. Beratungsstelle f. Eltern/Kinder/Jugendliche, Baldingerweg 4, Telefon: 0731/37081

BAYERN

8800 Ansbach, Eltern/Jugend/Familienberatungsstelle, Crailsheimstr. 1, Telefon: 0981/68-274

8900 Augsburg, Evang. Beratungsstelle f. Eltern/Jugend/Ehe/Lebensfragen, Spenglergäßchen 7a, Telefon: 0821/3204104

8600 Bamberg, Beratungsstelle f. Kinder/Jugendliche/Eltern, Friedrichstr. 2, Telefon: 0951/25268

8520 Erlangen, Städtische Jugend- u. Familienberatung, Loewenichstr. 1, Telefon: 09131/862295

8300 Landshut, Ökumenische Beratungsstelle, Nahensteig 182, Telefon: 0871/26453

8940 Memmingen, Städt. Beratungsstelle f. Eltern und Jugendliche, Nonnengasse 1, Telefon: 08331/850271

8000 München 2, Zentralstelle d. Beratungsstellen f. Eltern/Kinder/Jugendliche, Paul-Heyse-Str. 20, Telefon: 089/233-5776

8500 Nürnberg, Beratungsstelle f. Eltern/Kinder/Jugendliche, Hauchstr. 31, Telefon: 0911/681488

8400 Regensburg, Beratungsstelle f. Kinder/Jugendliche/Eltern, Weißenburgstr. 17, Telefon: 0941/791071-791072

8200 Rosenheim, Erziehungsberatungsstelle, Reichenbachstr. 3, Telefon: 08031/14097

8440 Straubing, Beratungsstelle f. Kinder/Jugendliche/Eltern, Obere Bachstr. 12, Telefon: 09421/2004

8700 Würzburg, Eltern/Jugendlichen/Erziehungsberatung, Frankfurter Str. 24, Telefon: 0931/4190461

BERLIN

Erziehungs- u. Familienberatungsstellen bei den einzelnen Bezirksämtern

1000 Berlin 20, Ev. Beratungsstelle f. Erziehungs/Jugend/Ehe/Lebensfragen, Lindenufer 39, Telefon: 030/3332083

1000 Berlin 33, Jugend- u. Familienberatung der Arbeiterwohlfahrt, Johannisberger Str. 41a, Telefon: 030/8219945

1000 Berlin 41, Beratungsstelle f. Familie und Jugend des DRK, Düppelstr. 36, Telefon: 030/79000937

BREMEN

2800 Bremen 1, Beratungsstelle f. Kinder/Jugendliche/Eltern, Graf-Moltke-Str. 49, Telefon: 0471/346838

HAMBURG

2000 Hamburg 1, Ev. Beratungsstelle Erziehungs/Familien/Lebensfragen, Bugenhagenstr. 21, Telefon: 040/3342249

2000 Hamburg 61, Beratungsstelle f. Kinder/Jugendliche/Eltern, Friedrich-Ebert-Str. 14, Telefon: 040/5544284

2000 Hamburg 70, Erziehungsberatungsstelle f. Kinder/Jugendliche/Eltern, Bovestr. 40, Telefon: 040/68297

HESSEN

6100 Darmstadt-Arheilgen, Zweckverband Erziehungs- u. Jugendberatung, Jakob-Jung-Str. 2, Telefon: 06151/374051-52

6000 Frankfurt, Kinder/Jugend/Eltern/Beratung – Stadtmitte –, Weißfrauenstr. 10, Telefon: 069/212/4758

6400 Fulda, Beratungsstelle f. Eltern/Kinder/Jugendliche, Marienstr. 5, Telefon: 0661/71047

6300 Gießen, Ärztl. Psycholog. Beratungsstelle, Heinr.-Heckroth-Str. 28a, Telefon: 0641/4000740

3500 Kassel, Psycholog. Beratungsstelle f. Eltern/Kinder/Jugendliche, Amalienstr. 11, Telefon: 0561/1003-440

6200 Wiesbaden, Beratungsstelle f. Eltern/Kinder/Jugendliche, Kurt-Schumacher-Ring 4, Telefon: 06121/312607

NIEDERSACHSEN

3300 Braunschweig, Psychologische Beatungsstelle f. Kinder/Jugendliche/Eltern, Jasperallee 44, Telefon: 0531/340814

3100 Celle, Lebensberatungsstelle f. Jugend/Ehe/Familie, Fritzenwiese 15, Telefon: 05141/217367

3400 Göttingen, Beratungs- und Therapiezentrum f. Kinder/Jugendliche, Düstere Eichenweg 19, Telefon: 0551/400-2981

3000 Hannover 1, Beratungsstelle f. Kinder/Jugendliche/Familien, Kreuzkirchhof 1, Telefon: 0511/327775

3200 Hildesheim, Jugend- und Elternberatungsstelle, Güntherstr. 29, Telefon: 05121/31755

2950 Leer, Ev. Beratungsstelle f. Erziehungs/Ehe/Lebensfragen, Mühlenstr. 111, Telefon: 0491/51118

2900 Oldenburg, Psycholog. Beratungsstelle, Haareneschstr. 67, Telefon: 0441/71016

4500 Osnabrück, Psycholog. Beratungsstelle f. Eltern/Kinder/Jugendliche, Parkstr. 19, Telefon: 0541/86990

NORDRHEIN-WESTFALEN

5100 Aachen, Ev. Beratungsstelle f. Familien/Ehe/Lebensfragen, Kapuzinergraben 15–17, Telefon: 0241/32047

4800 Bielefeld 11, Beratungsstelle f. Familien/Kinder/Jugendliche/Eltern, Reichowplatz 3, Telefon: 05205/2880

4630 Bochum, Beratungsstelle f. Eltern/Kinder/Jugendliche, Zechenstr. 10, Telefon: 0234/58561

5300 Bonn 1, Psycholog. Beratungsstelle f. Eltern/Kinder/Jugendliche, Hans-Iwand-Str. 7, Telefon: 0228/223088

4600 Dortmund 1, Psychologische Beratungsstelle f. Eltern/Jugendl./Kinder, Propsteihof 10, Telefon: 0231/1848-122

4100 Duisburg 1, Beratungsstelle f. Eltern/Kinder/Jugendliche, Grünstr. 12, Telefon: 0203/2959250

4000 Düsseldorf, Beratungsstelle f. Familien/Kinder/Jugendliche/j. Erwachsene, Liststr. 2, Telefon: 0211/632074

4300 Essen 1, Beratungsstelle f. Ehe/Lebens/Erziehungsfragen, II. Hagen 7, Telefon: 0201/2205-226

5800 Hagen 1, Erziehungs/Familien/Lebensberatung, Buscheystr. 33, Telefon: 02331/331098

4900 Herford, Beratungsstelle f. Eltern/Jugendliche/Kinder, Wittekindstr. 11, Telefon: 05221/13438

5000 Köln 1, Erziehungs/Ehe/Lebensberatung, Tunisstr. 3, Telefon: 0221/233556

5000 Köln 90, Beratungsstelle f. Eltern/Jugendliche/Kinder, Rathausstr. 8, Telefon: 02203/ 55001/2

5090 Leverkusen 1, Beratungsstelle f. Eltern/Kinder/Jugendliche, Im Eisholz 3, Telefon: 0214/65011-15

4330 Mülheim a. d. Ruhr, Beratungsstelle f. Eltern/Kinder/Jugendliche, Dickswall 91, Telefon: 0208/4555111

4400 Münster, Beratungsstelle f. Eltern/Kinder/Jugendliche, Schorlemer Str. 8, Telefon 0251/49631

4200 Oberhausen, Beratungsstelle f. Kinder/Jugendliche/Eltern, Helmholtzstr. 15, Telefon: 0208/26018

5900 Siegen, Beratungsstelle f. Kinder/Jugendliche/Eltern, Burgstr. 21, Telefon: 0271/56011

5600 Wuppertal 1, Beratungsstelle f. Eltern/Kinder/Jugendliche, Distelbeck 55, Telefon: 0202/436480

RHEINLAND-PFALZ

6750 Kaiserslautern, Psycholog. Beratungsstelle f. Kinder/Jugendliche/Erwachsene, Engelsgasse 1, Telefon: 0631/64011

5400 Koblenz, Erziehungs/Ehe/Familien/Lebensberatungsstelle, Kurfürstenstr. 73, Telefon: 0261/37531

6700 Ludwigshafen/Rhein, Beratungsstelle f. Kinder/Jugendliche/Eltern, Brgm.-Kutterer-Str. 37, Telefon: 0621/504-2056

6500 Mainz, Beratungsstelle f. Eltern/Kinder/Jugendliche, Goethestr. 7, Telefon: 06131/122844

SAARLAND

6600 Saarbrücken 3, Erziehungs/Ehe/Familien/Lebensberatungsstelle, Halbergstr. 3, Telefon: 0681/66704

SCHLESWIG-HOLSTEIN

2200 Elmshorn, Lebens- und Erziehungsberatungsstelle, Hainholzer Damm 13a, Telefon: 04121/71035

2210 Itzehoe, Beratungsstelle f. Erziehungs/Ehe/Familien/Lebensfragen, Kaiserstr. 18, Telefon: 04821/91066

2300 Kiel 1, Erziehungsberatung, Rathausstr. 14, Telefon: 0431/901-3115

2400 Lübeck, Beratungsstelle f. Familien- und Erziehungsfragen, Hüxterdamm 18, Telefon: 0451/793229

2000 Norderstedt, Ev. Erziehungs/Lebens/Eheberatungsstelle, Kirchenplatz 1a, Telefon: 040/5255844

Anschriften der Landesarbeitsgemeinschaften für Erziehungsberatung

Landesarbeitsgemeinschaft für Erziehungsberatung Baden-Württemberg e. V., Beratungsstelle, Münzstr. 1, **7170 Schwäbisch Hall**, Telefon: (0791) 755417

Landesarbeitsgemeinschaft für Erziehungs-, Jugend- und Elternberatung Bayern e. V., Beratungsstelle, Crailsheimstr. 1, **8800 Ansbach**, Telefon: (0981) 68274

Landesarbeitsgemeinschaft für Erziehungsberatung Berlin e. V., Erziehungsberatung Bez. A Charlottenburg, Pestalozzistr. 20, **1000 Berlin 12**, Telefon: (030) 34303171

Landesarbeitsgemeinschaft für Erziehungsberatung der Freien Hansestadt Bremen, Ev. Beratungszentrum, An der Mühle 8, **2850 Bremenhaven**, Telefon: (0471) 32021

Landesarbeitsgemeinschaft für Erziehungsberatung in der Freien und Hansestadt Hamburg e. V., Beratungsstelle, Virchowstr. 50, **2000 Hamburg 50**, Telefon: (040) 38072101

Landesarbeitsgemeinschaft für Erziehungsberatung in Hessen, e. V., Institut f. Beratung und Therapie, Adelheidstr. 28, **6200 Wiesbaden**, Telefon: (06121) 370012

Landesarbeitsgemeinschaft für Erziehungsberatung Niedersachsen e. V., Abt. f. Kinder- u. Jugendpsychiatrie d. Georg-August-Universität, Göttingen, v.-Siebold-Str. 5, **3400 Göttingen**, Telefon: (0551) 396727

Landesarbeitsgemeinschaft für Erziehungsberatung Nordrhein-Westfalen e. V., Institut für Jugendhilfe, Heckenstr. 22, **4100 Duisburg 1**, Telefon: (0203) 334340

Landesarbeitsgemeinschaft für Erziehungsberatung Rheinland-Pfalz e. V., Beratungsstelle, Bgm.-Kutterer-Str. 37, **6700 Ludwigshafen**, Telefon: (0621) 5042056

Landesarbeitsgemeinschaft für Erziehungsberatung Saarland e. V., Erziehungs-, Ehe-, Familien- und Lebensberatungsstelle, Lothringerstr. 23, **6630 Saarlouis**, Telefon (06831) 2577

Landesarbeitsgemeinschaft für Erziehungsberatung Schleswig-Holstein e. V., Erziehungsberatungsstelle, Otto-Brügmann-Str. 8, **2054 Geesthacht**, Telefon: (04152) 3055